新世纪法学系列教材
New Century Law Textbooks Series

The Law of Tort

侵权责任法学

主　编　方新军

参　编　（按撰写章节先后为序）

　　　　方新军　杨垠红　宋旭明

　　　　娄爱华

北京大学出版社

PEKING UNIVERSITY PRESS

图书在版编目(CIP)数据

侵权责任法学/方新军主编. —北京:北京大学出版社,2013.3
(新世纪法学系列教材)
ISBN 978 – 7 – 301 – 22303 – 1

Ⅰ. ①侵…　Ⅱ. ①方…　Ⅲ. ①侵权行为 – 民法 – 中国 – 高等学校 – 教材　Ⅳ. ①D923

中国版本图书馆 CIP 数据核字(2013)第 051430 号

书　　　名:侵权责任法学
著作责任者:方新军　主编
责 任 编 辑:尹 璐　徐 音　王业龙
标 准 书 号:ISBN 978 – 7 – 301 – 22303 – 1/D · 3293
出 版 发 行:北京大学出版社
地　　　址:北京市海淀区成府路 205 号　100871
网　　　址:http://www.pup.cn
新 浪 微 博:@北京大学出版社
电 子 信 箱:law@ pup.pku.edu.cn
网　　　址:http://www.pup.cn
电　　　话:邮购部 62752015　发行部 62750672　编辑部 62752027
　　　　　　出版部 62754962
印　刷　者:北京鑫海金澳胶印有限公司
经　销　者:新华书店
　　　　　　730 毫米×980 毫米　16 开本　20.25 印张　387 千字
　　　　　　2013 年 3 月第 1 版　2014 年 6 月第 2 次印刷
定　　　价:38.00 元

未经许可,不得以任何方式复制或抄袭本书之部分或全部内容。
版权所有,侵权必究
举报电话:010 – 62752024　电子信箱:fd@ pup.pku.edu.cn

目　录

第一章　侵权责任法的基本理论 …………………………………（1）
第一节　侵权责任法的历史沿革 …………………………………（1）
第二节　侵权责任法的功能 ………………………………………（12）
第三节　侵权责任法的保护范围 …………………………………（15）
第四节　侵权责任法的发展趋势 …………………………………（18）

第二章　侵权责任法的归责原则 …………………………………（25）
第一节　概述 ………………………………………………………（25）
第二节　过错责任原则 ……………………………………………（29）
第三节　过错责任原则的特殊表现——过错推定责任 …………（32）
第四节　无过错责任原则 …………………………………………（40）
第五节　归责原则的补充——公平分担损失 ……………………（48）

第三章　一般侵权责任的构成要件 ………………………………（53）
第一节　概述 ………………………………………………………（53）
第二节　权利和利益的区分保护 …………………………………（59）
第三节　民事权益的侵害 …………………………………………（68）
第四节　损害 ………………………………………………………（84）
第五节　加害行为 …………………………………………………（95）
第六节　因果关系 …………………………………………………（100）
第七节　过错 ………………………………………………………（112）

第四章　共同加害行为 ……………………………………………（131）
第一节　概述 ………………………………………………………（131）
第二节　共同侵权行为 ……………………………………………（142）
第三节　教唆帮助侵权行为 ………………………………………（150）

第五章　共同危险行为 ……………………………………………（154）
第一节　概述 ………………………………………………………（154）
第二节　共同危险行为的构成要件 ………………………………（162）
第三节　共同危险行为的责任承担 ………………………………（166）

第六章　不承担责任和减轻责任的抗辩事由 ……………………（171）
第一节　抗辩事由的概念和分类 …………………………………（171）
第二节　法定抗辩事由 ……………………………………………（172）

第三节　非法定抗辩事由 …………………………………………（181）
第七章　侵权损害赔偿 ………………………………………………（186）
　　　第一节　概述 ……………………………………………………（186）
　　　第二节　人身损害赔偿 …………………………………………（190）
　　　第三节　财产损害赔偿 …………………………………………（197）
　　　第四节　精神损害赔偿 …………………………………………（199）
第八章　雇主责任 ……………………………………………………（203）
　　　第一节　雇主责任的概念和特征 ………………………………（203）
　　　第二节　雇主责任的归责原则 …………………………………（204）
　　　第三节　雇主责任的构成要件 …………………………………（206）
　　　第四节　雇主责任的承担 ………………………………………（209）
第九章　教育机构责任 ………………………………………………（212）
　　　第一节　概述 ……………………………………………………（212）
　　　第二节　教育机构责任的性质 …………………………………（214）
　　　第三节　教育机构责任的分类 …………………………………（216）
　　　第四节　教育机构责任的归责原则 ……………………………（217）
　　　第五节　教育机构责任的构成要件 ……………………………（218）
　　　第六节　教育机构责任与相关责任的界分 ……………………（220）
　　　第七节　教育机构责任的承担 …………………………………（221）
第十章　产品责任 ……………………………………………………（223）
　　　第一节　概述 ……………………………………………………（223）
　　　第二节　产品责任的归责原则 …………………………………（225）
　　　第三节　产品责任的构成要件 …………………………………（227）
　　　第四节　产品责任的相关责任主体 ……………………………（229）
　　　第五节　产品责任的承担形式 …………………………………（231）
　　　第六节　免责事由与诉讼时效 …………………………………（234）
第十一章　机动车交通事故责任 ……………………………………（237）
　　　第一节　机动车交通事故的概念和特征 ………………………（237）
　　　第二节　机动车交通事故责任的归责原则 ……………………（238）
　　　第三节　机动车交通事故责任的构成要件 ……………………（242）
　　　第四节　机动车交通事故责任的责任主体 ……………………（243）
第十二章　医疗损害责任 ……………………………………………（248）
　　　第一节　概述 ……………………………………………………（248）
　　　第二节　医疗损害责任的构成要件 ……………………………（250）
　　　第三节　医疗损害责任中的特殊问题 …………………………（256）

第十三章　环境污染责任 …… (267)
第一节　概述 …… (267)
第二节　环境污染责任的构成要件 …… (270)
第三节　环境污染责任中的多数人侵权 …… (275)
第四节　环境污染责任的减免规则 …… (276)

第十四章　高度危险责任 …… (280)
第一节　概述 …… (280)
第二节　民用核设施致害责任 …… (283)
第三节　民用航空器致害责任 …… (286)
第四节　高度危险物致害责任 …… (290)
第五节　高度危险活动致害责任 …… (294)

第十五章　饲养动物致害责任 …… (300)
第一节　概述 …… (300)
第二节　饲养动物致害责任的一般规则 …… (301)
第三节　饲养动物致害责任的特殊问题 …… (306)

第十六章　物件致人损害责任 …… (312)
第一节　概述 …… (312)
第二节　各种物件致人损害责任 …… (313)

第一章　侵权责任法的基本理论

第一节　侵权责任法的历史沿革

一、侵权责任法的名称问题

侵权责任法,是指行为人基于过错侵害他人民事权利或合法利益,或者行为人没有过错,但是根据法律的规定应当承担损害赔偿责任的法律制度。

在中国《侵权责任法》的起草过程中,一直存在究竟是采纳"侵权行为法"的名称,还是采纳"侵权责任法"的名称的争论。这种争论的核心是,侵权行为的后果究竟是产生一个债,还是产生一个责任。作为这种争论进一步推演的结果,如果认为侵权行为产生债,那么侵权行为就是债的发生原因之一,在未来民法典的体系中,侵权行为应该规定在债编；如果认为侵权行为产生责任,那么侵权行为就不是债的发生原因之一,在未来民法典的体系中,侵权行为就应该从债编中独立出来成为单独的一编。上述争论具有鲜明的中国特色,因为在传统大陆法系国家中上述争论是不存在的。

首先,无论是"侵权行为法",还是"侵权责任法",这种以"侵权"作为核心词的表述,中国是独此一家。我们称为"侵权行为"或者"侵权责任"的,在大陆法的语言中不是"不法行为",就是"不法事实"。这包括德语"unerlaubte Handlungen"、法语"Des dèlist"、意大利语"Dei fatti illeciti"、西班牙语"De los actos ilícitos"、葡萄牙语"Factos ilícitos"和荷兰语"Onrechtmatige daad"。日文的表述直接就是四个汉字"不法行为",甚至都不用翻译。传统大陆法语言的表述更符合罗马法的传统,因为上述语词的源头是罗马法中的两个拉丁文"iniuria"和"delictum"。前者由否定性前缀"in"和名词法"ius"合成,直译就是不法的意思。"delictum"这个词派生于动词"delinqere"(偏离正确的道路),意思是一个违法、一个失误或一个错误。英语中的"tort"很可能是来自法语,而法语单词又来自于拉丁语"tortus",具有拷打、折断、折磨的意思,在中世纪的法语中,"tort"就已经指的是违反法律的行为了。在现代英语中,"tort"除了指不法行为以外,没有其他含义。

传统大陆法语言的表述更加符合我们称为"侵权责任"这个事物的本质,根据《侵权责任法》第2条和第6条第1款的规定,该法不但保护权利,也保护利益,这就明显导致了名实不符的问题,因为《侵权责任法》的名称小,而保护的内容大。

中国的这种称谓早在1911年起草的《大清民律草案》中就已经出现了,其原因已无从考据,但是我们还是可以大致推断出问题的由来。《大清民律草案》的债编是由日本学者松冈义正负责起草的,而在此之前颁布的《日本民法典》尽管用的是"不法行为"的称谓,但是其第709条规定"因故意或过失侵害他人权利时,负因此而产生损害的赔偿责任。"松冈义正可能是认为,既然不法行为只有在侵犯权利时才存在,那还不如叫"侵权行为"更加准确和直观。但是松冈义正并没有原文照抄日本民法典的条文,他在起草了一个与《日本民法典》第709条几乎是一样的第945条以后,又加上了第946条和第947条,即故意或过失地违反保护他人法律的,视为加害人;故意以悖于善良风俗的方法加害于他人的,视为加害人。① 明眼人一看就知道,后两个条文源自《德国民法典》第823条第2款和第826条。松冈义正很了不起,他可能是认识到《日本民法典》第709条作为一般条款过于原则和宽泛,在实务中不好操作,因此加上了后面两个条文作为补充。但是他似乎又没有意识到后面两个条文正是拓宽不法行为法的调整范围,从而将权利以外的利益纳入保护对象的两个通道,否则他就不会将不法行为的名称改为侵权行为了。松冈义正确定的名称在《民国民律草案》和《中华民国民法典》中保留下来并成为汉语的通用表述,他所起草的三个条文在后来的法典中,尽管在语言的表述和条文的顺序上有一些改动,但是没有实质性的变化,因此上述名实不符的状况也被保留下来。很早以前就有学者认识到上述名实不符的问题,我妻荣就指出,《中华民国民法典》第184条既不以侵害权利为要件,则不得谓侵权行为的名称为适当。② 尽管随着《侵权责任法》的颁布,"侵权责任"的表述在中国已经被固定下来,但是其本质是一种"不法行为",此点不可不明,在后面讨论"违法性"是否是侵权责任的构成要件时,我们还要回到这个问题上来。

其次,侵权行为在当事人之间产生一个债,只有在债务不履行的时候才产生一个责任。在汉语中,基于词义分析,债是人的责任,似乎债务和责任不存在区分,但是两者之间的区分是存在的。债务是必须为一定行为(包括不作为)的法律上的义务,而责任是强制实现此义务的手段,亦即此义务的担保。在民法中存在无责任的债务,如自然债务,也存在无债务的责任,如物上保证人的责任,但是在一般情况下,债务是产生责任的前提,责任是债务不履行的结果。③ 在合同之债中,当事人基于自由的约定产生一个债,只有在当事人不履行约定的义务时,才会导致违约责任问题。试想一下中国每天会签订多少个合同,而最终通过法

---

① 参见《大清民律草案·民国民律草案》,杨立新点校,吉林人民出版社2002年版,第123—124页。
② 参见〔日〕我妻荣:《中国民法债编总则论》,洪锡恒译,中国政法大学出版社2003年版,第51页。
③ 参见〔日〕於保不二雄:《日本民法债权总论》,庄胜荣校订,五南图书公司1999年版,第72—76页。

院强制实现违约责任的毕竟是少数,绝大多数合同都由当事人自己履行债务实现了。在侵权行为之债中,一方当事人的不法行为在当事人之间产生一个债,大多数的侵权行为之债也是通过当事人自己履行的方式实现了,最终通过法院实现侵权责任的仍然是少数。早在近二百年前,萨维尼已经指出,我们不能总是从一个病态的角度来考虑法律问题,也即不能只是从强制性的视角来考虑,个人所拥有的权利遭到他人的侵害,从而需要外在的强制力量——国家予以保护并不是一种常态。①

二、罗马法中的不法行为

罗马的契约法能够轻易地移植到现代的规范之中,但是罗马侵权法中却含有大量令我们的思想方式感到陌生的东西,甚至连盖尤斯时期或者优士丁尼时期的人对它们也难以理解。如果说不法行为法的历史就是从对侵害的报复性惩罚向损害赔偿过渡的运动,那么这一运动在罗马时期根本没有完成。② 因为罗马法中的损害赔偿制度和罚金诉讼,尤其是累积的罚金之诉都体现出报复性惩罚原则。

罗马法的贡献在于:它使不法行为和契约成为平行的债的发生原因;罗马法中有关侵辱和非法损害的内容是后世民法理论建立不法行为一般理论的素材;罗马法中的准私犯是特殊侵权的类型基础;罗马法中有关公犯和私犯的区分是犯罪和不法行为区分的基础。

王政时期的罗马法已经将不法行为区分为公犯和私犯,这也是公法和私法区分的基础。如果用现在的术语来解释,就是犯罪和侵权的区分,但是罗马人的理解和现代人之间还是存在很大差异。在公犯中受到惩罚的是犯罪人,受益的是国家,在罗马法中公犯的范围是逐步扩大的。在王政时代和共和国初期,只有通敌或叛国的行为是公犯,杀人、放火是私犯;共和国中期,杀人、放火、背誓、伪证、纠众扰乱治安等作为公犯;共和国末期,原属私犯的侵犯住宅行为和伤人行为也被列入公犯。③ 公犯范围的扩大,实际上说明了代表公权力的国家的控制范围的扩大。

在罗马法中私犯是指行为人使他人蒙受损害的行为。在盖尤斯的《法学阶梯》中,私犯的类型包括四种:盗窃、抢劫、不法损害、侵辱。在将近四百年后的优士丁尼的《法学阶梯》中,私犯的类型仍然包括上述四种,但是增加了准私犯的类型。准私犯的类型也包括四种:审判员误判致害;放置物或悬挂物致害;落

---

① See Federico Carlo di Savigny, Sistema del Diritto Romano Attuale, Volume Primo, Traduzione di Vittorio Scialoja, Torino, 1886, p.335.
② 参见〔英〕巴里·尼古拉斯:《罗马法概论》,黄风译,法律出版社2000年版,第217页。
③ 参见周枏:《罗马法原论》(下册),商务印书馆1996年版,第782页。

下物或投掷物致害;产生于自己属员的盗窃或侵害行为的责任。准私犯是现代民法中特殊侵权责任的雏形。在随后的司法实践中,罗马法相继发展出其他的私犯类型:欺诈、胁迫、诬告、贿赂奴隶、侵犯陵墓、由家畜造成的损害、数个共同所有主的连带责任等。①

在私犯的四种类型中,盗窃和抢劫被列为私犯仍然是侵权和犯罪区分不彻底的表现,真正对后世民法产生影响的是侵辱和不法损害。早在公元前450年左右制定的《十二表法》中已经有关于侵辱的规定。侵辱(iniuria)这个词由"ius"和否定性前缀"in"构成,直译就是不法,但是在罗马法中侵辱有其特定的含义。侵辱指在生理上或精神上对人造成损害的行为,其核心含义是任何对他人权利或者人格的轻蔑无视。② 在《十二表法》中,侵辱导致的损害主要通过同态复仇来恢复,为了缓解同态复仇的残酷性,罗马裁判官引入了"侵辱估价之诉",但是惩罚性的特征没有根本的改变。罗马法中的侵辱是现代民法中侵害人身权益导致侵权责任的雏形。

如果说侵辱这种私犯的本质是侮辱,那么不法损害这种私犯的本质就是损害。不法损害是大致颁布于公元前3世纪末至公元前2世纪前期的《阿奎利亚法》确立的,③不法损害的核心内容来自该法的第一章和第三章的规定。第一章规定:"如果某人不法杀死他人的男奴或他人的女奴或属于四足牲畜的动物,将判处他向所有人偿付相当于该物在过去1年内的最高价值。"第三章规定:"除了杀死奴隶和牲畜以外,如果某人不法焚烧、折断或毁损造成其他损害,将判处他向所有人偿付相当于该物在随后30天内的价值。"④这两个条文看似非常简单,但是经过罗马法学家的不断扩展和研究,现代侵权行为法的一般原理已经完全显现出来。《阿奎利亚法》首先确立了这样一个原则:对造成业已存在的义务关系之外的不法损害,有过错就要被惩罚。这一原则构成了被称为契约外责任的一般原则,因此在大陆法系,侵权责任又被称为"阿奎利亚责任"。在优士丁尼《法学阶梯》中,侵权责任的成立一般要包括如下要件:行为、损害事实、侵犯别人的权利、缺乏正当理由、因果关系、故意或者过失。⑤ 尽管上述结论是现代学者基于现代的法学理论对罗马法的解释,古代的罗马法学家从来没有系统地

---

① 参见〔意〕彼得罗·彭梵得:《罗马法教科书》,黄风译,中国政法大学出版社2005年版,第311—312页。
② 参见〔英〕巴里·尼古拉斯:《罗马法概论》,黄风译,法律出版社2000年版,第226页。〔意〕彼得罗·彭梵得:《罗马法教科书》,黄风译,中国政法大学出版社2005年版,第310页。
③ 参见〔古罗马〕盖尤斯:《法学阶梯》,黄风译,中国政法大学出版社2008年版,第201页。
④ 〔意〕桑德罗·斯奇巴尼选编:《债·私犯之债·阿奎利亚法》,米健译,中国政法大学出版社1992年版,第4、23页。
⑤ 参见〔意〕桑德罗·斯奇巴尼:《桑德罗·斯奇巴尼教授文集》,费安玲等译,中国政法大学出版社2010年版,第255、289页。

得出过上述结论,他们的兴趣不在于体系的建构,而在于对具体个案的解决,他们的思维方式从根本上讲是决疑式的,但是无可否认《阿奎利亚法》是现代侵权行为法的真正源头,罗马法学家的分析是现代民法建构侵权行为法体系的原始素材。

关于准私犯的起源,学说理论一直存在争议。第一种观点认为,准私犯是类似私犯而没有被列入私犯的违法行为,是裁判官在市民法对私犯的规定已经定型之后,为了加强维护社会秩序对新发展的一些侵权行为继续加以制裁,所以规定在前的称私犯,规定在后的称准私犯。① 第二种观点认为,私犯是有意的不法行为,准私犯仅仅是粗心大意的不法行为。这种观点的不足在于,作为私犯的不法损害并不以有意为要件,单纯的过失即为已足。第三种观点认为,私犯是自己的责任,而准私犯是替代责任。这种观点只能解释产生于自己属员的责任,但对其他准私犯的类型无法说明。第四种观点认为,私犯是过错责任,而准私犯的本质是严格责任,即所谓的无过错责任。但是审判员误判致损的准私犯确实以过失的存在为前提。② 应该还是第一种观点具有说服力,这就类似于罗马法中关于要式物和略式物的区分,当要式物的范围在市民法上确定下来以后,后来出现的很多远比要式物重要得多的物,在罗马法上也只能是略式物,如大象和骆驼。正如盖尤斯所指出的,在罗马市民法确定某些物是要式物,某些物是略式物时,人们连这些动物的名字都不知道。③ 尽管罗马人可能是基于巧合创设出了准私犯的类型,但是这些准私犯确实是现代民法特殊侵权类型的源头,我们只要看一下现代民法典中关于特殊侵权的规定,就不难发现罗马法留下的痕迹。

三、《法国民法典》中的不法行为

在西罗马帝国灭亡之后的五百多年时间里,整个西欧处于中世纪的黑暗时期,在这段时间里罗马法的研究也处于停滞状态。在公元 11 世纪左右,随着西欧的商业复兴,罗马法的研究也迎来了自己的第二春。在随后的将近八百年时间里,注释学派、评注学派、后期经院学派、人文主义学派、自然法学派和学说汇纂的现代应用学派的法学家们对不法行为的各个方面进行了深入的研究,最后的集大成者是 1804 年制定的《法国民法典》。

《法国民法典》关于侵权行为只有 5 个条文(第 1382—1386 条),法典的起草人之一波塔利斯在介绍法典的草案时对这种简洁的立法作出了说明:"我们同样要责令自己避免调整一切、预见一切的危险野心。……法律的作用是从宏

---

① 参见周枏:《罗马法原论》(下册),商务印书馆 1996 年版,第 803 页。
② 参见〔英〕巴里·尼古拉斯:《罗马法概论》,黄风译,法律出版社 2000 年版,第 235—236 页。
③ 参见〔古罗马〕盖尤斯:《法学阶梯》,黄风译,中国政法大学出版社 2008 年版,第 59 页。

观上规定法的最普遍的原则,建立一些可以引申出很多成果的原则,而不是深入到可能出现在每个领域之问题的细枝末节。"①但是《法国民法典》创设了侵权行为法的一般原则,这被认为是法制史上一项空前伟大的成就。

《法国民法典》第1382条和第1383条规定了自己行为的责任,这两个条文通过抽象和概括的方式,宣示了过失责任主义,确立了侵权行为的一般条款。第1382条规定:"人的任何行为给他人造成损害时,因其过错致该行为发生的人应当赔偿损害。"第1383条规定:"任何人不仅因其行为造成的损害负赔偿责任,而且还因其懈怠或疏忽大意造成的损害负赔偿责任。"一般认为,在法国法上自己行为的责任由三个要件构成:一是损害;二是过错;三是因果关系。《法国民法典》的上述两个条文被认为是参考了18世纪法国自然法学派的法学家罗贝尔·波蒂埃的观点,波蒂埃的观点来自于自然法学家格劳修斯,而格劳修斯的观点则又源自于后期经院学者,后期经院学者的观点则是在注释学派和评注学派的研究基础上,运用亚里士多德和阿奎那的哲学原则解释罗马法的结果。② 因此,任何学术观点的出现都不是空穴来风,它们都是点点滴滴的理论进步的结果,其中不知凝聚了多少优秀法学家的脑力。

《法国民法典》第1384、1385、1386条规定了非自己行为的责任,也就是对他人行为负责及物之责任。第1384条规定:"虽非自己行为发生的损害,但因自己应为其负责之他人行为或因其照管之物所生的损害,也负赔偿责任。父母,就其未成年同居子女行为所生的损害,负赔偿责任。主人与雇主,对其家庭佣人与受雇人在履行他们受雇的职责中造成的损害,负赔偿责任。小学教师与家庭教师及手艺人,对学生与学徒在受其监视的时间内造成的损害,负赔偿责任。"第1385条规定:"动物的所有人,或者使用人在使用牲畜的时间内,对动物或牲畜造成的损害负赔偿责任,不论该动物或牲畜在其管束之下,还是走失或逃逸。"第1386条规定:"建筑物的所有人,对建筑物因维修不善,或者因建筑缺陷、塌损造成的损害,负赔偿责任。"法国学界一般认为,上述三个条文采推定过失原则。

很长一段时间里,法国法并没有无过失责任的规定。学界一般认为,第1384条第1项后段关于"因其照管之物所生的损害,也负赔偿责任"是第1385条和第1386条的综合前提规定,其本身并不具有独立的规范地位,并非一个独立的请求权规范基础。但是在1896年发生的"锅炉爆炸案"中,因锅炉不符合第1385和1386条的要件,因此就应该适用第1382或者1383条的规定,从而原告应就加害人的过错负举证责任。法国最高法院为了保护受害人的利益,重新

---

① 参见〔法〕阿·布瓦斯泰尔:《法国民法典与法哲学》,钟继军译,载徐国栋主编:《罗马法与现代民法》(第二卷),中国法制出版社2001年版,第297页。
② 参见〔美〕詹姆斯·戈德雷:《私法的基础——财产、侵权、合同和不当得利》,张家勇译,法律出版社2007年版,第252—258页。

解释第1384条第1项后段,肯定其具有独立的规范功能,可以用来规范无生命物所致的损害,并且强调被告仅于证明该损害系出于不可归责的偶然事故、不可抗力或外在原因时,始得免责。这种解释被认为创立了无过失责任,是侵权行为法的革命。①

《法国民法典》的影响很大,在侵权行为的内容方面,卢森堡、比利时(1830年)、意大利(1865年)、西班牙(1889年)等国民法典的规定基本上与法国的规定一字不差,日本和拉丁美洲的许多国家在立法上也受到《法国民法典》的影响。

四、《德国民法典》中的不法行为

在《德国民法典》制定之前,德国继受罗马法形成了普通法,在侵权行为法领域仍然受到《阿奎利亚法》的影响,没有克服个别列举方式的缺点。在此之前,《法国民法典》和《奥地利民法典》均创设了一般概括性规定,因此有学者提出采纳法国的立法例。实际上德国一开始确实准备追随法国模式,其民法典第一草案的第704条就是以《法国民法典》第1382条为范式起草的,起草委员会的解释是:"在民法上,任何以不被认可的方式不法侵害他人权利的行为都是不被允许的。"②但是最后《德国民法典》的起草者没有采纳这种意见。一是因为民族自尊心,以萨维尼为代表的历史法学派强调法律是民族精神的体现,照搬法国民法的规定无法解决德国的问题。尤其是萨维尼将《法国民法典》的编纂者们评价为一帮浅薄的半吊子,由于他们的疏忽无知,整部法典在技术上含混费解时,德国人更不可能移植它;③二是《德国民法典》的起草者甚至认为,《法国民法典》的起点是不可接受的:"将应当由立法解决的问题交给法院,既不符合草案的本意,而且从德国人对法官职能的一般观点来看也是不能接受的。"④三是担心法国模式的一般条款会带来不确定性,正如《德国民法典》立法理由书所指出的,若无较为明确的规则,德国法院必将制造法国法院实务上所见的矛盾与零乱,这使得德国模式最终体现为三个小的一般条款,其目的是为法官裁判案件提供一套客观的标准。⑤

---

① 参见邱聪智:《民法研究》(一),中国人民大学出版社2002年版,第152—153页。
② 〔美〕詹姆斯·戈德雷:《私法的基础——财产、侵权、合同和不当得利》,张家勇译,法律出版社2007年版,第448页。
③ 参见〔德〕弗里德里希·卡尔·冯·萨维尼:《论立法与法学的当代使命》,许章润译,中国法制出版社2001年版,第51—55页。
④ 〔德〕克雷斯蒂安·冯·巴尔:《欧洲比较侵权行为法》(上卷),张新宝译,法律出版社2001年版,第21页。
⑤ 参见〔德〕迪特尔·梅迪库斯:《德国债法分论》,杜景林等译,法律出版社2007年版,第614页。〔德〕格哈特·瓦格纳:《当代侵权法比较研究》,高圣平译,载《法学家》2010年第2期,第106页。

实际上，《德国民法典》在侵权行为法上并非没有一般概括条款，其抽象程度一点都不比《法国民法典》弱。区别在于，《德国民法典》将一般概括条款分为三个基本的侵权类型，同时对于应该保护的具体权利和特殊侵权类型进行了比较详细的规定和列举。《德国民法典》关于侵权行为的规定有31个条文。

《德国民法典》一般条款所创立的三个基本类型是：第一，第823条第1项规定："故意地或者过失地以违法的方式侵害他人的生命、身体、健康、自由、所有权或者其他权利的人，负有向他人赔偿由此发生的损害的义务。"第二，同条第2项规定："违反以保护他人为目的的法律的人，负有同样的义务。根据法律的内容，没有过错也可能违反法律的，只有在有过错的情况下，赔偿义务才发生。"第三，第826条规定："故意以违反善良风俗的方式加损害于他人的人，负有向他人赔偿损害义务。"学者将上述三个条文称为三个小的概括条款体系。

在其他条文中，《德国民法典》则规定了具体侵权的种类，如共同侵权行为中，雇佣人责任、监护人责任、动物饲养人和看管人的责任、土地占有人的责任、建筑物占有人的责任、公务员违反职务的责任等。

《德国民法典》的立法例有非常大的影响力，而且这种影响正在扩大。1931年生效的《中华民国民法典》是追随德国立法例的典范，该法典的第184条规定："因故意或过失，不法侵害他人之权利者，负损害赔偿责任。故意以背于善良风俗之方法，加损害于他人者，亦同。违反保护他人之法律者，致生损害于他人者，负赔偿责任。但能证明其行为无过失者，不在此限。（1999年修改前的条文表述是：违反保护他人之法律者，推定其有过失。）"该条第1项前段采自《德国民法典》第823条第1项，只是将保护的权利予以概括化，没有对具体权利的类别进行列举，该条第1项后段采自《德国民法典》第826条，该条第2项采自《德国民法典》第823条第2项。

其他追随德国立法例的国家包括：《埃塞俄比亚民法典》第2027条、第2030条第1款、第2035条第1款；《荷兰民法典》第6:162条第2款；《奥地利民法典》第1311条和1916年增补的第1295条；《瑞士债法典》第41条第2款；《阿根廷民法典》第1075条、第1066条规定和1968年民法典修订时特别增加的第1071条第2款；1966年的《葡萄牙新民法典》第483条第1款等。

五、英美法系的侵权行为法

尽管大陆法系的侵权行为法是在罗马法的基础上理论化和体系化的结果，但是在思维方式上英美人却和罗马人存在亲缘性。和罗马人一样，英美的侵权行为法中不存在关于侵权的一般条款，有的只是对具体侵权类型的列举。

一个来自大陆法系的人第一次看到以自己的方式表现的英格兰侵权行为法时，他可能想起本国的刑法。大陆法系的人习惯于从一般原则发展起来的观念思考本国的侵权行为法,但是在刑法王国里没有一个可以与可适用于侵权法的一般条款相比较的一般条款,如一条保护人的生命的一般条款——无论任何人杀害他人,不管是故意的还是过失的,都被判处至少10年的监禁。刑法区别故意杀人、过失杀人、伤害致死、抢劫致死等不同情况,因此存在一大堆不同的具体罪名。① 英国法学家萨蒙德指出,和刑法是由各种特殊犯罪行为所建构起来的规则体一样,侵权法也是由各种特殊侵害行为所建构起来的规则体,在英国侵权法中不存在关于侵权责任的一般原理。② 与刑法一样,英国的侵权行为法也有所谓的"有名的侵权",英国法学家对这些有名的侵权进行了归纳,总共有72种。在有名的侵权类型之外,还存在一些"小侵权"和"无名的侵权行为"。某种侵权行为是否获得固定名称,要看其发生频率,以及固定为惯例的历史偶然性。

正因为英国侵权法只是对具体侵权类型的列举,这也导致在英国学界关于侵权行为法的性质存在两种截然不同的看法。萨蒙德认为在英国并不存在所谓的侵权行为法,而是一群互不相关的不法侵害行为,这就如同一堆鸽巢,每个鸽巢都有自己的名字,不同的侵权行为被分门别类地放在这些鸽巢中。③ 温菲尔德则持相反看法,他认为整个英国侵权行为可回归到单一的统一原则,所谓侵权责任是对法律预先确定义务的违反,这种义务是一般性地存在的,违反这种义务将导致对不确定损害的赔偿之诉。④ 赞成前说的,其书名中的"torts"是复数,赞成后说的,其书名中的"tort"是单数。

导致英国侵权行为法只是个别类型侵权行为规范集合体的主要原因,是中世纪以来持续存在的诉讼方式,也即令状制度。弗莱明指出:"像其他早期的法律一样,普通法也是完全形式主义的:实体法被掩盖在程序的缝隙之中,而其中的令状制度在铸造我们今日的侵权法时起到了特别重要的作用。"⑤

中世纪的英国存在两种法院,一种是国王法院,一种是地方法院,即郡法院。国王法院只受理两种类型的侵权行为,一种是暴力性的侵害,因为破坏和平、威胁国家安全;另一种是并非暴力侵害,但是涉及公共利益,如河岸土地所有人怠于修补堤岸导致他人遭受水灾损害。其他的侵权行为,一般称为非法侵害是由郡法院受理的。

侵权行为的诉讼取决于令状的记载形式,因该侵权行为属于上述两种类型

---

① 参见〔德〕克雷斯蒂安·冯·巴尔:《欧洲比较侵权行为法》(上卷),张新宝译,法律出版社2001年版,第337—338页。
② See Salmond and Heuston, The Law of Torts, Twentieth Edition, London, Sweet & Maxwell Ltd., 1992, p.18.
③ See Prosser and Keeton, The Law of Torts, Fifth Edition, West Group, 1984, p.3.
④ See W. V. H. Rogers, Winfield & Jolowiczon Tort, Eighteenth Edition, Sweet & Maxwell Ltd., 2010, p.6.
⑤ Jone G. Fleming, The Law of Torts, London, Sweet & Maxwell Ltd., 1998, p.21.

的哪一种而不同。国王法院令状记载的诉讼原因一般是定型的,如"被告以暴力搅乱和平、伤害原告身体",因此被称为"一般的非法损害"。而郡法院的令状因具体记载特定的诉讼原因,所以被称为"特定的非法侵害",或者"基于具体主张的非法侵害",简称"案件"。

上述区分到了14世纪实际上已经失去了原有的意义,由于地方法院审判权的衰退已由国王法院受理所有侵权行为诉讼。但是法官和律师仍然把这两者作为实体法上的两种完全不同的侵权行为,在两者的诉讼程序中发展出各自不同的实体法上的规范。非法侵害诉权和案件诉权的区别随着时代的演进而日益严格,诉讼时如果不采用适当的诉讼方式就要承担败诉的结果。区别两者的标志开始时是侵害行为的暴力性,到了18世纪,区别的标志进一步确定为侵害的直接性。例如,向公共道路抛投圆木伤害行人是直接的,因此是非法侵害诉权;而将圆木放置在公共道路上阻碍行人的侵害是间接的,因此成立案件诉权。1875年的法院法公布后,诉讼方式已被全部废除,然而在古老的诉讼方式下发展起来的各自不同的侵权行为实体法依然存在。正如梅特兰所指出的:"我们已经埋葬了诉讼形式,但它们依然从坟墓里统治着我们。"①

19世纪过失责任主义的出现,成为摆脱古代诉讼方式为基础的诉权法体系的一个机会。现代欧洲大陆各国的侵权行为法正是在确认以过失原则为责任基础时,摆脱了古代罗马法的诉权法体系。但是英美法没有这样做,过错只是成为与原有侵权类型相并列的一种有名的侵权行为。原因是在古代诉权法体系下发展起来的实体法已具有相当的规模,此外英美法固有的从判例到判例的经验主义也阻碍了像大陆法系那样对于法律进行全面、系统的整理。在1932年的一则案例中,过失侵权才被确定为是有名侵权的一种。尽管出现得很晚,但是过失侵权已经成为现代英国侵权行为法中最重要的侵权类型,因为它已经变成了一个口袋,使得英国侵权行为法变成一个开放的体系。

到了当代,尤其是在美国,出现了摆脱传统的诉权法体系重新编制侵权行为法的倾向。美国独立以后,仍然继受英国法。纽约州于1848年废止令状制度,其他各州从之。在随后的发展中,美国的侵权行为法比英国法更有活力,像产品责任、隐私权、错误出生等理论均出现在美国,而且美国法学有更强的体系化倾向,这就表现在美国法学会组织起草的《侵权行为法重述》上。

尽管美国法学会先前组织起草的两次侵权行为法重述都已成为不朽的经典,但是两次重述都没有从根本上改变具体列举式的思考方式,以《第二次侵权行为法重述》为例,整部重述体系庞大,共包括951个条文,其中对故意侵权和

---

① 〔英〕梅特兰:《普通法的诉讼形式》,王云霞等译,商务印书馆2009年版,第34页。

过失侵权的具体类别仍然进行了详细的列举。①

1986年,美国法学会开始组织起草《第三次侵权行为法重述》,其中的产品责任部分已经公布,其他部分仍然处于讨论阶段。加州大学伯克利分校的斯蒂芬·舒格曼教授认为,如果美国的《第三次侵权行为法重述》不改变英美法系构建、讨论和分析侵权法规则的方式,第三次重述的贡献仍将有限,第三次重述成功与否的关键是能否提出更简练、更有条理的基本原则,用来代替第二次重述中数量庞大的条文。他甚至提出了自己的《第四次侵权行为法重述》的设想。

舒格曼认为,美国的现行侵权行为法存在如下一些问题:首先,美国法存在太多的独立的侵权类型。不是从一个"不法行为"的基本原则出发,而是以滚雪球的方式发展了今天称为"侵权"的领域。庞杂的侵权类型导致不同的侵权类型各有其特殊用语,即使有些术语表示的是大致相同的意思。其次,导致一些相似的问题却以不同的方式解决,因为法官面对的是各种独立的侵权类型,而不是从整体上把握侵权法。最后,在面对新问题的时候,法官总是从狭窄的规则领域里,从先前的相似案件中进行推导,无法有一个整体的把握。因此,舒格曼设想的《第四次侵权行为法重述》分为四编:① 过错责任,这是侵权行为法的核心;② 严格责任,这是侵权行为法的例外;③ 抗辩事由;④ 救济。②

英美法在寻求侵权行为法体系化方面确实是在走大陆法系的老路,但是在具体侵权行为的规则设计上,基于决疑化的思考方式,其复杂性和细致性均较大陆法系有过之而无不及。

六、中国的《侵权责任法》

新中国成立以后的很长一段时间里,中国并不存在关于侵权行为的一般立法规定。1986年4月12日第六届全国人民代表大会第四次会议通过,自1987年1月1日起施行的《民法通则》具有划时代的意义,其地位相当于传统大陆法系民法典的一个微缩版。《民法通则》第六章以"民事责任"为名对违约责任和侵权责任进行了整体规定,除了单纯涉及违约责任的6个条文以外(第111—116条),涉及侵权责任的有23个条文。在《民法通则》以外,中国有大约40部单行法涉及侵权责任的内容。

在《民法通则》施行后的司法实践中,最高人民法院相继通过了《关于贯彻执行〈民法通则〉若干问题的意见(试行)》(1988年)、《关于审理涉外海上人身伤亡案件损害赔偿的具体规定(试行)》(1991年)、《关于审理名誉权案件若干

---

① 参见〔美〕肯尼斯·S.亚伯拉罕、阿尔伯特·C.泰特选编:《侵权法重述——纲要》,许传玺等译,法律出版社2006年版。
② 参见〔美〕斯蒂芬·D.舒格曼:《侵权法的再思考:〈第四次侵权法重述〉构想》,高建学等译,载王军主编:《侵权行为法比较研究》,法律出版社2006年版,第797—808页。

问题的解答》(1993年)、《关于确定民事侵权精神损害赔偿责任若干问题的解释》(2001年)、《关于审理人身损害赔偿案件适用法律若干问题的解释》(2003年)、《关于审理涉及会计师事务所在审计业务活动中民事侵权赔偿案件的若干规定》(2007年)等一系列司法解释。同时最高人民法院就各类具体案件也作出了大量的批复和复函。

自 2001 年起,《侵权责任法》的立法工作被提上了全国人大的立法议程,在经过三次审议之后,于 2009 年 12 月 26 日第十一届全国人民代表大会常务委员会第十二次会议通过,并于 2010 年 7 月 1 日起施行。《侵权责任法》分 12 章,共计 92 个条文,前 3 章是关于侵权责任的一般规定,第 4—11 章是关于责任主体和各类特殊侵权的专门规定,第 12 章附则是关于《侵权责任法》生效时间的规定。

第二节 侵权责任法的功能

侵权责任法的功能,就是侵权责任法在社会生活中发挥的作用。关于侵权责任法的功能,在中国的学说理论中一直存在不同的看法。单一功能说认为,侵权责任法的功能就是为受害人提供损害赔偿;双重功能说认为,侵权责任法不但有提供损害赔偿的功能,而且还有预防侵权行为发生的功能;多重功能说认为,除了上述两种功能外,侵权责任法还有惩罚功能、创设与保护民事权益的功能、分散损害与平衡社会利益的功能,以及维护行为自由的功能。[①] 本书认为,侵权责任法的核心功能包括两个,即损害的填补、行为自由的维护,其他功能都是侵权责任法的附属功能。

一、损害的填补

在上述不同观点中存在一个共同的核心,就是都承认侵权责任法具有损害填补的功能。侵权责任法的核心任务就是确定受损害人的实际损害由谁承担的问题。如果说以物权法(包括知识产权法、人身权法)为代表的法律制度是分配正义的体现,那么以合同法和侵权责任法为核心的债法则是矫正正义的体现。整个债法都是以第一层次的法律(物权法、知识产权法和人身权法)所确认的权利义务关系动起来的结果,这种"动"包括主动的"动"和被动的"动"。前者是基于当事人的自由意志的合意所产生的法律关系的变动,这主要属于合同法的调整范围;后者并不是基于当事人自由意志的合意,它可能是当事人一方自由意

[①] 参见高圣平主编:《中华人民共和国侵权责任法立法争点、立法例及经典案例》,北京大学出版社 2010 年版,第 1—2 页。

志所追求的结果,也可能是基于客观事由在当事人之间所产生的法律关系的变动,这主要属于侵权责任法的调整范围。

在上述被动的动的过程中,一方当事人可能有所失,一方当事人可能有所得,侵权责任法的功能就是在当事人的所得和所失中寻求一种平衡,即通过对一方当事人所失的填补,从而将不当变动的法律关系恢复到原初的状态。早在两千多年前,亚里士多德在《尼各马可伦理学》中已经通过矫正正义的概念清晰地表达了侵权责任法的损害填补功能,尽管亚里士多德对现代的侵权责任法没有任何的了解。他指出,矫正正义产生于或者是自愿的或者是不自愿的交往,在上述交往中产生的不公正就是不平等,法官的努力就是使在不平等中存在的不公正得到平衡,法官正是通过剥夺行为者不公正的所得来弥补受害者的所失,从而使得失获得平衡。①

正因为侵权责任的核心功能是对损害的填补,因此惩罚和制裁并不是其核心任务,这正是因侵权导致的民事责任和因犯罪导致的刑事责任的关键区别所在。在整个《侵权责任法》中只有第47条规定因产品存在缺陷而导致损害的,被侵权人有权请求相应的惩罚性赔偿,该条对侵权的主体、主观要件和损害的范围均有严格的限定,这只是整个侵权责任法的一个例外,并没有上升到侵权责任法核心功能的层面。

二、行为自由的维护

如果说从对侵害的报复性惩罚向损害赔偿过渡的运动,代表着一种进步,那么在损害赔偿中从结果责任向过错责任过渡的运动,同样代表着一种进步。如果甲遭受了损害,只要该损害是由乙造成的,那么甲的损害无例外地都由乙来填补,此时乙所承担的就是结果责任,因为此时乙的主观要件并没有被考虑。结果责任不符合矫正正义的相关性要求,因为它只是从被害人一个方面进行的考虑,其最终导致的结果就是整个社会的行为自由将荡然无存,保持安静是每个公民的首要义务,但是整个社会的发展又需要每个公民作出积极的行为,否则整个社会将停滞不前,这使得侵权责任法的核心任务在损害填补和行为自由的维护之间达到一种平衡。

当侵权责任法既考虑原告的损害,也考虑被告的行为自由时,它就是在相关性的前提下考虑矫正正义问题,而且自罗马法以来,行为自由一直居于优先考虑的地位。罗马法的原则是"所有权人自吞苦果",这个原则的出发点是反对由法律来阻碍偶然事件的发生,并反对由法律补偿由命运所造成的不平等。根据这

---

① 参见〔古希腊〕亚里士多德:《尼各马可伦理学》,邓安庆译,人民出版社2010年版,第176—177页。

种观念,只有当他人实施了不正当的行为时,才可能由该他人代替遭受损失的人承担责任。在这里,过错与偶然事件是对立的。① 因此耶林说:"导致损害赔偿义务的不是损害,而是过错。这是一个简单的原理,就像'让物体燃烧的不是光,而是空气中的氧气'这个化学原理一样简单。"②

在现代侵权责任法中,行为人没有过错导致他人损害,根据法律规定应当承担赔偿责任的情形越来越多,但是这些例外情形并没有从根本上改变过错责任原则的基础地位。

三、其他附属功能

当法官依据侵权责任法,在相关的前提下确定侵权责任时,侵权责任法确实可能起到威慑的功能,这既包括一般威慑,也包括特别威慑,前者是对社会一般大众的威慑,后者是对具体侵权人的威慑。功利主义法学和法经济学的观点甚至认为,侵权责任法的首要功能就是威慑。因为侵权责任法正是通过威慑从而起到减少事故成本与避免事故发生的成本的总和的作用。③

这种理解存在问题,首先,侵权责任的认定能否起到威慑作用并不确定;其次,如果侵权责任法的首要功能就是威慑,那么支付给原告的损害赔偿就是小事;如果由其他人起诉更能起到威慑作用时,受到损害的人甚至没有必要成为原告。这恰恰忽略了侵权责任法赋予原告对其损害获得赔偿权利的重要意义。④ 侵权责任的认定能否起到威慑作用,并不是侵权责任法关心的焦点,侵权责任法关心的是原告受到的损害,如何在不影响被告行为自由的前提下得到填补。将威慑界定为侵权责任法的首要功能,实际上是用外在的目的来解释侵权责任法,所谓减少事故的成本与事故的直接当事人之间并没有必然的联系,事故的直接当事人关心的就是一方的损害能否得到填补,另一方在什么情况下可以免责。侵权责任法具有内在的可理解性,这种内在可理解性的关键特征就是特定原告和特定被告之间的直接联系,以及由此产生的相关性。⑤ 威慑功能只是侵权责任法有可能带来的附属功能。

随着科技发展和社会生活复杂化所带来的风险的增加,单纯通过损害移转

---

① 参见〔德〕马克西米利安·福克斯:《侵权行为法》,齐晓琨译,法律出版社 2006 年版,第 2 页。
② 〔德〕鲁道夫·冯·耶林:《罗马私法中的过错要素》,柯伟才译,中国法制出版社 2009 年版,第 76 页。
③ 参见〔美〕盖多·卡拉布雷西:《事故的成本——法律与经济的分析》,毕竞悦等译,北京大学出版社 2008 年版,第 24—25 页。
④ 参见〔美〕马丁·斯通:《侵害与受害的意义》,载〔美〕格瑞尔德·J. 波斯特马主编:《哲学与侵权行为法》,陈敏等译,北京大学出版社 2005 年版,第 180—184 页。
⑤ 参见〔加〕欧内斯特·J. 温里布:《私法的理念》,徐爱国译,北京大学出版社 2007 年版,第 5—6 页。

在原被告之间进行损害填补未必能够对原告的损害进行充分的补偿,因此在现代社会损害分散的思想逐渐成为侵权责任法的思考方式,认为损害可先加以内部化,由创造危险活动的企业负担,然后再通过商品或服务的价格机能或保险加以分散,由多数人承担。① 本质上,损失分散只是损害填补在手段上多元化的表现,如果所有的侵权责任都能通过损失分散来解决损害填补问题,且无须考虑行为人主观上是否存在过错,那么侵权责任法实际上就已经消亡。

第三节 侵权责任法的保护范围

一、概述

《侵权责任法》第 2 条规定:"侵害民事权益,应当依照本法承担侵权责任。本法所称民事权益,包括生命权、健康权、姓名权、名誉权、荣誉权、肖像权、隐私权、婚姻自主权、监护权、所有权、用益物权、担保物权、著作权、专利权、商标专用权、发现权、股权、继承权等人身、财产权益。"第 6 条第 1 款规定:"行为人因过错侵害他人民事权益,应当承担侵权责任。"

上述条文表明侵权责任法的保护范围既包括权利,也包括利益。这种立法例一方面符合世界立法的发展趋势,另一方面也符合侵权责任法的真正本质。

第一,根据前文对侵权责任法名称的语词学分析,我们已经知道所谓的侵权责任法其本质是不法行为法,如果侵权责任法只保护权利,反而不当地限缩了保护范围。侵权责任法的真正目的是对民事主体合法利益的保护,权利只是保护利益的工具之一。上升到权利层次进行保护的利益,一般都是一些非常重要的利益,但是仍然有很多的利益并没有上升到运用权利工具进行保护的层次。"将主观权利的概念作为侵权行为法的核心概念,反而会导致主观权利不必要的营养过剩。"②因为新类型的利益未必确定到能够通过权利工具予以保护的程度,或者是还没有必要上升到运用权利工具予以保护的程度。

第二,将侵权责任法的保护范围规定为既包括权利,也包括利益,符合侵权责任法的保护范围不断扩大的趋势。《日本民法典》的变化是最好的例证。一百多年前制定的《日本民法典》第 709 条原先只规定保护权利,但是在随后的司法实践中法院不断地受到当事人主张权利之外利益保护的冲击。在法院作出一系列重要的判决之后,2005 年日本现代语化改革最终在第 709 条中增加了"法律上受保护的利益",目的就是为了扩大侵权责任法的保护范围。在民法中的

---

① 参见王泽鉴:《侵权行为》,北京大学出版社 2009 年版,第 8—9 页。
② 〔德〕克默雷尔:《侵权行为法的变迁》(上),李静译,载田士永等主编:《中德私法研究》(第 3 卷),北京大学出版社 2007 年版,第 76—77 页。

权利类型相对固定的情况下,法院对利益的保护正是使得侵权责任法能够跟上时代发展的最主要途径。

二、侵权责任法保护的权利范围

《侵权责任法》第 2 条列举了 18 种有名的权利,实际上列举得还不完整。

首先是漏了法人、个体工商户、个人合伙的名称权,《民法通则》第 99 条第 2 款对此有明确的规定。

其次是漏了自然人的身体权,《侵权责任法》第 2 条显然是沿袭了《民法通则》第 98 条的规定,只规定了生命权和健康权,但是《民法通则》第 119 条明确规定了侵害自然人身体的损害赔偿责任。我们可以认为立法者存在立法技术上的缺陷,应该承认我国立法上有身体权的存在。《最高人民法院关于确定民事侵权精神损害赔偿责任若干问题的解释》第 1 条第 1 款第 1 项直接规定身体权,不应该被认为是僭越了立法权。

最后是遗漏了债权,全国人大法工委的相关人士也明确指出,尽管《侵权责任法》第 2 条第 2 款没有列举债权,但是可以认为"等人身、财产权益"中包括了债权。①《德国民法典》明确地将债权排除在第 823 条第 1 款中的其他权利之外,理由是债权具有相对性,第三人无侵害的可能性。实际上任何权利都是对世的,任何权利都具有不可侵性。只是债权目的并不是划定一个个人自由意志的支配范围,这导致第三人不太容易意识到自己的行为对某类债权实施了侵害。此时原告并不能通过理性人标准证明被告的过错存在,因为债权并没有被公示出来,一般的理性人无从知晓。因此,原告只有证明被告明知特定债权的存在,而且其行为的目的正是为了阻止该债权的实现,也即存在主观上的故意时,第三人侵害债权才能成立。也就是说,债权并非不具有可侵性,只是在主观要件上要求更加严格,即使立法没有明确规定这种要求,我们通过对债权性质的分析也能够推导出来。

三、侵权责任法保护的利益范围

《侵权责任法》明确规定保护客体的范围包括利益,尽管第 2 条列举了 18 种权利的类别,但是对于利益的类别和具体的保护方式,《侵权责任法》却保持沉默。如果严格地对第 2 条和第 6 条第 1 款进行文义解释,只要当事人能够证明自己利益的存在,而被告又存在过错,原则上都应该构成侵权。如果在司法实践中坚持上述解释,那么整个社会的行为自由将受到严重威胁。

---

① 参见全国人大常委会法制工作委员会民法室编:《中华人民共和国侵权责任法:条文说明、立法理由及相关规定》,北京大学出版社 2010 年版,第 8 页。

尽管利益保护的范围有扩张的趋势,但是全世界还没有一个国家对当事人提出的所有利益都进行保护。作为一个心理学的概念,利益表达的是主体对客体的一种欲望,基于这种欲望的主观性,有多少人就会有多少欲望,而且这种欲望在很多时候是完全不同的,甚至是完全对立的,我们无法从心理学的概念去把握规范的实质。① 因此我们必然要对当事人主张的利益进行筛选,选出其中一部分进行法律保护,而另外一部分只能处于法外空间。

当事人主张的利益既可能是人身利益,也可能是财产利益,这些利益尽管没有上升到运用权利工具进行保护的层次,但是法律有明确的规定对这些利益进行保护。例如:

1.《最高人民法院关于确定民事侵权精神损害赔偿责任若干问题的解释》第1条第2款规定:"违反社会公共利益、社会公德侵害他人隐私或者其他人格利益,受害人以侵权为由向人民法院起诉请求赔偿精神损害的,人民法院应当予以受理。"尽管在《侵权责任法》中隐私已经上升到权利的层次,但是上述条文仍然是法院保护其他人格利益的规范基础。

2. 在婚姻法中并没有关于配偶权的明确规定,但是《婚姻法》第46条规定,因重婚、有配偶者与他人同居而导致离婚的,无过错方有权请求损害赔偿。该条实际上保护了基于亲属关系而产生的身份利益。

3. 由于自然人的权利能力始于出生,终于死亡,自然人死亡以后不再享有权利,但是《最高人民法院关于确定民事侵权精神损害赔偿责任若干问题的解释》第3条规定:"自然人死亡后,其近亲属因下列侵权行为遭受精神痛苦,向人民法院起诉请求赔偿精神损害的,人民法院应当依法予以受理:(一)以侮辱、诽谤、贬损、丑化或者违反社会公共利益、社会公德的其他方式,侵害死者姓名、肖像、名誉、荣誉;(二)非法披露、利用死者隐私,或者以违反社会公共利益、社会公德的其他方式侵害死者隐私;(三)非法利用、损害遗体、遗骨……"该条规定是对死者人格利益的保护。

4. 一般的人格利益都与自然人本身有关,但是《最高人民法院关于确定民事侵权精神损害赔偿责任若干问题的解释》第4条规定:"具有人格象征意义的特定纪念物品,因侵权行为而永久性灭失或者毁损,物品所有人以侵权为由,向人民法院起诉请求赔偿精神损害的,人民法院应当依法予以受理。"

5.《反不正当竞争法》第10条关于商业秘密保护的规定。

6.《物权法》关于占有保护的规定。

除了上述法律规定对特定的利益进行保护之外,当事人仍然可能主张各种

---

① See Emilio Betti, Interesse(Teoria generale), Novissimo Digesto Italiano VIII, VTET, Torino, 1968, pp.838—839.

各样的利益保护请求,法院无论判决其胜诉,还是判决其败诉,都面临着充分的说理问题,这是未来《侵权责任法》的司法实践中需要解决的重点和难点问题之一。具体的细节在后面的分析中再作展开。

第四节 侵权责任法的发展趋势

一、保护范围的扩大化

侵权责任法的保护范围包括权利和利益,自20世纪50年代以来,两者的范围均出现了扩大的趋势。"事实上,19世纪的侵权行为法,是一部限定企业赔偿责任的法律;让争取人身伤害赔偿变得困难的法律(尤其对劳工而言)。20世纪时,老旧的侵权行为制度已经完全崩解;法院及立法机关移走了原告路上的障碍;一套新的、有利于原告的法律建立了——到达了人们称之为赔偿责任'爆炸'的程度。"[1]上述赔偿责任的爆炸主要是通过以下途径达成的:

第一,侵权责任法并没有创造出新的权利类别和利益类别,立法者或者法院主要通过技术手段使得原告的权利或者利益更容易得到保护。如将过错责任转变为过错推定责任或者是无过错责任;废止一些不公平的制度,如英美法上的"同伴责任律"。根据这种制度,如果工人受伤的原因是其他员工的过失行为造成的,那么这名工人就不得控告其雇主,这意味着大部分工业革命的死者,无法为他们血肉模糊的身体拿到半毛钱。到20世纪50年代,美国所有的州都不再接受"同伴责任律"。[2]

第二,侵权责任法在表面上仍然没有创造出新的权利类别和利益类别,但是法官通过解释,尤其是通过目的性扩张的解释方法扩大了侵权责任法的保护范围。例如,通过对健康权的扩张解释,使得健康权不但包括肉体健康,还包括精神健康;通过对所有权的扩张解释,将原本属于纯粹经济利益的损失纳入所有权的保护范围;通过对隐私权的扩张解释,使得隐私权不但包括自决与独处,而且包括个人的各种数据信息和个人基因信息等。

第三,新的权利类别和利益类别的出现所导致的侵权责任法保护范围的扩大。"20世纪下半叶,新的利益几乎前所未有地逼迫着法律,要求以法律权利的形式得到确认。相应的法律也越来越多地确认其存在,将空前大量的权利提高到受法律保护的地位。"[3]由此人类社会也进入了一个权利爆炸的时代,这也是

---

[1] 〔美〕劳伦斯·傅利曼:《二十世纪美国法律史》,吴懿婷译,城邦文化事业股份有限公司2005年版,第376页。
[2] 同上书,第379—380页。
[3] 〔美〕伯纳德·施瓦茨:《美国法律史》,王军等译,中国政法大学出版社1990年版,第273页。

赔偿责任爆炸的最主要原因。权利的爆炸不但包括财产权利的爆炸,也包括人身权利的爆炸。原先的财产权利体系只是在有体物的基础上架床叠屋的结果,在以智力成果为客体的知识产权出现之后,侵权责任法的保护范围已经得到了扩张。现代社会财产权利的爆炸主要是规制国出现的结果,在现代社会国家越来越成为财富的来源,国家可以通过垄断一部分资源的方式直接创设出新的财产权利类别,现代民法中出现的"准物权"类别(如采矿权、探矿权、捕鱼权、取水权等)就是明证。现代社会人身权利的爆炸主要表现在两个方面:一个是精神性人格权的大量出现,人格权的范畴已不限于物质性人格利益方面;另一个是基于社会性身份而产生的权利大量出现,这也是福利国家出现的结果,如关于领取失业救济金、残疾人补助金、单身母亲救济金等权利。上述权利的出现都极大地拓展了侵权责任法的保护范围。

随着科技的发展和社会生活的复杂化,人类的利益需求越来越趋向于多元化,其中一部分利益已经上升到权利的层面,还有一部分当事人主张的利益并没有上升到权利的层次,但是法官通过民法的一般条款转介公法规范和道德规范也予以了保护,这也使得侵权责任法的保护范围得到了实质性的扩张。在未来很长的一段时间里,对于当事人主张的利益是否应该进行保护,都是对法官的智慧和专业水平的最好检验,法院确实可能成为新类型权利的试验田。

二、损害赔偿的社会化

在过错责任原则的支配下,损害赔偿只是矫正正义在个人之间实现的结果。如果原告的损害是由于被告的过错行为造成的,那么被告应当对由此产生的损害承担赔偿责任;如果被告的行为导致了原告的损害,但是被告在主观上并不存在过错,那么无论原告的损失有多大,原则上被告无须承担损害赔偿责任,由此产生的损害由原告自己承担。这是过错原则的核心意义所在。

随着科技的发展,越来越多的危险活动已经成为社会生活不可或缺的一部分,这些危险活动一方面给人类社会带来了很多便利,但同时也带来了许多无法预计的损害。由于科技发展的局限,这些危险活动的实际控制人即使尽了最大程度的注意义务,可能也无法避免损害后果的发生。此时如果仍然严格遵循过错责任原则,原告的损害只能自己承受,但是危险活动所造成的损害一般都比较严重,而且涉及面较广,这使得侵权行为法的价值取向开始出现转变。如果说侵权行为法的主要任务在于如何构建法益保护和行为自由之间的矛盾关系,那么过错责任原则关注的则是对行为自由的维护,但是现代侵权行为法关注的焦点开始转向对法益的保护,这使得不以过错为要件的危险责任开始出现。

危险责任的出现,只是使得原告的损害更容易得到赔偿,并没有使得损害赔偿出现社会化,因为损害仍然只是在原被告之间发生转移,原告所得到的,正是被告所失的。如果被告没有经济实力进行赔偿,即便不需要被告在主观上具有过错,原告的损害仍然无法得到及时的填补,"所以,现代损失赔偿法发展的方向就在于将损失转移到某一能够承担损失而又不会受到严重影响的主体,而这种主体主要是各种连带共同体(保险人)。就此,损失赔偿法本身已经发生了转变,它通过一个复杂的系统将损失转由一个有负担能力的债务人来承担。"①此时,损害赔偿的社会化就出现了,因为最终承担损害赔偿的已经不是导致损害的行为人,原告的损害实际上是通过保险的方式被社会分担了。

损害赔偿的社会化主要通过第一方保险、责任保险和社会保障制度来实现。第一方保险,是投保人以自身的财产或者人身为保险标的,与保险公司签订的保险合同;责任保险,是以被保险人依法应当对第三人承担的损害赔偿责任为标的而成立的保险合同;社会保障制度,是一种以国家为主体的公共福利计划,其目的在于保护全体公民避免因失业、疾病、老年及家人死亡而丧失收入来源或工资收入大幅度减少,并通过公益服务(如免费医疗)和社会救助提高全体公民的福利。②

损害赔偿的社会化趋势对传统侵权行为法产生了非常大的冲击,这尤其以责任保险和社会保障制度为甚。第一方保险并没有对传统侵权行为法产生实质性的冲击,相反,它很好地弥补了传统侵权行为法无力解决的问题。在投保人遭受损害时,只要符合第一方保险中的保险事故的条件,保险公司就应该及时进行赔付,原本应该由投保人承受的诉讼时间和加害人无资力进行赔偿的风险均由保险公司承担。如果是人身保险,投保人在接受保险公司的给付之后,基于侵权责任法产生的对加害人的赔偿请求权并没有法定的让与给保险公司,投保人仍然可以向加害人主张损害赔偿,这使他多了一份保障。

如果说第一方保险是受害人为了自身的财产和人身利益免于在受到损害时无法得到及时赔偿,而采取的预防措施,那么责任保险就是加害人为了避免因为自己的行为导致他人的损害而必须承担的赔偿责任给自己带来的影响,而采取的预防措施。上述两种保险形式对于受害人而言,都增强了其所受损害得到赔偿的可能性,但是责任保险在一定程度上对传统侵权行为法造成了实质性的冲击。在现代的法律体系中,责任保险和无过错责任具有相互依存的关系,责任保险制度使得无过错责任能够真正得到体现,否则因为加害人的无资力,无论是过错责任,还是无过错责任,其本质并无不同;反过来,正因为无过错责任范围的扩大,也使得责任保险制度得到很大的发展,尤其是强制性的责任保险制度。但是当责任保险和过错责任联系在一起的时候,责任保险对过错责任中所蕴含的道德判断——有过错的人应该承担损害赔偿责任,构成实质性的冲击,因为加害人

---

① 〔德〕马克西米利安·福克斯:《侵权行为法》,齐晓琨译,法律出版社2006年版,第8页。
② 参见程啸:《侵权行为法总论》,中国人民大学出版社2008年版,第15—29页。

通过责任保险使得保险公司成为真正的赔偿主体,而自己似乎置身事外;责任保险也可能进一步导致加害人注意义务的懈怠,因为实际赔偿人不是加害人本人,这反而使得侵权责任更容易发生。

社会保障制度对于受害人损害的及时填补当然具有积极意义,但是当社会保障制度在特定情况下,如在劳工保险制度中,参加保险的劳工遭遇损害,或因执行职务而致伤害、残废时,不问其是否构成侵权行为之要件,均可以向保险机构请求给付补助或补偿费,如果损害是受害人的雇主或者同事造成的,则受害人只能主张社会保险给付,而排除受害人基于侵权责任的损害赔偿请求权。在上述情形中,侵权行为法似乎已经形同虚设,这也使得学界出现了侵权行为法已经出现危机,或者正在没落的断言。①

在现代社会,由于损害赔偿的社会化而给侵权行为法带来实质性的冲击是个不争的事实,但是断言侵权行为法的没落还为时尚早。尤其是对于中国而言,在社会保障制度还远不完善的情况下,侵权行为法不但没有没落的迹象,而且扮演着空前重要的角色。责任保险制度也不可能从根本上颠覆过错责任原则,因为并不是所有的侵权类型都可以通过责任保险的方式进行移转,即便在责任保险的制度框架内,现代的法律已经发展出基于过错导致保险事故发生的,保险费率也会因此发生变动;或者无论保险事故的发生原因,保险公司尽管要对绝大部分的损失进行赔付,但是加害人也要承担一定的部分;或者加害人故意造成保险事故的,保险公司将拥有追偿权。上述措施都意在缓解责任保险制度对过错责任原则的过度冲击,从而维持过错责任所蕴含的道德判断。

三、公法影响的增强化

随着现代规制国的出现,公法和私法之间出现了多层次的交融。现代社会的法律已经变成了一个动态的规范体系,对同一社会经济生活现象公法和私法可能从不同的角度进行了调整,一旦出现纠纷,偏废任何一方进行孤立的考察都不可能圆满地解决问题。

起初阶段,公法领域对侵权行为法产生影响的主要是刑法,主要原因是刑法的发展比较完善,而侵权行为法的保护范围不够全面,尤其是对于精神性人格权的保护存在很大的空缺,在侵权行为法中转介刑法规范主要是为了填补上述空缺。但是在宪法关于公民基本权利的规定日趋完善,行政法对社会经济生活的渗透日趋深入之后,公法领域对侵权行为法产生影响的主要变为宪法和行政法。

作为国家的根本大法,宪法规定的基本权利对私法的影响是毋庸置疑的,宪

---

① 参见王泽鉴:《民法学说与判例研究》(第二册),北京大学出版社 2009 年版,第 104—129 页。〔德〕马克西米利安·福克斯:《侵权行为法》,齐晓琨译,法律出版社 2006 年版,第 320—327 页。

法的优位性是出于法秩序的内在逻辑,没有任何的法律领域能不受到这一内在逻辑的拘束。关键在于宪法规定的基本权利通过何种路径影响私法,正是在这个问题上学说理论产生了分歧。基本权利的直接效力说主张宪法规定的基本权利在私人关系中有绝对的效力,当事人可以直接援引,否则宪法关于基本权利的条文将沦为仅具有绝对的宣示性质。基本权利的间接效力说则认为,宪法规定的基本权利只是针对国家权力而产生,私法有其自身的独立性,基本权利的直接效力说是对私法体系的一个毁灭杰作,但是该说也承认私法本身也是由基本权利衍生而出,因此宪法中的基本权利应该通过私法中的概括条款的媒介间接地对私人关系产生影响。①

  从世界范围看,除极少数国家采基本权利直接效力说外,基本权利间接效力说已经成为通说。尽管德国联邦劳工法院仍然维持基本权利直接效力说的立场,但其主要还是适用于合同法领域。在侵权领域,自1950年"路特案"以来德国联邦宪法法院一直坚持基本权利间接效力说不曾动摇,甚至有学者认为:"就以基本权利对第三者效力之深入而言,路特案达到了理论之顶点。其后之联邦宪法法院判决,皆未超过其程度。"在该案中,汉堡地方法院依据违反善良风俗条款判决被告败诉,联邦宪法法院同样运用善良风俗条款,但是通过对宪法基本权利的转介得出了对违反善良风俗的不同理解,从而对案件进行了改判。② 这是一个通过民法的概括条款体现基本权利所蕴含的价值观念的典范。在引起广泛关注的"齐玉苓案"中,山东省高级人民法院以《最高人民法院关于以侵犯姓名权的手段侵犯宪法保护的公民受教育的基本权利是否应承担民事责任的批复》为依据判决原告胜诉,从而开启了宪法规范在民事案件中直接适用的先河,但是《最高人民法院审判委员会关于废止2007年底以前发布的有关司法解释》(第7批)的决定又明确废止了上述批复。这说明中国的司法实践也开始采纳宪法规定的基本权利的间接效力说。

  不采纳基本权利直接效力说不代表否认宪法对私法的影响,但是承认宪法在效力上的优先性,并不意味着要否认私法在适用上的优先性。尽管采直接效力说和采间接效力说法院都要在个案中进行利益衡量,而且可能对案件的最终结果不会产生实质性的影响,但是能够在私法范围内解决的问题就不要直接适用宪法条文。因为一方面这会导致私法独立性的丧失,另一方面直接适用宪法条文反而可能损害宪法的根本性和终极性。因此我国也应该采纳基本权利的间接效力说,基本权利和民法的关系应该是,民法应该尊重在基本权利中所传达的

---

① 参见陈新民:《德国公法学基础理论》(增订新版·上册),法律出版社2010年版,第337—352页。
② 同上书,第349—374页。

人类生活图像,即在人们相互交往时,基本权利必须被尊重,这并不是因为法律具体规定所有人民均受到基本权利的直接约束,而是源自于人类共同生活的传统规范,基本权即建构在此一规范的基础上。基本权利所传达的人类生活图像并不只是在人民—国家关系中作为基本权利规范的基础,也是民法建构的根基。而这一根基的原点就是人的尊严。①

如果说宪法是在价值观念上对侵权行为法产生影响,那么行政法则是在具体的技术层面上对侵权行为法产生影响。由于现代国家主要通过行政手段对社会经济生活进行直接干预,所谓的公法私法化和私法公法化,其实质就是私法和行政法互相工具化的问题。

行政法对侵权行为法的影响体现在两个方面:第一,行政法通过对主体行为义务的具体规定,为侵权行为法中的过错认定提供具体的认定标准;第二,行政法通过创设新类型的权利和利益的方式,扩大侵权行为法的保护范围。如果行政法规对主体的行为义务进行了具体的规定,例如不得超速、醉酒驾驶,不得排放超过一定标准的污染物,建造房屋必须和邻近房屋保持一定的距离等,这当然构成对行为人自由的限制,但是在侵权责任法中可以成为法官认定侵权人过错的表面证据,从而减轻当事人的举证责任和法官的认知负担,这实际上将私法中的过错责任在特定情况下转变为过错推定责任。行政法规中关于各类专家行为义务的具体规定同样可以成为法官认定过错的标准,同时也可能会突破纯粹经济损失只有在行为人故意的情况下才予以赔偿的限制。如果行政法规对主体的行为义务没有具体的规定,法官只能将其转介入侵权法的一般条款从而适用过错原则,否则就会导致对私人自由的过度干预。

同时,在现代社会中,政府开始成为财富的主要源泉,政府作为一个巨型压力器,它吸进税收和权力,释放出财富。这些财富包括国家垄断一部分资源,通过发放营业许可创设新的财产权,如出租车营运证、排污许可证等;国家可以在公共资源上创设不同于传统物权的新类型权利,如采矿权、捕鱼权、取水权等,这在现代民法上已经成为"准物权";国家也可以针对特定的人群赋予特定的权利,如残疾人补助金、失业救济金、单身母亲救济金等。个人从免于国家干预的自由转向了通过国家获得自由,这实际上导致了福利国家的出现和身份制度的复活。在上述新类型的财富中,有一部分只是主观公权利,如基于福利国家产生的权利,它们是给付行政的对象,权利人只能向国家主张,第三人无侵犯的可能,因此没有在私法中转介的必要。能够在私人间产生对抗效力的新类型财富,则要看私法在解释论上是否将其接纳为私法上的权利类型,这在侵权责任法上有

---

① 参见〔德〕Christian Starck:《法学、宪法法院审判权与基本权利》,杨子慧、林三钦等译,元照出版公司2006年版,第372页。

重要的技术意义。成为私法上权利的,以准物权为代表,事实构成要件的符合直接推定违法性的存在;不能成为私法上权利的,只能是私法上保护的利益,此时违法性不能被推定,而要在具体个案中由法官基于利益衡量予以认定。后者是解释论的难点,这在公法上表现为有关行政法范围的讨论,在私法上表现为个人能否基于公法规范提起民事诉讼的讨论。尽管在学说理论中已经归纳出一些解释的方法,如行政法规是否具有保护私人利益的内涵,原告是否是行政法规意欲保护的主体,原告的损害是否是行政法规意欲保护的范围等,但是正如丹宁勋爵指出的,这仍然是一个法官恨不得通过抛硬币来解决的问题。由于规制性法律一般都具有阶段性、权宜性和易变性的特点,立法者可能根本没有考虑过规制性法律的体系化效应问题,这只能通过法官在具体个案中进行具体的衡量。如果立法者有把握的,可以在规制性法律中设置私人能够提起民事诉讼的通道,我国《反垄断法》第 50 条、《反不正当竞争法》第 20 条第 2 款就是例证,这一方面可以扩张私人请求权的基础,另一方面也可以通过私法求偿来围堵公法上的不法行为,从而起到增加违法成本、降低执法成本的作用,同时也减轻了法官解释的难度。

第二章 侵权责任法的归责原则

第一节 概 述

关于侵权责任法的归责原则,在中国学界存在多种看法。

一元论认为,侵权责任法的归责原则只有一个,那就是过错责任原则。过错推定责任只是过错责任原则的一种特殊表现形式,其本身不是一个独立的归责原则。无过错责任一方面不利于发挥民事责任的教育作用和预防作用,另一方面在逻辑上也是自相矛盾的。立法上可以通过扩大过错推定责任的范围,将过错推定建构为两种类型,即一般过错推定和特殊过错推定,前者的免责事由是概括式的、无具体限定的,后者的免责事由是具体列举的,通过这种扩大可以将无过错责任纳入过错责任的调整范围。因此无过错责任不是一种独立的归责原则。①

二元论认为,侵权责任法的归责原则包括过错责任原则和无过错责任原则。过错责任原则自不必多论,无过错责任之所以应该作为一个归责原则是基于如下理由:第一,无过错责任作为归责原则在体系上具有周延性和完整性,对于一般侵权行为,适用过错责任原则,对于特殊侵权行为适用无过错责任原则。从逻辑学上看这是一种完整的列举,不存在遗漏的情形。第二,二元论的归责体系有明确的法律依据。《侵权责任法》第 6 条是关于过错责任原则的规定,第 7 条是关于无过错责任原则的规定。第三,二元归责体系符合当代侵权责任法的发展潮流。第四,公平责任不宜确立为独立的归责原则,一方面公平责任缺乏法律依据,另一方面公平责任也缺乏具体的适用对象。②

多元论则是过错责任、过错推定责任、无过错责任和公平责任的不同排列组合。③

上述争论的关键在于对归责原则的不同理解。"在法律规范原理上,使遭受损害之权益,与促使损害发生之原因结合,将损害因而转嫁由原因者承担之法

---

① 参见王卫国:《过错责任原则:第三次勃兴》,中国法制出版社 2000 年版,第 164—189 页。温里布同样认为,严格责任不符合矫正正义的基本原理,通过解释可以将严格责任纳入过错责任的范围。参见〔加拿大〕欧内斯特·J.温里布:《私法的理念》,徐爱国译,北京大学出版社 2007 年版,第 181—216 页。
② 参见张新宝:《侵权责任法原理》,中国人民大学出版社 2005 年版,第 24—46 页。
③ 参见高圣平主编:《中华人民共和国侵权责任法立法争点、立法例及经典案例》,北京大学出版社 2010 年版,第 76—78 页。

律价值判断要素,即为归责意义之核心。"① 其中的"法律价值判断要素"就是归责的依据和理由,也就是归责事由。

有学者认为,归责原则是指确定责任承担理由或依据的基本原则,它应该具有如下特征:第一,归责原则在成文法中的表现形式为一般条款,而非具体的或特别的规定,而所谓一般条款就是在民法典中居于核心地位,成为一切侵权请求权之基础的法律规范;第二,归责原则没有特别指明其适用的范围,只要民法典或者其他法律中没有相反规定,该条款可以成为所有的侵权赔偿请求权的基础。② 如果按照这种理解,侵权责任法的归责原则只有一个,即过错责任原则。因为《侵权责任法》的一般条款就是第6条第1款,第7条关于无过错责任的规定只是对各种特殊侵权的归责事由在理论上的抽象,其本身并不是一个独立的请求权规范基础。

另有学者认为,侵权责任法的归责就是指加害人的某种行为被确认为侵权行为并应当由加害人承担相应民事责任的基础(可归责的事由)。侵权责任法中的归责原则,则是对于各种具体侵权案件的可归责事由(责任基础)进行的一般性抽象,抽象出同类侵权行为共同的责任基础。与其说过错责任或无过错责任为一般适用的原则,倒不如说它们为确认不同种类的侵权行为的责任根据的规则。因此,我们没有必要从某一个归责原则起作用的范围之大小而确认其为原则或否定其为原则。③ 这种观点符合传统大陆法系关于归责原则的理解,即归责原则只是对归责事由在理论上的一般化抽象,有多少独立的归责事由,就有多少独立的归责原则,归责事由和归责原则在本质上是同一的。

王泽鉴教授在论及我国台湾地区侵权责任的归责原则时指出,关于损害赔偿各国法律多采相同原则,即被害人须自己承担所生的损害,仅于有特殊理由时,始得向加害人请求损害赔偿。所谓特殊理由指应将损害归由加害人承担,使其负赔偿责任的事由,学说上称为损害归责事由或归责原则。④ 此处,归责事由和归责原则显然具有相同的意义。

拉伦茨教授在论及德国法上损害赔偿的归责原则时也指出,依德国法的规定,在许多情形下,某人应赔偿他人因一定事故于其法益或特定法益所遭受之损害。显然,这时在损害赔偿义务人与损害事故之间,必须存在着某种关系,此项法律规定,才会显得合理。此处的某种关系显然就是归责事由,《德国民法典》首先以故意或过失不法侵害他人法益为此种关系,这就是众所周知的过错责任

---

① 邱聪智:《从侵权行为归责原理之变动论危险责任之构成》,中国人民大学出版社2006年版,第31页。
② 参见程啸:《侵权行为法总论》,中国人民大学出版社2008年版,第102—103页。
③ 参见张新宝:《侵权责任法原理》,中国人民大学出版社2005年版,第25页。
④ 参见王泽鉴:《侵权行为》,北京大学出版社2009年版,第11页。

原则。但是《德国民法典》还规定有多种情形,令某人对一定损害负赔偿责任,而不以故意或过失为要件,学者们向来认为这些特殊情形只是过错责任原则的例外规定。由于我们不能将这些例外规定归纳在一个或数个原则之下,因此,我们也无法从体系上对其进行说明。但是今天德国法学界一致认为,德国的损害赔偿法并非建立在单一的归责原则上,即过错原则及一些基于特别理由而形成的例外规定之上。相反,德国的损害赔偿法是建立在多种不同,但价值相等的原则之上,即过错责任和无过错责任两项价值相等的基本原则之上。只是属于无过错责任的情形甚多,因性质不同,我们不能积极地提出一项原则加以说明,只就其消极特征立论,统称为"无过失责任"。[①] 显然,拉伦茨也是在归责原则和归责事由等同的意义上得出上述结论的。

如果我们也在归责原则和归责事由等同的意义上理解归责原则的含义,那么我国侵权责任法上的归责原则包括两个:一个是过错责任原则,法条表现是《侵权责任法》第6条;一个是无过错责任原则,法条表现是《侵权责任法》第7条。过错责任作为归责原则自不必多论,作为无过错责任条文表现的《侵权责任法》第7条尽管不能作为独立的请求权基础,但是该条文确实是对《侵权责任法》分则中各种无过错责任类型在理论上的一般性归纳。在不存在无过错责任一般条文表述的国家,无过错责任尚且被认为是归责原则之一,在明确存在无过错责任一般条文表述的中国,更没有理由否认这一点。而且将无过错责任作为归责原则之一,确实也符合世界立法的趋势。

代表世界最新立法趋势的《欧洲侵权法原则》第1:101条规定,(1) 致他人损害的,法律上被归责者应负赔偿责任。(2) 损害尤其可归责于下列各方:① 其过错行为造成损害者;② 从事异常危险活动造成损害者;③ 其辅助人在其职责范围内造成损害者。评注者特别指出,该条第2款列举的承担责任的基础并非按照重要性排列,在观念上它们是平等的、可以相互换位的。这意味着过错责任并不是根本性的责任范畴,或其他责任只是例外,毋宁说,两者是并列的、以不同的归责事由为基础的不同责任。评注者同时指出,该条是以《瑞士侵权法草案》第41条为样本起草的,在传统大陆法系的民法典中没有一个国家规定了严格责任的一般条款,《瑞士侵权法草案》的条文在这方面是个先驱。[②]

《侵权责任法》第6条第2款规定的过错推定责任并不是一个独立的归责

---

① 参见〔德〕卡尔·拉伦茨:《德国法上损害赔偿之归责原则》,载王泽鉴:《民法学说与判例研究》(第五册),北京大学出版社2009年版,第184—186页。王泽鉴:《民法学说与判例研究》(第一册),北京大学出版社2009年版,第165页。
② 参见欧洲侵权法小组编著:《欧洲侵权法原则:文本与评注》,于敏、谢鸿飞译,法律出版社2009年版,第46—50页。《瑞士侵权法草案》,朱岩译,载〔德〕布吕格迈耶尔、朱岩:《中国侵权责任法学者建议稿及其立法理由书》,北京大学出版社2009年版,第301页。

事由,一方面该款并不能作为独立的请求权基础,另一方面过错推定责任只是对举证责任的分配进行倒置,其根本的归责事由仍然是过错,因此其仍然没有脱离过错责任的整体框架。

如果说根据《民法通则》第132条的规定,公平责任是否是一个独立的归责原则还存在争论的话,那么根据《侵权责任法》第24条的规定,公平分担损失不是一个独立的归责原则已经非常清晰了。《民法通则》第132条规定:"当事人对造成损害都没有过错的,可以根据实际情况,由当事人分担民事责任。"既然是"分担民事责任",那么从文义上讲,公平责任就应该是一个独立的归责原则。但是《侵权责任法》第24条规定:"受害人和行为人对损害的发生都没有过错的,可以根据实际情况,由双方分担损失。"《侵权责任法》将原先的"分担民事责任"修改为"分担损失"并非只是一个文字游戏,全国人大法工委在对第24条进行说明时指出,公平责任是不是与过错责任、无过错责任并列的侵权责任的归责原则,在《侵权责任法》的立法过程中有不同意见。考虑到实践中有适用公平负担损失的特殊需求,《民法通则》和最高人民法院的相关司法解释也都对公平责任作了规定,因此《侵权责任法》保留了关于公平分担的规定,但将《民法通则》规定的"分担民事责任"修改为"分担损失"。该修改主要基于理论和实践两方面考虑:从理论层面看,无过错即无责任是承担侵权责任的基本原则,既然双方当事人对损害的发生都没有过错,那么行为人就不应当承担责任,而只能是分担损失;从实践层面看,让无过错的当事人承担责任,比较难以解释。可以说《侵权责任法》的现有规定更科学,也更符合社情和民意。[①] 需要注意的是,法工委所说的无过错即无责任,是在法律没有规定特殊的无过错责任的前提下的说明,否则法律规定的无过错责任类型也变成了分担损失,而不是归责事由了。

《欧洲侵权法原则》第1:101条第2款不但规定了过错责任原则和无过错责任原则,而且还规定了替代责任原则,主要是雇主对其辅助人在其职责范围内造成的损害承担责任的原则。这也导致我国学者认为替代责任应该成为我国《侵权责任法》上的归责原则之一,理由是:第一,替代责任原则的归责基础是当事人之间的特殊关系,而不是无过错责任原则中的危险;第二,德国之所以只存在过错责任原则和无过错责任原则,是因为替代责任的主要类型监护人的责任和雇主责任都是过错推定责任,而根据我国《侵权责任法》第32条、第34条、第35条的规定,上述责任都是无过错责任,因此替代责任应该成为独立的归责

---

① 参见全国人大常委会法制工作委员会民法室编:《中华人民共和国侵权责任法条文说明、立法理由及相关规定》,北京大学出版社2010年版,第93页。

原则。①

本书认为,没有必要将替代责任归纳为独立的归责原则,因为替代责任本质上就是一种无过错责任。尽管替代责任的归责基础不是危险,但是危险责任只是无过错责任之一种,这并不能排除替代责任也是无过错责任的一种类型。在《欧洲侵权法原则》的起草过程中,以色列和意大利就反对将替代责任规定为独立的归责事由,但是更多的国家认为,替代责任可以是过错责任,也可以是无过错责任。此外,替代责任并非狭义的严格责任,因为对辅助人造成的损害承担责任时,需要辅助人有某些不当行为,因此归责原则应该有三个。② 上述理由对中国的《侵权责任法》不适用,在中国的《侵权责任法》中,替代责任本身就是无过错责任,只是辅助人对他人造成损害的责任有可能是过错责任,也可能是无过错责任,但这仍然没有突破归责原则的二元体系。在《欧洲示范民法典草案》中,替代责任只是作为无过错责任之一种,这种体例更加合理。③

第二节 过错责任原则

一、过错责任原则的含义和特征

过错责任原则,是以加害人的过错作为归责事由的原则。前文提及的耶林的名言:导致损害赔偿义务的不是损害,而是过错。这是一个简单的原理,就像让物体燃烧的不是光,而是空气中的氧气这个化学原理一样简单。这句名言是对过错责任原则的最好阐释。

自 1804 年《法国民法典》第 1382 条首次在成文法的层面对过错责任原则进行明确规定以来,在整个大陆法系的民法典中基本上成为通例,④我国《侵权责任法》第 6 条第 1 款"行为人因过错侵害他人民事权益,应当承担侵权责任"就是对过错责任原则的明确规定。概括而言,过错责任原则具有如下特征:

1. 过错责任原则以过错作为归责的基础和核心事由。加害人有过错的应该承担责任,加害人无过错,即使造成了损害巨大,也不能基于过错责任原则对其进行归责。

2. 过错责任原则本质上属于主观归责原则。主观归责又称为意思归责,是

---

① 参见周友军:《侵权责任法专题讲座》,人民法院出版社 2011 年版,第 29—30 页。
② 参见欧洲侵权法小组编著:《欧洲侵权法原则:文本与评注》,于敏、谢鸿飞译,法律出版社 2009 年版,第 49 页。
③ 参见欧洲民法典研究组、欧盟现行私法研究组编著:《欧洲示范民法典草案:欧洲私法的原则、定义和示范规则》,高圣平译,中国人民大学出版社 2012 年版,第 317 页。
④ 关于世界主要国家民法典对过错原则规定的摘录,参见王卫国:《过错责任原则:第三次勃兴》,中国法制出版社 2000 年版,第 67—69 页。

指基于自由意志理论,依特定个人的具体能力状况,以决定归责是否成立的法律判断原理,而过错的理论基础则在于主体拥有自由意志,因此主观归责又被称为过错责任原则。主观归责可以区分为基于故意的归责和基于过失的归责,故意和过失的合称就是过错。尽管在现代民法中过失的判断标准越来越趋向于客观化,但是这种客观化是为了更加简便地对主观过失进行认定,这在本质上不能改变过失的主观性。①

3. 过错责任原则是最基本的归责原则。所有的一般侵权行为原则上都适用过错责任原则,除非法律明确规定某些侵权行为的类型不以过错为要件。尽管现代民法开始承认无过错责任原则,但是这并不能改变过错责任原则的基础性地位。

4. 过错责任原则既适用于加害人,也适用于被害人。过错责任原则不仅意味着加害人要因其过错导致的他人的损害承担责任,而且也意味着受害人要就其自身的过错导致的损害的发生或者扩大自负损害。《侵权责任法》第26条规定:"被侵权人对损害的发生也有过错的,可以减轻侵权人的责任。"第27条规定:"损害是因受害人故意造成的,行为人不承担责任。"上述两个条文就是对受害人因自己的过错自负损害的明确规定。

二、过错责任原则的理论基础

在无过错责任原则产生之前,整个侵权责任法的历史就是从结果责任转向过错责任,以及过错责任在理论上逐渐清晰化的历史。两大法系在侵权责任的初始时期均经历了结果责任的阶段,但是最终两大法系均不约而同地转向了过错责任,其中必定蕴含了深刻的理论原因。

实际上,在罗马法谚"所有权人自吞苦果"中已经蕴含了过错责任原则的内涵,只是罗马人没有在理论上将其清晰地表述出来。如果是结果责任,罗马法谚的表述应该是"行为人承担后果"。根据"所有权人自吞苦果"的观念,只有当他人实施了不正当的行为时,才可能由该他人代替遭受损失的人承担责任。这项原则的背景是一个千百年来根深蒂固的法律观念,其出发点在于,反对由法律来阻碍偶然事件的发生,并反对由法律补偿由命运所造成的不平等。在这里,过错和偶然事件是对立的。② 在罗马法复兴以后的将近一千年时间里,法学家们努力的目标就是将过错责任原则清晰地表达出来,并为其提供坚实的理论基础。

王泽鉴教授认为,过错责任原则之所以被奉为金科玉律,视同自然法则,其

---

① 参见邱聪智:《从侵权行为归责原理之变动论危险责任之构成》,中国人民大学出版社2006年版,第34页。

② 参见〔德〕马克西米利安·福克斯:《侵权行为法》,齐晓琨译,法律出版社2006年版,第2页。

主要理由有三：第一是道德观念，个人就自己过失行为所肇致的损害，应负赔偿责任，乃正义的要求；反之，若行为非出于过失，行为人已尽注意的能事时，在道德上无可非难，应不负侵权责任。第二是社会价值，任何法律必须强调个人自由和社会安全两个基本价值。过失责任被认为最能达成此项任务，因为个人若已尽其注意，即得免负侵权责任，则自由不受束缚，聪明才智可得发挥。人人尽其注意，一般损害亦可避免，社会安全亦足维护。第三，人的尊严，过失责任肯定人的自由，承认个人抉择、区别是非的能力。个人基于其自由意思决定，从事某种行为，造成损害，因其具有过失，法律予以制裁，使负赔偿责任，最足表现对个人尊严的尊重。① 上述归纳非常精辟，但是在理论上仍然可以进一步阐明。

真正为过错责任原则奠定理论基础的是康德的自由意志理论，上述主要理由中的道德观念和人的尊严就是康德理论的体现。康德在《实践理性批判》中确定了实践理性的三项公设，即（灵魂）不死、（意志）自由和上帝存在。之所以要将意志自由确定为公设，是因为在"这个概念上，思辨理性无法不陷于相互冲突；为了解决这种冲突，（实践）理性只能通过自由的公设，设定一个虽然可以大致设想、却不能在客观实在性方面加以证明和确定的概念"，即"必须预先认定，人是可以不受感性世界摆布的，能够按照灵明世界的规律，即自由的规律，来规定自己的意志"。② 正因为有了上述公设，康德才能在《法的形而上学原理》一书中指出："只有一种天赋的权利，即与生俱来的自由。自由是独立于别人的强制意志，……它是每个人由于他的人性而具有的独一无二的、原生的、与生俱来的权利。……这是每个人生来就有的品质，根据这种品质，通过权利的概念，他应该是他自己的主人。"③同时正因为人有自由意志，因此"人，一般来说，每个有理性的东西，都自在地作为目的而实存着，他不单纯是这个或那个意志所随意使用的工具。在他的一切行为中，不论对于自己还是对其他有理性的东西，任何时候都必须被当作目的。"④而作为目的的人是超越一切价值之上，没有等价物可代替的，因此人有尊严。

既然每个人都具有自由意志，那么必然会产生两个自由意志在社会交往中如何并存的问题，康德认为此时应该坚持这样一个原则："外在地要这样去行动：你的意志的自由行使，根据一条普遍法则，能够和所有其他人的自由并存。""因此，如果我的行为或者我的状况，根据一条普遍法则，能够和其他任何一个人的自由并存，那么，任何人妨碍我完成这个行为，或者妨碍我保持这种状况，他

---

① 参见王泽鉴：《侵权行为》，北京大学出版社2009年版，第12—13页。
② 参见〔德〕康德：《实践理性批判》，邓晓芒译，人民出版社2003年版，第180—182页。
③ 〔德〕康德：《法的形而上学原理——权利的科学》，沈叔平译，商务印书馆1991年版，第49—50页。
④ 〔德〕康德：《道德形而上学原理》，苗力田译，上海人民出版社2005年版，第47—55页。

就是侵犯了我,因为根据普遍法则,这种妨碍或阻力不能和自由并存。"① 反过来,如果他人的行为或者状况,根据一条普遍法则,能够和我的自由并存,那么,我妨碍他人完成这个行为,或者妨碍他保持这种状况,我就是侵犯了他。这正是过错责任原则能够在理论上成立的真正原因。正因为康德理论的说明力,温里布认为只有将亚里士多德的矫正正义和康德的权利理论结合起来,私法(他主要指的是侵权责任法)才能够具有内在的可理解性。② 考夫曼同样指出,尽管在哲学领域关于人的自由意志问题仍然是个难题,但是迄今为止没有比康德的自由意志理论更基础和清楚的。关于自由意志问题,我们没有必要再退回到康德之后,自由是立于实践理性之上,人的自律和尊严皆根植于此,这是刑事归责和民事归责的真正原因。③

在社会原因上,过错责任原则是人类社会从熟人社会转向陌生人社会的结果,在这一转变中,侵权责任法的归责原则从结果责任转向了过错责任。熟人社会是静态的社会,人的活动范围很小,与之交往的人也相对固定,社会活动也相对简单,在这种社会中结果责任更符合当时的公平观念。在熟人社会中更注重的是因果关系,而不是过错。陌生人社会则是个动态的社会,人的活动范围开始扩大,与之交往的人也越来越不固定,社会活动的方式也越来越复杂,一个不经意的行为就可能导致无法预计的损害,如果一概认定赔偿责任的存在,社会生活的活力将在源头上被堵塞,这正是损害赔偿责任要求过错要素的原因。

第三节 过错责任原则的特殊表现——过错推定责任

一、过错推定责任的含义和特征

过错推定责任,是指在损害发生时,因为某种客观事实或条件的存在,即推定行为人有过错,如果行为人不能证明自己没有过错的,即承担损害赔偿责任。

所谓推定,就是从已知事实推知未知事实的一种方法,其原本只是诉讼法上的证据法则,并非固有的实体法原理。过错推定的本意,仅在借助证据法则,以调整过失责任主义的运用,使其不致流于僵化,而失公平,但时至今日,过错推定的广泛运用,显然已使原有的过失责任主义发生了实质上的变动,从而具有实体

---

① 〔德〕康德:《法的形而上学原理——权利的科学》,沈叔平译,商务印书馆1991年版,第41页。
② 参见〔加拿大〕欧内斯特·J.温里布:《私法的理念》,徐爱国译,北京大学出版社2007年版,第19—22页。
③ 参见〔德〕考夫曼:《法律哲学》,法律出版社2004年版,第331—345页。关于人是否有自由意志,以及自由意志和道德责任之间的关系,可参见徐向东编:《自由意志与道德责任》,凤凰出版传媒集团、江苏人民出版社2006年版。

法的意义。① 我国《侵权责任法》第 6 条第 2 款规定："根据法律规定推定行为人有过错,行为人不能证明自己没有过错的,应当承担侵权责任。"这是在实体法上对过错推定责任的明确规定。

推定根据运用形式和效果的不同,可以作不同的分类。首先,推定可以区分为事实推定和法律推定:事实推定,又称为司法推定,是指法律没有直接规定推定的效果,但是法官根据经验法则,依自由心证,依据已明了的事实推定要证明的事实存在。法律推定,又称立法推定,是指在某些法律规范中,立法者以一定事实(推定基础)直接推导出另外一个特定的法律要件(推定结果)。这种被法律所推定的法律要件可以是一个事实,也可以是一种权利状态,前者是法律对事实的推定,后者是法律对权利的推定。② 侵权责任法中的过错推定属于法律对事实的推定。

其次,推定可以分为可以反证推翻的推定和不可以反证推翻的推定。不可以反证推翻的推定只是具有推定的形式,本质上是拟制。③ 侵权责任法上的推定属于可以反证推翻的假定。

过错推定责任最主要的特征就是导致了举证责任倒置或者是减轻原告的举证负担的结果,前者是证明责任分配的结果,后者是法律推定的结果。"谁主张,谁举证"是民事诉讼的基本原则,我国《民事诉讼法》第 64 条第 1 款规定:"当事人对自己提出的主张,有责任提供证据。"《最高人民法院关于民事诉讼证据的若干规定》第 2 条规定:"当事人对自己提出的诉讼请求所依据的事实或者反驳对方诉讼请求所依据的事实有责任提供证据加以证明。没有证据或者证据不足以证明当事人的事实主张的,由负有举证责任的当事人承担不利后果。"因此,在一般侵权案件中,受害人要对加害人主观上存在过错进行举证证明,举证不能的要承担败诉的后果,但是在法定的过错推定责任的侵权类型中,法律直接规定只要特定的事实和条件存在就直接推定加害人主观上存在过错,受害人没有证明的必要,此时应该由加害人来证明自己没有过错,否则其要承担败诉的结果。此时,立法者是将原本应该由受害人承担的举证责任倒过来转由加害人来承担,这被称为举证责任倒置。

需要注意的是,《侵权责任法》规定的过错推定责任并非都是导致举证责任倒置的责任。举证责任倒置是证明责任分配的结果,如果法律规定举证责任倒置是关于过错证明的倒置,那么这当然导致过错推定的结果;如果法律规定的举

---

① 参见邱聪智:《从侵权行为归责原理之变动论危险责任之构成》,中国人民大学出版社 2006 年版,第 67 页。
② 参见[德]汉斯·普维庭:《现代证明责任问题》,吴越译,法律出版社 2000 年版,第 74 页。
③ 参见[德]莱奥·罗森贝克:《证明责任论——以德国民法典和民事诉讼法典为基础撰写》,庄敬华译,中国法制出版社 2002 年版,第 220 页。

证责任倒置是关于因果关系证明的倒置,那么其并不导致过错推定的结果。过错推定是关于过错证明的认知方法,法律可以在不改变证明责任分配的前提下规定,只要原告能够证明法律规定的特定事实,被告的过错就被推定。因此,关于过错证明的举证责任倒置一定会产生过错推定的效果,但是单纯的过错推定在形式上不能产生举证责任倒置的结果,尽管在事实上可能如此。同时,即便是关于过错证明的举证责任倒置,对于侵权责任的其他构成要件,如损害、因果关系等仍然由受害人举证。因此过错推定责任所导致的举证责任倒置只是关于过错的举证责任倒置。

事实推定确实不能导致举证责任倒置的结果,"这是因为,事实推定尽管是根据事物之间的常态联系如日常生活中的某些经验规则等作出的,但就其内容上具有相对性和不确定性,如果事实上的推定能够导致举证责任的转移,这就在很大程度上使本负有举证责任的一方当事人在举证不能或举证尚不充分的条件下获得胜诉,这未免会在证明程度与证明责任之间的关系上引起混乱。"①但是,事实推定确实可以起到减轻受害人举证责任的作用。当受害人不能直接证明加害人存在过错时,基于受害人提出的间接证据,法官基于自由心证推定加害人存在过错时,这确实减轻了受害人的举证负担。广义上,事实推定也属于过错推定的一种方法,但是根据《侵权责任法》第6条第2款的规定,推定只能是根据法律规定进行的推定,因此《侵权责任法》中过错推定责任不包括事实推定。事实推定只是单纯的认定过错的一种方法,尽管其在事实上确实能够减轻受害人的举证负担。

尽管过错推定责任导致了举证责任的倒置,或者是减轻了受害人的举证责任,但是过错推定责任只是对传统过错责任原则的修正,它并没有脱离过错责任原则的框架,因为它仍然是以过错作为归责的依据。这也是我国《侵权责任法》第6条将过错推定责任和过错责任合并在一起进行规定的原因。

二、过错推定责任的历史沿革和理论依据

(一) 历史沿革

推定的技术在罗马法中已经有所体现,但是学界一般认为过错推定始见于法国17世纪法学家让·多马的过错理论。在多马所处的时代,过错责任学说在很大程度上是一种扩大法律救济的学说。因为按照中世纪客观归责和列举主义的侵权法,一个未被宗教和习惯确认为非法的过失行为是不承担任何责任的。因此,使错成为普遍的责任标准,其意图不在于使那些无过错的行为人可以享有更大的行动自由,而在于使那些无辜的受害者能够获得更多的补偿机会。基

---

① 毕玉谦:《民事证据法判例实务研究》,法律出版社2001年版,第334—335页。

于这种保护受害人的立场,多马针对一些受害人难以证明被告过失的情况,提出了过错推定的学说。这些情况包括,父母对子女、主人与雇主、手艺人对其监督下的他人行为的责任,动物致人损害和建筑物致人损害的责任。①

多马的理论影响到《法国民法典》的制定和法国的司法实践。《法国民法典》第1349至1353条是关于推定的规定,其第1349条明确地对推定作了定义:"推定系指法律或司法官依已知事实推断未知之事实所得的结果。"在随后的条文中《法国民法典》将推定分为法律上的推定和非法律上的推定。尽管《法国民法典》中关于推定的规定处于第三编"契约或约定之债的一般规定"中,从体系的角度看似乎不能对侵权责任的规定产生法律效力,但是在法国的司法实践中,学说理论几乎一致认为,第1384条、第1385条和第1386条规定的责任是过错推定责任。②

在《德国民法典》中并不存在关于推定的一般规定,通说认为第831条关于为事务辅助人而担负的责任、第832条关于监督义务人的责任、第833条关于动物饲养人的责任、第834条关于动物看管人的责任、第836条关于土地占有人的责任、第837条关于建筑物占有人的责任、第838条关于建筑物维护义务人的责任适用的是过错推定责任。③ 我们可以看出《德国民法典》中规定的过错推定责任的类型和多马理论中的类型在范围上基本上是一致的。

英美法中有关"事实自证"(res ipsa loquitur)的内容同样起到了推定的作用。"res ipsa loquitur"这一拉丁语源自于罗马法,其原意是"事实说明自身"。在1863年的一则案例中,波洛克法官在与律师争论中首次使用了这一术语。在该案中,一桶面粉从被告库房的窗口滚出,落在窗下一个行人的身上。波洛克法官认为:"仅凭此一事实,即足以证明被告有过失,原告无须证明被告或其受雇人有过失。"遂判决原告胜诉。在1865年的一则案例中,事实自证得到了进一步的说明,该判决书认为:"如能证明(导致事故发生之)事物,系在被告或其受雇人管理之下,而且在一般情形,如对其事物已尽相当注意,损害即不致发生,而被告又不为说明者,则即得认为,该事故系被告过失所致,已有合理之证据。"④《美国侵权行为法第二次重述》第328D节对"事实自证"进行了明确的规定:"1. 在下列情形下,可以做出原告所受伤害是由被告的过失所引起的推论:(1)该事件是在没有过失的情况下便通常不会发生的一种事情;(2)其他可能的原因,包

---

① See Jean Domat, Civil Law In Its Natural Order, Volume I, Translated by William Straham, Fred B. Rothman & Co. Littleton, Colorado, 1980, pp.577—603.
② 参见张民安:《现代法国侵权责任制度研究》,法律出版社2007年版,第85页。
③ 参见〔德〕马克西米利安·福克斯:《侵权行为法》,齐晓琨译,法律出版社2006年版,第171—190页。
④ 参见邱聪智:《从侵权行为归责原理之变动论危险责任之构成》,中国人民大学出版社2006年版,第69页。

括原告与第三人的行为,已被证据充分排除;并且(3)所表明的过失是处在被告对原告所负义务的范围之内。"①

在英美法系,关于事实自证的法律效力存在不同的观点。有人认为事实自证只是一个证据法则,它不过使得间接证据具有推论的效力,被告并不因此负担较重的证明责任;有人认为事实自证具有事实推定的效力,尽管其并不导致举证责任的倒置,但是被告需要就无过失也可能发生损害的事实加以合理的说明,否则可能会导致败诉的结果;也有人认为事实自证具有法律推定的效力,其直接导致举证责任倒置的结果。《美国侵权行为法第二次重述》第328D节的评注对混淆事实自证和举证责任倒置进行了严厉的批评,并且认为事实自证只是一个证据法则,但是在陪审团依据间接证据对被告的过失作出推论之后,被告尽管并不承担举证反驳的义务,但是其败诉的可能性已经非常大,这使得事实自证在美国很多州的司法实践中实际具有了事实推定的效力。②

(二) 理论依据

过错推定责任作为过错责任的特殊表现形式,本身并没有脱离过错责任的框架,它仍然以过错作为归责的基础,因此其核心的理论依据依然是对行为人行为自由的维护。过错推定责任的特殊性表现在,在特定的情况下,立法者直接将对过错的举证责任由原告倒置给被告,或者是在原告只能提出一些间接证据的情况下,法官直接推定过错的存在,从而减轻原告的举证负担,其核心目的是使得原告的损害能够得到最大程度的补偿。

在多马提出的过错推定责任类型中,主要是为自己管理下的人或物承担责任,赔偿人自己并不是直接的行为人。这种过错推定责任的理论基础是看谁处在防止损害的最有利的地位。在这些类型的案件中,原告能够证明直接侵害人的过错,但是直接侵害人可能并无资力赔偿。原告如果想让实际控制人承担责任,就必须证明实际控制人存在过错,但是原告可能证明不了,而实际控制人可能也无法证明自己不存在过错。此时立法者采取举证责任倒置的方式就使原告处在更有利的地位,这是因为实际导致损害的人或物处在被告的控制之下,相比于原告其处在防止损害的更有利的地位。

多马提出的过错推定责任类型仍然是为了解决传统社会中出现的问题,这些类型在罗马法中已经以准私犯的方式表现出来,而且这些准私犯也不以过错作为归责的基础,多马只不过是以新的理论对其作了另外一种说明。在近现代的民法典中,法律推定即导致举证责任倒置的类型仍然没有在根本上突破多马

---

① 〔美〕肯尼斯·S.亚伯拉罕、阿尔伯特·C.泰特选编:《侵权法重述——纲要》,许传玺等译,法律出版社2006年版,第79页。

② 同上书,第79—89页。邱聪智:《从侵权行为归责原理之变动论危险责任之构成》,中国人民大学出版社2006年版,第71页。许传玺:《侵权法事实自证制度研究》,载《法学研究》2003年第4期。

列举的类型,包括我国最新制定的《侵权责任法》。但是现代社会的发展已经使得过错推定责任的适用范围得到了极大的扩张,这一方面体现为特别法中关于过错推定责任规定的增加,另一方面则是在司法实践中,法官通过运用事实推定的方法,使得一些过错责任在实质上转变为过错推定责任。

过错推定责任在适用范围上的扩张,一方面是因为现代科技的发展使得人能够控制的物的范围得到极大的拓展,同时这些物的危险性也越来越高,法律上适用过错推定责任的理论基础仍然是控制物的人处在防止损害发生的最有利的地位。如果这些物的危险性达到实际控制人即使尽了最大的努力也无法避免损害出现的情形,无过错责任就出现了,因此过错推定责任实际上处于过错责任和无过错责任的中间状态。另一方面是因为现代社会发展所导致的人与人之间陌生状态的进一步增强。"在当代世界,我们的健康、生活以及财富受到我们从未而且永远不会谋面的人的支配。我们打开包装和罐子吃下陌生人在遥远的地方制造和加工的食品;我们不知道这些加工者的名字或者他们的任何情况。我们搬进陌生人——我们希望是精巧地——建造的房子。我们生活中的很多时间被'锁'在危险的、飞快运转的机器——如小汽车、公交车、火车、电梯、飞机——里度过的。制造工序中的一个错误步骤,飞行员或驾驶员一个简单的'人为错误',都会将我们的生活置于危险之中。"[①]与传统的陌生人社会相比,现代社会里人们打交道的陌生人在很多时候是专家,在专家从事的领域中,普通人和专家存在信息不对称的状况,一旦因为专家的行为导致的损害,普通人很难举证证明专家存在过错。对于专家责任,现代法律主要通过事先预防和事后严格认定责任的方式予以解决。事先预防是严格规定专家的准入门槛和各项具体的行为义务标准,如果仍然产生损害事故的,一方面,可以通过立法直接规定过错推定责任加重专家的举证负担,另一方面,即使法律没有直接规定过错推定责任,法律预先规定的各类专家的具体行为义务标准也成为法官判断专家是否存在过错的标准,受害人无须最终证明专家存在过错,其只要证明专家违反了法律规定的行为义务,法官就可以认定专家过错的存在,这实际上起到了减轻原告举证负担、对过错进行事实推定的效果。

同时,在专家责任领域适用过错推定责任也是私法主体地位互换性丧失的结果。在过错责任中,原告要对被告的过错承担举证责任,举证不能的要承担败诉的结果,这是在牺牲原告利益保护的基础上对被告行为自由的维护,这在传统社会中是公平的。因为在传统社会中的,私法主体的地位存在互换性,一个人在作为原告时因为举证不能所导致的败诉,很可能在下一次自己成为被告时,因为

[①] 〔美〕弗里德曼:《选择的共和国——法律、权威与文化》,高鸿钧等译,清华大学出版社2005年版,第81—82页。

对方的举证不能而使自己的行为自由得到维护。但是在现代社会中,普通人和专家的地位几乎不存在互换的可能,两者之间的地位存在固化的倾向。对专家责任适用过错推定也是现代社会身份复活的表现,与古代不同,现代社会更多地考虑弱者的身份。专家基于对专业知识的掌握在社会生活中居于优势地位,相对于普通人处在防止损害发生的更有利的地位,而普通人是弱者。

三、过错推定责任的适用范围和适用方法

（一）过错推定责任的适用范围

过错推定责任包括举证责任倒置的责任和法律推定的责任。《侵权责任法》第6条第2款的规定,必须是根据法律规定推定行为人有过错,行为人不能证明自己没有过错的,才承担侵权责任。这个法律首先包括《侵权责任法》,《侵权责任法》中规定的过错推定责任包括：第38条关于教育机构对无民事行为能力人遭受损害的赔偿责任;第75条关于非法占有的高度危险物致害时,所有人、管理人的连带责任;第81条关于动物园的动物致害时,动物园的责任;第85条关于建筑物、构筑物或者其他设施及其搁置物、悬挂物致害责任;第88条关于堆放物致害责任;第90条关于林木折断的致害责任;第91条第2款关于窨井等地下设施的致害责任。

其次,《侵权责任法》第6条第2款中所指的法律还包括全国人民代表大会及其常务委员会制定的单行法律,如果这些法律就某些特殊的侵权类型规定法律推定的,当然产生举证责任倒置的法律效力。同时根据《立法法》第9条的规定,有关民事基本制度的规定只能采取法律的形式,但是全国人民代表大会及其常务委员会有权作出决定,授权国务院根据实际需要,对其中的部分事项制定行政法规。因此,如果这些行政法规就某些特殊侵权类型规定法律推定的,当然产生举证责任倒置的法律效力。

产生举证责任倒置效力的法律推定只能通过法律规定的方式作出,法官在司法实践中不能根据自由裁量直接作出,这是法律推定的应有之义。《最高人民法院关于民事诉讼证据的若干规定》第7条规定："在法律没有具体规定,依本规定及其他司法解释无法确定举证责任承担时,人民法院可以根据公平原则和诚实信用原则,综合当事人举证能力等因素确定举证责任的承担。"这使得我国法官在司法实践中可以直接将原先的过错责任转换为过错推定责任。最高人民法院的法官给出的理由是,由于我国目前立法规定不健全,在这种情况下,一个有良知的法官不能以无法律规定为由拒绝裁判,而是应该像立法者那样,为当事人创设一种准据法,法官在确定举证责任分配原则的同时,也在宣示一种新的实体法规范,这有利于法官弥补立法对需采取过错推定情形预测

和规定的不足。① 在《侵权责任法》生效之后,最高人民法院关于民事诉讼证据的规定明显和《侵权责任法》第 6 条第 2 款的规定存在冲突,应该认为《侵权责任法》第 6 条第 2 款的规定在法律效力上居于优先地位,在法律没有明确规定产生举证责任倒置的效力时,法官不得在司法实务中改变举证责任分配的原则,这是法律安定性的要求。

关于上述问题,德国民事诉讼法学的权威学者莱奥·罗森贝克有精彩的论述,他明确指出:适当的、明智的证明责任分配属于法律制度最为必要的或最值得追求的内容,但是分配原则不能从公正性中推导出来。虽然没有比公正性更高的指路明灯,但这仅仅对于立法者而言是如此,对于法官而言并非如此。立法者在制定一个生活关系的规定时,只要他不受历史联系或其他形式的约束,他不可能追求比公正性和公平性更好的目标,也不可以有其他的目标。但是,如果法官想将具体的诉讼之船根据公正性来操纵,那么,他将会在波涛汹涌的大海里翻船。诉讼的本质将会从根本上受到破坏。根据公正性自由裁量的法官,是依据其感情而不是依据什么原则来裁量。每一种法安全性均会消失得无影无踪,因为每个人对公正均有不同的认识。只有经过数百年的努力,由立法者塑造的公正,即法律本身才是法官的裁判准绳和指南。②

尽管法官在司法实务中不能改变举证责任的分配原则,从而创造出举证责任倒置的过错推定责任,但是《侵权责任法》中确实存在不改变举证责任的分配原则,只要受害人能够证明法律规定的特定事实,尽管这种证明不能终局地证明加害人的过错,但是法律直接推定过错存在的情形。例如,《侵权责任法》第 54 条规定:"患者在诊疗活动中受到损害,医疗机构及其医务人员有过错的,由医疗机构承担赔偿责任。"这是典型的关于过错责任的规定,但是第 58 条规定:"患者有损害,因下列情形之一的,推定医疗机构有过错:(一)违反法律、行政法规、规章以及其他有关诊疗规范的规定;(二)隐匿或者拒绝提供与纠纷有关的病历资料;(三)伪造、篡改或者销毁病历资料。"这就是在不改变举证责任分配原则的前提下,就特定事实的存在推定加害人过错的典型规定。《侵权责任法》第 91 条第 1 款规定:"在公共场所或者道路上挖坑、修缮安装地下设施等,没有设置明显标志和采取安全措施造成他人损害的,施工人应当承担侵权责任。"该条规定

---

① 参见李国光主编:《最高人民法院〈关于民事诉讼证据的若干规定〉的理解与适用》,中国法制出版社 2002 年版,第 105 页。

② 参见〔德〕莱奥·罗森贝克:《证明责任论——以德国民法典和民事诉讼法典为基础撰写》,庄敬华译,中国法制出版社 2002 年版,第 97—98 页。在日本同样存在以利益衡量为基准对证明责任进行分配的理论,这同样是从公平性出发,以证明的难易、与证据的距离、盖然性高的经验法则为基准对举证责任进行分配。上述观点同样受到学者的批评。参见〔日〕中村英郎:《新民事诉讼法讲义》,陈刚等译,法律出版社 2001 年版,第 205—206 页。〔日〕谷口安平:《程序的正义与诉讼》,王亚新等译,中国政法大学出版社 1996 年版,第 230—244 页。

同样没有产生举证责任倒置的法律效力,但是受害人能够证明法律规定的特定事实,即没有设置明显标志和采取安全措施,那么施工人的过错就被推定了。

(二)过错推定责任的适用方法

过错推定责任的适用方法,根据是举证责任倒置导致的过错推定,还是单纯法律推定所导致的过错推定而有不同。

在因举证责任倒置而导致的过错推定责任中,尽管受害人没有义务就加害人的过错进行举证证明,但是受害人仍然要就有关的基础事实进行证明,否则过错推定责任仍然无由发生。这些基础事实包括加害人的行为或者加害人管理物的加害事实,以及上述加害行为或加害物和受害人所受损害之间存在因果关系。以《侵权责任法》第81条的规定为例:"动物园的动物造成他人损害的,动物园应当承担侵权责任,但能够证明尽到管理职责的,不承担责任。"因此,当一个人证明其遭到一个动物的伤害,而这个动物是属于动物园的,那么动物园的过错就被直接推定。动物园只有证明其尽到了管理职责,才能对过错推定进行反证。同时正因为对基础事实的证明是过错推定责任发生的基础,如果动物园能够对基础事实提出反证,这同样能够起到避免承担过错推定责任的作用,如动物园证明造成伤害的动物不属于动物园管理,而是单纯的野生动物。

单纯法律推定导致的过错推定责任,加害人同样要对基础事实加以证明,而且必须是对法律规定的特定基础事实的证明,才能起到过错推定的作用。例如,在医疗损害责任中,只能是对《侵权责任法》第58条规定的三类事实进行证明,医疗机构的过错才能够被推定。在上述三类事实之外,受害人必须对医疗机构的过错进行充分的证明。尽管法官也可能通过事实推定的方法减轻受害人的举证责任,但这属于自由心证的范围,不同于法官根据法律规定直接推定加害人的过错。在法律规定的过错推定责任中,加害人仍然可以对过错推定进行反证,但是这个反证同样必须是对法律规定事实的反证,否则不能起到免除承担责任的结果。

第四节 无过错责任原则

一、无过错责任原则的概念和特征

无过错责任,是指加害人致他人损害,即使没有过错,但是根据法律规定仍然要承担损害赔偿责任的法律制度。《侵权责任法》第7条是对无过错责任的一般表述:"行为人损害他人民事权益,不论行为人有无过错,法律规定应当承担侵权责任的,依照其规定。"

关于无过错责任的名称,在中国学界一直存在争议。有人认为应采用严格责任的表述,有人认为应采用危险责任的表述。严格责任的表述来自英美法,欧洲侵权法原则也采用了这一表述,但是严格责任是在和传统的过错责任相比较的意义上使用的,意即比过错责任更加严格的责任。这使得严格责任的范围比无过错责任的范围宽,如过错推定责任、因果关系推定的责任,以及注意义务比一般人的注意义务高的责任都属于严格责任。[①] 危险责任的表述则来自于德国,强调无过错责任是源自于危险,尽管现代意义上无过错责任确实源自于对危险的考量,而且现代的无过错责任的最主要表现就是各种危险责任的类型,但是危险责任只是无过错责任的一个最主要的类别,无过错责任中还包括一些和危险没有本质关联的责任类型,如基于公共利益和当事人的特殊身份而规定的无过错责任类型。因此,无过错责任的表述更加合理,也更加清晰,而且也符合《侵权责任法》第7条的文义。无过错责任具有以下一些特征:

1. 无过错责任的类型必须基于法律的明确规定,法官在司法实务中不得自由创设无过错责任的类型。这个法律当然既包括全国人民代表大会及其常务委员会制定的法律,也包括基于全国人民代表大会及其常务委员会授权由国务院制定的行政法规。

尽管《侵权责任法》第7条对无过错责任进行了一般的表述,但是该条并不是独立的请求权基础,它只是对各种特殊的无过错责任类型在理论上的归纳,当事人不得单纯基于该条提起诉讼,法官也不得单纯依据该条作出判决。从立法趋势上看,确实存在赋予无过错责任的一般条款以独立请求权为基础的立法例,典型代表就是《欧洲侵权法基本原则》第5:101条和《美国侵权法重述第二版》的第519条和520条。上述立法例均规定,因为异常危险的活动导致他人损害的应承担无过错责任,同时再对判断异常危险的方法作出尽可能明确的规定。只要当事人能够证明加害人的行为属于异常危险的行为,就适用无过错责任原则进行归责。中国的《侵权责任法》还没有走到这一步。

2. 无过错责任不以行为人的过错作为归责的要件,只要受害人能够证明自身损害的存在,并且在法律的保护范围之内,而且损害和加害人的行为之间存在因果关系,加害人就应该承担损害赔偿责任。加害人即使能够证明自己没有过错,也不能免责,这是无过错责任和过错推定责任的核心区别。

3. 无过错责任一般都有强制责任保险制度的配套,否则无过错责任制度很难真正发挥作用。如果加害人没有资力进行赔偿,即使规定再严格的责任形式,受害人得到的不过是名义上的赔偿。同时,很多国家就无过错责任还规定最高赔偿限额,我国《国务院关于核事故损害赔偿责任问题的批复》第7条就规定,对一次核事故所造成的核事故损害的最高赔偿额是3亿元人民币,应赔偿总额

[①] 各个国家关于严格责任的概念和范围的不同理解,可参见〔奥〕伯恩哈德·A.科赫、赫尔默特·考茨欧主编:《侵权法的统一:严格责任》,管洪彦译,法律出版社2012年版。

超过最高赔偿额的,国家提供最高限额为 8 亿元人民币的财政补偿。

但是,就无过错责任规定最高赔偿限额的做法开始受到质疑和批判。第一,最高赔偿限额违背了对受害人的全部赔偿原则;第二,就一部分无过错责任规定最高赔偿限额,对另外一部分无过错责任却不规定,这违背了平等原则,这很可能是利益集团游说的结果;第三,最高赔偿限额的规定也不利于将异常危险活动的风险充分内部化,而这正是法律规定无过错责任所追求的主要目标之一。因此,最高赔偿限额并不是无过错责任的固有特征。[①]

我国《国内航空运输承运人赔偿责任限额规定》第 2 条和第 3 条原先对国内航空承运人的赔偿责任规定了最高赔偿限额,在《民用航空法》的起草过程中,起初的草案也对承运人的最高赔偿限额作了规定,但是最终通过的法律没有接受。应该说《民用航空法》的规定顺应了世界立法的潮流。

二、无过错责任的历史沿革和理论基础

(一)历史沿革

在侵权责任法从结果责任到过错责任的运动完成以后,基于对人的自由意志的尊重和对行为自由的维护,人类社会在很长一段时间里都不再接受无过错责任。工业革命之后,科技的进步一方面极大地提高了人类的生活水平,另一方面也产生了一些可能给人类带来不测损害的异常危险活动。正是在这一背景下,无过错责任开始在过错责任的缝隙中重新生长出来。

大约在 19 世纪中期,两大法系均不约而同地发展出无过错责任的类型,目的都是为了在异常危险活动致人损害时,尽可能地使受害人能够得到及时的补偿。

最早在成文法上规定无过错责任的是 1838 年的《普鲁士铁路法》,该法规定,铁路营运引起的损害,营运人除注明该损害系出于不可抗力或被害人本身的过失之外,应就所生损害,负赔偿责任。这是典型的工业革命带来的副产品,但是当时的立法者更多的是对火车这个庞然大物的恐惧,他们的目的并不是要对传统的侵权责任法造成冲击,因此在很长一段时间里德国的法学界很少对这种责任形式予以重视。在《德国民法典》的起草过程中,尽管也有人提出应该在民法典中规定无过错责任的类型,但是立法委员会没有采纳,理由是作为过错责任的例外表现,无过错责任应该在民法典之外通过特别法的方式予以规定。这使得德国法呈现出民法等于过失责任,特别法等于危险责任的结合形式。民法典

[①] 参见〔奥〕伯恩哈德·A.科赫、赫尔默特·考茨欧主编:《侵权法的统一:严格责任》,管洪彦译,法律出版社 2012 年版,第 544—546 页。

中唯一规定无过错责任的是动物占有人的责任,这是罗马法的残留。① 尽管《德国民法典》基本上没有考虑无过错责任问题,但是在《德国民法典》生效之后,通过特别法创立出来的无过错责任类型已经蔚为大观,1990年德国甚至规定了因为基因技术导致的无过错责任。近年来,德国又出现了在民法典中增加关于无过错责任的一般条款的建议,但是立法者似乎并没有接受的想法。②

比《德国民法典》早将近一百年的《法国民法典》当然更不可能考虑无过错责任问题。在《法国民法典》关于不法行为的5个条文中,第1382条和第1383条被认为是关于过错责任的规定,第1384条、第1385条和第1386条被认为是关于过错推定责任的规定,而且第1384条第1款规定的因保管物的行为导致的损害,也需负赔偿责任被认为并不是一个独立请求权的规范基础,它只是对第1385条动物致人损害责任和第1386条建筑物致人损害责任在理论上的归纳。在很长一段时间里,法国的司法实务主要是通过对第1385条和第1386条的解释,即通过适用过错推定责任来解决危险活动致人损害的问题,解释不进去的,仍然适用过错责任原则,这当然会导致对受害人保护不足的问题。

在1896年发生的"锅炉爆炸案"中法国最高法院通过对《法国民法典》第1384条第1款的重新解释创立了无过错责任的类型。在该案中,被告所有的蒸汽船上的锅炉发生爆炸,导致原告的丈夫在船上工作时被炸身亡,原告向被告主张损害赔偿。一审法院认为被告不存在过失,原告败诉;二审法院则通过对第1386条的类推适用,判决被告承担责任;被告不服判决,上诉至法国最高法院,最高法院仍然判决被告败诉,但是判决依据改为第1384条第1款。因为锅炉显然不是动物,当然不能适用第1385条,其次,锅炉与建筑物的区别也非常明显,类推适用第1386条也非常勉强,但是锅炉显然属于被告所有和管理的物,因此应该适用第1384条第1款。而且根据该款的规范意旨,只有在损害出于偶然事故或不可抗力时,被告才能免责,被告即使能够证明损害是出于制造者的过失或者瑕疵隐秘难见,也不得免责。法国最高法院的上述判决首次赋予《法国民法典》第1384条第1款独立请求权的规范基础地位,同时创立了无生物责任法则,即动物之外无生命的物造成他人的责任类型。尽管法国最高法院并没有使用无过错责任的表述,而是使用了责任推定的表述,但是责任推定不是过错推定,其本质就是无过错责任。因为责任推定不能通过证明自己没有过失而免责。在随后的司法实践中,法国法院运用第1384条第1款解决危险责任问题已经成为惯例,最终在1930年法国最高法院全体会议所作出的一个判决中确立了该款在

---

① 参见邱聪智:《从侵权行为归责原理之变动论危险责任之构成》,中国人民大学出版社2006年版,第128—134页。
② 参见〔奥〕伯恩哈德·A.科赫、赫尔默特·考茨欧主编:《侵权法的统一:严格责任》,管洪彦译,法律出版社2012年版,第239—240页。

《法国民法典》中的一般性和原则性的地位。① 如果说德国是在民法典之外通过单行立法的方式解决无过错责任问题,那么法国则是在保持民法典外观没有任何改变的情况下,通过对民法典条文的解释解决无过错责任问题。尽管法国也存在关于无过错责任的单行立法,但是第 1384 条第 1 款在解决危险责任案件中仍然发挥着不可替代的作用。

作为判例法国家,英美法系当然是通过判例发展出无过错责任原则。与大陆法系一样,在很长一段时间里,英美法系同样不接受无过错责任原则,在具有深厚自由主义传统的英美法系,这种拒斥更加顽固,但是 1868 年的一则案件使情况发生了改变。

在"Rylands v. Flecher 案"中,被告想在自己的土地上挖一个储水池,并将这一工程包给了承揽人。施工结束后,储水池中的水通过几个竖井淹入原告采矿的坑道,导致原告无法继续从事采矿事业,原告因此起诉被告要求其承担损害赔偿责任。一审中,原告由于无法证明被告存在过错而导致败诉,但是上诉法院认为:"如因追求自己之利益,将因其逸出,即足以产生危害之任何物质,带入自己土地内堆积储藏者,其持有人即必须将其置于自己之危险之下。否则,对其逸出而产生之自然结果,即应负担损害赔偿责任。"这一判决被称为"Rylands 法则",这一法则的重大意义在于,基于危险物或危险活动的概念,建立一个地位足以与过失责任主义分庭抗礼,而其原理上为无过错责任主义的新法理。② 在随后的司法实践中关于"Rylands 法则"的适用一直存在反复,在 1994 年的"Cambridge Water 案"中法院就上述法则的适用增加了一项条件,即损害必须是可预见的,但是"Rylands 法则"所确立的无过错责任原则并没有在本质上被改变。英国法院对无过错责任原则通过判例进行扩张一直保持警惕,审理"Cambridge Water 案"的 Goff 勋爵就明确拒绝将"Rylands 法则"发展为处理危险活动导致损害的一般原则:"我倾向于认为作为普遍性的规则由国会对从事高危险性的活动制定严格责任要比法院实施该严格责任更为适宜。"③这明确反映在英国种类繁多的关于无过错责任的特别立法,这在判例法国家确实是个非常特殊的现象。

尽管"Rylands 法则"在英国有非常大的影响力,但是与英国在法律渊源上同根同源的美国法院起初却很少接受该法则,理由是:无过错责任是中世纪的遗迹,它是对过错责任原则的背离,欠缺法律上的合理性,不宜轻易扩张;其次,现

---

① 参见邱聪智:《民法研究》(一),中国人民大学出版社 2002 年版,第 152—153 页。张民安:《现代法国侵权责任制度研究》(第二版),法律出版社 2007 年版,第 226 页。

② 参见邱聪智:《从侵权行为归责原理之变动论危险责任之构成》,中国人民大学出版社 2006 年版,第 109—111 页。

③ 〔奥〕伯恩哈德·A. 科赫、赫尔默特·考茨欧主编:《侵权法的统一:严格责任》,管洪彦译,法律出版社 2012 年版,第 170 页。

代社会的危险活动乃维持现代文明进步繁荣所必要,任意适用无过错责任必将减缓或是阻碍文明的继续发展。① 但是美国法院毕竟挡不住危险活动致害带来的压力,而且美国的经验还给无过错责任的发展带来了新的灵感。一是产品责任适用无过错责任;二是从第一次侵权法重述开始,美国就一直在寻求关于危险责任的一般规定,而且这种立法技术最终影响了《欧洲侵权法基本原则》的起草。

(二)理论基础

无过错责任的理论基础,是指在行为人没有过错的情况下,法律仍然规定其承担损害赔偿责任的正当化理由。如果说现代侵权责任法的产生是一个从结果责任向过错责任的运动,那么无过错责任的出现似乎就是一个反动,因为无过错责任在本质上就是结果责任,这也是在很长一段时间里,各个国家不接受无过错责任的主要原因。如果想把无过错责任纳入现代的侵权责任法体系,就必须为其寻找正当化的理由。由于现代的无过错责任是在危险责任的基础上发展起来的,因此,在很长一段时间里,学说理论主要在行为人行为的危险性上为无过错责任寻求正当化的理由,但是现代的无过错责任并不是只包括危险责任这一种类型,无过错责任类型的多元化必然导致其理论基础的多元化。概括言之,无过错责任的正当化理由主要包括如下几种:

1. 危险性。这是无过错责任在现代社会被认可的最主要的正当化理由。所谓危险,就是人的活动或者管理的物给他人造成损害的可能性。只要人在社会上活动,就必然会给他人带来一定的危险性,因此并不是所有的危险活动都适用无过错责任,否则人的行为自由将荡然无存。现代社会的法律基本上都承认,只有异常的危险才适用无过错责任,这种异常的危险既包括造成损害的可能性很高的危险,也包括造成损害的程度可能很高的情形。"虽然危险性可能仍旧被作为是多数情况下的一个合适的因素,它应该被作为一系列的较强的或者较弱的论据,而不是通往严格责任路上的一个僵化的桎梏。"② 无过错责任还存在其他的正当化理由。

2. 避免损害的能力。这是考虑谁处在防止损害产生的最有利的地位,现代社会的很多无过错责任类型都是因为现代科技的发展所导致的,这些活动具有很强的专业性,受害人对防止损害的发生基本上无能为力,而加害人对自己所从事的活动或者管理的物一般都更加熟悉和了解。在双方对损害的发生都没有过错的情况下,让更有防止损害发生能力的人承担责任,一是更加符合公平的观

---

① 参见邱聪智:《从侵权行为归责原理之变动论危险责任之构成》,中国人民大学出版社 2006 年版,第 118—119 页。〔美〕伯纳德·施瓦茨:《美国法律史》,王军等译,中国政法大学出版社 1990 年版,第 140—141 页。

② 〔奥〕伯恩哈德·A.科赫、赫尔默特·考茨欧主编:《侵权法的统一:严格责任》,管洪彦译,法律出版社 2012 年版,第 580—581 页。

念,二是可以促使加害人预先采取更多的措施去避免损害的发生。

3. 受害人结构性的弱势。如果说避免损害的能力是从加害人的特殊性为无过错责任寻找正当化的理由,那么结构性的弱势则是从受害人的特殊性为无过错责任寻找正当化理由。前者考虑的是加害人的优势地位,后者考虑的是受害人的弱势地位。这正是陌生人社会的进一步发展所导致的身份固化的进一步加深的结果。但是这种身份固化也未必一定要通过无过错责任的方式予以解决,过错推定责任,包括因果关系推定的责任也可以起到一定的作用,立法采取无过错责任的形式,恰恰代表了在特定的侵权类型中立法者作出了进一步的价值判断。

4. 获益性。这种观点认为,因为从事危险活动而获利益的,应对该危险活动所造成的损害承担无过错的赔偿责任。"如果一项法律允许一个人——或者是为了经济上的需要,或者是为了他自己的利益——使用物件、雇佣职员或者开办企业等具有潜在危险的情形,他不仅应当享有由此带来的利益,而且也应当承担此危险对他人造成任何损害的赔偿责任:获得利益者承担损失。"①这确实是一部分危险责任的正当化理由,但是很多的危险活动不但给加害人带来利益,也满足了社会生活的需要,受害人作为社会的成员,他也获得了利益,如高速运输工具所带来的利益。这促使了"深口袋"理论的诞生,意思是从事危险业务者,多属企业,相较于个人企业有更大的承受能力,其钱包更深。但问题在于钱多不是罪,而且表面上钱包很深,但是实际情况未必如此。这又导致了强制责任保险和最高责任限额等制度的产生,以缓和无过错责任给加害人带来的过度的压力。

从上述正当化的理由,我们可以看出,尽管现代的无过错责任本质是一种结果责任,但是与古代结果责任只考虑因果关系不同,现代的无过错责任有其特定的、多元化的正当化理由。同时也正因为这些多元的正当化理由,现代的无过错责任类型也处在不断的扩张当中。

三、无过错责任的适用范围和适用方法

无过错责任的适用范围只能由法律明确规定,法官在司法实务中不得自由创设,这个法律当然包括全国人大及其常委会制定的法律,以及经过立法授权由国务院制定的行政法规。

《侵权责任法》中规定的无过错责任类型包括:产品责任中的生产者责任(第41条)、机动车交通事故责任中机动车对行人、非机动车的责任(通过《侵权责任法》第48条引致《道路交通安全法》第76条)、环境污染责任(第65条)、七

---

① 〔德〕克里斯蒂安·冯·巴尔:《欧洲比较侵权行为法》(上),张新宝译,法律出版社2005年版,第10页。

种高度危险责任(第69条—75条)、在公共道路上堆放、倾倒、遗撒妨碍通行的物品造成损害的责任(第89条)。

无过错责任的适用方法具有特殊性,与过错责任相比,受害人无须证明加害人存在过错;与过错推定责任相比,受害人不但无须证明加害人存在过错,加害人也不得通过证明自己不存在过错而免责,所以,无过错责任是一种最严格的责任。

尽管在无过错责任中,受害人无须证明加害人的过错,但是对构成侵权责任的其他要件事实仍然要负举证责任,如要证明自己所受的损害,加害人施害行为的存在,损害和施害行为之间存在因果关系。当然,法律规定不需要证明因果关系的,受害人不负举证责任,如根据《侵权责任法》第66条的规定,在环境污染责任中,污染者应该就其行为和损害之间不存在因果关系承担举证责任。反过来,加害人尽管不能通过证明自己没有过错而免责,但是加害人仍然可以通过对过错以外的事实要件进行反证而免责。

问题在于,无过错责任的加害人除了对过错以外的事实要件进行反证从而免责以外,加害人能否主张其他抗辩事由免除或者减轻自己的赔偿责任?根据《侵权责任法》第三章"不承担责任和减轻责任的情形"的相关规定,受害人有过错的可以减轻加害人的责任(第26条);损害是受害人故意造成的,行为人不承担责任(第27条);损害是第三人造成的,由第三人承担赔偿责任(第28条);因不可抗力造成的损害,行为人不承担赔偿责任(第29条);因正当防卫行为造成他人损害,行为人原则上不承担责任(第30条);因紧急避险造成他人损害,行为人原则上不承担责任(第31条)。上述规定属于《侵权责任法》中的一般规定,基于体系解释,这些规定原则上对于整部《侵权责任法》中规定的各种侵权类型都有法律效力,不仅过错责任中的加害人可以主张,而且无过错责任中的加害人也可以主张。但是《侵权责任法》或者单行法中关于无过错责任类型的特别规定中明确列举抗辩事由的,加害人只能主张这些抗辩事由,对于《侵权责任法》第三章中规定的其他抗辩事由则不能主张。例如,《侵权责任法》第70条规定,民用核设施发生核事故造成他人损害的,能够证明损害是因战争等情形或者受害人故意造成的,不承担责任。这就意味着不可抗力、第三人原因等都不能成为加害人的抗辩事由。

如果法律在无过错责任类型的规定中没有列举任何抗辩事由,尽管理论上加害人可以主张《侵权责任法》第三章规定的抗辩事由,但是在司法实践中应该作进一步的限缩解释。第27条规定的受害人故意,即便法律没有特别规定,无过错责任中的加害人可以主张抗辩没有疑义,这在比较法上也是通例,因为这可以有效地避免无过错责任可能引发的道德风险。无过错责任中加害人能否主张第26条规定的被侵权人对损害的发生也存在过错,可以减轻侵权人的责任则存在争议。通说认为,加害人可以主张,但是只能针对被侵权人的重大过失,被侵权人的一般过失不能成为加害人减轻责任的理由。这也符合我国的司法实践,《最高人民法院关于审理人身损害赔偿案件适用法律若干问题的解释》第2条第2款规定:"适用民法通则第一百零六条第三款规定确定赔偿义务人的赔偿责任时,受害人有重大过失的,可以减轻赔偿义务人的赔偿责任。"《侵权责任法》第28条规定的第三人原因一般不能成为无过错责任中加害人的抗辩事由,因为第三人原因导致无过错责任产生的,将产生不真正连带责任,只是无过错责任中的加害人可以向第三人进行追偿。

同时,无过错责任和过错责任在理论上产生请求权的竞合,受害人可以基于自己的选择主张加害人承担无过错责任,或者是过错责任。尽管在举证责任上,过错责任对受害人不利,但是在受害人有充分的把握能够证明加害人过错的情况下,法律自然没有阻止的必要。因为受害人主张过错责任有可能在赔偿的范围上更有利。

第五节 归责原则的补充——公平分担损失

一、理论基础及其存在的问题

公平分担损失,是指当事人双方对损害的产生均无过错,无论是依据过错责任原则,还是无过错责任原则都无法进行归责,此时法院依据公平的理念将损失在当事人之间进行合理的分担。

《侵权责任法》第24条规定:"受害人和行为人对损害的发生都没有过错的,可以根据实际情况,由双方分担损失。"该条是对公平分担损失的明确规定,之前的《民法通则》第132条规定:"当事人对造成损害都没有过错的,可以根据实际情况,由当事人分担民事责任。"立法者将分担民事责任改为分担损失,实际上表明公平分担损失并不是一项独立的归责原则,它只是既有归责原则的一项补充。

既然是公平分担损失,那么它的理论基础就是公平的观念。法律作为公平和善良的艺术,公平是法律的终极追求目标,作为整个法律体系的一个组成部分,侵权责任法也应追求公平的效果,这当然也不存在争议。

问题在于,过错责任原则和无过错责任原则同样是公平观念的体现,在根据上述两个归责原则都无法进行归责的情况下,再通过公平观念将损害在当事人之间进行分配,是否会颠覆或者是软化过错责任原则和无过错责任原则中所蕴含的公平观念?

过错责任原则所蕴含的公平观念是,一个损害只有在加害人是具有自由意志的人,损害是在加害人基于对自己自由意志的支配而导致的,而且根据社会的一般观念一个具有自由意志的人在当时的情况下是不应该造成上述损害的情况下,加害人应该承担损害赔偿责任。无过错责任原则所蕴含的公平观念是,尽管加害人对损害的产生没有过错,但是加害人的行为或者管理的物具有异常的危险性,或者虽然没有异常的危险性,但是当事人之间的地位存在结构性的差异,而且不存在互换性,此时法律明确规定加害人即使没有过错也应该承担损害赔偿责任。

如果一个人的行为既不能通过过错责任原则进行归责,也不能通过无过错责任原则进行归责,而法官能够不受限制地基于公平的观念将损失在当事人之间进行分配,那么法律创立过错责任,以及只有在法律明确规定的情况下才能适用无过错责任原则的意义将荡然无存。这正是绝大多数国家不在一般意义上接受公平责任或者是公平分担损失的原因。

从比较法的层面看,在《侵权责任法》中规定公平分担损失的一般条款,中国几乎是独一无二的。在《德国民法典》的起草过程中,也有学者提出应该规定公平责任的一般条款,《德国民法典第二草案》甚至接受了这一建议,但是在最终生效的民法典中还是将其删除。苏联民法最初也将公平责任原则予以立法化,但是在20世纪60年代还是将其删除。对公平责任在立法上一般化的反对理由主要是:第一,缺乏在没有过错的情况下,让加害人承担责任的积极性依据;第二,公平责任条文在法律上的模糊性达到了使人不能忍受的地步,公平的基准不明确,有损法律的明确性和安定性;第三,法院在适用公平责任(或者是公平分担损失)时,主要考虑的是当事人的财产状况,财产的有无多寡由此变成了一项民事责任的归责事由,这也导致了"富裕产生义务"的结果;第四,公平分担损失在实务上,难免造成法院不审慎认定加害人是否具有过失,从事的作业是否具有高度危险性,而是基于方便、人情或其他因素从宽适用公平分担损失条款,从而导致过失责任和无过错责任不能发挥其应有的规范功能,软化侵权行为归责原则的体系构成。①

尽管在《侵权责任法》中将公平责任进行一般化立法受到了批判,但是这并不代表世界各国不接受在过错责任和无过错责任以外适用公平原则解决特定案件的做法。大陆法系的民法典中存在很多在特定情况下法院可以适用公平原则的特殊规定,只是不存在一个公平责任的一般性条款,这说明运用公平观念解决特定类型的案件有其必然性和合理性。中国需要急迫解决的问题,就是在不过分软化侵权行为归责原则的体系构成的前提下,为法院适用公平分担损失条款

---

① 参见王泽鉴:《民法学说与判例研究》(第六册),北京大学出版社2009年版,第229页。〔日〕小口彦太:《日本、中国、香港侵权行为法比较》,载《法学家》1997年第5期。王利明:《侵权行为法研究》(上),中国人民大学出版社2010年版,第273—276页。

提供一个具体的方法。

二、适用范围和适用方法

在《侵权责任法》中，除了第 24 条规定的公平分担损失的一般条款，还有特定情况下法院适用公平原则解决损失分担的特别规定。这些特别规定包括：

第 23 条，因防止、制止他人民事权益被侵害而使自己受到损害的，由侵权人承担责任。侵权人逃逸或者无力承担责任，被侵权人请求补偿的，受益人应当给予适当补偿。

第 31 条，因紧急避险造成损害的，由引起险情发生的人承担责任。如果危险是由自然原因引起的，紧急避险人不承担责任或者给予适当补偿。

第 32 条，无民事行为能力人、限制民事行为能力人造成他人损害的，原则上由监护人承担侵权责任。有财产的无民事行为能力人、限制民事行为能力人造成他人损害的，从本人财产中支付赔偿费用。

第 33 条，完全民事行为能力人对自己的行为暂时没有意识或者失去控制造成他人损害，没有过错的，根据行为人的经济状况对受害人适当补偿。

第 87 条，从建筑物中抛掷物品或者从建筑物上坠落的物品造成他人损害，难以确定具体侵权人的，除能够证明自己不是侵权人的外，由可能加害的建筑物使用人给予补偿。

问题是，除了上述特别规定之外，法院在司法实务中能否直接适用第 24 条的规定解决其他当事人双方均无过错的案件？王利明教授认为，公平责任只能适用于法律特别规定的情形，在这些情形之外，不能适用公平责任，否则就会对过错责任形成冲击。[①] 如果从消除公平分担损失过于宽泛的适用所带来的问题的角度看，上述观点非常值得赞同，但是在社会保障制度等其他损害补偿制度还没有充分建立起来的情况下，法院很多时候仍然不得不在法律明确规定的特定情形之外直接适用第 24 条的规定解决案件，而且在《民法通则》生效之后，直接适用公平分担责任（分担损失）解决案件已经是一个通行的做法，短期内很难有根本的改变。因此，更加急迫的是为法院直接适用第 24 条的规定提供一个具体的方法。

1. 公平分担损失中的损失原则上只能是财产损失，而不能是非财产损失。因为非财产损失本身具有难以确定的特性，这需要根据过错程度来确定加害人的责任。

[①] 参见王利明：《侵权行为法研究》（上），中国人民大学出版社 2010 年版，第 272、282 页。王利明教授的观点前后存在矛盾，在随后的论述中，他又指出在法律没有规定适用公平责任的情形，并非不能适用公平责任。

2. "可以根据实际情况"如何理解？既然是"可以"，那么法院在司法实践中就可以选择，法院既可以考虑适用公平分担损失的规定，也可以考虑不适用。

关于"实际情况"，国内的通说认为："所谓实际情况，并非指行为人的主观状态、意识能力等，而主要是指经济负担能力和受害人所遭受的损失情况。"①如果关于实际情况，法院只考虑当事人的经济能力，那么确实会导致富裕产生义务的问题，但是这种考虑和公平没有本质联系，这只是一种简单的仇富心理的表现。当事人的经济能力只是在法院考虑决定适用公平分担损失的条款以后，确定具体分担比例时应该考虑的因素，而决定法院是否应该适用公平分担损失条款则是其他实际情况，概括起来，主要包括两个大的类别：一是因果关系开启型，二是分担人受益型。

这种思考方法具有如下优势：第一，可以避免单纯因为富裕就产生义务的问题；第二，为法院适用公平分担损失条款提供了具体的判断标准；第三，符合普通民众朴素的公平观念；第四，符合中国一直以来的司法实践，只是我们没有在理论上进行归纳。

在中国既有法律和司法解释明确规定公平分担损失的类型中，属于分担人受益型的包括：

1.《最高人民法院关于贯彻执行民法通则若干问题的意见（试行）》第157条："当事人对造成损害均无过错，但一方是在为对方的利益或者共同的利益进行活动的过程中受到损害的，可以责令对方或者受益人给予一定的经济补偿。"

2.《最高人民法院关于审理人身损害赔偿案件适用法律若干问题的解释》第14条："帮工人因帮工活动遭受损害的，被帮工人应当承担赔偿责任。被帮工人明确拒绝帮工的，不承担赔偿责任；但可以在受益范围内予以适当补偿。帮工人因第三人侵权遭受人身损害的，由第三人承担赔偿责任。第三人不能确定或者没有赔偿能力的，可以由被帮工人予以适当补偿。"

3.《最高人民法院关于审理人身损害赔偿案件适用法律若干问题的解释》第15条："为维护国家、集体或者他人的合法权益而使自己受到人身损害，因没有侵权人、不能确定侵权人或者侵权人没有赔偿能力，赔偿权利人请求受益人在受益范围内予以适当补偿的，人民法院应予以支持。"

4.《侵权责任法》第23条。

因果关系开启型包括：《侵权责任法》第31、32、33、87条。《德国民法典》第829条规定的"由于公平原因的赔偿义务"其本质就是因果关系开启型，其实际内容相当于我国《侵权责任法》第32条和第33条。

---

① 王利明：《侵权行为法研究》（上），中国人民大学出版社2010年版，第284页。另可参见奚晓明主编：《中华人民共和国侵权责任法条文理解与适用》，人民法院出版社2010年版，第185页。

在上述法律或者司法解释明确规定的公平分担损失的情形之外,法院如果想适用《侵权责任法》第 24 条解决案件,仍然应该以因果关系的开启和分担人受益作为"实际情况"的考量基础,否则会导致公平分担损失条款的过分滥用,从而软化过错责任的理论基础。但是,在无过错责任必须是法律明确规定的前提下,法院基于因果关系开启因素的考虑适用公平分担损失的规定,实际上可以起到扩大危险责任范围的作用,从而使得法院成为新类型无过错责任的试验田。

在法院基于上述考量因素的判断,原则上决定适用公平分担损失的规定时,当事人的经济状况则成为法院决定具体分担比例,或者最终决定不适用公平分担损失的考量因素。即便决定适用公平分担损失的规定,法院也应该像《德国民法典》第 829 条规定的那样,在不剥夺分担人维持适当生计及其履行法定扶养义务所需金钱的限度内判定分担损失的比例。

如果说中国有关公平分担损失的规定因为过于考虑当事人一方经济上的优势地位,而使得富裕者产生义务的话,那么中国的法律在考虑公平分担损失时基本上没有考虑当事人一方经济上的弱势地位问题。例如,《荷兰民法典》第 6 编第 109 条第 1 款规定:"根据责任的性质、当事人之间的法律关系和他们的财力,全部赔偿会导致显然不可接受的结果的,法官可以减少赔偿损失的法定义务。"《瑞士债法典》第 44 条第 2 款也规定:"执行赔偿将给责任方造成经济上的困窘的,法院可以适当减少其赔偿金额,但行为人由于故意或者重大过失或者不谨慎造成损害的除外。"

第三章 一般侵权责任的构成要件

第一节 概 述

一、概念和功能

一般侵权责任的构成要件,是指判断一个行为是否构成侵权的必备要素。特殊侵权责任的构成要件,是指根据法律的特别规定,在一般侵权责任构成要件的一个方面或几个方面存在特殊性的侵权类型。这些特殊侵权有可能是不需要考虑某个构成要件,或者是在某个构成要件的判断上存在特殊性。因此,只有在清晰地建构一般侵权责任的构成要件之后,我们才能理解特殊侵权究竟特殊在何处。

一般侵权责任的构成要件是理论上的建构,立法者一般不会在具体条文中明确说明一般侵权责任的构成要件包括哪些要素。这种理论上的建构,是法官在具体案件中判断是否构成侵权的分析工具。

法官在法律适用上有三个任务:首先,法官必须了解和认识客观的法律,以便他知道手中正在审理的案件应该适用哪些规范。如果法官判断正在审理的案件不属于特殊侵权的类型,那么应该适用的规范就是《侵权责任法》的第6条第1款。

其次,在确定适用的规范之后,法官必须将已掌握的具体事实与客观的法律规范联系起来,其方法是,将原、被告在诉讼中所提出的事实主张与法秩序所规定的被主张的法律效果的发生所依赖的条件相比较,并确认,是否以及在多大程度上它们是相吻合的。在这个阶段,法官所掌握并予以运用的一般侵权责任的构成要件理论将发挥作用,构成要件中所包含的必备要素正是法官需要比较的要素,构成要件理论的不同决定法官在具体案件中的不同思维方式,并有可能导致最终判决结果的差异。

最后,他还必须审核此等主张的真实性。只有当他得到这样的结果,即主张的事实与那些条件相吻合且这些情况是真实的,他才能支持当事人的权利保护请求。在这个阶段,法官实际上是在判断一个形式上符合侵权责任构成要件的行为,是否在实质上真正符合侵权责任的构成要件,这是一个证据法的问题。但是法官在证据上的判断范围仍然是由构成要件所确定的必备要素决定的。①

由于《侵权责任法》第 6 条第 1 款在整部《侵权责任法》中居于一般条款的地位,因此中国关于一般侵权责任构成要件的理论必须建立在对该款的解释论基础上。

二、《侵权责任法》第 6 条第 1 款的解释论

(一)解释论上的争论

《侵权责任法》第 6 条第 1 款规定:"行为人因过错侵害他人民事权益,应当承担侵权责任。"该款全文虽然只有 22 个汉字,但是却蕴含了侵权责任法中最复杂的理论问题,同时该款也是法官在司法实务中解决一般侵权案件的最基本的规范。对该款的解释和理解一方面决定中国侵权责任构成要件理论的样态,另一方面也决定法官在司法实务中的思维方式。

如果严格地对第 6 条第 1 款进行文义解释,一般侵权责任的构成要件应该包括:(1)行为;(2)民事权益的侵害;(3)行为和民事权益侵害之间的因果关系;(4)过错。符合上述四个要件的,"应当承担侵权责任"。与传统大陆法系的侵权责任构成要件相比,上述文义解释中缺少了损害要件和违法性要件,这就导致了中国的学说理论中关于侵权责任构成要件是否需要损害和违法性的争论。由于对行为、因果关系和过错作为侵权责任的构成要件基本上不存在争论,因此关于损害和违法性是否应该成为构成要件的问题,在中国的立法背景下就是损害和民事权益侵害之间的关系,以及违法性和民事权益侵害之间关系的问题。关于违法性是否是构成要件,在传统大陆法系理论中还存在违法性和过错之间的关系问题的争论。

(二)损害和民事权益侵害之间的关系

在传统大陆法系的学说理论中,损害作为侵权责任的构成要件之一基本不存在争论,而且损害是讨论因果关系和过错的前提,因为因果关系是加害行为和损害之间的因果关系,过错是加害人对损害发生缺乏一般人的注意。如果受害人不能证明损害的存在,后续的对因果关系和过错的分析就是不必要的。

如果对第 6 条第 1 款进行严格的文义解释,该款中只有民事权益侵害的表述,没有关于损害的表述,这似乎与传统大陆法系的理论相悖,但是将民事权益的侵害,而不是损害,作为一般侵权责任成立的构成要件,则更符合大陆法系学说理论和立法的最新发展趋势,同时也更符合现代侵权责任的真正本质。

在大多数情况下,损害的产生一般都伴随着民事权益侵害的产生,而民事权

---

① 参见〔德〕莱奥·罗森贝克:《证明责任论——以德国民法典和民事诉讼法典为基础撰写》(第四版),庄敬华译,中国法制出版社 2002 年版,第 5—6 页。

益侵害的产生一般也伴随着损害的产生,如甲失手打碎乙的花瓶,甲不但侵害了乙对花瓶的所有权,而且导致了花瓶破碎的实际损害。但是在很多情况下,损害和民事权益的侵害并没有同时发生,有可能存在实际的损害,但是不存在民事权益的侵害,也有可能存在民事权益的侵害,但是不存在实际的损害。例如,甲失手将乙手中的一公斤海洛因打落在污水中,此时存在实际的损害,对于贩卖毒品的乙来讲损害还非常大,但是不存在民事权益的侵害,因为海洛因并不在法律的保护范围之内。再例如,甲将车停在乙的车库前,导致乙无法将车开回车库,此时甲的行为对乙的车库并没有造成任何实际的损害,但是却妨碍了乙对自己车库的正常使用,这是对乙的所有权的侵害。

如果损害的产生必将伴随民事权益的侵害,那么无论将损害,还是将民事权益侵害作为侵权责任的构成要件,似乎并不存在本质的差异,但是在损害并不必然伴随产生民事权益侵害的情况下,究竟将何者界定为侵权责任的构成要件就存在本质的差异。正是因为损害并不必然伴随产生民事权益侵害,所以民事权益侵害才是一般侵权责任成立的构成要件,而损害只是损害赔偿的构成要件,理由如下:

第一,民事权益的侵害是损害能否得到赔偿的前提条件。作为一个事实概念,损害指的是受害人因为加害人的行为所导致的不利益状态。但是单纯的不利益状态并不必然导致损害在法律上具有可救济性,只有在一个损害是对法律上保护的民事权益的侵害结果时,这个损害才变成法律上的损害,受害人才能请求损害赔偿。因此,受害人只有证明加害人的行为和受害人的民事权益的侵害有因果关系,而且受害人的损害和民事权益侵害有因果关系时,这个损害才是法律上可救济的损害。[1]

第二,现代的侵权责任并不都是损害赔偿责任。无损害即无赔偿仍然是一个正确的表述,但是现代的侵权责任还包括无须实际赔偿的责任。很多欧洲国家的法律制度都承认侵权责任具有权利宣示或确权功能,这是在没有具体损害时,宣称某种权利被侵害的方式。尽管上述国家在具体处理方式上还存在差异,有的国家无论受害人是否受到实际的损害,只要权利侵害的事实存在,法院都判决加害人应该承担抽象的、客观的赔偿,这被称为名义性赔偿;有的国家坚持无损害即无赔偿的原则,只是单纯作出确权判决;但是对于没有实际损害的加害行为在法律上构成侵权则不存在争论。[2] 根据我国《侵权责任法》第 15 条的规定,

---

[1] 参见〔德〕U. 马格努斯主编:《侵权法的统一:损害与损害赔偿》,谢鸿飞译,法律出版社 2009 年版,第 275—277 页。〔德〕马克西米利安·福克斯:《侵权行为法》,齐晓琨译,法律出版社 2006 年版,第 11—12 页。张新宝:《侵权责任构成要件研究》,法律出版社 2007 年版,第 119—126 页。

[2] 参见〔德〕U. 马格努斯主编:《侵权法的统一:损害与损害赔偿》,谢鸿飞译,法律出版社 2009 年版,第 270 页。

承担侵权责任的方式不但包括损害赔偿,而且还包括停止侵害、排除妨碍、消除危险、返还财产、恢复原状等形式,这些责任形式所对应的侵权样态,在很多时候都没有实际损害的发生。

如果侵权责任的构成要件是指认定侵权责任成立的必备要素,那么损害显然无法承担这个任务,而权益侵害一方面是无实际损害的侵权责任的必备要件,另一方面也是损害赔偿责任中确定损害是否在法律的保护范围之内的必备要件。因此权益侵害是侵权责任成立的构成要件,损害只是在侵权责任成立的前提下,确定损害赔偿责任的必备要件,而损害赔偿责任只是侵权责任的一种样态。

尽管权益侵害是侵权责任成立的构成要件,在侵权责任的成立与否的判断上无须考虑损害的问题,但是在确定具体损害赔偿的范围上,损害类别的确定、损害范围的大小仍然具有决定性的意义。

(三) 违法性和过错、权益侵害之间的关系

在《侵权责任法》生效之前,中国的学说理论已经存在关于违法性是否是侵权构成要件的争论,这种争论的核心就是违法性是否被过错吸收的问题。认为过错可以吸收不法性的,被称为"三要件说"(过错、损害事实、行为与损害事实之间的因果关系),认为过错不能吸收违法性的,被称为"四要件说"(在三要件说的基础上加上违法性)。这种争论是大陆法系关于侵权责任构成要件的争论在中国的投影。

在大陆法系,法国的立法例是三要件说的代表,德国立法例是四要件说的代表,两者的核心区别就是违法性是否是侵权责任的构成要件。由于《法国民法典》第1382条中没有出现不法的字样,因此法国的学说理论认为,法国法并不区分不法性要件和过错要件,不法性要件被包含在过错要件之中。因为过错这种有缺陷的行为不仅包括那些违反了强制性规范的行为,而且包括在个案中被法官认定为有违理性人行为标准的所有行为或疏忽。[①] 而《德国民法典》第823条第1款中明确包含了不法的字样,因此违法性是和过错相互独立的侵权责任的构成要件。

由于我国的《侵权责任法》第6条第1款中也没有出现不法的字样,因此学说理论中仍然存在违法性不是侵权责任的构成要件,违法性应该被过错吸收的观点。理由如下:

第一,违法性作为独立构成要件,是以采纳主观过错概念为前提的,但是从保护受害人的需要出发,两大法系均发展出了认定过错的客观化标准,即理性人

---

① 参见〔法〕G.瓦伊尼:《法国法中的违法性问题》,载〔奥〕H.考茨欧:《侵权法的统一:违法性》,张家勇译,法律出版社2009年版,第74页。

或善良家父的标准,这使得区分过错和违法性变得非常困难,甚至失去了意义。

第二,如果脱离了过错,对违法性的判断是很困难的。尤其是在对法律没有规定的利益进行保护的时候,如果对违法性的判断过于宽泛,那么其与过错就很难分离。

第三,在过错中包括违法性,有利于减轻受害人的举证负担,从而充分保护受害人利益。

第四,《侵权责任法》没有对权利和利益进行区分,并设立不同的构成要件,这种制度框架和违法性要件是不相容的。因为德国法之所以创设违法性的概念,其主要功能在于界定及区分受保护的权益。

因此,作为责任要件的违法性,并不具有特定的与过错的概念相区别的内涵,违法性不宜作为独立的责任构成要件。[1] 但是,无论是从违法性概念的历史沿革、违法性要件的独立功能,还是从违法性和过错区分的可能性等角度进行观察,违法性都应该成为侵权责任的独立构成要件。理由如下:

第一,从历史沿革上看,过错和违法性的分离一方面是社会观念进步的结果,另一方面也是法学理论不断成熟的结果。通过前文的分析,我们已经知道侵权责任的本质就是不法行为,如果说侵权责任的进步就是从结果责任到过错责任的运动,那么在结果责任阶段,就只存在违法性,而不存在过错。在罗马法的晚期,过错和违法性的分离已经非常明显,只是当时的罗马法学家没有在理论上予以明确的说明。

第一个在理论上明确区分违法性和过错的是德国法学家耶林,他在《罗马私法中的过错要素》一书中指出:每个人都知道所有权人对善意占有人的返还请求权和失主对小偷的返还请求权之间的区别。在前一种情况下,只涉及一个系争权利的存在问题,原告不需要指责对方对其权利的侵犯是有意的、应受谴责的;这种指责也可能发生,并且会对责任范围产生影响,然而,它并不是必然的。换句话说,主观过错对原告的这个请求来讲并非实质性要素。这个请求只跟被告所造成的现实状态的不法性有关。相反,对小偷的起诉必然要以指责他侵害权利为基础,也就是说对受害人权利的有意识的、故意的侵害。主观过错要素对于这种诉讼来讲是不可或缺的,没有盗窃不是故意的。对于上述两种情形,都可以说是不法,一种是客观不法,另一种是主观不法。耶林甚至指出,到他为止的科学仍未确立、接受这样的看法,甚至在教科书中都找不到这样的观念,这对法学家来讲是一件丢脸的事情。[2]

---

[1] 参见王利明:《我国〈侵权责任法〉采纳了违法性要件吗?》,载《中外法学》2012年第1期。
[2] 参见〔德〕鲁道夫·冯·耶林:《罗马私法中的过错要素》,柯伟才译,中国法制出版社2009年版,第6—7页。

耶林的贡献非常了不起,但是在他的分析中存在一个不周延的地方。在善意占有情形,确实只存在客观不法,但是在小偷的情形,却既存在主观不法,也存在客观不法。小偷盗窃的事实侵害了物品所有人的所有权,这是一个客观不法,小偷盗窃的故意构成主观不法。如果只说小偷盗窃的情形是一种主观不法,这反而容易让人产生主观不法吸收客观不法的误解,此点不可不明。

尽管耶林作出了违法性和过错的区分,但是他的观点一开始并没有引起民法学者的足够重视,反而是德国的刑法学者将耶林的理论引入到对犯罪构成要件理论的分析中,并最终形成了三阶层的犯罪构成要件理论。根据这种理论判断某种行为是否构成犯罪应分三步依次进行,即构成要件符合性、违法性和罪责。在19世纪末20世纪初,德国的民法学者开始将犯罪的三阶层构成要件理论引入对侵权责任构成的分析,并最终形成了侵权责任构成要件的三阶层理论,即构成要件符合性、违法性和有责性。① "上述侵权行为的三层次结构在逻辑上具有一定次序的关联。须先有符合构成要件事实的行为,始判断该行为是否违法,其后再就具违法性的行为认定其有无故意或过失。此项结构分析有助于认识违法性与故意、过失(有责性)的区别。前者系就行为作法律上无价值的判断,后者系对行为者的非难。"②

第二,违法性要件具有过错要件无法替代的功能。违法性是对加害人是否违反法律规范进行的判断,这种判断是一种对客观要素的判断。过错是对加害人在特定情形下能否预见特定权益侵害或损害的发生的判断,这种判断是一种对主观要素的判断。违法性是从受害人的角度考虑其遭受的损害是否在法律的保护范围之内;而过错是从加害人的角度考虑其主观心理状态是否具有可责难性。

尽管从保护受害人的角度,两大法系均采取客观的标准对主观的过错进行判断,即采取理性人或善良家父的标准对加害人是否存在过错进行判断,但是这种客观判断和加害人是否违反法规范的客观判断仍然是两码事。仍然以海洛因举例,甲在限速路段超速行驶将乙手中的一公斤白色粉状物撞落在污水中,此时甲因为超速而存在过错没有疑义。如果一公斤白色粉状物是面粉,那么甲应该赔偿乙的损失,因为甲侵害了乙的所有权,并造成了实际的损害;如果一公斤白色粉状物是海洛因,那么甲的行为对乙不构成侵权,因为海洛因不在法律的保护范围之内,甲的行为没有违法性,尽管其存在过错。

因此,在过错责任中,违法性和过错都是认定侵权责任的必备要素,而且违法性的认定是判断过错是否存在的前提,如果加害人的行为没有违法性,那么关

---

① 参见李昊:《德国侵权行为法违法性理论的变迁——兼论我国侵权行为构成的应然结构》,载田士永等主编:《中德私法研究》(第3卷),北京大学出版社2007年版。
② 王泽鉴:《侵权行为》,北京大学出版社2009年版,第88页。

于加害人是否存在过错的判断就是多余的。也就是说,在过错责任中,必须同时存在客观不法和主观不法,两者合在一起构成一个完整的不法行为。

在无过错责任中,违法性仍然是认定侵权责任的必备要素,只是不要求主观不法即过错的存在。以核电站为例,得到国家批准设立的核电站,其利用核能发电的行为具有合法性,尽管这种行为具有潜在的巨大危险性;一旦发生核事故,造成他人损害的,只要这些损害处在法律的保护范围之内,即和法律保护的权利和利益存在因果关系,核电站就应该进行赔偿,即便核电站不存在任何过错。换句话说,单纯的客观不法将导致无过错责任的产生。如果一个妓女因为核事故导致身体受到伤害,从而无法继续卖淫,即便核电站承担的是非常严格的无过错责任,在中国,核电站也没有必要对妓女不能卖淫的损失进行赔偿,因为在中国卖淫并没有合法化。

因此,无论是过错责任,还是无过错责任,在责任的认定中违法性都是必备要素。

第三,无论是否对权利和利益进行区分保护,违法性要件都是认定侵权责任的必备要素。如果对权利和利益进行区分保护,违法性要件的重要性会更加凸显。对民法规定的权利的侵害,直接表明加害人的行为存在违法性。因为权利作为一种主观的法,其和客观的法是一枚硬币的两面。权利首先表现为一种客观的规范,当主体能够基于自己的自由意志去主张这个法的时候,这个法就变成了他的法,这就是他的权利。只要法官能够认定加害人的行为侵害了受害人的权利,那么加害人行为的不法性就被认定。

如果加害人的行为没有侵害受害人的权利,只是侵犯了受害人的利益,此时该利益是否处于法律的保护范围就具有决定的意义。如果法官认定受害人的利益处于法律保护的范围,那么该利益就是合法的利益,对合法利益的侵害当然具有不法性。如果法官认定受害人的利益并不属于法律保护的范围,那么加害人的行为就不具有违法性,随后的过错问题就不需要再作判断了。因此,对民事权益的侵害就是违法性要件的表现。

综上所述,根据《侵权责任法》第6条第1款的规定,我国一般侵权责任的构成要件包括:(1)民事权益的侵害;(2)加害行为;(3)加害行为和民事权益侵害之间存在因果关系;(4)过错。其中民事权益的侵害既是违法性要件的体现,也是损害赔偿责任中损害是否具有法律上的可救济性的判断前提。

第二节 权利和利益的区分保护

一、概述

在《侵权责任法》的起草过程中,对于权利之外的利益究竟应该如何保护出现了一个有意思的现象。主流学者认为,侵权责任法应该采取"全面的一般条款+全面列举模式",德国的立法例使得侵权责任法的保护范围过小,而"全面的一般条款"模式可以扩大侵权责任法的保护范围,由于其具有高度的浓缩性,从而赋予了法官高度的自由裁量权,并通过法官造法的方式使得侵权责任法能够与时俱进。① 但是中国的法官似乎并不想要学者们试图赋予给他们的高度自由裁量权,在《侵权责任法草案》征求意见的过程中,最高人民法院的法官在不同的场合均表达了对德国立法例的偏爱,而且同处司法实务第一线的律师们似乎也选择了站在法官这一边。理由是,《德国民法典》第823条第1款、第2款和第826条规定的一般侵权行为的三个类型:侵犯权利、违反法定义务和违背善良风俗彼此独立又相互补充,几乎能够涵盖一般侵权行为的全部情形,与高度抽象概括的法国立法模式相比,德国的立法例为判断侵权行为提供了比较具体的方法和原则,能够较好地避免解释上和适用上的分歧。② 最终还是主流学者的观点占据了上风,《侵权责任法》第6条第1款的规定表明了德国模式在中国立法论上的退潮。

在《侵权责任法》颁布之后,由于第6条第1款对利益保护的具体方式保持沉默,有关利益保护的问题仍然是实务界和学界讨论的焦点。最高人民法院的法官仍然强调,尽管《侵权责任法》已经采纳了所谓的"全面的一般条款"模式,但这只是一个学术理想,在司法实务中甚少实际意义。最高人民法院在指导侵权案件的审理过程中,历史地走向了类似于德国模式的解决方法,这一模式在今后的司法实践中仍然应该被坚持。③

学界讨论的焦点集中在权利和利益究竟应该等同保护还是区分保护的问题上,并且明显地分成两个阵营。一派认为权利和利益应该等同保护,《侵权责任法》之所以不借鉴德国模式,是因为权利和利益的界限较为模糊,而且权利和利益本身是可以相互转换的。④ 另一派则认为应该对权利和利益进行区分保护,进行区分保护的方法就是根据德国模式对《侵权责任法》第6条第1款进行解释。因为,如果单纯从文义的角度对《侵权责任法》第6条第1款进行解释,它保护所有的民事权益并且保护程度相同,这在理论上将是灾难性的,在实践中是危险的,所以必须根据德国模式对其进行目的性限缩,从而对权利和利益进行区

---

① 参见张新宝:《侵权责任法立法研究》,中国人民大学出版社2009年版,第152—158页。杨立新:《论埃塞俄比亚侵权行为法对中国侵权行为法的借鉴意义》,载《扬州大学学报(人文科学版)》2005年第5期。

② 参见黄松有:《关于侵权责任法立法的几个问题》,载《法律适用》2006年第10期,第2—3页。全国人大常委会法制工作委员会民法室编:《侵权责任法:立法背景与观点全集》,法律出版社2010年版,第189、243—244页。

③ 参见陈现杰:《侵权责任法一般条款中的违法性判断要件》,载《法律适用》2010年第7期。

④ 参见王胜明主编:《中华人民共和国侵权责任法解读》,中国法制出版社2010年版,第10页。

分性保护。①

二、权益区分保护的理论依据

(一) 解释论上的广泛接受性

作为等同保护论的鼻祖,《法国民法典》第1382条和第1383条被认为是不对权利和利益进行区分保护的典范,但是在解释论上两者之间并没有本质的差异。实际上"19世纪上半叶所有的法国论者以及此后的许多论者都认为,第1382条和第1383条包含了后来德国民法典在第823条到第826条的解决方案。"②因为当时代表性的学者均认为,只有不法的行为才是侵权行为。20世纪的情况并没有改变,在1937年的判例中法国最高法院民事庭确立了这样的规则,只有法定保护的利益才是可赔偿的利益,而法定利益就是既不违反法律,也不违反公序良俗的利益。同时在对过错的认定中,对法定规则的违反和对道德规则的违反是最主要的类型。③更加引人注目的是法国司法实践中的解决方法有上升为成文法的趋势,因为法国2005年《债法及时效法改革草案》已经预定于《法国民法典》第1343条中明文规定,得请求的损害赔偿,必须是对合法利益的侵害。④

1865年《意大利民法典》第1151条是对《法国民法典》第1381条的原文照抄,但是后来发现保护的范围过大,在司法实践中不好操作,因此1942年的《意大利民法典》第2043条在"损害"的前面加上了"不法"两个字。意大利学者明确指出这是受到了德国学说理论的影响,而且在意大利随后的司法实践中建构的解释论模式确实和德国模式没有本质区别。⑤意大利的通说认为,对该条规定的"不法"应该这样判断:(1)违反了一条民法规范;(2)对根据社会公认的原则予以认可的利益的侵害,构成不法;(3)对根据宪法原理的衡量应予以保护利益的侵害,构成不法;(4)对根据法律制度整体的考量应该予以保护利益的侵害,构成不法。他特别指出这些利益主要是刑法规范和法律特别规定的义务所特别保护的利益。⑥我们可以看出上述理解和德国模式的相似性。

与中国《侵权责任法》第6条第1款最类似的是《日本民法典》第709条。

---

① 参见葛云松:《侵权责任法保护的民事权益》,载《中国法学》2010年第3期,第37—51页。
② 〔意〕毛罗·布萨尼、〔美〕弗农·瓦伦丁·帕尔默:《欧洲法中的纯粹经济损失》,张小义等译,法律出版社2005年版,第94页。
③ 参见张民安:《现代法国侵权责任制度研究》,法律出版社2007年版,第66、184—185页。
④ 参见陈忠五:《契约责任与侵权责任的保护客体——"权利"与"利益"区别正当性的再反省》,新学林出版股份有限公司2008年版,第192页。
⑤ See Pier Giuseppe Monateri, Filippo Andrea Chiaves, International Encyclopaedia of Laws, Tort Law, Volume 2, Kluwer Law International, the Hague, the Netherland, 2003, pp.90—95.
⑥ See C. Massimo Bianca, Diritto Civile, La Responsabilità, Milano, Giuffrè Editore, 1994, pp.585—587.

尽管该条参考了《德国民法典第一草案》第 704 条,但是没有使用不法性的表述,也没有违反保护他人法律和违反善良风俗的规定,因此在谱系上仍然属于法国法系。在 1925 年"大学汤案件"后,日本的学说理论从严格的权利侵害说转向了违法性说,至于如何在司法实务中判断违法性,日本的学说理论完全倒向了德国模式。日本的通说认为:"被评价为违法的通常被认定为权利侵害这样的形态是比较普遍的,另外,命令性的法规通过自身具有的评价性机能具有独自对违法的评价,而缺乏明确的法规的场合时可因违反善良风俗来评价违法。"2005 年日本现代化语改革对第 709 条的修订只是违法性学说在判例法上固定下来的证明,因为该条修订的立法背景是这样说明的:"此次的改正,以被侵害利益为焦点,并没有改变将此作为构成要件之一的本条的基本构造,为达到在条文上反映实质性规范的目的,增加了'法律上被保护的利益'这一文言。"[①]

英美法系中同样存在类似于德国模式的思考方式,尽管我们不能说英美法系是直接借鉴了德国模式。在英国法上,违反制定法的责任是一种独立的有名侵权。在长期的司法实践中,英国法官就制定法的认定标准、范围、排除标准、违反制定法和过失之间的关系等问题所发展出来的理论,其复杂性和深度丝毫不逊色于德国法。[②] 而美国的法院早在 1889 年的判例中就确立了违反制定法构成侵权的原则,在司法实践中发展出来的理论同样复杂和全面。《美国侵权法重述第二版》第 286 节和第 288 节更是明确规定了违反制定法责任的认定和豁免的内容。在英美法上确实不存在《德国民法典》第 826 条违反善良风俗构成侵权的规定,但是类似的思考方式仍然存在。美国法院通过规则和原则的区分实现了侵权法的创造性延续,美国法官正是通过对原则的运用解决了精神痛苦、出生前伤害、配偶权利等一系列疑难案件,这些案件实际上就是大陆法系所谓的利益保护问题。[③] 根据德沃金的观点,所谓的原则就是公平、正义的要求,或者是其他道德层面的要求。[④]

(二)权利的本质不是利益

持区分保护论的学者基本上对权利的本质采法力说,即权利的本质是享受特定利益的法律上之力,但是这些学者只是直接指出权利和利益应该区分保护,他们并没有论证在采法力说的前提下如何区分权利和利益,这正是他们的软肋所在。有学者因此指出,通说所采的法力说实质上是将权利的本质与法律承认权利的目的两者混为一谈,其中特定利益的享受为权利的内容或要素,权利的本

[①] 〔日〕圆谷峻:《判例形成的日本新侵权行为法》,赵莉译,法律出版社 2008 年版,第 65—68 页。
[②] 参见〔澳〕彼得·凯恩:《侵权法解剖》,汪志刚译,北京大学出版社 2010 年版,第 21—30 页。
[③] 参见〔美〕罗伯特·E.基顿:《侵权法中的创造性延续》,李俊译,载〔美〕布兰代斯:《哈佛法律评论——侵权法学精粹》,法律出版社 2005 年版。
[④] 参见〔美〕罗纳德·德沃金:《认真对待权利》,信春鹰等译,上海三联书店 2008 年版,第 42 页。

质是一种特定利益,此点并无争议。① 全国人大法工委的相关人士也认为法力说的落脚点实际上还是利益,因此很难把权利和利益区分清楚。② 由于法力说是在法律实证主义前提下利益说的变形,因此上述批评意见是有道理的,但是根本性的问题恰恰在于权利的本质是利益吗?

权利一定是和某种利益相关联的,但是问题的关键不是权利和利益是否有关联,而是权利是否是利益本身,这正是利益说的命门所在。利益说的错误在于将目的与手段混为一谈,因为权利只是实现利益这一目的的手段之一,而手段与目的并不是一回事。如果从技术上进行分析,利益说实际上混淆了权利与权利的客体,因为利益只是权利客体的抽象表述。但是利益说也并非没有贡献,它的价值在于使我们注意到法律赋予个人权利的目的,"将主观权利界定为法律上受保护的利益是耶林的一大贡献,这并不是因为这一概念本身的价值,而是因为它有助于对法律形式主义概念的谴责。"③

权利的本质不是利益,权利只是保护利益的工具之一。法律的目的确实是为了保护利益(个人的、集体的或者社会的),但是法律保护利益并非只有权利这一种工具,立法者可以通过单纯设立义务的方式保护他人的利益。正因为权利只是保护利益的工具之一,卡尔洛·博奇在为《最新意大利法学汇纂》撰写"利益和法"的词条时,特意在开篇作了一个说明:"笔者故意用目前的表述'利益和法'来代替《新意大利学说汇纂》中的表述'主观权利和利益',并不是因为目前的研究试图扩大或者改变这一主题的研究范围,不如说是为了更好地描述这一主题。实际上,与利益相关的主观权利概念,并没有法的涵义宽泛,这也容易引起混淆。"④

首先,权利概念并不是自始就存在的,在 14 世纪之前的古代社会中并不存在现代意义上的权利概念,但是这并不妨碍古代社会通过法律对各种利益进行保护。权利概念是个人主义兴起的产物,它实际上隐含了对个人自由意志的尊重,这正是现代社会和古代社会存在的最大不同。⑤

其次,正因为权利只是法律上保护利益的工具之一,我们无须动辄求助于主观权利的概念来解决利益的保护问题。从社会进步的角度看,我们无论赋予权利概念多高的评价都不为过,但是将权利的概念作为侵权行为法的核心

---

① 参见陈忠五:《契约责任与侵权责任的保护客体——"权利"与"利益"区别正当性的再反省》,新学林出版股份有限公司 2008 年版,第 140—141 页。
② 参见全国人大常委会法制工作委员会民法室编:《中华人民共和国侵权责任法:条文说明、立法理由及相关规定》,北京大学出版社 2010 年版,第 7—8 页。
③ Widar Cersarini Sforza, Diritto Soggettivo, Enciclopedia del Diritto XII, Milano, Giuffrè, 1962, p. 684.
④ Carlo Bozzi, Interesse e Diritto, Novissimo Digesto Italiano VIII, Torino, Vtet, 1968, p. 844.
⑤ 参见方新军:《权利概念的历史》,载《法学研究》2007 年第 4 期。

概念,反而会导致权利不必要的营养过剩。因为新类型的利益未必确定到能够通过权利工具予以保护的程度,或者是还没有必要上升到运用权利工具予以保护的程度。

再次,如果理解了权利的本质、权利和利益之间的关系,我们就能够明白不法行为的表述更符合我们所谓的侵权行为的本质。因为权利和法就是一枚硬币的两面,当法律制定出来的时候,它只是客观存在的规范,当一个主体基于自己的自由意志去主张这个法律的时候,这个法律就变成了他的法律,也就是他的权利。① 这也是德国学说理论中侵害权利的事实构成要件征引不法性的理由,而违反保护他人的法律侵害他人利益的,尽管没有侵犯他人的权利,但违反法律本身就证明了行为的不法性。

最后,如果理解了权利和利益的上述关系,我们就能够明白德国模式对权利和利益进行区分,并通过三个一般条款进行保护的理由。因为法律在本质上就是一套行为规范,一个人应该承担法律责任,是因为他对行为义务的违反。但是对一个人课以法律责任必须符合"期待可能性"理论,即只有在加害人对自己的行为义务有所预见,但是仍然违反该行为义务导致的损害才能课以责任。行为义务可以分为三类:单纯民法上的行为义务、民法以外的法律义务和法外的行为义务。这三种行为义务实际对应的就是《德国民法典》第 823 条第 1 款、第 2 款和第 826 条。其中与民法中规定的权利相对的义务最为确定,因为立法者运用权利的工具对特定利益加以保护,实际上已经表明了立法者的价值判断,即这些利益对于个人来讲是最重要的。我们只要看一下现代社会的法律,绝大多数重要的利益已经通过权利工具进行保护了,而一个人的权利必然意味着他人的义务,因为任何权利都具有不可侵性。法外的行为义务最不确定,当事人可能无从知晓,因此只有在行为人故意的情况下才构成侵权责任,这被称为第 826 条的限制功能。民法以外的法律上的义务的确定性要区分情况,如果法律(如行政法)直接规定行为人在特定场合的具体行为义务的类型,这种义务就非常确定,对这些行为义务的违反实际上有助于在民法上对过错的认定;如果法律不规定具体行为义务的类型,只是对民法规定的权利之外的利益进行保护,则要对规范的目的进行考量,单纯保护公共利益的法律并不能成为民法上行为义务的要求。

三、权益区分保护的合理性

首先,德国模式对权利和利益进行区分保护,使得司法实务具有相对明确的

---

① 参见〔奥〕凯尔森:《法与国家的一般理论》,沈宗灵译,中国大百科全书出版社 1996 年版,第 92 页。〔德〕魏德士:《法理学》,丁晓春等译,法律出版社 2005 年版,第 32—34 页。

可操作性,这也是我国最高法院的法官一直主张追随德国模式的最主要原因。实际上德国一开始准备追随法国模式,其民法典第一草案的第 704 条就是以《法国民法典》第 1382 条为范式起草的,起草委员会的解释是:"在民法上,任何以不被认可的方式不法侵害他人权利的行为都是不被允许的。"①但是第二草案的起草委员会认为法国模式的起点是不能接受的,因为"将解决应当由立法解决的问题之职能交给法院,既不符合草案的本意,而且从德国人民对法官的职能之一般观点来看也是不能接受的。"②同时在法技术上,第二起草委员会担心法国模式的一般条款会带来不确定性,第一,在采一般条款的情况下,不法性要件还需要进一步的精确化;第二,如果采用一个大的一般条款,那么在确定请求权人时,也会招致困难。③ 这使得德国模式最终体现为三个小的一般条款。如果说法国的立法者是"明知山有虎,不往山中行",他将打虎的重任直接交给了法官,那么德国的立法者则认识到打虎任务的艰巨性,尽管他对最终是否能打到这只虎也没有绝对的把握,但是他至少告知了法官几种打虎的可能路径和方法。

其次,德国模式在公法和私法之间架起了一座桥梁。苏永钦教授非常形象地将我国台湾地区"民法典"第 71 条的规定(违反强制或禁止规定的法律行为无效)比喻为一匹特洛伊木马,通过这条规定,公法规范犹如木马里的雄兵涌入了民法的特洛伊城。④ 实际上,《德国民法典》第 823 条第 2 款也是一匹民法城里的特洛伊木马,通过它公法规范同样涌入了民法。原先的学说理论认为,作为规范国家和人民关系的公法和规范人民之间关系的私法,两者各有其领域,而且在理念的形成与概念、制度的发展上各有其脉络。"但是现代化同时带动公领域和私领域的扩张,两者之间呈现的不只是反映左右意识形态的波段式拉锯,而且是越来越多的交错,应然面的法律体系,很自然的也从公私法的二元变成多元。作为管制和自治工具的公私法规范,还因为两种理念的辩证发展而相互工具化,乃至相互提供避难所。"《德国民法典》上述条款(包括台湾地区"民法典"第 184 条第 2 项)的主要功能在于"转介公法上的行为规范,一方面使得因他人违法而受到单纯经济利益损害,无从依权利受害请求损害赔偿者,可有一请求权基础。另一方面也有藉私法求偿来'围堵'公法上不法行为,增加违法成本、降低执法成本的涵意。"⑤

最后,德国模式在法律和道德之间架起了一座桥梁。《德国民法典》第 826

---

① 〔美〕詹姆斯·戈德雷:《私法的基础——财产、侵权、合同和不当得利》,张家勇译,法律出版社 2007 年版,第 448 页。
② Konrad Zweigert, Hein Kötz, Introduction to Comparative Law, translated by Tony Weir, Clarendon Press, Oxford, 1998, p.599.
③ 参见〔德〕迪特尔·梅迪库斯:《德国债法分论》,杜景林等译,法律出版社 2007 年版,第 614 页。
④ 参见苏永钦:《走入新世纪的私法自治》,中国政法大学出版社 2002 年版,第 7 页。
⑤ 苏永钦:《寻找新民法》,元照出版公司 2008 年版,第 251、280 页。

条(台湾地区"民法典"第184条第1项后段)是民法城邦里的第三匹特洛伊木马,通过它道德规范可以进入民法的城邦。尽管我们目前还不能说道德和法律的两分模式已经彻底崩溃,但是法律实证主义者已经开始承认特定情况下法律和道德的交叠。哈特在为道德和法律两分进行积极辩护的同时也明确指出:"无论是边沁还是其追随者都未曾否认这个观点:借助于明确的法律规定,许多道德原则也许可以在各个不同的方面被引入法律体系之中,并构成法律规则的一部分;法院也可能负有依其所认为的正义或者最佳情形来进行裁决,并且这是合乎法律的。"①哈特同时也承认:"成文法或许只是法律的外壳,要求借助于道德原则去实现;……民事和刑事的赔偿责任可能因为一般的道德责任观念而有所调整。法律实证主义者不能否认这些都是事实,也不能否认,法律体系的稳定性部分地依赖于法律和道德的这些对应。"②这就是哈特所承认的实证法中应该具有的自然法的最低限度内容,之所以要有这些最低限度的自然法内容,在很大程度上是因为实证法中存在开放结构,而这种开放结构的存在是因为语言的不确定性。尽管语言一般都有一个确定的中心含义,但同时也可能会有一个有争论的暗区地带。在暗区地带里,这些语汇的意思既不能明确地被适用,也不能明确地被排除。正是在这个暗区地带里必然存在道德和法律的交叠处。③

  再也没有比利益的保护更适合作为开放结构的分析模本了,因为利益一词就其中心含义来讲也是不确定的。正如意大利学者艾米利奥·贝蒂所指出的,利益这一时髦的术语实际上是不精确的,其错误的根源在于一般性地立基于心理学的概念,即主体对能够满足其需要的客体的一种欲望,但是心理学的概念无法把握规范的实质。④ 因此法官在决定是否对利益进行保护的时候,必然要借助于道德规范。

四、权益区分保护的解释论方法

  关于利益保护的问题,我们必须直接回答哪些利益应该受到法律的保护,任何迂回的解释只能使问题复杂化。如果我们只是说合法的利益应该受到法律的保护,这实际上是一种循环说明,对于问题的解决并没有实质的助益。问题的关键在于合法中的"法"究竟应该如何认定,只有解决了这个问题,利益保护的范围才能够相对确定。在司法实务中,法官只有确定一个利益在受到法律保护的

---

  ① 〔英〕H. L. A. 哈特:《实证主义和法律与道德的分离》,支振锋译,载《哈佛法律评论——法理学精粹》,法律出版社2011年版。
  ② 〔英〕H. L. A. 哈特:《法律的概念》,许家馨等译,法律出版社2006年版,第188页。
  ③ 参见〔英〕H. L. A. 哈特:《实证主义和法律与道德的分离》,支振锋译,载《哈佛法律评论——法理学精粹》,法律出版社2011年版。
  ④ See Emilio Betti, Interesse(Teoria generale), Novissimo Digesto Italiano VIII, Torino, Vtet, 1968, pp. 838—839.

前提下,关于损害、过错和因果关系的分析才有意义;一旦确定一个利益并不在法律的保护范围内,任何后续的分析都不再必要。

现在的问题是《侵权责任法》第6条第1款只规定了民事权益,并没有合法两个字。如果从字面理解,民事关系就是私人之间的关系,那么民事利益就是私人利益,而私人利益纯粹是一种个人的主观感受,其范围无边无际,但是《侵权责任法》第1条规定:"为保护民事主体的合法权益,明确侵权责任,预防并制裁侵权行为,促进社会和谐稳定,制定本法。"这是对立法目的的宣示,而且民事主体的合法权益的表述与《民法通则》第1条和第5条的表述是一致的。尽管在随后的《侵权责任法》第2条、第6条和第7条中只出现了民事权益的表述,但是我们只能理解为民事权益是民事主体的合法权益的缩写形式,利益必须合法才能得到保护,这是其题中应有之义。而且合法中的法不仅包括私法,也包括公法。根据利益法学派的"起源利益论",无论是公法,还是私法,利益都是法律规范的基础。因为法律就是通过国家强制力量所获得的,确保社会生活条件的形式,而社会生活条件就是最广义的利益。① 我们在考虑对利益的保护时,不能只考虑私法的规范,也要考虑公法的规范,因为"民法规范不仅仅只是想要追求使个人的利益达到尽可能的平衡;更重要的是,它必须使其规范的总和——同时还要与其他法律规范的总和一起——形成一个能够运行的整体。"②

其次,如果法律并没有明确规定某类受保护的利益,但是根据体现道德规范的民法基本原则应该予以保护的利益,也是合法的利益,即法律没有规定,但是根据善良风俗原则应该予以保护的利益。这可以从《民法通则》第7条"民事活动应当尊重社会公德,不得损害社会公共利益"推导出来。这在我国并非没有先例,《最高人民法院关于确定民事侵权精神损害赔偿责任若干问题的解释》第1条第2款规定:"违反社会公共利益、社会公德侵害他人隐私或者其他人格利益,受害人以侵权为由向人民法院起诉请求赔偿精神损害的,人民法院应当依法予以受理。"这是一个非常好的、法院通过解释对权利之外的利益进行保护的典范。

通过上述对合法权益中的"法"的解释,我们确实可以在既有法律规定的基础上推导出类似于德国模式的利益保护方法,这一方面可以在司法实务中为法官寻求利益保护的合法根据提供指引,即判断一个利益是否应该受到法律保护时,法官首先应该考虑这个利益是否在民法上已经体现为一种权利;如果不是,民法中是否有保护这种利益的规范存在;如果没有,公法中是否有保护这种利益的规范存在;如果还没有,最后再考虑根据社会的善良风俗这种利益是否应该受

---

① 参见吴从周:《概念法学、利益法学与价值法学:探索一部民法方法论的演变史》,一品文化出版公司2007年版,第147、254—259页。
② 〔德〕迪特尔·施瓦布:《民法导论》,郑冲译,法律出版社2006年版,第9页。

保护。另一方面,这种解释也打通了私法和公法、私法和道德之间的通道,从而使法官能够在一个更加广阔的背景上考虑利益的保护问题。

第三节 民事权益的侵害

一、概述

从逻辑上讲,当一个人试图主张另一个人对他构成侵权时,他首先需要证明的就是他的民事权益遭受了侵害。如果他想让对方进行赔偿,他还必须证明自己遭受了实际的损害,而且这种损害和民事权益的侵害之间存在因果关系。如果对方想避免承担侵权责任,他只要能够证明对方的权利没有遭受侵害,或者是对方主张的利益不在法律的保护范围之内,所有的后续证明都不再必要,他就可以免责。关于民事权益侵害的证明是整个侵权责任认定的逻辑起点。

尽管《侵权责任法》第6条第1款明确规定民事权益受到法律的保护,并且对18种权利的类别进行了列举,而且根据前文的分析,权利和利益应该进行区分保护,但是下列问题仍然需要进一步的分析:第一,在民事法律明确规定的权利类别之外,法官在具体的司法实践中是否能够创设新的权利类别;第二,对当事人主张的权利之外的利益保护请求,法院依据什么样的方法确定一项利益是处于法律的保护范围之内,还是处于法律的保护范围之外,法官如何进行说理。

二、权利保护的形式主义标准

对《侵权责任法》第6条第1款进行目的论限缩,主要是为了限缩利益的保护范围,对民事法律明确规定的权利的侵害构成侵权,乃当然之理,似乎没有进一步讨论的必要。但是在德国的司法实践中,德国的法院通过超越法律的法的续造,将原本属于利益的类型解释为《德国民法典》第823条第1款中的"其他权利",从而创造出民事法律原先没有规定的新的权利类别,典型代表是"一般人格权"和"营业权"。对于这种超越法律的法的续造,德国的学说理论也是毁誉参半。上述超越法律的法的续造在中国的司法实践中同样存在,《最高人民法院关于确定民事侵权精神损害赔偿责任若干问题的解释》第1条第1款第3项规定了现行民事法律中并不存在的人格尊严权和人身自由权。问题在于,上述超越法律的法的续造在中国是否必要,在今后的司法实践中中国的法院是否能够继续创设出新的权利类别。

第一,在权利的保护上我们应该遵循形式主义的标准,即只有民事法律明确规定的权利才是民法上的权利,其他的都是利益保护的问题。只要能够通过法律解释和法律内的法的续造能够解决的问题,就绝不要采取法律外的法的续造方式。进行法律外的法律续造必须满足两个前提条件:首先,必须是真实的法律问题,对于法外空间的问题不能进行续造;其次,仅凭单纯的法律解释和法律内的法的续造不能解决问题,而且立法者长期不能发挥作用,以致产生一种真正的法律紧急状态。① 确实,不能认为人格尊严和人身自由处于法外空间,它们甚至是各种具体人格权的理论基础,但是在中国现有法律规定的基础上,我们还没有必要通过法律外的法的续造方式去创造出人格尊严权和人身自由权。因为《宪法》第 37 条和第 38 条已经明确规定人身自由和人格尊严不受侵犯,我们只需要通过《民法通则》第 7 条将其转介入民法就可以了。实际上,《最高人民法院关于确定民事侵权精神损害赔偿责任若干问题的解释》第 1 条第 2 款已经解决了这个问题,因为其他人格利益可以包括人身自由和人格尊严,最高人民法院没有必要冒着僭越立法权的风险去创造上述两种权利类别。

第二,从表面上看,法院无论将人身自由和人格尊严确定为权利,还是通过转介条款将其引入民法,在判决结论上似乎不会产生什么实质性的影响,但实际上两者的差别很大。一旦我们将上述两种利益确立为权利,那么它们在理论上将产生对世效力,只要有人侵犯了它们,事实构成要件的符合性应该直接征引不法性,但是法院做不到。因为上述两种"权利"在范围上的不确定性,法官只能在具体个案中进行利益衡量才能最终确定违法性是否存在,这反而会使得法律变得不稳定,并且同等对待原则也将被破坏。如果法院在个案中通过民法的基本原则转介宪法关于基本权利规定的价值观念,它并没有创设出一个新的权利类别,它只是形成了一个关于特定利益保护的判例。尽管判决先例在事实上会起到类似于法源的作用,但是有拘束力的不是判例本身,而是在其中被正确理解或具体化的规范。如果法官发现判决先例中的解释不正确,或者当初虽然正确,但是因为规范情景变更或整个法秩序的演变现今已不再合理时,法官必须自为判断。因此判决先例绝非独立的法源,它只是法官认识的媒介。② 如果某个关于特定利益保护的判例接受了长时间的考验,事实上已经被广泛接受,那么立法者可以考虑将其上升到权利的层次。在我国,2001 年最高法院司法解释中的隐私利益就是通过这样一个过程最终变为《侵权责任法》中的隐私权的。法院确实是新类型权利的发源地,但是这并不代表法院可以直接创设出新的权利类别。

第三,坚持权利保护的形式主义标准可以避免思维逻辑上的矛盾。当德国学者以所有权为样本,发展出归属效能、排除效能和社会典型公开性三个判断标准,从而将一部分利益纳入《德国民法典》第 823 条第 1 款中的"其他权利"进行

---

① 参见〔德〕卡尔·拉伦茨:《法学方法论》,陈爱娥译,商务印书馆 2003 年版,第 298—299 页。
② 同上书,第 301—302 页。

保护时,他们实际上在进行类推适用,甚至是以类推适用为表象进行目的性扩张。① 如果我们采纳这种思维模式,一方面还是会出现司法权僭越立法权的问题,另一方面也会出现逻辑上的矛盾。因为类推适用或者目的性扩张是填补开放漏洞的方法,其理论依据是基于事物本质的相似性,相同的情况应该相同处理;而目的论限缩是对隐藏漏洞的填补方法,其理论依据是不同的情况应该作不同的处理。当我们试图将某些利益纳入其他权利进行保护的时候,我们只能说《侵权责任法》第 6 条第 1 款存在开放的漏洞;当我们试图排除对某些利益的保护时,我们又只能说第 6 条第 1 款存在隐藏的漏洞。对于同样一个条款,我们一会儿说存在开放的漏洞,一会儿说存在隐藏的漏洞,一会儿进行目的性扩张,一会儿进行目的性限缩,逻辑上的混乱不可谓不明显。消除这一混乱的最好方法就是坚持权利保护的形式主义标准,法定权利以外的利益保护只能通过目的论限缩的方式解决。但这并不意味着德国学者创造出来的三个判断标准在理论上没有价值,只是这三个标准将成为判断利益本身是否值得保护的技术标准,而不是使利益成为权利的标准。

第四,坚持权利保护的形式主义标准符合思维经济的原则。我们只需了解现行民事立法规定了多少种权利类别,剩下来的都是利益问题,它们只能通过判断是否违反保护他人法律和违反善良风俗来加以保护。《侵权责任法》第 2 条第 2 款规定的"等人身、财产权益",其中的权利只能是立法者在随后的立法中新规定的权利,法院不能创设出新的权利类别。

第五,坚持权利保护的形式主义标准只意味着法官在司法实务中不能创设新的权利类别,但是这并不意味着法官不能对法定的权利类别进行解释,从而将一些原先被认为是利益的内容纳入某种权利的类别中进行保护。例如,通过扩张解释健康权的概念,将精神损害纳入侵权责任法的保护范围。原先认为健康主要指的是人的肉体机能的正常运转,但是人不仅是肉体的存在,也是精神的存在,后者甚至是人和动物之间的本质区别。因此精神机能的不正常应该属于健康权的受损。最高人民法院关于精神损害的司法解释尽管没有说明解释的理论依据,但是应该认为是对健康权进行扩张解释的结果。法院通过解释从而将一些利益纳入特定权利类别的保护范围,可以避免动辄僭越立法权创设新的权利类别,同时也符合思维经济原则,即如无实益,勿增实体。例如,法院可以通过对身体权和健康权的解释,将所谓的"生育权"包含的利益纳入《侵权责任法》的保护范围,因为中国的民事立法中并不存在生育权的概念。② 如果通过对身体权

---

① 参见于飞:《侵权法中权利与利益的区分方法》,载《法学研究》2011 年第 4 期。
② 参见朱晓喆、徐刚:《民法上生育权的表象与本质——对我国司法实务案例的解构研究》,载《法学研究》2010 年第 5 期。

和健康权的解释不能包括当事人主张的所谓的"生育权"中所包括的利益,法院只能通过适用《最高人民法院关于确定民事侵权精神损害赔偿责任若干问题的解释》第1条第2款中规定的其他人格利益予以保护。

第六,法院的扩张解释不能突破特定权利概念的核心意义,解释的依据是事物本质的相似性,否则法院无异于通过解释创设新的权利类别。例如,最高人民法院早先将隐私纳入名誉权进行保护,这显然违背了事物本质相似性的原理,因为名誉是指一个人的社会评价,而隐私是一个人不愿让外人知道的信息。侵犯隐私不一定会导致名誉的降低,甚至在极端的情况下还可能导致对一个人名誉评价的提高,所以最高人民法院后来通过违反善良风俗的方式对隐私进行保护,这种思考模式值得赞同。

三、违反保护他人法律构成侵权的认定方法

(一)违反保护他人法律的一般认定标准

权利只是保护利益的工具之一,法律通过单纯为他人设定义务也可以起到保护利益的作用,因此当事人除了侵害民事法律规定的权利之外,违反法律损害他人利益的也可能构成不法行为。通说认为,关于违反保护他人法律构成侵权,在方法上应分三个阶段加以认定:第一,加害人违反的法律是否为保护他人的法律,即法律规范的意图是否包括对个人提供保护,单纯保护公众的规范不是保护他人的规范;第二,被害人是否属于受保护之人的范围,只有在受害人属于保护性法律意图保护的那一类时,他才能有效地援引该规范;第三,被害人所请求的是否为该法律所要保护的利益。[①] 在上述三个阶段中,第一个阶段具有特别重要的意义,它关系到一条规范,尤其是公法规范是否能进入民法,法官解释的宽严决定着公法规范进入民法的流量。

(二)《侵权责任法》之外的私法规范是否属于保护他人的法律?

通说认为违反保护他人的法律既然可能包括公法规范,当然也应该包括私法规范。

第一,其他私法规范可能只规定了行为义务和保护利益的类型,没有规定法律后果。例如,《婚姻法》第4条规定,夫妻应当互相忠实,互相尊重。该条只规定了行为义务,但是没有规定法律效果,也没有规定主观要件,性质上属于不完全法条,它必须与其他规范结合才能起到完整的规整效果。如果发生夫妻一方违反忠实义务的情形,在德国应通过《德国民法典》第823条第2款进行转介,因为上述条文属于保护他人的法律,而违反该法律的,担负和第823条第1款同样的损害赔偿责任,但是在中国并不存在和德国法类似的条文,此时只能通过

---

① 参见王泽鉴:《侵权行为》,北京大学出版社2009年版,第288页。

《侵权责任法》第 6 条第 1 款进行转介。因为该条不仅保护权利，也保护合法的利益，而《婚姻法》的规定表明，因夫妻双方互相忠实所带来的利益是受法律保护的。正是通过合法两个字，我们可以将《婚姻法》第 4 条的规定转介到《侵权责任法》第 6 条第 1 款中。尽管《婚姻法》的条文没有规定主观要件，但是根据《侵权责任法》第 6 条第 1 款的规定应以过错为要件。

第二，其他私法规范可能既规定了行为义务，也规定了法律后果，表面看起来是一个完整的规范，但是该规范可能只是笼统地规定了行为义务，并没有对责任的主观构成要件予以说明，这时仍然要通过《侵权责任法》第 6 条第 1 款的转介适用对具体责任予以认定。例如，《物权法》第 245 条规定："占有的不动产或者动产被侵占的，……因侵占或者妨碍造成损害的，占有人有权请求损害赔偿。"该条将不属于权利的占有利益纳入了法律的保护范围，而且从表面看是一个完整规范，如果只从字面解释，该条规定没有对侵占人的主观要件作任何规定，那么侵占人是否应该承担无过错责任？但是这种解释显然在价值判断上出现了倒错，因为对所有权的侵犯原则上应该适用过错责任原则，而所有权的位阶显然比占有利益更高，对于占有利益的保护并没有适用无过错责任的特别理由。因此《物权法》第 245 条应通过转介适用《侵权责任法》第 6 条第 1 款，基于过错责任原则对具体责任进行认定。

第三，如果其他私法规范明确规定了主观构成要件，也规定了法律后果，这时确实没有必要通过《侵权责任法》第 6 条第 1 款转介适用，因为该规定已经构成了法律特别规定的侵权责任类型。例如，《公司法》第 190 条第 3 款规定："清算组成员因故意或者重大过失给公司或者债权人造成损失的，应当承担损害赔偿责任。"该条规定的损失实际上包括了纯粹经济损失，立法者将主观要件界定为故意或者重大过失，表明了立法者就这一类型的侵权责任作出了独立的价值判断，因此没有必要再转介适用。如果没有这一条的规定，根据《公司法》第 188 条的规定："清算组在清理公司财产、编制资产负债表和财产清单后，发现公司财产不足清偿债务的，应当依法向人民法院申请宣告破产。"这一条就是一个不完全的法条，需要转介适用《侵权责任法》第 6 条第 1 款，这时应该适用的就是过错责任。立法者之所以要作出第 190 条第 3 款的规定，主要原因恐怕在于担心基于过错责任对纯粹经济损失进行赔偿会对社会的健康发展造成阻碍。

同时判断方法上的第二阶段和第三阶段也同样重要，如根据《公司法》第 148 条的规定，公司董事、监事和高级管理人员对公司负有忠实和勤勉义务，如果上述人员违反该义务造成损害的，只有公司和公司的股东才能基于该条提起诉讼，公司的债权人可能也会有损失，但是不在该条保护人的范围之内。根据《物权法》第 89 条规定："建造建筑物，不得违反国家有关工程建设标准，妨碍相邻建筑物的通风、采光和日照。"当事人主张的"眺望"则不在该条保护的客体范围之内。《物权法》第 91 条规定:"不动产权利人挖掘土地、建造建筑物、铺设管线以及安装设备等,不得危及相邻不动产的安全。"如果因为上述行为导致不动产停电不能营业的纯粹经济损失则不在该条保护的客体范围之内。

（三）宪法规范是否属于保护他人法律的范围？

在引起广泛关注的"齐玉苓案"中,山东省高级人民法院以《最高人民法院关于以侵犯姓名权的手段侵犯宪法保护的公民受教育的基本权利是否应承担民事责任的批复》为依据判决原告胜诉,从而开启了宪法规范在民事案件中直接适用的先河。但是《最高人民法院审判委员会关于废止2007年底以前发布的有关司法解释（第七批）》的决定又明确废止了上述批复。现在的问题是,最高人民法院的废止决定是否具有示范效应,在今后的司法实务中法院是否都不能直接适用宪法规范作为民事案件的审判依据？

"齐玉苓案"涉及的核心问题就是宪法规定的基本权利对第三人的效力问题。作为国家的根本大法,宪法规定的基本权利对私法的影响是毋庸置疑的,宪法的优位性是出于法秩序的内在逻辑,没有任何的法律领域能不受到这一内在逻辑的拘束。关键在于宪法规定的基本权利通过何种路径影响私法,正是在这个问题上学说理论产生了分歧。

基本权利的直接效力说主张宪法规定的基本权利在私人关系中有绝对的效力,当事人可以直接援引,否则宪法关于基本权利的条文将沦为仅具有绝对的宣示性质。[①] 最高人民法院关于"齐玉苓案"的批复持的就是这种观点。基本权利的间接效力说则认为,宪法规定的基本权利只是针对国家权力而产生,私法有其自身的独立性,基本权利的直接效力说是对私法体系的一个毁灭杰作,但是该说也承认私法本身也是由基本权利衍生而出,因此宪法中的基本权利应该通过私法中的概括条款的媒介间接地对私人关系产生影响。

不采纳基本权利直接效力说不代表否认宪法对私法的影响,但是承认宪法在效力上的优先性,并不意味着要否认私法在适用上的优先性。尽管采直接效力说和采间接效力说法院都要在个案中进行利益衡量,而且可能对案件的最终结果不会产生实质性的影响,但是在私法范围内能够解决的问题就不要直接适用宪法条文。因为一方面这会导致私法独立性的丧失,另一方面直接适用宪法条文反而可能损害宪法的根本性和终极性。因此我国也应该采纳基本权利的间接效力说,基本权利和民法的关系应该是,民法应该尊重在基本权利中所传达的人类生活图像,即在人们相互间交往时,基本权利必须被尊重,这并不是因为法

---

① 参见陈新民:《德国公法学基础理论》（增订新版·上册）,法律出版社2010年版,第337—338页。

律具体规定所有人民均受到基本权利的直接约束,而是源自于人类共同生活的传统规范,基本权利即建构在此一规范的基础上。基本权利所传达的人类生活图像并不只是在人民—国家关系中作为基本权利规范的基础,也是民法建构的根基。而这一根基的原点就是人有尊严。①

(四) 刑法规范是否属于保护他人法律的范围?

在大陆法系关于刑法中侵犯个人利益的犯罪属于保护他人的法律基本上不存在争议,在葡萄牙和西班牙违反保护他人构成侵权的规定甚至主要依赖的是刑法,②实际上,刑法规范原则上不能被认为是保护他人的法律,它们不能在民法中被直接援引,它们只能通过民法的一般条款转介其价值观念。

首先,刑法存在的正当性在于它对于保障社会共同体和睦昌盛的共同生活有着无可争议的必要性,刑法的任务是为实现共同福祉和维护共同秩序服务。判断一条规范是否属于保护他人的法律,关键标准是规范的目的,正是在规范的目的上,刑法不属于保护他人的法律。刑法的直接目的是对社会共同体生活秩序的维护,只是间接上起到保护个人权益的作用。

比较容易让人产生误解的是《刑法》第四章"侵犯公民人身权利、民主权利罪"和第五章"侵犯财产罪"中规定的各种犯罪类型,从名称上看是对公民人身权利和财产权利的直接保护,实质不然。我们来看两则例子:(1) 甲持刀蓄意杀害乙,但是因为乙跑得快,甲追出100多米被警察制服。此时乙没有任何民事权利被侵害,但是根据《刑法》第232条的规定甲构成犯罪,只是根据第23条的规定属于未遂,可以从轻或减轻处罚;(2) 甲希望以100万的高价购买乙祖传的明代花瓶,但是乙基于对祖辈的感情不愿出售,甲恼火地将正在自己手中观赏的花瓶扔在地上摔碎,甲即便愿意赔偿乙100万,根据《刑法》第275条的规定他的行为仍然构成犯罪。上述两个例子表明,犯罪的本质不在于是否对个人的民事权益造成了具体的损害,而在于对刑法认定的社会公共秩序的违反,③犯罪是对法本身的不法。④ 在例(1)中,尽管乙的民事权利没有受到任何损害,但是甲的行为严重挑战了人的生命不得侵犯的社会公共秩序,因此应该被定为犯罪。否则所有的预备犯、中止犯和未遂犯都失去了被处罚的依据。在例(2)中,如果刑法的目的是对个人权利的保护,那么乙的权利在民法上已经得到充分的填补,基于谦抑性原则刑法似乎没有必要介入。通过对甲科处刑罚,甲得到的是他的行

---

① 参见〔德〕Christian Starck:《法学、宪法法院、审判权与基本权利》,杨子慧、林三钦等译,元照出版公司2006年版,第372页。
② 参见〔德〕克雷斯蒂安·冯·巴尔:《欧洲比较侵权行为法》(上卷),张新宝译,法律出版社2001年版,第21页。
③ 参见〔英〕J. C. 史密斯、B. 霍根:《英国刑法》,马清升等译,法律出版社2000年版,第21页。
④ 参见〔德〕黑格尔:《法哲学原理》,范扬等译,商务印书馆1961年版,第95—96页。

为应得的社会伦理上的谴责和法制共同体对他不负责任地犯下的不法行为给予的不能够同意的回答。① 因为甲的行为不但侵害了乙的财产权利,而且严重挑战了任何个人的财产不得被侵犯的社会公共秩序,前者属于民法,后者属于刑法。我们从侵犯知识产权罪在我国《刑法》中的位置更能看出问题的所在,知识产权当然属于民事权利,如果侵犯人身权利罪和侵犯财产罪都是独立的一章,侵犯知识产权罪也应该是独立的一章,但是在刑法中侵犯知识产权罪位于第三章"破坏社会主义市场经济秩序罪"中的第七节,这正反映了这一罪名的本质。

正因为刑法直接保护的是公共利益,民法直接保护的是私人利益,凯尔森认为两者之间的本质区分在程序上最能体现出来。在私法中启动程序的是权益受到侵害的个人,在刑法中启动程序的是国家的专门机关,因为"规定刑罚作为制裁的法律秩序认为有决定意义的,并不是直接为不法行为所侵犯的私人利益,而却是以公诉人为其机关的那个法律共同体的利益。"② 比较容易引起争论的是《刑法》第246条、257条、260条和270条规定了五种"亲告罪",这确实是刑法中的异类,但是上述"亲告罪"恰恰体现了刑法的谦抑性,因为民法的相关规定已经可以解决问题。《刑法》第246条第2款的但书更能说明问题,即侮辱、诽谤罪严重危害社会秩序和国家利益的不适用告诉才处理的规定。而且上述五个罪名都以主观上故意为要件,在民法上转介反而不利于保护受害人。

其次,正因为刑法的直接目的是对公共利益的维护,而不是对个人权利的保护,刑法学从权利侵害说转向了法益侵害说。费尔巴哈创立的"权利侵害说"认为刑法的任务是保护权利,权利分为国家的权利和个人的权利,因此犯罪分为对国家的犯罪和对个人的犯罪。③ 权利侵害说和费尔巴哈主张的罪刑法定原则相并列,对防止国家权力的恣意、维护刑法的安定性有着重大的贡献,但是该说也存在如下问题:(1) 由于实证法上通过权利工具保护的利益只是法律保护利益的一部分,这使得费尔巴哈必须持自然权利论,这受到了法实证主义的批判;(2) 对于一些刑法规定的,但是既没有侵犯国家权利,也没有侵犯个人权利的罪名没有办法解释,如反伦理罪、违警罪等。因此比恩鲍姆提出了法益侵害说,即权利作为一个抽象的概念不存在被侵害的问题,立法者只是在比喻的意义上使用侵害一词。我们受到侵害的不是权利本身,而是权利

---

① 参见〔德〕约翰内斯·韦塞尔斯:《德国刑法总论》,李昌珂译,法律出版社2008年版,第4页。
② 〔奥〕凯尔森:《法与国家的一般理论》,沈宗灵译,中国大百科全书出版社1996年版,第232页。
③ 参见〔德〕安塞尔姆·里特尔·冯·费尔巴哈:《德国刑法教科书》,徐久生译,中国方正出版社2010年版,第35—36页。

的对象,即法益。①

如果从法律的目的就是保护利益,而刑法的直接目的并不是对个人权利的保护这个角度看,法益侵害说具有合理性,但是当法益侵害说将其理论基础设立在权利作为一种抽象概念是不可能被侵犯的,同时将刑法保护的利益理解为既包括超个人的法益,也包括个人法益时,它仍然存在问题。

1. 尽管民事法律以赔偿实际损害为原则,但是很多欧洲国家的法律制度承认名义性赔偿,即"权利宣示或确权功能",它是在没有具体损害时,宣称某种权利被侵害的方式。因此刑法转向法益侵害说和权利是否能够被侵害没有本质联系,根本性的原因在于刑法的直接目的并不是对个人权利的保护。

2. 如果刑法直接保护的法益包括个人法益,那么未遂犯的处罚正当性问题仍然无法解决。尽管有学者提出了"多元的法益保护论",但是这种多元只是一个犯罪对多个共同利益的侵犯,共同利益背后的个人利益仍然是被间接保护的。② 也有学者认为,刑法的保护体系是以个人法益为中心的,超个人的法益只居于次位。在超个人法益和个人法益之间存在"推论的关系",只有在超个人法益是为了个人的人格发展之目的,且该超个人法益是保护个人法益的可能性上的条件时,才有资格成为超个人的法益。因为在纳粹时代,国家通过创设和个人利益毫无直接关联的民族精神、种族主义等法益,发展所谓的非常时期的刑法,从而使刑法沦为政治意识形态的化身。③ 这种对极权主义的怵惕之心实值赞赏,对超个人利益所持的唯名论观点确实可以防止国家随意创设罪名,但是国家确实可以通过创设和个人利益毫无关联(如虐待动物罪),甚至和整个人类通行的价值观相悖的罪名(如曼德拉在南非被判有罪),这是刑法本身保护抽象的社会公共利益的固有风险,这只能通过完善的政治制度进行预防。在现代民主国家,"对刑事立法者预先规定的唯一限制,存在于宪法的原则中。"④既然刑法和民法都要体现宪法规定的价值观念,而且刑法的直接目的是保护社会公共利益,那么民法在遇到权利之外的利益被侵犯的场合,没有必要转介刑法规范,因为通过一般条款转介宪法的价值观念就可以了。如果宪法的规范过于抽象,而刑法的规定非常具体,民法在对一般条款进行解释时确实可以考虑刑法所体现的价值观念。

(五)行政法规范是否可以作为保护他人的法律?

尽管传统学说理论认为行政法是以维护公共利益为目的,因此在性质上属

---

① 参见张明楷:《法益初论》,中国政法大学出版社2003年版,第14—18页。
② 参见〔日〕关哲夫:《法益概念与多元的保护法益论》,王充译,载《吉林大学社会科学学报》2006年第3期。
③ 参见陈志龙:《法益与刑事立法》,台湾大学法学丛书1997年版,第44—45、156—157页。
④ 〔德〕克劳斯·罗克辛:《德国刑法学·总论》,王世洲译,法律出版社2005年版,第15页。

于公法范畴,但是通过转介行政法规解决民事案件,无论是在大陆法系,还是在英美法系均是一种常态。只是在转介的范围、对行政法规保护的物的范围和人的范围的宽窄度上各国存在区别。

这是因为行政法从其产生开始就是公法和私法的混合体。在行政法成为一个独立的法律部门之前,有关国家的活动一直受到民法和民事审判的调整。作为这种思考方式的残余,现代社会仍然在讨论行政法是否可以类推适用民法的规定。在法治国出现之后,基于分权的思想,行政法开始独立出来。行政法产生之初,正值自由主义鼎盛时期,基于经济人假说和国家守夜人的定位,国家对市民生活的干预并不明显,行政法被认为只是为了实现公共利益。因此行政法被认为是和民法截然不同的法律,两者之间不存在共同的法律制度,也没有能够直接产生民事法律效力的行政法制度。但是,随着后自由主义社会的来临,国家和社会逐步近似,公法和私法逐步混同,国家不再伪装为社会秩序的中立监护人,而是越来越多地对社会经济生活进行直接的干预。①

同一社会经济生活现象,民法和行政法可能从不同方向进行规制,如道路交通事故致人损害当然属于民事侵权之一种,但是行政法对驾驶人的具体行为义务进行规定,这实际上成为民法判断行为人过错的标准。国家这个巨兽正是通过在侵权责任法上钻孔的方式全面地介入私法,而钻孔的工具就是通过制定大量的规范社会经济生活中行为义务的行政法规。② 正因为行政法和民法的相互渗透状态,行政法的规范作为保护他人的法律在民法中被转引就是当然之理。我国《立法法》第 8 条规定,民事基本制度只能制定法律;但是第 9 条又规定,对第 8 条规定的事项尚未制定法律的,全国人民代表大会及常务委员会有权作出决定,授权国务院可以根据实际需要,对其中的部分事项先制定行政法规。《侵权责任法》第 48 条规定,机动车发生交通事故造成损害的,依照《道路交通安全法》的有关规定承担责任。《物权法》第 89 条不得违反国家有关工程建设标准的规定,第 90 条不得违反国家规定弃置固体废物等的规定都表明行政法规可以成为民事判案的依据。问题是在民法没有直接规定转介行政法规时,司法实务中如何判断一条行政法规属于保护他人的法律?

行政法的范围包括两个大块。第一块是为了国家的存立对社会的管理,这是传统行政法的主要范围,如税法、财政法等,这主要涉及国家和个人之间的关系,属于严格意义上的公法范围,即使当事人受到损害只能通过行政诉讼解决,原则上不对民法产生效力,因此不能在民法中转介。第二块是为了个人的权利

---

① 参见〔美〕昂格尔:《现代社会中的法律》,吴玉章等译,中国政法大学出版社 1994 年版,第 180—181 页。
② 参见〔美〕劳伦斯·傅利曼:《二十世纪美国法律史》,吴懿婷译,城邦文化事业股份有限公司 2005 年版,第 402—403 页。

对社会的管理,这属于行政法和民法交叉的地方,原则上都属于保护他人的法律,可以在民法中转介,但是明确属于单纯保护公共利益的规范,则不属于保护他人的法律。

在第二块法律中,行政法可以通过多种方式对个人权利进行保护。首先,通过预先规定行为人行为义务的方式保护他人的权益。这又有两种方法:一种是规定在特定场合的行为义务,如《道路交通安全法》和《道路交通安全法实施条例》规定的机动车驾驶人的义务,建设部《住宅室内装修管理办法》关于装修人的行为义务;另一种是规定特定主体的行为义务,如医生、律师、建筑师、会计师的行为义务,也就是各种专家的行为义务,经营者的反不正当竞争义务,在市场中居优势地位者的反垄断义务等。

民法转介第一种类型的行为义务规范,其主要作用在于对行为人过错的认定,行为人违反行政法规定的行为义务本身是证明行为人存在过错的表面证据,这实际上起到了过错推定的作用。既然是推定,行为人即便违反了保护他人的法律,还是可以通过反证否认自己的过错的存在。同时,这种转介原则上并不扩大民法上对当事人权益保护的范围,如行为人超速驾驶导致交通事故,超速本身被推定为有过错,但是对因此造成的纯粹经济损失,行为人仍无赔偿的必要,除非行为人主观上存在故意。

民法转介第二种类型的行为义务规范,不但可以起到对行为人过错认定的作用,而且也可能扩大民法上对当事人权益的保护范围。例如,根据《最高人民法院关于审理涉及会计师事务所在审计业务活动中民事侵权赔偿案件的若干规定》第1条和第2条的规定,因合理信赖或者使用会计师事务所出具的不实报告,与被审计单位进行交易或者从事与被审计单位的股票、债券等有关的交易活动而遭受损失的自然人、法人或者其他组织,可以向人民法院提起民事侵权赔偿诉讼。上述损失实际上主要是纯粹经济损失,而会计师的过错则要通过转介《注册会计师法》第20、21、22等条规定予以判断。这实际上突破了纯粹经济损失只有在行为人故意的情况下才予以赔偿的规定,但是这符合世界各国关于纯粹经济损失赔偿的发展趋势。因为对专家在其专业领域内课以更重的责任,才能维持更高的专业服务水准,至于风险专家可以通过保险的方式予以分散。①

其次,行政法可以通过直接创设权利的方式保护个人的利益,通过对这些规范的转介,民法实际上扩大了保护范围。在现代社会,"政府开始成为财富的主要源泉。政府是巨型压力器,它吸进税收和权力,释放出财富:金钱、救济金、服

---

① 参见〔意〕毛罗·布萨尼、〔美〕弗农·瓦伦丁·帕尔默主编:《欧洲法中的纯粹经济损失》,张小义等译,法律出版社2005年版,第399页。

务、合同、专营权和特许权。"①

1. 国家可以人为地垄断一部分资源,通过发放营业许可创设新的财产权,如出租车营运证、客运长途班线营运证、航空班线营运证、烟草专卖证等。如果行为人直接阻碍权利人行使权利当然构成侵权,此时应该将行政法规转介入《侵权责任法》第6条第1款,适用过错责任原则。正是在这个地方我国台湾地区的立法例存在问题,因为他们没有意识到违反保护他人的法律并不全部都是具体的行为规范,如果一概适用过错推定原则反而会导致价值判断上的轻重倒置。如果行为人不直接阻碍权利人行使权利,而是在没有专营权的情况下从事上述营业,这时权利人可能遭受纯粹经济损失。侵权人明知自己没有营运证而从事营业,主观要件上可以认定为故意,但是受害人应该证明具体损失的存在,以及损害和侵权人行为之间因果关系的存在。如果不能证明,则只能由行政主管部门对行为人进行行政处罚,这实际上起到了权利的宣示和确认的功能。

2. 国家可以在公共资源上创设不同于传统物权的新类型权利,如采矿权、捕鱼权、取水权、养殖权等,这又被称为"准物权"。直接侵权的仍然转介适用《侵权责任法》第6条第1款,对这些权利的侵害导致纯粹经济损失的,主观要件仍以故意为必要。

3. 针对特定的人群赋予特定的权利,如残疾人补助金、失业救济金、单身母亲救济金等。这实际上是现代社会转向福利国家的结果,也是从近代民法的抽象人格转向具体人格的结果,同时也是现代社会身份复活的结果。但是这些权利主要是宪法上社会权在行政法上的细化,这使得上述权利从宪法上的客观规范转化为行政法上的主观公权利,但是这种权利只是一种相对权,权利人只能向国家主张,第三人无侵犯的可能,因此没有在民法上转介的必要。

四、违反善良风俗构成侵权的认定方法

经过侵犯法定权利构成侵权和违反保护他人法律构成侵权的过滤之后,剩下来的利益则要通过违反善良风俗的规定予以保护,这是侵权认定的最后兜底方法,兜不住的都处于法外空间,属于利益人自担风险的范围。

(一)违反善良风俗是否应以故意为主观要件?

《德国民法典》第826条、"台湾民法典"第184条第1项后段、《瑞士债法典》第41条第2款、《奥地利民法典》第1295条的第2款和《希腊民法典》第919条均规定行为人必须是故意违反善良风俗侵害他人利益的,方构成侵权,但是其他国家并不要求故意作为违反善良风俗构成侵权的主观要件。

---

① 〔美〕查尔斯·A.赖希:《新财产权》,翟小波译,载易继明主编:《私法》第6辑第2卷,华中科技大学出版社2007年版。

德国的立法模式试图通过严格的主观要件与《德国民法典》第826条宽泛的保护范围之间达到一种平衡,即主观上最窄、客观上最宽。① 尽管德国学者认为第826条不考虑受侵害的法益种类,只要故意违反善良风俗的就构成侵权,但是德国学者也指出第826条主要是为了解决纯粹经济损失问题。② 如果只是为了解决纯粹经济损失问题,主观要件以故意为必要是合理的,否则人的行为自由将受到极大的限制,但是在纯粹经济损失之外,很多人身利益并没有以权利工具进行保护,同时可能其他法律也没有规定保护义务。如果一概以故意为主观要件,将会导致价值判断上的轻重倒错。例如,人的尊严并没有成为民法上的权利,但是在人格利益中,最为核心的利益就是人的尊严,其他人格利益都是从人有尊严这个前提上推演的结果。

如果对上升到权利层次的人格利益适用过错责任原则,对没有上升到权利层次的人格利益只有故意才构成侵权,确实可能导致价值判断的倒错。在"读者来信案"中,德国联邦最高普通法院为了规避《德国民法典》第826条的故意要件,通过直接适用《德国基本法》第2条的规定创设了一般人格权的概念,从而作为"其他权利"适用《德国民法典》第823条第1款。这种对人的尊严的全面保护几乎受到了一致的赞扬,但是德国法院直接适用基本法的条文解决民事案件则又受到广泛的批评。③ 但是在第826条规定故意要件的前提下,德国法院为了扩大对人格利益的保护范围,除了创设一般人格权的概念外,几乎没有其他选择,德国法院的两难处境值得体谅。

在中国的解释论上可以避免德国存在的问题,方法就是将人身利益和财产利益进行区别对待,违反善良风俗侵害人身利益的,无须故意,只要存在过错即为已足;违反善良风俗侵害财产利益的,则须行为人主观上存在故意。这种解决方法一方面符合最新的世界立法趋势,《欧洲侵权法原则》第2:102条规定:"1. 受保护的利益的范围取决于利益的性质;价值越高,界定越明确、越明显,其所受保护就越全面。2. 生命、身体和精神的完整性,人的尊严和自由受最全面的保护。"④该条并没有要求以故意为要件。另一方面对违反善良风俗侵犯人格利益不以故意为主观要件也符合中国一直以来的司法实践。《最高人民法院关于确定民事侵权精神损害赔偿责任若干问题的解释》第1条第2款的规定并没

---

① See Basil S. Markesinis, Hannes Unberath, The German Law of Torts, A Comparative Treatise, Fourth Edition Entirely Revised and Updated, Hart Publishing Oxford and Portland, Oregon, 2002, p.889.
② 参见〔德〕迪特尔·梅迪库斯:《德国债法分论》,杜景林等译,法律出版社2007年版,第682页。〔德〕马克西米利安·福克斯:《侵权行为法》,齐晓琨译,法律出版社2006年版,第162页。
③ 参见〔德〕马克西米利安·福克斯:《侵权行为法》,齐晓琨译,法律出版社2006年版,第50—52页。
④ 欧洲侵权法小组编著:《欧洲侵权法原则:文本与评注》,于敏等译,法律出版社2009年版,第4页。

有强调以故意为要件。在实际的案件中,中国的法院在运用善良风俗条款认定侵害人身利益的责任时,也不要求行为人主观上必须是故意。在"韩立生诉中铁六局集团北京铁路建设有限公司案"中,原告主张被告施工破坏了其先人的墓穴,导致其悼念死者的权利受到侵害,请求精神损害赔偿。在该案中被告并不存在故意,但是法院认为:民事活动应尊重社会公德,对已故亲人进行祭奠是中华民族的传统习俗,被告存在过错,应赔偿原告的精神损害。① 上述司法传统在今后的司法实践中应该坚持。

对法律规定的财产权以外的财产利益进行侵犯的,实际上就是纯粹经济损失问题,除了保护他人的法律作了明确规定的以外,以违反善良风俗的方式构成侵权的,必须以故意为要件,这是世界各国关于纯粹经济损失赔偿的真正的共同核心。②

如果就违反善良风俗采客观标准,对故意采主观标准,那么对违反善良风俗和故意应该分别考察,前者属于违法性的问题,后者属于有责性问题,但是在德国的司法实务中二者被认为是一个事物的两面。"在行为被证明违反善良风俗时,德国法院一直就推定加害人有故意,反向的认定方法也如此(即被证明故意就推定其违反善良风俗)。"③上述推定存在问题,行为人违反善良风俗,但是不一定存在故意,在市场竞争中,行为人尽管可能有导致他人损害的故意,但是不一定违反善良风俗。但是违反善良风俗确实可以推定行为人存在过错,这种理解实际上可以扩大违反善良风俗的适用范围,它不但是侵害权利之外利益的违法性判断标准,也是侵犯法定权利时认定过错的标准。在河南睢县发生的"半拉子门案"中,原告建起三间门楼,其中头门朝南,四年后,被告重新垒了自家房屋院墙,垒成后,有一部分院墙挡住了原告的头门的一半。在当地农村习惯上认为"半拉子门"是骂人的,影射的是妇女生活作风不好的意思。在本案中被告对上述风俗的存在没有异议,只是对房屋和院墙的建造时间存在异议,但是法院对被告的抗辩不予采信,就此认定被告的故意存在,侵犯了原告的名誉权。④ 如果本案中被告以自己不知道上述风俗为由进行抗辩,法院只要能够认定上述风俗的客观存在,即使不能够证明被告存在故意,仍然可以判决其基于过错侵害了原告的名誉权。

---

① 参见国家法官学院、中国人民大学法学院编:《中国审判案例要览》(2009年民事审判案例卷),中国人民大学出版社、人民法院出版社2010年版,第61—65页。
② 参见〔意〕毛罗·布萨尼、〔美〕弗农·瓦伦丁·帕尔默:《欧洲法中的纯粹经济损失》,张小义等译,法律出版社2005年版,第398—399页。
③ 〔德〕克雷斯蒂安·冯·巴尔:《欧洲比较侵权行为法》(上卷),张新宝译,法律出版社2001年版,第52页。
④ 参见最高人民法院中国应用法学研究所编:《人民法院案例选》(2007年第2辑),人民法院出版社2007年版,第124—130页。

（二）善良风俗的认定方法

在违反善良风俗构成侵权的责任类型中，即便行为人在主观要件上存在过错或者故意，也并不当然构成侵权，因为违法性要件要通过违反善良风俗本身来认定。在《德国民法典》施行不久，德国帝国法院就作出了一个被广泛援引的，关于善良风俗的表述，即"一切公平和正义的思想者之礼仪感"[①]。但是德国学者认为这一表达至少存在两个缺陷：第一，以礼仪感为判断标准，几乎不能提供任何适合于第三人进行客观判断的标准，这一标准仍然需要再次解释；第二，公平和正义的思想者究竟是谁？如果这个人是法官本人，那么法官个人的价值偏好是否就决定了案件结果。因此，有学者提出善良风俗应该根据在现存社会中占统治地位的道德来判断。问题在于，在现代的开放社会中人们越来越趋向于陌生人化，人们的价值观念也越来越趋向于多元，究竟是哪一种道德观念居于统治地位有时很难认定。于是，有学者又提出善良风俗既包括法制本身内在的伦理道德价值和原则，也包括了现今社会占统治地位的道德价值。而且前者相对于后者具有优先性，因为法院首先是和"法律和法"联系在一起的。而法制本身内在的伦理道德价值主要就是宪法中体现的伦理价值标准。[②] 这种以宪法中体现的价值观念作为判断善良风俗的首要标准的观点，不仅体现了宪法的至上权威性，实际上也减轻了法官在形成自己的道德判断方面的认知负担。

如果宪法未能提供相应的价值判断标准，那么法官只能取其次，根据"在现存社会中占统治地位的道德"来判断善良风俗是否存在。德国学者认为这种占统治地位的道德并不是对现存道德秩序的完全照搬，它"只是从道德秩序中裁剪下来的、在很大程度上被烙上了法律印记的那部分；法绝非接受某种崇高伦理的标准"[③]，它只是一个有秩序的共同生活必须具有的最低的道德要求。德国法学家的上述看法与美国法学家富勒的观点不谋而合。

富勒将道德划分为义务的道德和愿望的道德。愿望的道德是善的生活的道德、卓越的道德以及充分实现人的力量的道德，它要求的行为是人在发挥其最佳可能性时能够作出的行为。而义务的道德则是从最低点出发，它确立了使有序社会成为可能或者使有序社会得以达致其特点目标的那些基本规则。用语法规则作比喻，愿望的道德是希望每一个人都成为语言优美的诗人，义务的道德只是希望每一个人不要犯基本的语法错误。正因为两种道德对人的要求不同，与愿望的道德相对的是奖赏，与义务的道德相对的是惩罚。如果将整个道德设想为

---

① 〔德〕迪特尔·梅迪库斯：《德国民法总论》，邵建东译，法律出版社 2000 年版，第 512 页。
② 参见〔德〕卡尔·拉伦茨：《德国民法通论》（下册），王晓晔等译，法律出版社 2003 年版，第 596—602 页。
③ 〔德〕迪特尔·梅迪库斯：《德国民法总论》，邵建东译，法律出版社 2000 年版，第 510—511 页。

一根标尺,那么它的最低起点是社会生活的最明显要求,向上逐渐延伸到人类愿望所能企及的最高境界。在这一标尺上有一个看不见的指针,它标志着一条分界线,上面是愿望的道德,下面是义务的道德。有些人试图将这一指针的位置向上移,有人则试图将它往下拉。如果这一指针的位置过高,那么强制性义务的铁腕就可能抑制试验、灵感和自发性。同时,过高的行为义务要求,实际上是要求不可能之事,这也是造法失败的典型形式之一。①

为了确定这一指针的位置,齐佩利乌斯指出关于超越法律的评价标准,应寻找尽可能广泛的民意基础,以及以此为基础的,可为大多数人接受的正义观念中去寻找。"在正义问题上只有当人们能够克服个人的主观性,通过各种观点的自由交锋得以达成普遍的,或至少是大多数人的合意的时候,一种对许多人有效的正义社会秩序才能够实现。"②问题在于,法官在具体的案件中可能等不及这种商谈的结果,而且这种表面上的多数意见未必一定能够反映正当的正义观念,这种意见有可能是为自身的特殊利益所驱动,而不是由良知所驱动。这时齐佩利乌斯就提到了英美法系法官经常运用的常识标准。

富勒为义务的道德确立的互惠原则实际上是对常识标准的最好说明,而互惠原则的理论基础则是《圣经·马太福音》中的金律,即"你们愿意人怎样待你,你们也要怎样待人"③。而富勒的观点与康德又是暗合的,因为康德的表述是金律的学术版。康德在《道德形而上学原理》中说到,我们总是喜欢用一种虚构的高尚动机来欺哄自己,实际上,在道德领域定言命令只有一条,这就是,要按照你同时认为也能成为普遍规律的准则去行动。从这一定言命令中可以得出如下的实践命令:你的行动,要把你自己人身中的人性和其他人身中的人性,在任何时候都同样看做是目的,永远不能只看做是手段。④ 上述金律在中国的传统文化中存在几乎完全相同的表达,即孔子确立的"己所不欲,勿施于人"的为人准则。上述金律或者准则都基于这样一个假定,即"人同此心,心同此理"。与这个假定相配合的方法论是"推己及人"。如果说上述伦理原则是在行为当时对行为人的要求,那么法官则是在行为发生之后对上述行为的道德性进行判断,进而将其纳入善良风俗的一般条款转介入民法。法官不但应该将原告和被告的位置进行互换,而且应该将自己分别假想成原告和被告,来判断被告的行为是否具有适当性。

如果按照上述标准来判断作为社会最低道德要求的善良风俗是否存在,我们发现绝大多数时候法官只能以个人的法感受为基础作出判断。通说认为,只

---

① 参见〔美〕富勒:《法律的道德性》,郑戈译,商务印书馆2005年版,第7—8、12、19、34、37—39页。
② 〔德〕齐佩利乌斯:《法学方法论》,金振豹译,法律出版社2009年版,第22页。
③ 〔美〕富勒:《法律的道德性》,郑戈译,商务印书馆2005年版,第24—27页。
④ 参见〔德〕康德:《道德形而上学原理》,苗力田译,上海世纪出版集团2005年版,第24、39、48页。

有在法律的价值决定以及其他材料都不能为有公认力的正义观念提供可靠依据的情况下,法官才能以自己的法感受为基础作出判断。① 原先菲利普·黑克也是上述观点的支持者,后来发生了转变。他认为没有理由要求法官一定要毫无批判地受社会中通行的价值判断之拘束,以至于法官的判决反而受到这种非制定法的指挥。"因为愚蠢和不道德的事不会因为其大量出现,就因此变成可敬而无害的事。在现代宪法中,对数量的尊敬还不能得出这样的结果,让我们似乎可以期待把它作为法官判决的理想。也许让法官个人依据自己的良心为判决,会变成对司法案件相同处理的损害,但这还要比要求我们法院一味地服从通行的价值判断,还来得可以令人忍受。"他进一步指出立法者正是通过善良风俗的空白规定表达了对法官的信赖。"如果法官认为有值得保护的利益,即使他在法律中找不到对此有特别的承认,他还是可以保护该利益,亦即,他不是从法律中,而是从他自己的生活经验中,得出法律共同体的认识。"②

黑克的观点看起来非常的激进,但实际上却符合司法实践的真实情况,我们与其遮遮掩掩,不如坦率承认。这反而能够让我们真切地感受到一个不受任何其他权力干扰的司法制度是多么的重要,一个高度精英化的、充满道德良知的法官群体是多么的重要,而这一切又要以一个良好的政治体制作为前提。实际上,只要法官在现行的法律制度中无法寻找到价值判断的依据,他就只能开始法伦理上的冒险。此时的法官就像一个提着灯笼在黑暗中行走的探路者,他可能只是短暂地照亮了一小块地方,然后一切又归于黑暗,但他也有可能就此为后来人照出一条路来。可以预见,通过违反善良风俗认定侵权责任的成立,在很长的时间里,甚至永远都会是法院保护新类型利益的试验田。因为我们永远无法准确地预见将来会出现哪些新类型的利益,现实生活永远会不断地撑破法律的边界。"然而正是在法和社会伦理秩序看起来确定可靠部分的边界地带,在这些对个人的法感受和正义的尝试提出挑战的领域,能够看到法学也是使人类历史如此生动丰富的原因之一。"③

第四节 损 害

一、概述

尽管损害并不是认定侵权责任成立的必备要件,但是绝大部分的侵权案件

---

① 参见〔德〕齐佩利乌斯:《法学方法论》,金振豹译,法律出版社2009年版,第26页。
② 吴从周:《概念法学、利益法学与价值法学:探索一部民法方法论的演变史》,一品文化出版公司2007年版,第128、133页。
③ 〔德〕齐佩利乌斯:《法学方法论》,金振豹译,法律出版社2009年版,第26页。

最终都需要通过损害赔偿来解决,此时损害就是判断损害赔偿责任是否成立、损害赔偿范围大小的关键因素。

尽管损害具有上述重要性,但是大陆法系的民法典很少对损害概念作出明确的界定,《奥地利民法典》是唯一的例外。该法典第1293条规定:"损害是指某人的财产、权利或人身遭受的一切不利。"该条规定的问题在于将事实概念和制度概念混淆在一起。损害在本质上是一个事实概念,它表明的是当事人在财产和人身方面的不利益,对权利的侵害是判断具体的损害是否在法律上具有可救济性的前提。如果当事人能够证明他的合法权益受到侵害,而且他受到的具体损害和权益侵害之间存在因果关系,那么他的损害就处在法律的救济范围之内,此时对损害的具体认定就具有重要的意义。

关于损害的性质,学说理论一直存在不同的看法。利益说认为损害就是财产或法益所遭受的不利益。根据利益说,损害就是被害人的总财产状况,于有损害事故发生与无损害事故发生下所生的差额,因此利益说又被称为"差额说"。[①]在大多数情形,差额说都能比较妥当地解决损害的认定问题,如甲将乙的明代花瓶打破一个缺口,花瓶原价值10万元,现价值只有3万元,那么乙的损害就是7万元。但是在一些特定的情况,差额说会存在解释力不足的问题,如乙有两个明代花瓶,每个价值10万元,甲打碎其中一个,但是另一个变成了孤品,价值上升到50万元,此时从乙的总财产状况看,乙的财产不但没有减少,反而是增加了。如果按照差额说,乙没有损害,甲就无须赔偿,这似乎与普通人的常识相悖,因为甲实际上确实打碎了乙的一个花瓶。

针对上述差额说的不足,有学者提出了损害的"组织说",这种观点认为,损害是法律主体因其财产的构成成分被剥夺或毁损或其身体受伤害,所受的不利益。损害的本质是受害人所受到的真实损害,而不是利益的差额,尤其是在恢复原状的情况下,并不存在利益差额的填补问题。尽管组织说存在上述合理性,但是其内部的学说观点并不统一,因此居于主流地位的仍然是"利益说"。[②]"目前所有尝试界定损害概念的人都认为,损害是受害人领域必然发生的法律上的不利变化。"[③]只是在判断损害的产生时,并非只有差额说一种方法,在特定情况下也要考虑真实损害的可救济性,如在上述打碎两个花瓶中的一个花瓶的例子中,尽管另外一个花瓶增值,但是加害人仍然要赔偿原花瓶10万元的价值。

---

① 参见曾世雄:《损害赔偿法原理》,中国政法大学出版社2001年版,第118—119页。
② 同上书,第124—130页。
③ 〔德〕U.马格努斯:《侵权法的统一:损害与损害赔偿》,谢鸿飞译,法律出版社2009年版,第277页。

二、损害的分类

(一) 财产损害与非财产损害

这是关于损害的最基本的分类,世界各国基本上均予以采纳。所谓财产损害,就是受害人所遭受的经济上的不利益;非财产损害,就是在经济因素之外所遭受的不利益,这既包括受害人在肉体和精神上遭受的痛苦,也包括尽管没有痛苦,但是受害人所遭受的名誉降低、荣誉被剥夺、隐私被披露、监护权被剥夺,甚至是生命的被剥夺。

财产损害既可能是侵害财产权益导致的损害,也可能是侵害非财产权益,也就是人身权益所导致的损害,前者是财产损害产生的最主要原因,后者中,如侵害健康权导致受害人经济收入减少,以及医疗费、护理费、交通费等为治疗和康复支出的合理费用等。

非财产损害既可能是侵害非财产权益导致的损害,也包括侵害财产权益导致的损害,前者当然是非财产损害产生的最主要原因,后者中,如侵害具有人格纪念意义的物品,也会导致非财产损害的产生。财产损害的责任承担方式主要是恢复原状和赔偿损失,而且赔偿损失基本上都能够通过金钱作价的方式实现。非财产损害的责任承担方式主要是停止侵害、赔礼道歉、消除影响、恢复名誉等,但是对精神痛苦现代法律开始通过金钱赔偿的方式予以补偿,这是金钱对现代社会渗透的结果。"货币使一切形形色色的东西得到平衡,通过价格多少的差别来表示事物之间的一切质的区别。货币是不带任何色彩的,是中立的,所以货币便以一切价值的公分母自居,成了最严厉的调解者。货币挖空了事物的核心,挖空了事物的特性、特有的价值和特点,毫无挽回的余地。事物都以相同的比重在滚滚向前的货币洪流中漂流,全都处于同一个水平,仅仅是一个个的大小不同。"[①]

财产损害一般适用全额赔偿原则,而非财产损害的赔偿一般都有限制,有的国家需要被害人出现病理性特征,我国《侵权责任法》第 22 条规定,只有在侵害他人人身权益,造成他人严重精神损害的,被侵权人可以请求精神损害赔偿。

(二) 直接损害、间接损害、纯粹损害

直接损害,是指加害人的行为直接作用于受害人的合法权益所造成的损害。直接损害包括直接财产损害和直接非财产损害。

间接损害,是指受害人的损害不是加害人的行为直接造成的,但是这种损害是直接损害所导致的后续损害,两者之间存在因果关系。例如,甲超速撞毁乙的

---

① 〔德〕齐美尔:《桥与门——齐美尔随笔集》,涯鸿、宇声译,上海三联书店 1991 年版,第 265—266 页。

汽车,汽车损坏是直接损害,因汽车损坏无法运送货物的运费损失是间接损害;乙被撞伤,其健康受损是直接损害,因健康受损无法工作的损害是间接损害。

直接损害和间接损害因为和加害行为存在因果关系远近的问题,所以在赔偿可能性上存在差异。直接损害只要是可救济的损害,且和加害行为之间存在因果关系,原则上可以得到全额赔偿。间接损害即便是可救济的损害,如果和加害行为之间的因果关系过于遥远,仍然存在无法得到赔偿的可能。同时,在直接损害的赔偿中,一般不考虑假设的因果关系,而在间接损害的赔偿中,则需要斟酌假设的因果关系。① 例如,甲驾车冲入乙开设的餐厅,导致餐厅房屋受损,此时房屋的损坏是直接损害,餐厅不能营业的损失是间接损害,原则上也应该得到赔偿。如果15天后该地发生地震,房屋全部倒塌,房屋损坏所导致的损失仍然应该赔偿,15天内的营业损失也应该得到赔偿,但是15天后的营业损失则不在赔偿之列。

纯粹损害,是指受害人没有任何合法权益受到直接损害,但是仍然有实际损害的发生。纯粹损害包括纯粹经济损害和纯粹精神损害。

纯粹损害和间接损害的区别在于,间接损害的产生必定意味着此前已经发生了直接损害,间接损害是直接损害的后续延伸,而纯粹损害则是在受害人没有任何直接损害的情况下,所遭受的损害。例如,甲在高速公路上追尾撞坏乙的汽车,乙的汽车遭受的损害是直接损害,乙无法使用汽车运输货物的损失是间接损失,但是因为甲导致的交通事故使得高速公路被封闭,使得丙不得不绕道运送货物所导致的运费的增加则属于纯粹损失,因为丙的汽车并没有任何的损坏。再例如,甲发布不实言论败坏乙的名誉,此时乙遭受的名誉降低是直接损害,乙因名誉降低而导致的精神痛苦是间接损害,但是乙的亲属或者崇拜者所感受到的精神痛苦则是纯粹损害。

纯粹损害原则上都无法获得损害赔偿,但是法律对特定类型的纯粹损失明确规定应予赔偿的,则属例外。

(三) 所受损害与所失利益

所受损害和所失利益是对财产损害的进一步区分,非财产损害全部都是所受损害,没有所失利益的问题。②

所受损害,又称积极损害,是指受害人现有财产的直接减少。所失利益,又称消极损害,是指受害人应当得到的利益没有得到。

所受损害和所失利益的区分以及直接损害和间接损害的区分存在一定程度的交叠。直接损害都属于所受损害,但是间接损害如果表现为财产的减少,也属

---

① 参见王泽鉴:《损害概念及损害分类》,载《月旦法学杂志》2005年第9期。
② 参见曾世雄:《损害赔偿法原理》,中国政法大学出版社2001年版,第156页。

于所受损害,如侵害他人的健康权导致的医疗费、护理费等就属于所受损害,同时这种损害也属于间接损害。间接损害中的大部分都属于所失利益,但是这种所失利益必须与所受损害之间存在因果关系,而且是所受损害的后续延伸,否则就是纯粹经济损失,这只能在法律特别规定的情况下才能得到赔偿。

区分所受损害和所失利益的意义在于:由于所受损害和加害行为之间的因果关系比较明确,原则上所受损害都能得到全额的赔偿,而且损害的计算主要通过客观的方法即市场价格标准来确定。所失利益和加害行为之间的因果关系相对比较远,法院只有在确定所失利益和加害行为之间存在相当因果关系时,所失利益才能得到赔偿。

三、纯粹经济损失

(一) 纯粹经济损失的概念

很少有国家在立法上对纯粹经济损失的概念进行界定,瑞典是个例外。瑞典《侵权责任法》第 1 章第 2 条规定:"本法的纯粹经济损失应被理解为不与任何人遭受人身伤害或者财产损害相关的经济损失。"①芬兰《侵权责任法》第 5 章第 1 条规定:"赔偿包括对人身伤害和对财产所有权损害的赔偿。在损害是由犯罪行为或者国家职权行为造成的或者在存在实际原因的其他情形,赔偿包括对纯粹经济损失的赔偿。"②上述条文尽管没有从正面界定纯粹经济损失的概念,但是通过对该条第 1 款的反面解释,可以确定芬兰立法的理解和瑞典是一样的。其他国家尽管在立法上没有对纯粹经济损失的概念进行界定,但是学说理论一般认为纯粹经济损失是指某人的整体经济状况的变坏,但不是直接基于某人人身伤害或某一特定财产损害发生的后果。③

在对纯粹经济损失概念的理解中,纯粹一词居于核心地位。所谓纯粹是指在原告的人身和财产事先都未受到侵害的情形下发生的损害。这使得纯粹经济损失和间接损失区分开来。"因为若是一种经济损失与原告人身或财产受到的任何侵害发生联系(假设所有其他责任要件都已得到满足),那么这种损失就是间接经济损失,从而整个损害都毫无疑问属于可获赔的范围。间接损失之所以是可获赔的,是因为它的发生就必定意味着此前也发生了实际损害。而纯粹经

---

① 〔意〕毛罗·布萨尼、〔美〕弗农·瓦伦丁·帕尔默主编:《欧洲法中的纯粹经济损失》,张小义等译,法律出版社 2005 年版,第 9 页。
② 〔德〕克雷斯蒂安·冯·巴尔:《欧洲比较侵权行为法》,张新宝译,法律出版社 2001 年版,第 324 页。
③ 参见〔意〕毛罗·布萨尼、〔美〕弗农·瓦伦丁·帕尔默主编:《欧洲法中的纯粹经济损失》,张小义等译,法律出版社 2005 年版,第 5—6 页。王泽鉴:《民法学说与判例研究》(第 7 册),中国政法大学出版社 1998 年版,第 79—80 页。

济损失只是使受害者的钱包受损,此外别无他物受损。"①

在典型的挖断电缆案例中,如果甲挖断乙的电缆,导致丙的机器损坏,那么乙的电缆损害和丙的机器损害属于直接损害,丙因为机器损害导致的停产而丧失的利润则属于间接损害,而其他因为电缆损坏导致停电而不能生产和营业的主体,只要他们没有直接的人身或者财产损失的事实,因停电而导致的利润丧失则属于纯粹经济损失,原则上不能得到赔偿。在上述案例中,丙因停产而遭受的利润损失和其他人因停产遭受的利润损失在本质上并没有区别,它们都是因为甲挖断电缆行为间接导致的损失。两者的唯一区别只是在因果关系的链条上是否存在机器的损害。当立法者或者法官将先前存在机器损害而导致的停产利润损失界定为间接损害,而将不存在机器损害而导致的停产利润损失界定为纯粹经济损失并将其排除在损害赔偿范围之外时,实际上体现了立法者或者法官的一种价值判断。但问题的关键在于这种价值判断的理论依据何在?

(二) 纯粹经济损失概念的缘起

根据詹姆斯·戈德雷的观点,纯粹经济损失概念是19世纪末20世纪初的学说理论的创造,从本质上讲它是概念法学的产物。因为纯粹经济损失概念在其产生之初并不是基于对过失赔偿范围限制的考虑,它实际上是在对世权和对人权的两分模式下,基于对侵权行为客体的确定,在逻辑思维上进一步推演的结果。

实际上,罗马法对过失侵权是有限制的:第一个限制是,只有当原告所受损害是由于身体的直接接触而导致时,才可以提起损害赔偿之诉;第二个限制是,原告主张赔偿要以有形财产遭受实际损害为前提。但是中世纪的法学家在亚里士多德交换正义思想的影响下,基本上不考虑罗马法上的上述两种限制。他们认为,一个人只要受到损害就应当可以要求赔偿,如果在非自愿交易的情形下,一个人对他人造成损害却不返还他夺走的物或者作出损害赔偿,那么交换正义就被违反了。尽管中世纪法学家加耶坦认为,期待中的权利还不是权利,就如期待中的财富还不是财富一样,因此对于这种期待中的权利不存在损害赔偿的问题。但是这种观点并没有成为主流的观点,而且在随后的学说理论发展中基本上被遗忘了。②

19世纪晚期,也就是在《德国民法典》制定前夕,有关责任限制的问题又被重新提了出来。耶林认为:"在非合同关系领域,如果一个人既可因故意,也可因重大过失受到起诉,这将把世界引向何方?一句不在意的话、一次传言、一条

---

① 〔意〕毛罗·布萨尼、〔美〕弗农·瓦伦丁·帕尔默主编:《欧洲法中的纯粹经济损失》,张小义等译,法律出版社2005年版,第5页。
② 参见〔美〕詹姆斯·戈德雷:《私法的基础——财产、侵权、合同和不当得利》,张家勇译,法律出版社2007年版,第434—446页。

错误的信息或者糟糕的建议、草率的判断、推荐不称职的保姆、回答旅行者时间和地点等等,这一切如果出于重大过失,就将使其为引致的损害承担责任,而不论其是否诚信。这样一个责任扩张的过程,将是商业和社会交往的真实噩梦,自由的交流将受到极大的限制,最无辜的话语也将成为可怕的诱饵!"① 但是耶林的上述观点受到了奥托·基尔克等人的质疑而似乎并没有被全然接受,这使得《德国民法典草案》就侵权行为作了如下规定:"故意或过失作为或不作为造成他人损害的人,应负赔偿损害的责任。"上述条文并没有对损害进行任何的限制,当时的民法典起草委员会对此的解释是:"在民法上,任何以不被认可的方式不法侵害他人权利的行为都是不被准许的。因为,每个人的权利都应被尊重,其他任何人都不得加以改变;任何人没有任何正当理由而违反法律这种一般要求的行为都足以构成侵权。"但是在随后的会议中,民法典起草委员会讨论了对"侵犯权利"如何理解的问题,委员会认为只有当行为人侵犯了受绝对保护的权利才构成侵犯权利的行为。这使得《德国民法典》第823条第1款最终表现为:"故意地或者过失地以违法的方式侵害他人的生命、身体、健康、自由、所有权或者其他权利的人,负有向他人赔偿由此发生的损害的义务。"这个条文中的"其他权利"只能是没有被列举的其他绝对权,民法典起草委员会认为债权不可能被侵犯,因为除了债务人以外,没有其他人对权利人有义务。如果债权都不能受到侵权行为法的保护,那么纯粹经济损失就更不用说了。因此戈德雷认为,德国反对赔偿纯粹经济损失的规则是建立在某种概念主义的论证基础上的,它并不考虑限制原告赔偿请求权所依据的原理或者所追求的目的是什么。而英美法几乎重走了德国人的老路。尽管纯粹经济损失概念的出现是基于一种历史的偶然,但并不能说它是错误的,这也许是一个不寻常的巧合。戈德雷明确指出,他赞成运用纯粹经济损失概念对损害赔偿加以限制。② 但问题是,纯粹经济损失的理论基础何在呢?

(三) 限制赔偿纯粹经济损失的理论基础

如果说对纯粹经济损失不予赔偿的原则是概念法学思维推演的结果,那么在现代民法已经明确承认债权具有可侵性时,上述不予赔偿的原则就必须寻找到新的理论依据。

第一种观点认为,限制赔偿纯粹经济损失的理论依据是节省诉讼资源,避免诉讼闸门的打开。丹宁勋爵认为,损害最好留于其发生之处,而不是将之集中于被告;如果损害较小,它们很容易被受害人自己所承受;如果损害很严重,受害人

---

① 张新宝:《侵权责任构成要件研究》,法律出版社2007年版,第174页。
② 参见〔美〕詹姆斯·戈德雷:《私法的基础——财产、侵权、合同和不当得利》,张家勇译,法律出版社2007年版,第462页。

自己应该申报保险来防范风险,否则,如果允许针对此类特定危险的纯粹经济损失请求权,类似的请求将永无止境。其中一些是真实的,而另一些则被夸大或者虚构。① 若在某些案件中允许纯粹经济损失获赔,就会引起无数诉讼以致法院不堪重负或濒临崩溃。但是上述观点并不能令人信服地为限制赔偿纯粹经济损失提供理论基础。因为诉讼闸门的理由从来不被认为是一个科学的主张,也不是一个基于比较法考量得出的主张。在群体侵权诉讼中,无数受到实际伤害的受害人可能提出上十亿美元的诉讼请求并得到法院的支持,这在世界各国的司法实践中并非鲜见。正如威廉姆·普罗赛所指出的,法律的任务是救济那些应该得到救济的损害,即使成本是洪水般大量的请求,任何法院因为担心给自己带来太多的工作而拒绝给予救济,这只能是对自己无能的一种遗憾的承认。②

第二种观点认为,普遍宽泛的责任将给被告过重的负担,有时令人不安的潜在责任可能与被告的过错程度完全不成比例。一方面,被告即使侵害了原始受害人的财产,但是他不可能预见到自己可能要面临多少关联经济损失的请求权。另一方面,实际损害基于牛顿定律必定会在某个点上停下来,但是纯粹经济损失不会因为重力和摩擦力而有所减缓。但是上述两种观点仍然不能为限制赔偿纯粹经济损失提供充足的理论基础。首先,在相当多的案件中,被告对自己的行为所导致的纯粹经济损失并非不能预见,而且原告对此的证明也并不困难。如果在侵权行为法中适用可预见性规则,有时不但不能减少被告的赔偿范围,反而有可能将责任拉至毁灭性的水平。其次,实际损害在物理上确实会在某个点上停下来,但这并不排除法律在这个点之外继续让被告承担责任;同时,实际损害之外的损失尽管很难证明,但这并不排除对这些损失的赔偿,最为典型的就是因亲属死亡所导致的精神损害和抚养费的丧失。③

第三种观点试图通过对人的各种价值进行排序,从而为限制赔偿纯粹经济损失提供理论基础。这种观点认为,无形财富的保护不应和身体完整、物质财产的保护受到同一水平的对待。人比物重要,而物又比钱重要。这种观点的理论依据是:由于法律不能同时充分保护所有利益,所以必须对这些利益排序。上述观点只有在下列范围内才有说服力:(1)法律保护利益的能力确实有限,如果纯粹经济损失可以任意地得到保护,并被允许和其他更有价值的诉求在同一基点上竞争有限的资源,那么其效果将会排挤出那些更好的利益,使其得不到充分的保护。但是这种观点又要以下面的观点为前提。(2)给予纯粹财产的抽象财富

---

① 参见张新宝:《侵权责任构成要件研究》,法律出版社2007年版,第176页。
② 参见〔意〕毛罗·布萨尼、〔美〕弗农·瓦伦丁·帕尔默主编:《欧洲法中的纯粹经济损失》,张小义等译,法律出版社2005年版,第15页。
③ 同上书,第13—14页。

损失以完全的保护将显然超出该能力,进而侵害其他利益的保护或第三人的利益。① 但是这种观点是猜测性的,首先,并不是在所有损害发生的时候,都存在相互竞争的问题,有时候侵害人的赔偿能力没有任何障碍;其次,即使将纯粹经济损失排除在损害赔偿之外,侵害人可能只有能力赔偿直接损害,对于间接损害无力赔偿,这就没有办法解释,为什么法律仍然让侵害人承担间接损害的赔偿责任;最后,这种观点无法回答这样一个问题:诸如法国和比利时一般不采用纯粹经济损失的概念,它们也能对损害赔偿的范围进行控制。

实际上,纯粹经济损失的理论基础在于对行为自由和社会安全间的恰当平衡。传统的过错责任原则实际上表达了这样一种价值取向,即只有当一个人实施了不正当的行为时,才能由该他人代替遭受损失的人承担责任。过错责任原则包含了这样一种价值观:当维护法律地位和行为自由这两种利益发生冲突时,行为自由优先。行为自由对人和物的价值的形成是必不可少的,行为自由的优先意味着正在形成的相对于已经形成的处于优先地位。因为自由对于个人的发展,特别是从事其职业是必要的。这种价值观导致传统侵权行为法理论在很长一段时间里不接受无过错责任。因为无过错责任将导致限制行为自由的危险,在无过错责任原则的支配下,每个人都会尽量避免自己的积极行为;在这种情况下,世界就会陷于无为主义,得以贯彻的一个原则就是:保持安静是公民的首要义务。② 但是在现代民法中,由于科技进步所带来的危险发生频繁、涉及面广泛,损害严重,侵权行为法的价值取向从行为自由的保护转向了对安全的需求。这使得无过错责任出现,并不断扩展。同时相当因果关系理论的发展,也使得侵权行为法的保护范围不断扩大。上述两种扩张趋势必将导致对人的行为自由的过度限制,而纯粹经济损失的概念恰好可以重新在个人的行为自由和社会安全之间达致一种新的平衡。无论是根据过错责任原则、过错推定原则、严格责任原则还是无过错责任原则,也无论是根据相当因果关系理论,只要该损失被认定是纯粹经济损失,原则上均被排除在损害救济的范围之外。但是对于纯粹经济损失的类型和范围如何界定,很多时候完全是立法者和司法者的价值判断问题,对于有把握的纯粹经济损失类型立法者可以通过立法将其确定下来,没有把握的则只能交给法官在个案中进行具体判断。同时,立法者可以在纯粹经济损失中区分出应该赔偿的类型,从而限制法官的自由裁量权,这种思考方式的逆转当然也体现了立法者的价值判断,这仍然是为了在个人的行为自由和社会安全之间达致一种平衡。因此,仔细地分析纯粹经济损失的类型,同时充分地考虑纯粹经

---

① 参见〔意〕毛罗·布萨尼、〔美〕弗农·瓦伦丁·帕尔默主编:《欧洲法中的纯粹经济损失》,张小义等译,法律出版社2005年版,第17页。
② 参见〔德〕马克西米利安·福克斯:《侵权行为法》,法律出版社2006年版,第2—3页。

济损失应该赔偿的例外,无论对于立法还是司法均有重要的意义。

四、纯粹经济损失的类型和例外赔偿类型

纯粹经济损失就是和一个人的人身和财产没有直接关联的损失,这实际上只是一个类型的描述,它在实际的案例中有多种多样的表现形态。毛罗·布萨尼将纯粹经济损失归纳为四个主要类型。

(一)反射损失

典型的反射损失产生于一方当事人财产或人身受到实际损害,而该损害进而引致其他权利和利益受损的情况。但是并不是所有的反射损失都是纯粹经济损失,广义的反射损失,不但包括纯粹经济损失,也包括间接损失。两者的区别在于,间接损失与受害人的人身或财产损害直接相关,而纯粹经济损失并不与受害人的人身或财产的损害直接相关。间接损失原则上应该得到赔偿,但是立法者或者法官可以通过因果关系的远近,以及过错中所包含的可预见性标准予以排除。纯粹经济损失原则上不能得到赔偿,但是立法者或者法官也可以通过侵权人主观的恶性程度,以及损害主体的特定性等标准,例外地考虑予以赔偿。也就是说在损害赔偿的认定上,间接损失和纯粹经济损失的思维方式恰好相反。

间接损失既可能是直接受害人的间接损失,也可能是第三人的间接损失。仍然以挖断电缆案为例,如果甲挖断乙的电缆,导致乙停工一个星期,那么电缆损失是直接损失,而停业损失则是间接损失;如果甲挖断乙的电缆,导致丙的机器损坏,从而停业一个星期,那么丙的机器损失和停业损失都是间接损失。反射性的纯粹经济损失只可能与第三人相关。例如,甲和乙就乙的船舶订立了一项拖船合同,因丙的过失行为导致船沉没,从而使甲因合同无法履行失去了预期利益。该损失属纯粹经济损失,因为甲的财产没有直接受到损害。这种纯粹经济损失实际上是第三人的损失。由于乙的船舶被撞坏,从而导致其不能履行与丁的海上货物运输合同,则属于间接损失;而丁因为乙的船舶被撞坏无法实现自己的运输合同,该损失属于纯粹经济损失。

反射的纯粹损失既可能是财产性损失,也可能是精神性损失,但是这种精神性的纯粹损失也只能是第三人的精神损失。例如甲开车撞伤了乙,并导致其残疾,乙的身体伤害是直接伤害,而乙的精神痛苦则是间接损害。如果甲撞死了乙,乙的生命权的丧失是直接损失,乙的精神痛苦是间接损失,而乙的亲属的精神痛苦则属于纯粹精神损失。

上述反射性的纯粹损失,无论是财产性损失,还是精神性损害,原则上均无法得到赔偿。但是我们也可以发现一些例外,首先,如果侵权人在主观恶性上属于故意,那么纯粹经济损失原则上是可以获赔的;其次,在精神性损害方面,立法者一般通过限定请求权的主体,使得纯粹精神性损害在一定的范围内得到赔偿,如我国相关的司法解释规定,配偶、父母、子女,没有配偶、父母或者子女的,其他近亲属可以提起精神损害赔偿。

(二) 转移的损失

转移的损失,是指甲造成了乙的财产或人身的实际损害,但乙和丙的合同或者是法律的直接规定将通常属于乙的损失转移给了丙。因此通常落在原始受害人头上的损失被转移给了次级受害人。其与反射损失的区别在于,损失从其自然承受人转移到了偶然承受人,在反射损失情形中,所涉损失并未发生转移,而是对次级受害人利益的单独损害。

典型案例是,甲将乙俱乐部的球员丙撞伤,导致其三个月不能比赛,但是根据相关法律的规定,俱乐部仍然需要向丙支付三个月的工资。在上述案例中,丙的身体伤害属于直接损失,丙的赢球奖金属于间接损失,乙俱乐部的成绩下降从而导致的上座率的下降、广告收入的下降属于反射性的纯粹经济损失,乙俱乐部向丙支付的三个月的工资属于转移的纯粹经济损失。上述转移的纯粹经济损失,除了极少数国家(英国)以外,基本上都可以得到赔偿。原因是这种损失的主体是特定的,而且这种工资的损失本身属于受害人的间接损失,即使雇主不支付,受害人也可以向侵权人主张。法律的规定只是使受害人的权利更容易得到实现。

(三) 因公共市场、运输通道和公用设施的关闭

一个单纯的过失行为可能并没有直接导致任何个人的人身或财产的损害,只是导致了对公共领域里不属于个人所有的资源损害,从而使得公共市场、运输通道和公用设施的关闭。但是这些公共资源的损害会间接地导致其他人的财产损失,这是一种典型的纯粹经济损失。

典型案例是,奶牛饲养人放任受感染的动物从其建筑物中逃出,从而迫使当局关闭牲畜和肉菜市场达十天,奶牛饲养人被以下人员提起诉讼:(1)其他动物饲养人,十天以来他们无法出售牲畜;(2)市场交易者,他们失去了供应;(3)屠宰人,在此期间他们无法从事其职业。

在法国,原则上上述三类原告可能通过诉讼就其经济损失从被告处获得赔偿。理由是,由于意味着当局无可选择而只能将牲畜和肉菜市场关闭十天,很可能在牲畜逃出和受害人遭受的损失之间存在直接因果关系。起诉的时候可以采取集团诉讼的模式。在意大利,对于第一种情况,其他牲畜饲养人可以对被告享有损害赔偿请求权,因为他们对财产的绝对权受到侵犯。对于第二种和第三种情况答案是否定的,因为牲畜感染和市场萎缩之间没有直接的因果关系,因果关系的链条过于遥远。市场关闭是因为公共当局的干预所致,而这一事实使得个人的追索权转移到行政法院去行使,因为民事法院无权强制行政机关为或不为一定行为。在英格兰,所有请求权人在其诉讼中必定败诉。因为损失与逃逸的

因果关系过于遥远,因此诉讼请求因为欠缺因果关系要件而无法成立。苏格兰、德国、奥地利和葡萄牙的情况基本上是一样的。

在上述纯粹经济损失的案例中,如果直接从因果关系的角度考虑,很多时候无法否认损害与行为人不当行为之间的因果关系的存在。因为上述案例中的纯粹经济损失涉及的是不特定多数主体的损失,除非能够证明行为人的行为是基于故意导致的,上述损失原则上不能得到赔偿,此时不需要考虑因果关系和可预见性问题,行为人只要能够证明该损害属于纯粹经济损失的范畴,就可以不承担损害赔偿责任。

(四) 对错误信息、建议和专业服务的信赖

对错误信息、建议和专业服务的信赖而导致的损失,在直接当事人之间,受损害的一方可以基于合同关系提起诉讼,当然这里面仍然有可预见性的问题。但是当这些信息被提供给客户,并被那些与之没有合同关系的第三人所信赖,从而使这些主体遭受的损失属于纯粹经济损失,因为它们既不是因为反射效应,也不属于从其他人的实际损失中转移而来。

典型案例:(1) 一位会计粗心地对公众贸易公司进行了审计,严重地夸大了公司的资产净值,基于对审计准确性的信赖,投资者甲以两倍于其实际价值的价格购买了该公司的股票。(2) 一位老人要求律师甲为其准备一份意在给乙留下10万英镑的遗嘱。甲在六个月内无所作为,结果老人未留下遗嘱就去世了,乙一无所获。

关于第一个案例,在法国的投资者基本上可以得到赔偿,意大利同样如此。而在英国、苏格兰、德国和奥地利则基本上得不到赔偿。关于第二个案例,无论大陆法系还是英美法系基本上都可以得到赔偿。因为在第一个案例中,受损害的主体是不特定的,但是如果法律直接规定某个主体有信息披露的义务,因为其信息披露不实,此时对于不特定主体的纯粹经济损失原则上都应该予以赔偿。因为任何人都不得以不知道法律为由进行抗辩,侵权人只能通过保险来分担损失。而在第二个案例中,受损失的主体是确定的,这种纯粹经济损失原则上应该得到赔偿,侵权人只能通过主张因果关系过于遥远,或者主观上无法预见来排除对纯粹经济损失的赔偿。

第五节 加害行为

一、概述

行为,是指受行为人自身意识支配和意志左右,可以控制的作为或不作为。我国《侵权责任法》没有对行为进行界定,立法例上对行为进行明确界定的

是《葡萄牙民法典》第488条第1款,该款规定:"倘若一个人在行为时基于某种原因不能理解或施加意志力于该行为时,则他对行为造成的后果不承担责任。"德国联邦最高法院在一则判决中也明确指出:"不能为人的意志所控制的无意识身体运动因缺乏意志支配力而无从谈过错责任。"[①]

如果一个人的行为不在自身意识的控制之下,那么这个行为就不是侵权责任法所要规范的行为,即便因该行为导致他人的损害,也无须承担侵权责任。尽管一个在自身意识支配之下的行为导致他人损害,也未必一定要承担侵权责任,因为还要考虑行为人是否存在过错的问题,但是对行为本身的判断和识别是进一步判断过错的前提。

我国《侵权责任法》尽管没有从正面对行为进行界定,但是却从反面对一些行为进行了排除。《侵权责任法》第32条规定:"无民事行为能力人、限制民事行为能力人造成他人损害的,由监护人承担侵权责任。监护人尽到监护责任的,可以减轻其侵权责任。有财产的无民事行为能力人、限制民事行为能力人造成他人损害的,从本人财产中支付赔偿费用。不足部分,由监护人赔偿。"根据该条规定,无民事行为能力人实施的行为,因为不在其自由意志的支配之下,其本人不应该承担侵权责任,而应该由监护人承担侵权责任。这种监护人的责任是介于无过错责任和过错推定责任之间的一种责任,因为监护人即便能够证明自己尽到了监护责任,他也不能够免除责任,只是可以减轻侵权责任。但是该条第2款的规定非常不合理,既然无民事行为能力人的行为不在其自由意志的控制之下,那么无论其是否有财产,他都不应该承担侵权责任。监护人没有尽到监护责任的,只能是监护人自己承担责任,否则会导致有财产的无民事行为能力人承担的是无过错责任。如果监护人无资力进行赔偿,而无民事行为能力人有财产的,法院只能根据《侵权责任法》第24条的规定让无民事行为能力人适当分担损失,因为毕竟是无民事行为能力人开启了损害的因果关系链条。

限制民事行为能力人造成他人损害,则要看该行为是否在其自由意志的支配之下,如果限制民事行为能力人对自己的行为后果有明确认识,同时也能够被认定为有过错的,应该承担侵权责任。如果该限制民事行为能力人没有财产,而监护人没有尽到监护责任的,则应该由监护人承担侵权责任。

《侵权责任法》第33条第1款规定:"完全民事行为能力人对自己的行为暂时没有意识或者失去控制造成他人损害有过错的,应当承担侵权责任;没有过错的,根据行为人的经济状况对受害人适当补偿。"根据该条规定,如果完全民事

---

① 〔德〕克雷斯蒂安·冯·巴尔:《欧洲比较侵权行为法》(下卷),焦美华译,法律出版社2001年版,第244页。

行为能力人对自己的行为暂时没有意识或者失去控制造成他人损害没有过错的,原则上不应承担侵权责任,如驾车过程中突发脑溢血、心脏病、癫痫等病症,从而使自己的行为失去控制导致他人损害。但是,如果完全民事行为人明确知道自己患有上述疾病仍然驾车上路的,则被认为有过错,应该承担侵权责任。同时,即便完全民事行为能力人没有过错,根据行为人的经济状况法院也可以判定其对受害人作适当补偿,这实际上是第24条的具体展开。

《侵权责任法》第33条第2款规定:"完全民事行为能力人因醉酒、滥用麻醉药品或者精神药品对自己的行为暂时没有意识或者失去控制造成他人损害的,应当承担侵权责任。"该条是关于原因自由行为的规定,尽管行为人在行为的当时已经没有清醒的意识,但是行为人对于造成这种无意识的状态是可以预先控制和避免的,因此仍然应该承担侵权责任。

二、作为和不作为

行为可以区分为作为和不作为。侵权责任要么是作为责任,要么是不作为责任。作为就是行为人在受害人的法益上制造了危险,不作为则是指未排除威胁到受害人的危险。在作为行为中是行为人自己启动了具有法律意义的因果链条,不作为则是未中断这一因果链条。

大多数的侵权责任都是由积极的作为引起的,这是侵权责任的常态。不作为构成侵权是一种例外,当一个人什么也没有做的时候,法律要对其课以责任,必须要有坚强的理论不可。因作为而侵害他人权利时,应成立侵权行为,但是单纯的不作为原则上并不构成侵权行为。因为作为制造危险使人受害,而不作为仅系不介入他人事物而使其受益,甚至自己并不受益,二者在法律上的评价,应有不同。法律需禁止因积极行为而侵害他人,但原则上不能强迫帮助他人,而使危难相济的善行成为法律上的义务。这种观点的理论基础是个人主义,目的是避免限制人的行为自由。

不作为是否构成侵权涉及法律和道德的关系。道德义务是一种指向我们自己、指向自己良心的义务,它是一种内在的价值。法律义务是一种指向外在权威的义务,它是一种外在的价值。因此道德义务是由积极义务构成的,而法律义务原则上是由消极义务构成的,即不做某事的义务,而不是做某事的义务。《圣经·路加福音》中关于好的撒马利亚人的记载是一个非常好的说明。有人问耶稣,如何做才可以永生,耶稣回答,应该爱邻人如同自己。那人又问,谁是我的邻人?耶稣就举了这样一个例子:一个人躺在路上快死了,一个祭司路过没有管他,一个利未人路过也没有管他,但是一个撒马利亚人不但包扎他的伤口,还将他带到店里照应,第二天还拿出钱让店主对受伤的人继续进行照顾。耶稣说这个撒马利亚人就是可以得到永生的人。"好撒马利亚人显现着对悲惨垂死遭难者的怜悯,亲切和温暖的照顾,将崇高的道德标准表达到极点。但从法律的观点言,我们一方面仍应宽容祭司及利未人的无情;另一方面应认为好撒马利亚人怜爱受伤的人,乃个人道德的实践,不应成为法律强制的对象。"①

　　基于上述道德义务和法律义务的区分,在很长一段时间里,法学理论都不接受单纯的不作为可以构成侵权。但是现代社会的发展使得法学理论开始出现转变,如果每个人在任何情况下都处于袖手旁观的状态,一个真正意义上的良好的社会共同体是无法维持的。法学理论对不作为可以构成侵权的接受,一方面是道德对法律的渗透的体现,另一方面也是义务道德的标尺不断提高的体现。关键的问题是,法律规定在不过分影响人的自由的前提下,接受哪些不作为类型可以构成侵权?

　　《欧洲侵权法原则》第4:103条关于"保护他人免受损害的义务"是在充分考虑和比较各个国家的法学理论和法律规定的基础上起草出来的,具有很大的代表性,非常值得重视。该条规定:"具有下列情形之一的,产生保护他人免受损害的积极作为义务:法律有规定;行为人制造或控制了某种危险情势;当事人之间存在特殊关系;损害严重而避免损害容易。"②

　　1. 法律有规定。如果法律明确规定在特殊情形下,行为人有义务采取积极的作为方式去保护他人的,行为人不作为就可能构成侵权。例如,《消费者权益保护法》第18条、《合同法》第301条、《海商法》第38条、《民用航空法》第124、125条、《铁路法》第10条、《公路法》第43条第2款、《执业医师法》第24条等规定。

　　2. 行为人制造或控制了某种危险情势。如果行为人开启了某种危险的因果关系链条,那么他就有义务采取积极作为的方式消除这种危险,或者是防止这种危险的进一步扩大。美国未完成的《侵权法第三次重述》第40条也规定了"因为先前行为产生的作为义务",即"基于制造了有形损害危险的先前行为而产生的作为义务:当行为人的先前行为,即使不是侵权行为,制造了一个典型的继续性的有形损害危险时,该行为人负有为阻止损害发生或将损害限定在最小范围内而尽合理的注意义务"。③ 例如,在高速公路上爆胎的,应该及时地将车靠边停下,并设置警示标志。

　　3. 当事人之间存在特殊关系。美国未完成的《侵权法第三次重述》第41条将《侵权法第二次重述》的第312A条和第344条进行了合并规定:"如果行为人与某人之间具有特殊关系,那么行为人就在该种关系的范围之内所出现的危险

---

① 王泽鉴:《侵权行为》,北京大学出版社2009年版,第91页。
② 欧洲侵权法小组编著:《欧洲侵权法原则:文本与评注》,于敏等译,法律出版社2009年版,第7页。
③ 参见蔡唱:《不作为侵权行为研究》,法律出版社2009年版,第175页。

对此人承担合理的注意义务。这些特殊关系包括：(1)公共承运人与其乘客之间；(2)旅店与其顾客之间；(3)因商业目的或其他原因而占有土地并将其场所向社会开放的人与合法进入该场所的人之间；(4)雇用人与受雇人之间；(5)学校与学生之间；(6)出租人与承租人之间；(7)监护人与被监护人之间，如果监护人是基于法律的强制或其自愿而对他人进行监护并且具有较好的保护该人的能力时。"①上述规定和大陆法系的交往安全义务的规定存在异曲同工之处。

4. 损害严重而避免容易。这是基于行为人采取积极作为的成本和损害的严重程度所作的利益衡量。如果在法律没有明确规定、当事人之间也不存在特殊关系，同时危险的因果关系链条也不是义务人开启的情况下，上述积极行为的义务是一种非常高的道德要求。如果义务人和受损人在法律上非常容易确定，上述规定有一定的可操作性，如果义务人不确定，上述规定无异于打开了一个潘多拉的盒子。例如，一个老人在路边晕倒三个小时无人救助，根据监控录像显示，在这三小时中，路过该老人身边的行人达数百人，这时法院找到所有路过的人几乎是不可能的，即使能够找到，要判断在当时的情况下，哪些人的救助很容易，哪些人的救助很困难，也只存在理论上的可能性。因此在这种情况下，还是将其留给道德解决为好。如果一个基于良好愿望制定的法律，在实践中无法具体操作，这实际上就是造法失败的表现，这反而会导致法律权威性的丧失。

三、交往安全义务

交往安全义务是法院判断行为人的不作为是否构成侵权的重要理论依据。我国《侵权责任法》第37条是关于交往安全义务的具体规定："宾馆、商场、银行、车站、娱乐场所等公共场所的管理人或者群众性活动的组织者，未尽到安全保障义务，造成他人损害的，应当承担侵权责任。因第三人的行为造成他人损害的，由第三人承担侵权责任；管理人或者组织者未尽到安全保障义务的，承担相应的补充责任。"

交往安全义务源自于德国法的创造，德文原文是"Verkehrspflicht"，但其最开始的德文原文是"Verkehrssicherungspflicht"，直译是交通安全义务，其最初想解决的是不动产的实际控制人应采取积极的措施，以避免任何可能通过该不动产的人遭受损害。德国法院通过1902年发生的"枯树案"和1903年的"撒盐案"创立了交通安全义务的一般理论。

在"枯树案"中，原告被一条公共道路边的一颗枯树砸伤，原告要求国库赔偿。在"撒盐案"中，原告起诉一个区的政府要求赔偿，因为被告没有在积雪的路面上撒盐和进行清扫，使得原告在用于公共交通的石阶上跌倒。德国法院通

---

① 参见蔡唱：《不作为侵权行为研究》，法律出版社2009年版，第178—179页。

过对上述两个案件的判决,肯定了一项原则,即任何人只要采取必要措施即可能防止他人损害发生时,应就自己支配之物所产生的损害负责。

在随后的"兽医案"中,德国法院进一步拓展了交通安全义务的适用范围。在该案中,原告是一位屠夫,他被患有炭疽病的病牛的主人紧急召唤来屠杀病牛,细菌从结疤的伤口进入了血液,导致其感染而患有重病,常年患病在床。屠夫因而以在场的兽医没有警告他会有感染的危险,并为其消毒及诊断伤口而请求兽医承担损害赔偿责任。法院最终判决原告胜诉,并第一次使用了"Verkehrspflicht"的表述,这使得交往安全义务并不限于单纯的不动产通行方面。在这一判例中,交往安全义务被表述为:"任何从事特殊职业活动并提供给公众者,承担了一项责任,即当行使职务时,应担保一井然有序事物之进行;透过这种职业活动或营业活动,将促使产生一种特别形成的一般法律义务,人们可以将之统称为交往安全义务。"①

德国法上创造出来的交往安全义务的内容实际上包括了《欧洲侵权法原则》第4:103条规定的"行为人制造或控制了某种危险情势"和"当事人之间存在特殊关系"这两种情形,而法律规定则是对上述两种情形的具体规定。与上述规定相比,我国《侵权责任法》第37条的规定实际上还停留在"交通安全义务"的层面上,对于因当事人之间的特殊关系而产生的交往安全义务没有规定,这只能通过法院运用民法的诚实信用原则在具体案例中进行推导。

在涉及交往安全义务的案件中,原告需要证明的是被告应该采取某些积极的行为,但是被告没有采取;被告需要反驳的是,他已经实施了具体的作为,或者是在当时的情况下没有必要采取原告主张的积极作为方式,或者是不可能采取原告主张的积极作为方式。而法院需要判断的是,法律有没有明确规定被告需采取积极作为的义务,如果法律没有规定,根据案件的具体情况,被告有没有采取积极作为的必要性和可能性。

第六节 因 果 关 系

一、概述

侵权责任法只有当它避免了过分苛严的责任时,才能成为有效的、有意义的和公正的赔偿体系运行。② 侵权责任构成要件中的权益侵害要件、损害要件和

---

① 李昊:《交易安全义务论——德国侵权行为法结构变迁的一种解读》,北京大学出版社2008年版,第84页。
② 参见〔德〕克雷斯蒂安·冯·巴尔:《欧洲比较侵权行为法》(下卷),焦美华译,法律出版社2001年版,第1页。

加害行为要件都是从不同角度对损害赔偿责任进行限制的方法,而因果关系则是对侵权责任进行进一步限制的方法。

因果关系就是侵权责任法所要求的被告不当行为或须由被告承担责任的他人不当行为或危险源的存在和可赔偿性损害之间的必要联系。[1] 即便一个人基于自己的自由意志实施了一个行为,另一个人的民事权益受到了侵害,但是行为和民事权益侵害之间并不存在必要的联系,那么该行为人就不必承担侵权责任;即便该行为和民事权益之间存在必要的联系,被侵害人也能够证明自己遭受了损失,但是在民事权益侵害和具体损失之间并不存在必要的联系,那么该行为人就不必承担损害赔偿责任;即便该行为和被侵害人遭受的具体损失之间存在必要的联系,法律也必须将那些过于遥远的损害排除在损害赔偿的范围之外。

与哲学上的因果关系意在认识事物运动的普遍规律,经由已然把握必然不同,法学上的因果关系强调某一联系的特定性和具体性,往往将因果关系链条的某一部分孤立起来,在这样孤立的环节中讨论原因和结果之间的关系。哲学上的因果关系链条过长,但并非所有在哲学意义上具有因果关系的原因都需要承担责任,而法律上的因果关系则是行为人承担责任的要件之一,需要从一系列导致损害发生的条件中找出需要负法律责任的条件。[2] 问题在于,对于上述必要联系法律上并没有普遍有效的答案,这正是法律因果关系理论需要解决的问题。"因果关系理论系困扰法院与学者的难题,考验着法律人的抽象思考能力及具体案例上符合事理的判断。"[3]

二、责任成立的因果关系和责任范围的因果关系

德国的通说认为,因果关系应该区分为责任成立的因果关系和责任范围的因果关系。

责任成立的因果关系,指可归责的行为与权益侵害之间具有因果关系。责任范围的因果关系,指权益受侵害和损害之间的因果关系。例如,甲驾车撞伤乙,甲的驾车行为和乙的健康权被侵害之间是责任成立的因果关系,乙的健康权被侵害和乙支出的医疗费、护理费、误工费等之间的因果关系是责任范围的因果关系。

王泽鉴教授特别强调指出:责任成立因果关系所欲认定的是,权益受侵害是否因其原因事实(加害行为)而发生,因权益被侵害而发生的损害,应否予以赔偿,系属责任范围因果关系的范围。责任范围因果关系所要认定的不是损害与

---

[1] 参见〔德〕克雷斯蒂安·冯·巴尔:《欧洲比较侵权行为法》(下卷),焦美华译,法律出版社2001年版,第553页。
[2] 参见张新宝:《侵权责任构成要件研究》,法律出版社2007年版,第286页。
[3] 王泽鉴:《侵权行为》,北京大学出版社2009年版,第213页。

其原因事实(加害行为)的因果关系,而是损害与权益受侵害之间的因果关系。①

责任成立的因果关系和责任范围的因果关系的区分是和侵权责任的构成要件理论紧密联系在一起的。根据前文的分析,我们已经知道权益侵害是侵权责任成立的必备要件,而损害只是损害赔偿责任成立的必备要件。侵权责任成立不一定有实际的损害,而损害赔偿一定要以侵权责任成立为前提。因此责任成立的因果关系是侵权责任成立的构成要件,而责任范围的因果关系则不是。加害行为和权益侵害之间的责任成立因果关系,称为初始侵害;侵害他人权益所致的损害,称为结果侵害。加害人是否有过失仅及于初始侵害,并不及于结果侵害,结果侵害是否应予赔偿仅凭因果关系本身予以认定。例如,甲男泼硫酸于乙女脸上,导致其毁容,在医疗过程中,乙无法忍受自己丑陋的形象而自杀。尽管在责任成立的因果关系上,甲只是侵害了乙的身体权和健康权,但是对于乙的死亡,应认为存在责任范围的因果关系。

正因为责任成立的因果关系和责任范围的因果关系的区分,有助于层次分明地认识并贯彻因果关系确定责任归属和明确责任范围的功能,该区分不但被我国台湾地区的学说理论所继受,我国大陆的学者也主张予以接受。②

三、事实上的因果关系和法律上的因果关系

事实上的因果关系和法律上的因果关系的区分被称为因果关系分析的两步法。无论是责任成立的因果关系,还是责任范围的因果关系,都可以分为上述两步进行分析。

事实上的因果关系,是指从纯粹经验的角度观察加害人的行为和受害人的民事权益被侵害之间的客观联系,以及权益侵害和损害之间的客观联系。原则上,事实上的因果关系认定和价值判断无关。

法律上的因果关系,是指在事实上的因果关系无法在经验上予以确认,法官基于价值判断对因果关系的直接认定,或者是在事实上的因果关系被确认之后,法官基于价值判断对于上述事实确认进行法律上的取舍,从而决定加害人的行为和受害人的民事权益被侵害之间是否存在法律上的联系,以及权益侵害和损害之间是否存在法律上的联系。

关于是否应该区分事实上的因果关系和法律上的因果关系一直存在截然不同的看法。比利时的学说理论只承认事实上的因果关系,但是在具体的司法实

---

① 参见王泽鉴:《侵权行为》,北京大学出版社2009年版,第183—184页。
② 参见江平:《民法学》,中国政法大学出版社2011年版,第759页。王利明:《侵权责任法研究》(上卷),中国人民大学出版社2010年版,第405页。程啸:《侵权责任法》,法律出版社2011年版,第178页。

践中，除了极少数法官清楚地表明自己忠实于该理论，一些法官甚至公开背离它。① 冯·巴尔则认为，事实上的因果关系和法律上的因果关系的区分在出发点上就是错误的，所谓事实上的因果关系就是法律上的因果关系。尽管在很多的疑难案件中，单纯从经验的角度对事实上的因果关系进行认定无法最终解决侵权责任的认定和损害赔偿的范围问题，但是在绝大部分的常规案件中，单纯在经验上对事实上的因果关系进行认定已经足以解决问题。因此绝大多数国家仍然将两步分析法作为因果关系分析的基本理论框架。②

四、事实上的因果关系的判断方法

（一）一般判断方法

事实上的因果关系，是指从纯粹经验的角度观察加害人的行为和受害人的民事权益被侵害之间的客观联系，以及权益侵害和损害之间的客观联系。各国司法实践一般通过必要条件理论来认定是否存在事实上的因果关系。

必要条件理论，用最简洁的语言表述就是"若无，则不"的检验方法。《欧洲侵权法原则》第3：101条将必要条件表述为："若无某活动或行为就无损害，则该活动为损害的原因。"③运用必要条件理论认定事实上的因果关系有两种不同的路径：一种是剔除法，一种是替代法。

剔除法是奥地利法学家格拉瑟提出来的，其思路是假定没有行为人的行为，设想事件的结局是否有变化。如果剔除行为人的行为，其他条件不变，而事件发展的顺序和结果并没有发生变化，那么行为人的行为就不是侵害事实发生的原因。如果剔除行为人的行为之后，侵害事实就不会发生，或者以迥然不同的方式发生，那么行为人的行为就是侵害事实发生的原因。④ 剔除法主要适用于认定积极作为是否是事实上的原因，对于消极的不作为是否是事实上的原因则不适用。

替代法主要用于认定消极不作为是否是事实上的原因。替代法的思路是，如果加害行为是不作为，那么就假设在发生权益被侵害的事故时，行为人履行了应尽的作为义务，如果侵害的结果仍然发生了，那么行为人的不作为就不是侵害结果的原因，如果侵害结果没有发生，那么行为人的不作为就是侵害结果的原因。

---

① 参见〔荷〕J. 施皮尔：《侵权法的统一：因果关系》，易继明等译，法律出版社2009年版，第30—35页。
② 同上书，第178页。
③ 欧洲侵权法小组编著：《欧洲侵权法原则：文本与评注》，于敏等译，法律出版社2009年版，第5页。
④ 参见〔英〕H. L. A. 哈特、托尼·奥诺尔：《法律中的因果关系》，张绍谦等译，中国政法大学出版社2005年版，第401—402页。

在大多数情况下，法院一旦能够认定事实上的因果关系的存在，就能够随之认定法律上的因果关系的存在，甚至无须再作独立的价值判断。例如甲、乙、丙三个人向同一个方向开枪，丁被击伤，如果能够认定就是甲开枪击中了丁，那么甲开枪的行为和丁受伤的结果之间就存在事实上的因果关系，同时法律上的因果关系也就被认定了。但是在特定情况下，运用必要条件理论未必能够确定地认定事实上的因果关系的存在，在多因一果的情况下，运用必要条件理论甚至可能得出没有事实上的原因的结论。例如，甲、乙、丙三个人向同一个方向开枪，丁被击毙，证据显示甲、乙、丙三个人均击中了丁，而且每一枪都足以使丁毙命。如果采剔除法，就会出现甲、乙、丙三个人的开枪行为都不是丁死亡的必要条件的结论，这明显有违人的常识。因此，法律应该考虑必要条件理论的例外，也就是事实上的因果关系的特别判断方法。

（二）特殊的判断方法

1. 聚合的因果关系

聚合的因果关系，又称累积的因果关系，是指多人实施的行为造成同一损害，且该多个行为具有相同的原因力，其中任何一个行为都足以导致损害的发生。聚合的因果关系可以区分为并存的积极原因和并存的消极原因。

并存的积极原因，是指多个人的作为同时造成了同一损害的发生。前文所举的甲、乙、丙三个人向同一个方向开枪，丁被击毙，证据显示甲、乙、丙三个人均击中了丁，而且每一枪都足以使丁毙命，就是适例。

并存的消极原因，是指多个人的不作为造成了同一损害的发生。例如，两个人一起在地面上施工挖坑，但是两个人均没有设置安全警示标志，导致一人跌落坑内受伤。

在并存的积极原因情形中，如果采必要条件说，将会导致无人承担责任的结论。因为即使剔除一个人的行为，损害结果仍然会产生。此时就不能采取必要条件说，只要行为人的行为足以导致损害产生的，他就应该承担侵权责任。《侵权责任法》第11条是关于聚合因果关系的规定："二人以上分别实施侵权行为造成同一损害，每个人的侵权行为都足以造成全部损害的，行为人承担连带责任。"

在并存的消极原因情形中，必要条件说仍然有适用的余地，因为采替代法可以证明每个人的行为都是损害产生的原因。

2. 叠加的因果关系

叠加的因果关系，是指多个人的行为相互叠加在一起导致了最终的损害结果，但是每一个单独的行为都不足以导致全部损害结果的产生。

叠加的因果关系可以区分为同时发生的叠加原因和相继发生的叠加原因。前者的例子是，甲和乙分别都靠丙的墙堆放垃圾，由于承受不了两堆垃圾的共同压力,丙的墙最终倒塌了。后者的例子是,甲在受雇于乙、丙、丁三家工厂时接触石棉粉尘,退休以后身患重病,医学理论表明,呼吸石棉的粉尘不会影响人的健康,除非吸入的数量超过一定的标准,而甲正是在丁的工厂工作时,其吸入石棉粉尘数量的开始超过这一标准。①

在叠加的因果关系中,必要条件理论仍然有适用的余地,因为如果没有任何一个人的行为,最终的损害结果都不会产生。关键在于,上述成为叠加原因的行为人应该承担什么样的责任?各国的司法实践有认为应承担连带责任,有认为应承担按份责任。在我国,根据《侵权责任法》第8条的规定,如果构成共同侵权行为的,行为人负连带责任;如果不构成共同侵权,则根据第12条的规定,能够确定责任大小的,各自承担相应的责任;难以确定责任大小的,平均承担赔偿责任。

3. 超越的因果关系

超越的因果关系,是指加害人的行为已经确定地造成了损害结果,但是即便没有加害人的行为,随后发生的另外一个事件也将导致损害结果的发生。典型的例子是,甲的行为导致乙的房屋彻底毁损,但是三天后该地发生强烈地震,即便没有甲的行为,乙的房屋也将被震倒。如果采必要条件理论,甲的行为将被排除在损害原因之外。

对于超越的因果关系,各国的法律制度几乎得出完全一致的结论:被告负全责,因为被告的违反行为在地震之前就产生了房屋毁损的结果,原告获得补偿的权利在那时已经产生,地震不是介入事件,而是继发事件,对因果关系不具有任何免责或开脱意义。一旦损失完成,侵权就完成了。②

4. 择一的因果关系

择一的因果关系,是指多个行为人中的一个或几个人的行为导致损害,但是不能确定具体的加害人,因此也被称为不确定的因果关系。典型的例子就是三个人向同一个方向开枪,其中一枪击中甲,此时无法确定是三个人中哪一个人射中了甲。此时必要条件理论无法适用,因为事实不确定,我们也无法确定该事实不存在时,损害是否依然会发生。此时法官对因果关系是否存在的判断,实际上就是一种价值判断,因此也是法律上的因果关系的判断。《侵权责任法》第10条是关于择一因果关系的规定:"二人以上实施危及他人人身、财产安全的行为,其中一人或者数人的行为造成他人损害,能够确定具体侵权人的,由侵权人承担责任;不能确定具体侵权人的,行为人承担连带责任。"

---

① 参见〔荷〕J.施皮尔:《侵权法的统一:因果关系》,易继明等译,法律出版社2009年版,第208—209页。
② 同上书,第200—201页。

5. 假设的因果关系

假设的因果关系,是指加害人的行为导致了损害的发生,但是,即使加害人的行为不存在,损害的全部或一部也会因为另外一个与加害人无关的原因而发生。如果与加害人无关的原因是随后实际发生的,属于超越的因果关系问题;如果与加害人无关的原因并没有实际发生,只是假设发生,那么就属于假设的因果关系问题。例如,甲驾车撞死乙,但是医生证明乙已经身患绝症,最多还能活三个月。此时,甲驾车的行为是乙死亡的真实原因,而身患绝症死亡是假设的原因。

在假设的因果关系中,由于加害人的行为和受害人的损害之间存在客观的必要联系,因此加害人的行为是损害的事实上的原因没有疑问。假设的原因只是法官考虑具体损害的赔偿范围时可能考虑的因素。对于直接损害(所受损害),加害人应该全额赔偿,对于间接损害(所失利益),假设的原因可以成为考量的因素。

(三) 举证责任

关于事实上的因果关系的证明,原则上仍然应该遵循谁主张,谁举证的原则。原告应该就加害人的行为和自己所受损害之间存在客观的必要联系进行证明,举证不能的应该承担败诉的不利后果。

但是对于一些特殊类型的侵权案件,由于当事人之间在信息上处于不对称的状态,如果一概由原告承担举证责任,将会导致有违公平的结果,这时法律上就发展出关于因果关系的举证责任倒置和法律推定的规定。

我国关于因果关系的举证责任倒置的规定包括:(1)我国《侵权责任法》第10条关于共同危险行为的规定。尽管该条没有直接的关于因果关系举证责任倒置的规定,但是"不能确定具体侵权人的,行为人承担连带责任"就蕴含了举证责任倒置的意思。《最高人民法院关于民事诉讼证据的若干规定》第4条第7款规定:"因共同危险行为致人损害的侵权诉讼,由实施危险行为的人就其行为与损害结果之间不存在因果关系承担举证责任。"(2)《侵权责任法》第66条规定,因污染环境发生纠纷,污染者应当就其行为与损害之间不存在因果关系承担举证责任。

《最高人民法院关于审理证券市场因虚假陈述引发的民事赔偿案件的若干规定》第18条是关于因果关系法律推定的规定:"投资人具有以下情形的,人民法院应当认定虚假陈述与损害结果之间存在因果关系:(1)投资人所投资的是与虚假陈述直接关联的证券;(2)投资人在虚假陈述实施日及以后,至揭露日或者更正日之前买入该证券;(3)投资人在虚假陈述揭露日或者更正日及以后,因卖出该证券发生亏损,或者因持续持有该证券而产生亏损。"

五、法律上的因果关系及其判断方法

（一）不确定因果关系的判断方法

一般认为，法律上的因果关系是在事实上的因果关系确定之后，由于必要条件理论会将太多的条件作为原因，因此法官要基于价值判断对事实上的原因进行排除和限制，这是法律上的因果关系的基本功能所在。但是，在很多事实上的因果关系无法从经验的角度予以确认的时候，除了因果关系的举证责任倒置和因果关系的法律推定之外，法官在很多时候仍然要对因果关系是否存在进行判断。表面上，法官似乎在作事实上的因果关系的判断，实际上，法官已经是在根据自己的价值判断作法律上的因果关系的判断。

不确定因果关系多发生在医疗侵权和环境侵权领域，由于在上述领域发生的侵权案件涉及很多的专业技术问题，原告有时很难从终局上证明事实上的因果关系的存在，而被告也很难从终局上证明事实上的因果关系不存在，此时就需要法官基于价值判断作出自己的认定。兹举几例说明：

1. 原告搭乘客运汽车，司机于行驶中紧急刹车，致其头部受伤，合并发生意识障碍，造成精神分裂症。关于因果关系，台湾大学医院鉴定称：原告所患紧张型精神分裂症并非直接由车祸外伤所导致，其于事发前就已出现精神病的前兆，仅因该事件诱发其潜伏的病态，而呈现出明显的精神分裂病症。精神分裂病的诱发原因很多，车祸外伤可以为诱发原因之一，但非必要原因。所谓诱发原因，是指恰与病患症状明显化或再发之时间相符之任何事件而言，此诱发原因与症状出现的连带关系，无法以科学方法加以证明。车祸外伤虽有可能对其症状明显化有影响，但如无此次车祸外伤，原告目前的病态也可能因任何身体、心理、生理、社会压力因素而诱发。我国台湾地区"最高法院"据此认为：足证因车祸受有外伤，通常并不足以生有精神分裂症之结果，本件车祸与原告目前之病态并无相当因果关系。

2. 原告116人乃我国台湾地区彰化县农民，主张其所耕种的水稻，因为被告砖窑烧重油所排放的废气所危害，最严重的全部枯槁，轻者矮化歉收。关于因果关系存否，法院认为：本案因时过境迁，事实上无从用科学化验方法鉴定，而砖厂燃烧所排放的二氧化硫等废气对农作物而言，必将产生危害，其危害症状与水稻受害特征也相符，再参酌被告未使用重油前，尚未发生此种现象，水稻离砖窑近者受害较重，远者受害较轻，以及同期稻未受烟害地区收获正常等情状观之，原告所受损害和被告使用重油所排放含硫烟气，二者之间确有相当因果关系。

王泽鉴教授在对上述案例进行评论时明确指出，法院实际上是运用相当因果关系说来判断条件关系问题。法院在判断条件关系时，尽管借助了专业鉴定，但究其言之，是由法院依经验法则综合所有证据而为认定，这是法律判断，不是

事实判断,因此可以作为上诉第三审的理由。①

3. 心理因果关系问题。这种因果关系又被称为诱发的因果关系,是指损害是由第三人造成的,但却又是被告行为引起的情况,如果没有被告的行为,第三人就不会去采取其他情况下会放弃的行动,或者放弃其他情况下会采取的行动。例如,(1)甲基于过错导致了交通事故,交警封锁了该路段,一些不耐烦的司机为了绕过事故地点而损坏了相邻的自行车道和人行道;(2)小偷被发现后仓皇逃窜,警察在后紧紧追赶,最后警察摔倒在地导致骨折。

上述心理上因果关系无法通过自然科学进行解答,因为缺少人脑(人的心理)发挥功能的具体知识。因此,对一个人的行为是否是对他人不当行为作出的反应这个问题的答案更多的是法律评价的问题,而非事实问题。在第一个案件中,德国联邦最高法院认为,虽然其他司机的行为是被告先前不当行为(即交通事故)的相当结果,但他不对道路的损坏承担赔偿责任,因为他没有诱发后来司机的绕道行为。在第二个案件中,只要警察的行为不是完全不合理的,如今各国的法院均基于不同的法律政策作出了肯定的回答。②

(二)法律上因果关系的一般判断方法

在很多情况下,法院能够通过必要条件理论对事实上的因果关系进行确认,但是必要条件会存在多个,如果全部作为原因对待,因果关系的链条会过分延伸,从而将一些本不该承担侵权责任的人纳入到法律的调整范围。因此,法律必须对事实上的因果关系采取一些限制措施,这正是法律上因果关系的最主要功能。在大陆法系,主要采纳相当因果关系理论作为法律上因果关系的判断方法;在英美法系,主要采纳近因理论作为法律上因果关系的判断方法。

1. 相当因果关系理论

相当因果关系理论是德国心理学家冯·克里斯提出来的,他将有关盖然性的数学理论和社会学的统计理论运用到法学中作为分析因果关系的根据。克里斯认为作为原告损害条件的被告行为,如果极大地增加了此种损害发生的客观可能性,那么该行为就属于损害的充分原因。判断被告的行为是否极大地增加了此种客观可能性,应在被诉侵权人实施侵权行为时已知或应知的所有情形的基础上,并结合以经验为基础的一般实践性知识。

克里斯认为,如果而且只在一个既定的偶然事件满足以下两个条件时,它才是损害的相当原因:(1)它必须是这一损害的一个必要条件;(2)它必须极大地增加了这一损害发生的客观盖然性。克里斯举了一正一反两个例子来说明相当

---

① 参见王泽鉴:《侵权行为》,北京大学出版社2009年版,第190—193页。
② 参见〔德〕克雷斯蒂安·冯·巴尔:《欧洲比较侵权行为法》(下卷),焦美华译,法律出版社2001年版,第529—536页。

因果关系的运用方法。第一个例子是,有一定比例的人会感染肺结核,从这个比例我们可以推断出人类感染肺结核的客观盖然性,矿工感染肺结核的比例较高。因此,一个人成为矿工就会被认为增加了他感染肺结核的盖然性,假若他没有成为矿工,就不会感染肺结核,那么,这就被认为是他感染这种疾病的相当原因。第二个例子是,马车夫违反义务,赶着马车时打瞌睡,导致马车偏离规定路线。在此过程中,一名乘客被闪电击中。倘若车行在原定的路线上,就不会发生这种情况。尽管马车夫打瞌睡是乘客被闪电击中的条件,但是打瞌睡并没有显著地增加乘客被闪电击中的盖然性,无论马车夫睡着还是醒着,被闪电击中的几率事实上非常小。①

克里斯创立的相当因果关系理论被德国的司法实践所接受,德国联邦最高法院在一则判决中就相当性测试的含义作了如下阐述:"当某一事件从总体上以明显的方式提高了案中结果出现的客观可能性时,该事件就是结果的相当条件。在对此作认定时只需考虑到(1)一个理性的观察者在事件发生时能够观察到的一切情形;(2)超越行为人认知之外的已知情况。在这一测试过程中必须采取判决时可供支配的一切经验知识。相当性测试涉及的实际上并非因果关系问题,而是要获知事件结果尚能公平地被归责于行为人的界限。"②

相当因果关系理论尽管遭受了大量抨击却仍然是最为人所知和适用最广泛的方法。

2. 近因理论

英美法上对法律上的因果关系进行判断的方法被称为"近因"。近因的原文是"proximate",意思是"近的"、"直接的"。最初,英国法院使用该词的时候,它含有时间上、空间上临近的含义,但这种意义已经消失很久了。今天,在美国,近因包含以下内涵:损害的可预见性、直接性、空间和时间上的临近以及政策考量,其中最重要的是可预见性。③

美国法学家加里·T.施瓦茨在介绍美国法上的法律因果关系的判断方法时指出:如果原告所受到的损害很明显是可以预见的,则会存在近因,但如果原告所受到的损害完全是不可预见的,则近因不存在。在后种情况下,也许存在因果联系,但那只是一种巧合。直接性也被纳入考虑范围。损害越直接,越有可能存在近因,但是,即使损害是间接的,如果明显可以预见,则也会确定近因存在。在确定近因是否存在时,往往会考虑政策或伦理因素。在论证近因时,有时会考

---

① 参见〔英〕H. L. A.哈特、托尼·奥诺尔:《法律中的因果关系》,张绍谦等译,中国政法大学出版社2005年版,第423—426页。
② 〔德〕克雷斯蒂安·冯·巴尔:《欧洲比较侵权行为法》(下卷),焦美华译,法律出版社2001年版,第527页。
③ 参见〔荷〕J.施皮尔:《侵权法的统一:因果关系》,易继明等译,法律出版社2009年版,第185页。

虑责任与被告过失之间是否相称。法院有时也会通过空间和时间来分析法律上的原因是否存在,但这些要素的影响力在减弱。①

英美法上的可预见性,是指被告对于发生之损害合理可预见为责任成立原因,其判断基础在于具有充分知识和经验之人,可以合理地预见被告侵权行为之危险所引发之损害,以及该损害是否为通常事件正常发展过程所生之结果。

英美法上可预见性理论和德国的相当因果关系说在本质上并无不同。英国学者奥诺尔明确指出:"一般而言,对于相当因果关系的论述,可适用于合理可预见说。"②

3. 法规目的说

尽管相当因果关系说在大陆法系居于主导地位,但是有学者指出,相当因果关系这项被视为可能率的科学问题包含着许多阴暗部分,如可能率基数的不确定,全有全无原则的不合理,法院常以损害既已发生,或同情被害人而认定相当因果关系的存在。而且因果关系的学说虽然众多,但无一精确。以抽象不确定内容的标准为标准,徒增问题的复杂性,对于问题的解决并无助益。行为人就其行为所引发的损害是否应负责任,基本上就是法律问题,依循有关法律规定探究之,乃理所当然之事。因果关系如此虚化之结果,可以将无具体合理答案的因果关系学说争论置之不顾,使问题回归就法论法的单纯层次。因此应该用法规目的说取代相当因果关系说,甚至是取代整个因果关系理论。③

法规目的说是德国学者拉贝尔于20世纪30年代提出来的,该说认为侵权行为所生损害赔偿责任应探究侵权行为法规之目的而为决定。其理论依据有二:(1)行为人就其侵权行为所生的损害应负责系法律问题,属法之判断,应以法规目的加以认定;(2)相当因果关系说的内容抽象不确定,难以合理界限损害赔偿的范围。④

奥地利学者考茨欧就法规目的的说区分出三个规则:(1)侵权人必须补偿的仅仅是法律所要保护的那些人;原告必须属于规则设想的那类人。(2)侵权人补偿原告的仅仅是被违反的规则所要避免的损失;损失必须是属于规则设想的类型。(3)侵权人仅仅在他造成了规则禁止发生的那些损失时负责任,特定的行为必须属于规则设想的类型。⑤

无论是大陆法系,还是英美法系,在侵权责任的认定过程中充分考虑相关法规的保护目的已经是一种常态,但是对法规保护的目的究竟是一个违法性问题,

---

① 参见〔荷〕J.施皮尔:《侵权法的统一:因果关系》,易继明等译,法律出版社2009年版,第172页。
② 转引自陈聪富:《因果关系与损害赔偿》,北京大学出版社2006年版,第87—131页。
③ 参见曾世雄:《损害赔偿法原理》,中国政法大学出版社2001年版,第114—121页。
④ 参见王泽鉴:《侵权行为》,北京大学出版社2009年版,第210页。
⑤ 参见〔荷〕J.施皮尔:《侵权法的统一:因果关系》,易继明等译,法律出版社2009年版,第194页。

还是一个因果关系问题,仍然存在争议。欧洲侵权行为法小组明确指出关于"规则的保护目的"是他们撰写《欧洲侵权法原则》中遇到的最艰难的题目之一,最终把规则保护的目的问题放在什么名头下处理最好,仍然没有定论。①

实际上,法规目的说涉及的是违法性的问题,而不是因果关系的问题。力倡法规目的说的曾世雄教授举了一个交通肇事致人受伤,在治疗过程中伤者自杀的例子来说明相当因果关系说的不足,而法规目的说恰恰能够解决问题。曾世雄教授认为,上述案例在大陆法系已经发生多起,但是各国的判决,甚至在同一个国家内的判决存在不一致,有的判决认为受伤和自杀之间存在相当因果关系,有的判决则认为不存在。曾世雄教授认为,因伤害而自杀者,似不该令驾驶人负自杀部分的损害赔偿责任。此非其间因果关系的不存在,而是保护人体不受侵害的法规,其保护的限度原则上不及于此。故而原则上,驾驶人应不负自杀部分损害的赔偿责任,于特别情形下,纵责令驾驶人负此责任,也不该是全部而应是其一部而已。②

上述分析存在问题,首先,驾驶人违反交通法规撞伤伤者,假设是驾驶人超速,那么不得超速的法规,其目的既包括保护人的健康权,也包括人的生命权,只是驾驶人超速的直接结果是撞伤。如果从规范保护的目的看,反而是应该让驾驶人负自杀的损害赔偿责任。其次,于特别情形下,可以令驾驶人对自杀负责,但是曾世雄教授并没有告知我们,依据法规目的说如何得出上述结论。实际上,上述案件通过相当因果关系说可以解决,而且这种解决方式恰恰说明相当因果关系说的优势。例如,甲开车撞伤乙,导致乙断了两根脚趾,如果乙自杀,原则上应该认为乙受伤和其自杀之间没有相当因果关系,因为乙断两根脚趾从一般人的经验判断并没有显著地增加其自杀的可能性;如果乙是芭蕾舞演员,平时训练刻苦,已经取得一定的成就,两根脚趾的断裂意味着其心爱的芭蕾舞事业已经终结,如果其最终选择自杀,应该认为受伤和自杀之间存在相当因果关系。

4. 中国的判断方法

在我国台湾地区,相当因果关系说一直是判断法律上因果关系的通说,而且台湾地区的判例学说还发展出一个认定相当因果关系是否存在的过失:无此行为,虽必不生此损害,有此行为,通常即足生此种损害者,是为有因果关系;无此行为,必不生此种损害,有此行为通常亦不生此种损害者,即无因果关系。在上述公式中,所谓无此行为,虽必不生此损害,是考虑必要条件问题;所谓有此行为,通常足生此种损害,系指从积极的方面确认因果关系的相当性;有此行为通

---

① 参见〔荷〕J. 施皮尔:《侵权法的统一:因果关系》,易继明等译,法律出版社2009年版,第192—199页。
② 参见曾世雄:《损害赔偿法原理》,中国政法大学出版社2001年版,第106—107页。

常亦不生此种损害,是从消极的方面排除因果关系的相当性。①

在大陆,关于因果关系的判断方法经历了从"必然因果关系说"到"相当因果关系说"的转变。必然因果关系说认为:"因果关系,是指各个客观现象之间的一种必然联系。即某一现象的出现,是在一定条件下必然由另一已经存在的现象所引起的,这前一现象称为原因,而后一现象称为结果,它们之间存在的这种客观的必然联系,就是因果关系。"②这种观点一方面是受到苏联学说的影响,另一方面也是绝对理性主义的产物。必然因果关系说隐含的理论前提是人可以认识一切,而这实际上是不可能的。

由于必然因果关系说可能不当地限制侵权责任的成立和赔偿范围,自20世纪90年代开始很多学者开始主张借鉴德国学说中的相当因果关系说。梁慧星教授认为:"与必然因果关系说不同的是,相当因果关系说不要求法官对每一个案件均脱离一般人的智识经验和认识水平,去追求所谓的客观的、本质的必然联系,只要求判明原因事实与损害结果之间在通常情形存在可能性。这种判断非依法官个人主观臆断,而是要求法官依一般社会见解,按照当时社会所达到的知识和经验,只要一般人认为在同样情形有发生同样结果之可能性即可。因此,相当因果关系说不仅是现实可行的,而且符合法律维护社会公平正义之精神。毫无疑问,作为一种法律学说,相当因果关系说是科学的,而必然因果关系说是不科学的。"③

第七节 过　　错

一、概述

在现代民法将过错责任作为侵权责任的核心类型之后,过错对侵权责任认定的重要性已经不言而喻。

一个人即便证明了自己的合法民事权益被侵害,这种侵害是加害人基于自身自由意志的支配而实施的行为所造成的,而且合法的民事权益侵害和加害行为之间存在因果关系,除了无过错责任之外,受害人还必须证明加害人主观上存在过错。

过错作为一种主观不法要件,是加害人主观心理状态的一种表现。过错以行为人具有自由意志为前提,如果一个人没有自由意志,那么也就不存在过错的

---

① 参见王泽鉴:《侵权行为》,北京大学出版社2009年版,第196页。
② 佟柔主编:《民法原理》,法律出版社1983年版,第227页。
③ 梁慧星:《雇主承包厂房拆除工程违章施工致雇工受伤感染案评释》,载《法学研究》1989年第6期。

问题。我国立法没有关于责任能力的规定,因此关于民事行为能力的规定可以类推适用于对责任能力的认定。

过错可以区分为故意和过失。问题是,在具体案件中法官运用何种标准对故意和过失的存在进行认定。

二、故意

(一) 概念

故意,是指行为人明知其行为会发生侵害他人民事权益的后果,仍然有意为之的一种主观心理状态。我国《侵权责任法》没有对故意进行明确的界定,《欧洲示范民法典草案》第6-3:101条对故意的界定值得参考:"以以下方式造成法律相关性的损害,即为故意:(1)有意造成此种损害;(2)知道此种损害或同类损害可能发生或必然发生而仍有意为一定行为。"① 故意包括理智要素和意志要素。

1. 理智要素

理智要素,是指行为人对自身行为实际可能发生的后果的预见和理解,即认识要素。如果行为人没有明确认识到自己的行为可能发生的后果,则不存在故意的问题。

2. 意志要素

意志要素,是指行为人在明确认识到自己行为的可能后果以后,仍然决意实现该后果。这是故意和过失的核心区别,故意是意志上的不良状态,过失是理智上的不良状态。根据行为人是主动追求还是放任该后果的发生,故意可以分为直接故意和间接故意。

直接故意,是指行为人明知其行为必将产生某一后果,仍然积极地追求该后果的发生。间接故意,是指行为人明知其行为可能发生某种后果却放任该后果的发生。上述区分在刑法中意义重大,因为涉及定罪和量刑的差异,但是在侵权责任法中意义不大,无论是直接故意还是间接故意,行为人承担的责任没有差异。

(二) 认定方法

故意作为一种主观心理状态,只能采纳主观的标准进行认定,即从行为人行为当时的心理态度来认定其是否存在故意。但是在故意的认定中仍然存在两个细节问题需要解决。

第一,故意是否需要违法性认识。故意说认为,行为人需要有违法性的认

---

① 欧洲民法典研究组、欧盟现行私法研究组编著:《欧洲示范民法典草案:欧洲私法的原则、定义和示范规则》,高圣平译,中国人民大学出版社2012年版,第316页。

识,而违法性的错误当然排除故意。责任说认为,即使行为人出现违法性的错误,只要存在违法性认识的可能,仍然成立故意。例如,甲明知某物为乙所有,但误信自己有使用权而为使用时,依故意说,属于客观的违法,只能构成过失侵害他人所有权;依责任说则得成立故意侵害行为。目前故意说在民法中仍然居于通说的地位。①

第二,是否需要区分故意和恶意。有学者认为有必要区分恶意和一般故意。恶意是故意中最严重者。恶意和故意的区别在于:(1)恶意的适用范围相对宽泛;(2)恶意所指向的对象主要是行为的效力;(3)从意志的角度考虑,恶意的构成需要特殊的要件。恶意在侵权责任法上的意义是:(1)是某些侵权责任的构成要件(如恶意告发);(2)是确定赔偿责任的依据,如不因受害人与有过失减轻责任。②

本书认为,在侵权法中区分恶意和故意没有必要:首先,英美法中的恶意实际上是故意的同义词,只是不同的犯罪或者侵权的名称。《牛津法律词典》认为:"按不列颠法律中的一般用法,恶意仅指蓄意或故意实施不法行为。"③它包括的类型有:恶意滥用民事诉讼程序;恶意拘捕;恶意损害;恶意诽谤;恶意伤害;恶意控告。

其次,在英美法中,关于什么是恶意也是众说纷纭。在恶意诋毁案件中,有人认为,具有损害原告的意图才算恶意;有人认为缺乏诚信才构成恶意;有人认为知道自己的陈述是虚假的或者对陈述是否虚假毫不在意就构成恶意。1991年的判例则认为,只要原告能够证明被告所作的陈述是虚假的,或者能够证明被告对其陈述真实与否毫不在意即满足了该主观要件。2007年英国上议院的一份判决书则指出:英国侵权法最好能够彻底摆脱恶意的梦魇,即以坏的动机作为追究责任的要件,因为该要件会带来太大的不稳定性。④

最后,在《德国民法典》中也有恶意的表述,而且条文非常多,基本上和恶意欺诈有关,但是在侵权行为法中没有关于恶意的规定。德国学者认为,恶意有两种含义:(1)恶意意味着一个故意的欺诈;(2)恶意是指一个对他人产生不利后果的圈套或者别有用心的行为。其本义是奸诈、卑鄙、居心不良的意思。实际上,恶意可以认为是一个与善意相对的词,其主要运用于合同法和物权法领域,根据《德国民法典》第932条的规定,取得人知道或者因重大过失而不知道该物不属于让与人的,非为善意。那么这就是恶意。

---

① 参见王泽鉴:《侵权行为》,北京大学出版社2009年版,第240页。
② 参见张新宝:《侵权责任构成要件研究》,法律出版社2007年版,第441—444页。
③ 〔英〕戴维·M.沃克:《牛津法律大辞典》,李双元等译,法律出版社2003年版,第726—727页。
④ 参见胡雪梅:《英国侵权法》,中国政法大学出版社2008年版,第307页。

（三）故意在侵权责任法中的意义

尽管在民法中区分故意和过失的意义没有在刑法中大，但是对于故意的认定在侵权责任法中仍然有其特定的意义。

1. 某些侵权责任以故意为要件。例如，侵害债权和侵害某些利益导致的纯粹经济损失，原则上均以加害人的故意为要件。因为债权和某些纯粹经济利益没有典型的公开性，如果行为基于一般过失构成侵权，会严重地限制行为人的自由。《侵权责任法》第36条第3款规定："网络服务提供者知道网络用户利用其网络服务侵害他人民事权益，未采取必要措施的，与该网络用户承担连带责任。"该款实际上要求网络服务提供者在间接故意的情形下要与具体侵权人承担连带责任。

2. 共同故意产生连带责任。《侵权责任法》第8条规定："二人以上共同实施侵权行为，造成他人损害的，应当承担连带责任。"在共同侵权中，二人以上存在共同故意是最主要的情形。

3. 故意对因果关系和损害的认定的影响。如果行为人主观上存在故意，法官在因果关系的认定，以及损害范围的认定上都将比较宽松。尽管纯粹经济损失原则上不予以保护，但是行为人主观上存在故意的，纯粹经济损失原则上都应该予以赔偿，这是纯粹经济损失赔偿的真正核心。

4. 故意可能产生惩罚性赔偿责任。尽管在中国的立法中，关于惩罚性赔偿的规定比较少，但是基本上均要求行为人在主观上存在故意。例如，《侵权责任法》第47条、《消费者权益保护法》第49条、《食品安全法》第96条第2款等。

5. 受害人的故意会导致加害人侵权责任的免除。例如，《侵权责任法》第27条、第70条、第71条、第72条、第73条、第78条等。

6. 故意对精神损害认定的影响。《侵权责任法》第22条只是规定了精神损害必须严重的条件，但是根据《最高人民法院关于确定民事侵权精神损害赔偿责任若干问题的解释》第10条的规定，法官在确定精神损害赔偿数额时，应当考虑侵权人的过错程度。如果加害人主观上存在故意的，当然更加容易被认定为导致了受害人的精神损害。

7. 故意对替代责任中追偿权的影响。《侵权责任法》第34条只是规定了"用人单位的工作人员因执行工作任务造成他人损害的，由用人单位承担侵权责任。"但是《最高人民法院关于审理人身损害赔偿案件适用法律若干问题的解释》第9条第1款规定："雇员因故意或者重大过失致人损害的，应当与雇主承担连带赔偿责任。雇主承担连带赔偿责任的，可以向雇员追偿。"

8. 故意对保险金支付的影响。《保险法》第43条规定："投保人故意造成被保险人死亡、伤残或者疾病的，保险人不承担给付保险金的责任。"这是为了避免道德风险的影响。

三、过失

（一）概念和分类

过失，是指行为人对侵害他人民事权益的结果的发生，应注意、能注意却未注意的一种心理态度。

根据行为人对民事权益侵害有无认识要素，可以将过失区分为过于自信的过失和疏忽大意的过失。过于自信的过失，是指虽然行为人已经预见到其行为具有侵害他人民事权益的危险，但其相信通过采取一定的安全措施可以避免此种侵害。疏忽大意的过失，是指行为人虽然没有认识到其行为具有产生侵害他人民事权益这一结果的抽象可能性，但如果其尽到应有的注意就可以认识并加以避免。① 上述区分对具体责任的承担形式没有实质性的影响，只是为法官在具体认定过失时提供一种方法。

根据过失的程度，可以将过失区分为重大过失、抽象轻过失和具体轻过失，这是在罗马法中就得到确认的分类。② 关于是否应该对过失作上述区分一直存在争议，英美法系的学说理论或者司法实践似乎都倾向于否认区分重大过失和一般过失的意义。美国学者文森特·R.约翰逊认为："法院和立法机构不时地想要区别轻微过失、普通过失和重大过失，或者区分不同程度的注意标准。事实表明这些区分基本上是行不通的，因此最好忽略不计。但是如果特定立法中确实有这样的区分，法院就必须根据该州的法律来具体明确这样的区分。"③ 在英国发生的一则案例中，Ornerod 法官认为："我本人一直觉得难以理解所谓重大过失，因为它让我觉得一个案件所要求的注意标准……，是指在特定被诉案件里的特定环境中所要求的注意标准。"古老的判例均表明："无法看到过失和重大过失之间的区别；他们不过是被附加了不同的可归责的形容词前缀的同一事物而已。"④ 但是，在中国的立法中确实存在对过失的上述区分，因此必须明确上述过失类型的概念及其判断方法。

重大过失，根据罗马法学家乌尔比安的定义，是指一种严重的疏忽，即不明了所有的人都明了的事。⑤ 冯·巴尔认为："如果行为人在极不合理的程度上疏忽了交往中应有之谨慎，未采取任何人在特定情形下都会采取的措施，体现出严重的不以为然（漠不关心），即对极其简单和思之即然的问题亦未加以考虑，出

---

① 参见程啸：《侵权责任法》，法律出版社 2011 年版，第 202—203 页。
② 参见丁玫：《罗马法契约责任》，中国政法大学出版社 1998 年版，第 38 页。
③ 〔美〕文森特·R.约翰逊：《美国侵权法》，赵秀文等译，中国人民大学出版社 2004 年版，第 96 页。
④ 〔德〕克雷斯蒂安·冯·巴尔：《欧洲比较侵权行为法》（下卷），焦美华译，法律出版社 2001 年版，第 312 页。
⑤ 参见〔意〕桑德罗·斯奇巴尼选编：《契约之债与准契约之债》，丁玫译，中国政法大学出版社 1998 年版，第 463 页。

现超常的错误,未施加一个漫不经心的人在通常情况下也会施加的注意力,以伦理上可指责的方式明显和实质性地偏离了有效注意标准,则都构成重大过失。"①

在民法上区分重大过失的意义在于:(1) 重大过失是某些类型侵权责任成立的必备要件,《公司法》第 190 条第 3 款规定:"清算组成员因故意或者重大过失给公司或者债权人造成损失的,应当承担赔偿责任。"《邮政法》第 46 条规定:"邮政企业对平常邮件的损失不承担赔偿责任。但是,邮政企业因故意或者重大过失造成平常邮件损失的除外。"

(2) 在某些替代责任的侵权类型中,承担赔偿责任的人是否有权向实际加害人追偿,取决于实际加害人有无重大过失。这些规定包括:《公证法》第 43 条第 1 款、《国家赔偿法》第 16 条第 1 款、《最高人民法院关于审理人身损害赔偿案件适用法律若干问题的解释》第 9 条第 1 款、第 13 条。

(3) 受害人的重大过失将导致加害人责任的减轻。这些规定包括:《侵权责任法》第 72 条、第 78 条、《水污染防治法》第 85 条第 3 款、《最高人民法院关于审理人身损害赔偿案件适用法律若干问题的解释》第 2 条。

(4) 重大过失不但对《侵权责任法》有影响,而且对《合同法》也有影响。《合同法》共有五处使用了"重大过失":① 第 53 条第 2 项规定,"因故意或者重大过失造成对方财产损失的"免责条款无效;② 第 189 条规定赠与合同中"因赠与人故意或者重大过失致使赠与的财产毁损、灭失的,赠与人应当承担损害赔偿责任";③ 第 302 条第 1 款规定客运合同中"承运人证明伤亡是旅客故意、重大过失造成的除外",可以不承担损害赔偿责任;④ 第 374 条但书规定,"但保管是无偿的,保管人证明自己没有重大过失的",就保管物的毁损、灭失不承担损害赔偿责任;⑤ 第 406 条第 1 款后段规定"无偿的委托合同,因受托人的故意或者重大过失给委托人造成损失的,委托人可以要求赔偿损失"。

抽象过失,也称为一般过失,是指应该知道该结果的发生,但由于不注意未能知道而实施某行为的心理状态。换句话说,就是其应当做的事未做,或者做了不该做的事,或者做应做的事时其方法不得当,所有类似于这样的场合均视为过失。②

具体过失,是指以行为人通常在自己事务上应尽的注意作为判断标准来确定的过失。它与一般过失的区别在于判断的标准不同,一般过失采取的是客观化的判断标准,而具体过失采取的是主观化的标准,即行为人自身的特殊状

---

① 〔德〕克雷斯蒂安·冯·巴尔:《欧洲比较侵权行为法》(下卷),焦美华译,法律出版社 2001 年版,第 319—320 页。
② 参见于敏:《日本侵权行为法》,法律出版社 2006 年版,第 110—112 页。

况。① 有一种观点认为具体过失是轻微过失,这似乎意味着具体过失对行为人提出的注意程度要低于一般过失,这种理解不全面。因为具体人的认识能力可能高于一般人,也可能低于一般人。

(二) 一般过失的判断方法

对于一般过失的判断方法,一直存在主观标准说和客观标准说的争论,目前客观标准说居于通说的地位,但是即便采纳客观标准说,也应该在特定情况下考虑行为人的主观因素。

1. 主观标准说

由于过失在本质上是人的主观心理状态的反映,因此在很长一段时间里,学说理论认为应该根据行为人在行为当时自身的主观因素来判断行为人是否存在过失,这被称为主观标准说。根据主观标准说,行为人主观上无法预见自己的行为引起的结果,他对此结果不负任何责任;相反,如果他能够预见这种结果,就可能要承担责任。能够预见或不能预见的标准是行为人自身的各种要素,诸如年龄、经验、学识、认识能力等,而不是以行为人之外的第三人的预见能力作为标准。②

尽管主观标准说非常符合过失的本质,但是在长期的司法实践中渐渐地出现一些问题,最主要的就是主观因素的难以确认性。一个人内心的主观心理状态,外人一般是很难探知的。在实际的案件中,原告一般只能通过对被告行为的不当性的证明来推知被告主观上过失的存在,而被告则可能通过证明在行为当时他确实没有认识到自己行为可能造成损害的结果,此时,原告对被告主观心理状态的证明就非常困难。而法官在原告未能充分证明被告在主观上存在过错时,可以直接判决原告败诉,如果法官认为这种判决有失公平,而想判决被告承担侵权责任,他在说理上也存在难处。此时客观标准说开始浮出水面。

2. 客观标准说

客观标准说认为,对过失的认定不是以行为人自身的主观预见能力或识别能力为标准,而是以某种客观的行为标准来衡量行为人的行为,进而作出行为人有无过失的判断:如果行为人的行为达到了该客观行为标准的要求,则认定为没有过失;反之,则认定为有过失。③

客观标准说的核心是应该以何人的行为标准作为判断具体行为人是否存在过失的基准?在大陆法系这个人被认为是善良管理人,在英美法系被认为是理

---

① 参见程啸:《侵权责任法》,法律出版社 2011 年版,第 204—205 页。
② 参见张新宝:《侵权责任构成要件研究》,法律出版社 2007 年版,第 463 页。
③ 同上书,第 465 页。

性人。从比较法的层面看,两大法系尽管在术语上存在差异,但是判断的方法并不存在本质的差异。从最新的立法趋势进行观察,理性人的表述得到更多的采纳。《欧洲侵权法原则》第4:102条规定:"(判断过失的)必需的行为标准是指理性人在具体情景应遵守的标准。"①《欧洲示范民法典草案》第6-3:102条规定:"以以下行为造成具有法律相关性的损害的,即为过失:1. 未达到制定法所规定的旨在保护受害人免受损害的特定注意义务标准;2. 没有上述标准的,未达到在具体情形下一个理性的谨慎的人应达到的注意义务标准。"②《美国侵权法第二次重述》第283节规定:"除非行为人是儿童,认定其存在过失的行为标准是一个处在类似情形下的正常人的行为标准。"③

这种术语上的统一具有一定的合理性。大陆法系的善良管理人的表述源自于罗马法中的善良家父,因为家父的概念在现代民法中已经消失,因此用善良管理人来替代。尽管在德国的法教义学中是将具有平均才能的、智力正常的具有理智的人作为善良管理人的参考对象,④但是善良一词隐含了较高的道德要求,这会使人产生善良管理人是一个中等偏上人的想法。实际上法律对人的要求没有这么高,法律要求的是一个社会上普通人的标准,即中等人的标准。

即便我们采纳了理性人的标准作为判断过失的客观基准,随之而来的问题是,理性人的行为标准如何认定? 有人认为,理性人就是走在大街上的芸芸众生。有人认为理性人就是典型的早晨会读早报,傍晚会挽起袖子在院子里推割草机的人。⑤ 有人认为理性人没有希腊神话中阿基里斯的勇气,也没有尤利西斯的智慧和海格兰斯的力量,但他在各个方面并不是愚笨的,他并非不吸取和考虑社会的经验教训,若经验表明某种行为乃是对他人的过失,他就会极力避免此种过失。理性人并非一个完美无缺的公民,也不是谨慎的楷模,但是,却是谨慎的、勤勉的、小心的人。⑥ 上述观点实际上都表明了一个问题,即理性人的标准就是一个普通人,也就是中人的标准。在实际的案件中,法官既不是以行为人自身的认识能力为标准,也不是以法官自身的认识能力为标准,他应该站在一个客观的角度,以一个当时社会中普通人的标准来判断行为人是否有过失。

---

① 欧洲侵权法小组编著:《欧洲侵权法原则:文本与评注》,于敏等译,法律出版社2009年版,第7页。
② 欧洲民法典研究组、欧盟现行私法研究组编著:《欧洲示范民法典草案:欧洲私法的原则、定义和示范规则》,高圣平译,中国人民大学出版社2012年版,第316页。
③ 〔美〕肯尼斯·S.亚伯拉罕、阿尔伯特·C.泰特选编:《侵权法重述——纲要》,许传玺等译,法律出版社2006年版,第49页。
④ 参见〔德〕汉斯—贝恩德·舍费尔、克劳斯·奥特:《民法的经济分析》,法律出版社2009年版,第154页。
⑤ See Vivienne Harpwood, Principles of Tort Law, London, Cavendish Publishing Limited, 2000, p.124.
⑥ See W. V. H. Rogers, Winfield and Jolowicz on Tort, Eighteenth Edition, Sweet & Maxwell Ltd., 2010, p.47.

关于理性人的问题,有人说了这么一段有趣的话:"英国普通法不厌其烦地虚构出一个神话般的人物——理性的人。他是一种理想,一种标准,是我们要求优秀公民具备的品德的化身,在构成英国普通法的令人迷惑的博学的审判中旅行或长途跋涉,不与理性人相遇是不可能的。理性人总是替别人着想,谨慎是他的向导,安全第一是他的行为准则。他常常走走看看,在跳跃之前会细心察看一番;他既不会心不在焉,也不会在临近活动门或码头边还沉在冥想之中;他在支票存根上详细记录每一件事,并且认为是很有必要的;他从不跳上一辆奔驰的公共汽车,也不会在火车开动时从车里走出来;在施舍乞丐前,总要细心打听每个乞丐的底细;抚弄小狗时,总是提醒自己别忘了小狗的过去和习性;若不弄清事实真相,他绝不轻信闲言碎语,也不传谣;他从不击球,除非他面前的人确实已将他的球穴弄得空无一物;在每年的辞旧迎新之际,他从不对他的妻子、邻居、佣人、牛或驴子提过分的要求;做生意时,他只求薄利,且要有像他这样的 12 个人都认为是公平的,而他对生意伙伴、他们的代理人及货物所持的怀疑和不信任也是在法律认可的程度之内;他从不骂人、从不赌博或发脾气;他信奉中庸之道,即使在鞭打小孩时他也在默想中庸之道;他像一座纪念碑矗立在我们的法庭上,徒劳地向他的同胞呼吁,要以他的榜样来安排生活。"[①]这段话实际上表明了对理性人的行为标准不能设定的太高,否则无异于要求普通民众完成其不可能完成的任务,这正是典型的造法失败的表现。

在英美的司法实务中,法院一般通过如下方法判断一个人是否达到了理性人的标准:

1. 违反了法律或者行政法规所确立的行为标准,但是对一部法律或者行政法规的遵守并不妨碍法庭判定行为人存在过失,如果在一个理性人会采取额外预防措施的情况下。

2. 对行为危险性的预见能力。如果行为人行使一个理性人通常会具有的注意力、对当时情形的观察力、记忆力、对其他有关事态的知识、智力和判断力就能够避免危险产生的,则行为人没有做到这一点就被认为存在过失。

3. 行为的效用和危险的程度。法官在判断一个人行为是否存在过失时,尤其应该考虑行为的效用和该行为造成的危险程度之间的关系,这实际上要求法官在具体个案中进行利益衡量。

关于行为的效用尤其应该考虑如下因素:(1)法律所承认的该行为所要推进或保护的权益的社会价值;(2)该权益被该具体行为推进或保护的概率;(3)该权益可被其他、危险性更小的行为充分推进或保护的概率。

[①] 〔美〕罗伯特·考特、托马斯·尤伦:《法和经济学》,张军等译,上海三联书店 1991 年版,第 455—456 页。

关于行为造成的危险程度应该考虑如下因素:(1)法律所承认的受该危险威胁的权益的社会价值;(2)行为人之行为会引起对他人或包括该他人在内的某一类人中任何一员的任何权益侵犯的概率;(3)对受该危险威胁的权益可能造成的损害大小;(4)如果该风险确实造成损害,其权益可能被侵犯的人数。①

在英美的司法实践中,就上述利益衡量进一步发展出具体的操作方法,这就是著名的过失分析的汉德公式。美国的联邦法院法官汉德运用经济学的理论为过失的认定确定了一个方法:如果事故发生的概率是 P,损失金额为 L,而预防事故发生的成本是 B,则在 $B < P \times L$(即预防成本小于损失金额乘以损失发生的概率)时,行为人具有过失。

上述汉德公式在一些边际性的疑难案件中确实为法官判断过失是否存在提供了一个法学之外的视角。法官在运用汉德公式认定过失是否存在时,应遵循如下步骤:

(1)首先要询问的是,被告能够采取哪些具体措施来避免、减少损害并且降低损害发生的可能性。

(2)查明可供选用的方案的成本以及被告实际实施的方案的成本,然后得出两者之间的差值。

(3)评估一下,选择性或额外方案能够把损害降低多少。

(4)如果所描述的方案的额外成本低于由此导致的损害减少,法院就可以确定存在过失。②

尽管汉德公式确实能够在一些特殊案件中为法官提供一种独特的分析方法,这不仅在英美法系中有运用,而且在大陆法系也有运用,如《欧洲侵权法原则》第4:102条就规定,运用理性人标准对行为人是否存在过失进行判断时,应该考虑预防措施或其替代方法的可获得性;但是这种考虑只是判断过失的一种方法。王泽鉴教授明确指出侵权责任法中对过失的认定,并不能简单地等同于纯粹的经济上的方程式:

(1)传统的侵权行为法植根于个人的道德性,其所注重的是个人间的公平,而非在增进广泛的社会政策或福利,后者只是侵权责任法的附属功能。

(2)过失的认定还包括生命、健康、自由、名誉、隐私等非经济的价值,难以通过金钱的方式予以衡量。

(3)综合言之,过失的概念确实具有功利的性质,过失的认定考虑经济因素

---

① 参见〔美〕肯尼斯·S.亚伯拉罕、阿尔伯特·C.泰特选编:《侵权法重述——纲要》,许传玺等译,法律出版社2006年版,第54—60页。
② 参见〔德〕汉斯—贝恩德·舍费尔、克劳斯·奥特:《民法的经济分析》(第四版),法律出版社2009年版,第177页。

实有必要,然而侵权行为法的理念在于维护个人自由并合理地分配损害,并非仅为成本效益的微积分,更不能使侵权行为法上的善良管理人成为冷血、精于计算的经济人。①

4. 习惯。在确定一行为是否存在过失时,有关社区的习惯,或处在类似情形下的其他人的习惯,应作为被考量的因素,但在一理性人不会顺应该习惯的情况下不应被作为主导因素。

5. 在确定行为人对他人是否存在过失时,行为人面对要求其迅速作出决定的突发紧急情况这一事实是确定其行为选择是否合理的一个因素。②

(三) 具体过失的判断方法

大陆关系和英美法系均采取客观的标准来判断行为人是否存在过失。问题是在客观的理性人标准之外,是否还应该考虑行为人特定的主观要素。美国著名的法学家霍姆斯认为:"法律的标准就是普遍适用的标准……人们在社会中共同生活,应当牺牲个人超出某一点之外的那些特性,这对于普遍的福利而言是必要的。例如,如果一个人生来就比较草率而笨拙,总是搞出一些意外,伤及自己或其邻居,无疑上帝会宽恕他天生的缺陷,但他的失误带给他邻居的麻烦,并不比邻人因为其不法的过失行为而遭受的麻烦更小。因而,他的邻人会要求他自担风险。"③这实际上是一种绝对的客观标准说,它要求法官在判断行为人是否存在过失时,严格地遵循理性人的标准,而不要考虑行为人任何自身具体的特性。这种绝对的客观标准说存在如下问题:

1. 客观标准说,并不是对过失主观性的否认,只是对主观过失进行认定的一种方法。客观标准说隐含了这样一个前提,即社会上的大多数人在本质上并不存在根本性的差异,因此没有必要就每一个人的主观状态进行探究,采纳客观标准说可以减轻原告举证和法官认定过失是否存在的负担。

2. 尽管社会上的大多数人在本质上不存在根本性的差异,但是仍然无法否认有一部分人的认识能力与普通人不同。这表现为两种情况,或者是认识能力高于普通人,或者认识能力低于普通人。如果一概地以客观标准来判断行为人是否存在过失,反而会导致不公平的结果,即原本应该承担责任的认识能力较高的人将会不承担责任,而原本不应该承担责任的认识能力较低的人将会承担责任。这就如同我们以中国成年男性穿40码的鞋作为客观标准生产鞋子,这必然会导致一部分脚大的人穿不进去,另一部分脚小的人却穿了一双根本不能正常

---

① 参见王泽鉴:《侵权行为》,北京大学出版社2009年版,第246页。
② 参见〔美〕肯尼斯·S.亚伯拉罕、阿尔伯特·C.泰特选编:《侵权法重述——纲要》,许传玺等译,法律出版社2006年版,第60—62页。
③ 〔美〕小奥利弗·温德尔·霍姆斯:《普通法》,冉昊等译,中国政法大学出版社2006年版,第94页。

走路的鞋。

因此,任何完全脱离主观标准的过失判断方法都将导致责任的严格化,而责任完全的严格化有悖于法律伦理的要求。所以,在对过失是否存在进行判断时,客观标准仍然是最主要的方法,但是也应该考虑特殊情况下行为人的具体主观因素。这在立法例上也有体现,《欧洲侵权法原则》第4:102条的规定一方面强调行为人必需的行为标准是指理性人在具体情景应遵守的标准,另一方面也强调行为人可被期待的专业知识。而且因行为人年龄、精神或身体的障碍,或因特殊情况无法期待行为人遵守时,上述标准可作调整。①《美国侵权行为法第二次重述》第283A节规定:"如果行为人是一位儿童,他为避免存在过失而必须遵守的行为标准是一个与其年龄、智力和阅历相似的处在类似情形下的正常人的行为标准。"第283C节规定:"如果行为人患病或其他身体残障,他为避免存在过失而遵守的行为标准是一个有类似残障的正常人的行为标准。"②

对具体过失的认定就是要考虑具体行为人与一般理性人之间的差异,这必然会出现两种情况,一种是具体行为人的认识能力比一般理性人高,一种是具体行为人的认识能力比一般人低。

1. 具有较高认识能力人的过失判断

具有较高认识能力人的代表就是各种类型的专家,在现代社会转入后工业社会之后,专业和技术阶级在社会中占据越来越主要的地位。如果工业社会以机器技术为基础,那么后工业社会就是由知识技术形成的。如果资本与劳动是工业社会的主要结构特征,那么信息和知识则是后工业社会的主要结构特征。③

关于专家责任的过失问题,基于一般人和专家之间的信息不对称状态,立法上有时直接采取举证责任倒置,或者是法律推定的方式解决过失的认定问题,如《侵权责任法》第58条的规定;有时立法者也可以通过单行法的方式对某些类型的专家的具体行为义务作出规定,这实际上仍然起到了法律推定的作用。但是随着社会的进一步发展,可以预见分工会越来越细,立法未必能够跟得上社会发展的步伐,此时法官在具体的案件中就要考虑行为人的具体行为样态和具体认识能力,以及具体行为和其专业知识的联系。尽管在对某些专家的过失进行认定时,仍然要以该类型专家的中等标准进行判断,但是这仍然是通过客观方法对主观心理状态的认定。如果遇到特殊情况,仍然要考虑行为人的具体主观要

---

① 参见欧洲侵权法小组编著:《欧洲侵权法原则:文本与评注》,于敏等译,法律出版社2009年版,第7页。
② 〔美〕肯尼斯·S.亚伯拉罕、阿尔伯特·C.泰特选编:《侵权法重述——纲要》,许传玺等译,法律出版社2006年版,第51—53页。
③ 参见〔美〕丹尼尔·贝尔:《后工业社会的来临——对社会预测的一项探索》,高銛等译,新华出版社1997年版,第9—12页。

素,如在对医生的过失进行认定时,应该考虑医院等级和地域所导致的医生医疗水平的差异。我国东部发达地区三级甲等医院的医生,无论在医疗设备,还是在对最新医疗技术的发展方面,都远高于西部地区一个小县城医院的医生的认识水平。

如果一个具体的行为人还没有达到专家的层次,但是有特定证据表明其在某一方面具有特殊的认识能力,如普通人可能无法认识到某种化学成分具有对人的毒害性,但是行为人曾是化学专业毕业,尽管其目前在从事贸易工作,如果其行为造成他人损害,而且这种致害行为和其认识能力存在关联,仍然应该认定其存在过失。但是,关于行为人具有较高认识能力的证明责任仍然应该由原告承担。

2. 具有较低认识能力人的过失判断

传统民法中关于责任能力的规定,实际上就是对较低认识能力人的过失判断方法,尽管我国没有关于责任能力的规定,但是在实务中可以类推适用有关民事行为能力的规定。无民事行为能力人因为不具备认识能力,所以不存在过失的认定问题。限制民事行为能力人,则要依据一个与其年龄、智力和阅历相似的处在类似情形下的一般人的行为标准,因为一个11岁的限制民事行为人和一个17岁的限制民事行为人在认识能力上存在本质的差异。

至于精神病人,在中国的法律上根据其是否能够完全地认识自己行为的后果,可以区分为无民事行为能力人和限制民事行为能力人。无民事行为能力的精神病人仍然不存在过失的认定问题,限制民事行为能力的精神病人则要考虑其行为当时的认识能力。但是《美国侵权行为法第二次重述》第283B节规定:"除非行为人是一位儿童,否则他的精神分裂或其他心智缺陷不应豁免该行为人因其未达到处在类似情形下的正常人标准的行为而应承担的责任。"起草者认为这样规定的理由是:第一,很难在心智缺陷和其他形形色色的性情、智力与情感平衡之间划出令人满意的界限。第二,在很多案件中,有关心智缺陷的证据是不能令人满意的;同时此类证据很容易被造假,事实的判断者在确定其存在、性质、程度和作用时注定会遇到种种困难。第三,有心智缺陷者如要在这个世界上生活,就应当对自己所造成的损害作出赔偿。他们的财富——如果有任何财富的话——更应当被用来赔偿无辜的受害人,而不是继续留在他们手中。第四,如果规定有心智缺陷者承担责任,对他们或他们的财产负责的人便会有动力看护好他们,让他们不惹麻烦,并保证他们不给别人造成伤害。①

上述观点在理论上不能接受:(1)证明的困难并不是让精神病人承担责任

---

① 参见〔美〕肯尼斯·S.亚伯拉罕、阿尔伯特·C.泰特选编:《侵权法重述——纲要》,许传玺等译,法律出版社2006年版,第51—52页。

的理由,在刑法上同样面对这种证明困难的问题,但是这并没有妨碍对精神病人认识能力的判断。同时,随着现代医学水平的提高,这种证明的可能性会越来越高。(2)因为有心智缺陷的人拥有财产,就不考虑其认识能力让他承担责任,一方面是对有心智缺陷人的极端忽略,另一方面也会导致有钱就是罪的结论。(3)证明的困难可以通过举证责任的分配予以缓解。和较高认识能力人的过失判断不同,原告只需证明行为人没有尽到一般理性人的注意义务即可,如果被告(主要是其监护人或代理人)主张其是精神病人,应该由其举证。如果事实判断不清的,法官仍然应该根据一般理性人的标准来判断行为人是否存在过失。(4)让有心智缺陷的人承担责任,并不会增强监护人的注意义务,这反而会导致其忽略自己的监护义务,因为赔的是被监护人的钱。只有规定有心智缺陷的人对其认识能力范围内导致的损害才承担责任,即便有心智缺陷的人没有过失,而监护人仍然要对其监管不力承担责任,他的责任心才会更强。(5)即便法官根据对行为人认识能力的判断,认为心智有缺陷的人不存在过失,从而不承担侵权责任;但是这并不意味着法官不能基于公平原则的考虑,让心智有缺陷的人公平分担一部分损失,因为是他开启了损害的因果关系链条。

关于残疾人,也应该考虑具体残疾对其认识能力的影响。《美国侵权行为法第二次重述》第283C节只对身体残疾的因素进行考虑。实际上,残疾应该包括精神残疾和身体残疾。精神残疾是指不是精神病人,但是存在一定程度的认识能力障碍,如脑瘫患者,或者轻度痴呆或弱智。残疾人奥运会就为这类残疾人专门设立了特殊的比赛项目。身体的残疾有专门的伤残等级的认定方法,但是身体残疾原则上不会导致认识能力的减弱,只是可能导致身体的协调性和灵敏性降低。因此,如果残疾人只是存在身体上的残疾,而具体的侵权行为和身体残疾没有关联的,如在网上发布不实信息侵害他人名誉权或隐私权的,仍然应该以一般理性人的标准来判断其是否存在过失。如果身体残疾人造成他人损害的行为和具体残疾之间存在客观联系,法官在认定过失是否存在时,就应考虑该残疾的特殊因素。例如,对于损害事故的发生,一般人应该能够采取措施避免该事故发生的,而残疾人因为身体原因无法及时采取该措施的,就不应该认定其存在过失。

(四)重大过失的判断方法

关于重大过失的判断方法同样存在"主观说"和"客观说"的争论。

主观说认为,应当以行为人的主观预见程度的高低决定其是否是重大过失。重大过失并不是说行为人已经预见到行为的后果,而是意味着行为人只要尽到些微的注意,就可以很容易地预见结果的发生,然而由于其严重的懈怠而没有注意或预见,以致发生损坏结果,就是重大过失。①

　　客观说认为,重大过失是行为人的行为表现出来的过失形态,并不是在主观的心理状态上对行为可能产生的后果能否预见以及预见的范围问题。重大过失是特别严重地未尽到特定环境所要求的谨慎义务。②

　　本质上,任何过错类型都表现为行为人的主观心理状态,只是在判断方法上存在差异。由于故意是行为人明知自己行为可能造成的后果,而在主观上追求或放任该结果的发生,因此故意只能通过单纯的主观标准进行判断。一般过失则基于大多数人都是在本质上无根本差异的普通人的假设,为了简化对过失认定的程序,从而拟制出一个普通理性人的标准作为过失的判断方法。重大过失在本质上属于过失而不是故意,因此不能通过纯粹的主观标准来判断行为人是否存在重大过失。一般过失是以一般理性人的认识能力为标准进行判断,如果重大过失也以一般理性人的认识能力为标准,那么重大过失和一般过失就不存在差别。同时,一般过失尽管在原则上以一般理性人的认识能力为标准进行判断,但是在特定情况下仍然要考虑行为人的主观因素。因此,关于重大过失的判断方法只能处在故意和一般过失的判断方法之间,即一方面仍然要考虑客观的判断标准,同时也要充分考虑行为人的主观因素。

　　在客观标准上,应该根据行为人本身的主观因素进行区分。如果行为人本人只是一个普通的人,那么客观的判断标准就是一个心智有缺陷的人。如果一个心智有缺陷的人在行为人所处的场合都能够预见到损害的发生,并能够采取一定的措施予以避免,而作为一个一般理性人的行为却没有做到,那么他就具有重大过失。哈特就认为:"如果所要采取的预防措施是非常简单的,譬如连一个身体和精神力量十分脆弱的人都能轻易采取的措施,那么,过失就是严重的。"③

　　如果行为人本人属于认识能力较高的人,一个一般理性人在行为人所处的场合能够预见到损害的发生,并能够采取一定的措施予以避免,而行为人却没有做到,那么他就具有重大过失。因此专家的过失可能存在两种状态,如果一般人都能够预见到损害的发生,并能够采取措施予以避免的,而专家却没有预见到,同时根据专家拥有的专业知识其本能够轻易预见的,那么他就存在重大过失。如果一般人无法预见,但是根据专家拥有的专业知识其应该能够预见的,即以同类型专家中的一般专家的认识为标准作为判断方法,那么行为人存在的就是一般过失。

---

① 参见杨立新:《侵权法论》,人民法院出版社2004年版,第184页。
② 参见叶名怡:《重大过失理论的构建》,载《法学研究》2009年第6期。
③ 〔英〕哈特:《惩罚与责任》,王勇等译,华夏出版社1989年版,第142页。

关于重大过失和故意之间的关系，罗马法上就存在"重大过失等同于故意"的说法，这被很多大陆法系国家所采纳，其核心含义是，只要行为人被认定为具有重大过失，那么行为人就应该承担和故意侵权一样的责任。但是这种理解存在问题，因为重大过失属于过失而不是故意的范畴，它和故意之间存在质的差别。故意表明行为人的内心是邪恶的，而重大过失仍然是出于无心，谈不上邪恶。①

将重大过失等同于故意，实际上是考虑到重大过失相对于一般过失而言，行为人在心理状态上更具有可谴责性，因此具有重大过失的行为人承担的责任应该比具有一般过失的行为人承担的责任重。但是基于相关性理论，侵权责任的认定必须同时考虑原告和被告两方面的情况，如果加害人基于重大过失应该承担和故意一样的责任，那么在被害人具有重大过失的情形，因为被害人故意是免责的事由，那么被害人在重大过失的情形也应该免责，但是这种情况在《侵权责任法》中并不存在。

《侵权责任法》第26条规定："被侵权人对损害的发生也有过错的，可以减轻侵权人的责任。"而第27条则规定："损害是因受害人故意造成的，行为人不承担责任。"第26条的表述本身存在问题，如果是过错，故意也属于过错的一种，那么第26条和第27条之间的区分就不存在了。第26条实际表述的是被侵权人对损害的发生也有过失，而重大过失当然属于过失之一种，因此只能和过失一样减轻责任。这在《侵权责任法》关于特殊侵权责任的免责事由中得到了更加清晰的体现。根据《侵权责任法》第70条，民用核设施发生核事故造成他人损害的，如果能够证明损害是因受害人故意造成的，不承担责任。第71条规定，民用航空器造成他人损害的，如果损害是因受害人故意造成的，不承担责任。但是第72条规定，占有或者使用易燃、易爆、剧毒、放射性等高度危险物造成他人损害的，如果损害是受害人故意造成的，不承担责任；被侵权人对损害的发生有重大过失，可以减轻占有人或者使用人的责任。第73条规定，从事高空、高压、地下挖掘活动或者使用高速轨道运输工具造成他人损害的，如果损害是因受害人故意造成的，不承担责任；被侵权人对损害的发生有过失的，可以减轻经营者的责任。上述四个条文非常清楚地表明了立法者对故意、重大过失和一般过失在各种特殊侵权中能否作为免责和减轻责任事由的不同判断，尽管这种判断未必有协调一致的考虑。在第70条、第71条中，只有受害人故意才能导致侵权人免责，受害人的重大过失和一般过失不但不能成为侵权人免责的事由，同时也不能成为其减轻责任的事由。在第72条中，受害人故意是侵权人免责的事由，而受害人的重大过失是侵权人减轻的理由，但是受害人的一般过失不是侵权人减

---

① 参见〔英〕哈特：《惩罚与责任》，王勇等译，华夏出版社1989年版，第126页。

轻责任的理由。在第73条中受害人故意是侵权人的免责理由,而受害人的一般过失则是侵权人减轻责任的理由。根据举轻明重的原则,既然受害人的一般过失都是免责理由,那么受害人的重大过失当然是侵权人的免责理由。

既然《侵权责任法》基于对故意、重大过失和一般过失的区分对侵权人的免责事由作了不同的安排,那么基于相关性理论,在侵权责任的构成上也应该坚持上述区分。如果法律只是规定加害人在主观上存在故意才构成侵权,那么行为具有重大过失就不构成侵权;如果法律规定只有加害人主观上存在重大过失才构成侵权的,那么加害人只存在一般过失就不构成侵权;如果法律规定加害人存在一般过失就构成侵权的,那么基于举轻明重的原则,加害人主观上存在故意和重大过失的,当然构成侵权。

(五) 关于过失的证明方法

关于过失的证明,原则上应该遵循谁主张谁举证的方法,因此,应该由原告来证明被告存在过失。例外是法律有关举证责任倒置和法律推定的明确规定,在法律规定某类侵权适用举证责任倒置的,原告只需证明自己的权益被侵害,而且这种侵害和被告的行为之间存在因果关系即可,被告反驳的必须证明自己没有过失。在法律规定、法律推定的情况下,原告只是证明被告存在侵害行为还不够,原告还必须证明被告违反法律规定的具体行为义务,此时被告的过错被推定。

除了举证责任倒置和法律推定之外,原则上都要由原告来证明加害人存在过失,但是基于人的认识能力的有限性,以及对过去发生的事件进行完全复原的不可能性,实践中经常出现这样的情况,即原告无法完全证明被告存在过失,他只能证明到一定的程度。此时法官就面临一个两难的选择,如果原告不能终局地证明被告存在过失,法官就直接判决其败诉,有可能对原告非常不公平。因为被告确实可能存在过失,尽管原告不能终局地证明被告过失的存在,但是原告可能已经非常接近于证明了被告过失的存在。如果在原告未能终局地证明被告过失存在的情况下,一概判决被告败诉或者由被告来证明自己过失的不存在,实际上法官就是变相地将过失责任转变成过错推定责任或者是严格责任,这显然对被告也不公平。因此,在司法实践中就必须在两个极端中取一个中间值,即在原告不能终局地证明被告存在过失的情况下,只要原告能够证明到一定程度,能够让法官相信被告在很大程度上存在过失时,就认定被告过失的存在。当然,被告仍然可以对自己没有过失进行反证。

这种既不是举证责任倒置,也不是法律推定的对过失的证明方法,一般被称为过失的事实推定。事实推定,是指法院在自由心证范围内根据证据或者经验法则所构成的前提事实对审判上的待证事实所作出的假定或推论。① 这实际上是在案件事实真伪不明的情况下,法官运用经验法则解决案件的一种裁判方法。

在英美法系,过失的事实推定主要是通过间接证据和事实自证的方法予以实现。直接证据是指那些能够直接证明某一事实存在的证据,相反,间接证据并不是直接证明某一争议事实是否存在,而是证明其他一项或几项事实的存在,而从其他一项或几项事实中可以合理地推断出争议的事实是否存在。例如,通过汽车刹车痕迹的证据可以间接地证明被告的驾驶速度是否超过了最高时速的限制。② 根据上述间接证据推定被告超速是事实推定,根据被告超速推定被告有过失则是法律推定。

关于事实自证的方法,《美国侵权行为法第二次重述》第328D节进行了明确的规定:"1. 在下列情形下,可以做出原告所受伤害是由被告的过失所引起的推论:(1)该事件是在没有过失的情况下便通常不会发生的一种事情;(2)其他可能的原因,包括原告与第三人的行为,已被证据充分排除;并且(3)所表明的过失是处在被告对原告所负义务的范围之内。"③

在美国法院的司法实践中,事实自证一般应该具有如下要件:(1)事件必须属于那类没有某人的过失通常不会发生的事件;(2)该事件的发生必须是由被告独自或排他地控制的代理人或物件引起的;(3)该事件不是由原告一方的主动行为或共同行为引起的;(4)对于能够真实解释事件发生原因的证据,被告比原告更易提供。④

在大陆法系的德国,过失的事实推定是通过表见证明(prima facie beweis)的方法来实现的。在德国司法实践中发展起来的表见证明的方法,允许请求权人通过下列方式提供证据:他可以陈述一系列的事实,而根据一般的生活经验,从这些事实中能推导出一个确定而典型的事物发展的过程。当整个事实明显地具有通常和一般事物的特点,以至于个别的例外情况已经失去了其典型意义,这时就能够设想一个事物的典型发展过程,从而推导出加害人存在过错。⑤ 在德国的学说理论中,一般认为,表见证明不是独立的证明手段,而仅仅是在证明评价过程中对经验归责的应用。这种应用的前提是存在所谓典型的发生过程,也就是指由生活经验验证的类似的过程,由于这种过程具有典型性,它可以对某个过

---

① 参见毕玉谦:《民事证明责任研究》,法律出版社2007年版,第462页。
② 参见〔美〕文森特·R.约翰逊:《美国侵权法》,赵秀文等译,中国人民大学出版社2004年版,第101页。
③ 〔美〕肯尼斯·S.亚伯拉罕、阿尔伯特·C.泰特选编:《侵权法重述——纲要》,许传玺等译,法律出版社2006年版,第79页。
④ 参见戴萍:《论美国侵权法上的情况不言自明原则》,载王军主编:《侵权行为法比较研究》,法律出版社2006年版。
⑤ 参见〔德〕马克西米利安·福克斯:《侵权行为法》,齐晓琨译,法律出版社2006年版,第112页。

去事件的实际情况进行验证。如果法官采纳了某个表见证明,当事人只需提出反证就可以推翻,而无须进行证明。这使得表见证明和举证责任倒置得以区分:在举证责任倒置情形,加害人只有提出完全的反证证明与待证事实相反的事实存在,才能得以免责;而在表见证明的情形,加害人仅须证明有其他事实也足以导致与表见证明所认定的待证事实,以使由表见证明认定的待证事实发生疑问,而达到推翻表见证明所认定的事实。①

在大陆法系的日本,司法实践中采纳大致推定的方法来对过失进行事实推定。大致推定,是指根据已知的事实,基于由经验获得的某种程度的盖然性,即使承认相反的更大盖然性也可能存在,法官也可以推断出另外事实的真否。加害人只有通过证明有足够盖然性的事实存在才能推翻上述推定。② 这种方法与德国法上的表见证明没有实质性的差异。

根据《最高人民法院关于民事诉讼证据的若干规定》第9条的规定,根据法律规定或者已知事实和日常生活经验法则,能推定出另一事实的,当事人无须举证证明。第73条规定:"双方当事人对同一事实分别举出相反的证据,但都没有足够的依据否定对方证据的,人民法院应当结合案件情况,判断一方提供证据的证明力是否明显大于另一方提供证据的证明力,并对证明力较大的证据予以确认。"由上述规定可知,在中国的司法实践中,法官也可以对加害人的过失进行事实上的推定。

---

① 参见〔德〕汉斯·普维庭:《现代证明责任问题》,吴越译,法律出版社2000年版,第140—141页。
② 参见〔日〕园谷峻:《判例形成的日本新侵权行为法》,赵莉译,法律出版社2008年版,第60页。

第四章 共同加害行为

第一节 概 述

一、数人加害责任的概念

数人加害责任,是指由两个或两个以上的加害人共同或者分别实施加害行为,造成同一损害后果,并且承担损害赔偿责任的侵权责任。随着现代社会的不断发展,在侵权行为中加害人为多人的情形越来越常见,这尤其表现在机动车损害责任、产品责任、医疗损害责任以及环境污染损害责任等侵权行为中。由于数人实施侵权行为的因果关系形态经常表现为多因一果或者多因多果,因此,认定多数人的加害责任往往比单独的侵权责任更加复杂,在责任的承担上也更为多样,它涉及数个加害人对外责任的承担和对内责任的分配。

依据数个加害人对受害人承担责任的形态,数人加害责任可以分为以下几类:(1)数人对损害后果承担连带责任;(2)数人对损害后果承担按份责任;(3)数人对损害后果承担不真正连带责任;(4)数人中部分对损害后果承担全部责任,部分承担补充责任;(5)数人对损害后果承担比例责任。它们可能是直接责任,也可能是替代责任。

二、数人加害责任的分类

(一)数人承担的连带责任

1. 连带责任的概念

连带责任,源于罗马法上的连带之债,罗马法并不区分债务与责任,认为两者融合而成债务这一概念,凡有债务必有责任,责任只是一种特殊的债务。[①] 可以说,连带责任是连带之债的法律规则在侵权法领域的体现。

侵权法中的连带责任,是指受害人可以向共同侵权人或者共同危险行为人中的任何一人或数人请求赔偿全部损失,加害人中任一人或数人应当向受害人赔偿全部损失,共同侵权人或者共同危险行为人中的一人或数人承担了全部赔偿责任的,可以免除其他共同侵权人或者共同危险行为人的赔偿责任。

---

① 参见林诚二:《民法债编总论——体系化解说》,中国人民大学出版社2003年版,第215页。

2. 连带责任的主要适用情形

（1）《侵权责任法》规定的适用连带责任的情形

共同侵权行为的连带责任，即《侵权责任法》第 8 条规定："二人以上共同实施侵权行为，造成他人损害的，应当承担连带责任。"共同侵权行为是连带责任在侵权法中最重要的适用情形。

教唆、帮助他人的连带责任，即《侵权责任法》第 9 条第 1 款规定："教唆、帮助他人实施侵权行为的，应当与行为人承担连带责任。"

共同危险行为的连带责任，即《侵权责任法》第 10 条规定："二人以上实施危及他人人身、财产安全的行为，其中一人或数人的行为造成他人损害，能够确定具体侵权人的，由侵权人承担责任；不能确定具体侵权人的，行为人承担连带责任。"

网络服务提供者与用户的连带责任，即《侵权责任法》第 36 条第 2 款规定："网络用户利用网络服务实施侵权行为的，被侵权人有权通知网络服务提供者采取删除、屏蔽、断开链接等必要措施。网络服务提供者接到通知后未及时采取必要措施的，对损害的扩大部分与该网络用户承担连带责任。"该条第 3 款规定："网络服务提供者知道网络用户利用其网络服务侵害他人民事权益，未采取必要措施的，与该网络用户承担连带责任。"

非法买卖拼装或者报废机动车的连带责任，即《侵权责任法》第 51 条规定："以买卖等方式转让拼装或者已达到报废标准的机动车，发生交通事故造成损害的，由转让人和受让人承担连带责任。"

遗失、抛弃高度危险物的连带责任，即《侵权责任法》第 74 条规定："遗失、抛弃高度危险物造成他人损害的，由所有人承担侵权责任。所有人将高度危险物交由他人管理的，由管理人承担侵权责任；所有人有过错的，与管理人承担连带责任。"

非法占有高度危险物的连带责任，即《侵权责任法》第 75 条规定："非法占有高度危险物造成他人损害的，由非法占有人承担侵权责任。所有人、管理人不能证明对防止他人非法占有尽到高度注意义务的，与非法占有人承担连带责任。"

建筑物、构筑物或者其他设施倒塌致害的连带责任，即《侵权责任法》第 86 条第 1 款规定："建筑物、构筑物或者其他设施倒塌造成他人损害的，由建设单位与施工单位承担连带责任。建设单位、施工单位赔偿后，有其他责任人的，有权向其他责任人追偿。"

（2）其他法律规定的适用连带责任的情形

《广告法》第 38 条规定了广告主与广告经营者的连带责任，即"违反本法规定，发布虚假广告，欺骗和误导消费者，使购买商品或者接受服务的消费者的合法权益受到损害的,由广告主依法承担民事责任;广告经营者、广告发布者明知或者应知广告虚假仍设计、制作、发布的,应当依法承担连带责任。……社会团体或者其他组织,在虚假广告中向消费者推荐商品或者服务,使消费者的合法权益受到损害的,应当依法承担连带责任。"

《产品质量法》规定的连带责任包括两种情形,第57条第3款规定:"产品质量认证机构违反本法第二十一条第二款的规定,对不符合认证标准而使用认证标志的产品,未依法要求其改正或者取消其使用认证标志资格的,对因产品不符合认证标准给消费者造成的损失,与产品的生产者、销售者承担连带责任;情节严重的,撤销其认证资格。"该法第58条规定:"社会团体、社会中介机构对产品质量作出承诺、保证,而该产品又不符合其承诺、保证的质量要求,给消费者造成损失的,与产品的生产者、销售者承担连带责任。"

《证券法》规定了三种情形的连带责任,第47条规定:"上市公司董事、监事、高级管理人员、持有上市公司股份百分之五以上的股东,将其持有的该公司的股票在买入后六个月内卖出,或者在卖出后六个月内又买入,由此所得收益归该公司所有,公司董事会应当收回其所得收益。但是,证券公司因包销购入售后剩余股票而持有百分之五以上股份的,卖出该股票不受六个月时间限制。公司董事会不按照前款规定执行的,股东有权要求董事会在三十日内执行。公司董事会未在上述期限内执行的,股东有权为了公司的利益以自己的名义直接向人民法院提起诉讼。公司董事会不按照第一款的规定执行的,负有责任的董事依法承担连带责任。"

第69条规定:"发行人、上市公司公告的招股说明书、公司债券募集办法、财务会计报告、上市报告文件、年度报告、中期报告、临时报告以及其他信息披露资料,有虚假记载、误导性陈述或者重大遗漏,致使投资者在证券交易中遭受损失的,发行人、上市公司应当承担赔偿责任;发行人、上市公司的董事、监事、高级管理人员和其他直接责任人员以及保荐人、承销的证券公司,应当与发行人、上市公司承担连带赔偿责任,但是能够证明自己没有过错的除外;发行人、上市公司的控股股东、实际控制人有过错的,应当与发行人、上市公司承担连带赔偿责任。"

第173条规定:"证券服务机构为证券的发行、上市、交易等证券业务活动制作、出具审计报告、资产评估报告、财务顾问报告、资信评级报告或者法律意见书等文件,应当勤勉尽责,对所制作、出具的文件内容的真实性、准确性、完整性进行核查和验证。其制作、出具的文件有虚假记载、误导性陈述或者重大遗漏,给他人造成损失的,应当与发行人、上市公司承担连带赔偿责任,但是能够证明自己没有过错的除外。"

3. 连带责任的法律效力

连带责任的法律效力包括两个方面的内容：一是对外责任，即共同侵权人对受害人的责任。受害人有权向共同加害人中的任何一个人或数个人请求赔偿全部损失，被请求的一人或数人均有义务向受害人负全部的赔偿责任；共同加害人中的一人或数人已经全部赔偿受害人损失的，则免除其他共同加害人对受害人的赔偿责任。二是对内责任，即加害人之间的责任分担和追偿。加害人之间的责任依据各自过错或原因力大小以及公平原则进行分担，支付超过自己赔偿数额的连带责任人有权向其他连带责任人追偿。

(二) 数人承担的按份责任

1. 按份责任的概念与特征

按份责任，是指多个责任主体按照各自应当承担的份额分别承担各自责任的侵权责任。

按份责任具有如下特征：第一，按份责任是一般的责任形态。连带责任对赔偿义务人较为严苛，因而连带责任的适用必须有法律明文规定，而按份责任并不受此种限制。如果法律未明文规定须采连带责任的，侵权人承担的应该是按份责任。

第二，从对外关系上看，各按份责任人仅就自己所负担的份额向受害人负赔偿责任，而连带责任人则是作为一个整体对外承担责任。按份责任人对其他责任人的份额，不负清偿义务；对于受害人而言，他只能就其所享有的债权份额请求特定的加害人承担赔偿责任，无权要求加害人超出其应负的份额给予赔偿；某一加害人对其责任份额的履行只引起该特定责任份额的消灭，不影响其他责任份额的存在。

第三，从内部关系上看，按份责任人在清偿其所负担的责任份额后，其自身的责任消灭。即使他多为给付也不得向其他责任人追偿，按份责任人之间没有追偿的权利，他只能基于不当得利请求债权人予以返还。

可见，部分责任人责任份额的消灭，对其他责任人的按份责任不发生效力，也不消灭整个的损害赔偿责任，因此按份责任本质上是数个不存在"牵连"关系的"独立"之债。[1]

2. 按份责任的主要适用情形

在我国的侵权法体系中，数人共同加害承担按份责任的情况主要存在于叠加因果关系的无意思联络的数人侵权中。

关于无意思联络的分别侵权行为，《侵权责任法》第12条规定："二人以上分别实施侵权行为造成同一损害，能够确定责任大小的，各自承担相应的责任；

---

[1] 参见张俊浩主编：《民法学原理》，中国政法大学出版社2000年版，第636页。

难以确定责任大小的,平均承担赔偿责任。"

适用按份责任必须具备三个条件:第一,二人以上分别实施了侵权行为。主体为复数当然是按份责任最为基本的条件。第二,数人都实施了有关联性的行为,数人的行为不构成引起损害发生的统一原因,各个行为对损害后果的发生分别产生作用。① 第三,数人的行为造成同一损害后果。同一损害,是指数个侵权行为所造成损害的性质是相同的,都是身体伤害或者财产损失,并与损害内容具有关联性。② 如果甲的过失侵权行为造成了丙左眼受伤,乙的过失侵权行为造成了丙的右手受伤,则并不能认为甲和乙的侵权行为造成同一损害后果,而应当适用《侵权责任法》第 6 条或第 7 条的规定来确定各自的责任。

3. 按份责任的法律效力

按份责任份额的确定可依照以下的标准:(1)责任大小可以确定的,责任人各自承担责任。在认定责任的时候,应当综合考察当事人的过错程度、原因力大小及其他政策因素,以确定各行为人承担责任的份额。就过错程度而言,故意大于重大过失,重大过失大于一般过失。就原因力大小来说,直接原因的原因力大于间接原因,主要原因的原因力大于次要原因,较近原因的原因力大于较远原因。(2)责任大小无法确定的,各责任人平均承担赔偿责任。在某些情形下,责任分配的尺度可能难以有一个可以量化的标准,在无法确定各责任人的责任份额时,我国《侵权责任法》要求各行为人平均承担赔偿责任。

(三)数人承担的不真正连带责任

1. 不真正连带责任的概念与特征

不真正连带责任,是指多数债务人就基于不同原因发生的同一内容的给付,各负全部履行的义务,并因债务人之一的履行而使全体债务人的债务全部归于消灭的责任。

从表面上看与连带债务有相类似之处,其实两者之间存在差异:(1)连带债务人之间有主观的关联,而不真正连带债务人之间没有主观的关联;(2)连带债务就债务人一人所生事项其效力大多及于其他债务人,而不真正连带债务则非常少见;(3)连带债务人内部有分担的份额,而不真正连带债务人内部没有分担的份额,因此原则上没有求偿关系,即使有求偿关系,其理论基础也不同。

不真正连带责任具有以下特征:

(1)基于不同的发生原因,不真正连带责任人的行为偶然联系在一起对受害人造成损害。不真正连带责任中数个行为的发生原因各不相同,这些不同的原因主要指的是不同的事实,而不是法律关系的性质不同。同时,各行为人在主

---

① 参见张新宝:《侵权责任法原理》,中国人民大学出版社 2005 年版,第 82 页。
② 参见王胜明主编:《中华人民共和国侵权责任法释义》,法律出版社 2010 年版,第 67 页。

观上没有意思联络,也没有共同实施某个侵权行为,行为人的行为发生紧密联系纯属巧合。

（2）不真正连带责任是基于同一损害事实发生的侵权责任。在不真正连带责任中,虽然行为人为数人,但行为人所造成的损害结果是同一的,由此数个行为人实施的侵权行为才构成共同责任,从而发生承担不真正连带责任的法律后果。如果没有共同的损害后果,各个行为人实施的侵权行为都是单个的侵权行为,不可能发生不真正连带责任。

（3）不同的侵权行为人承担侵权责任内容相同,功能重合。数个侵权行为人实施相互独立的侵权行为,却造成一个共同的、同一的损害结果,因此,每个侵权行为人所发生的侵权责任内容是相同的,无论是在责任性质、责任方式和责任范围上,都是重合的。而且每个侵权人的责任都指向同一个目的,即完全地填补受害人的损失,因此这些责任在功能上也是重合的。

（4）各个加害人对于受害人分别负全部赔偿责任。在不真正连带责任中,各加害人应就自己独立的侵权行为向受害人承担责任,受害人可以针对每个责任人分别提出不同的诉讼请求。但责任人之一承担了全部责任后,其他加害人的责任也随之消灭,受害人不得再向其他责任人提出请求。这是因为不真正连带责任是数个内容相同、功能重合的单独责任,因此,只要这些责任中的其中一个得到履行,受害人的损失就能得到完全的救济。所以,不真正连带责任的受害人只能选择数个请求权中的一个行使,该请求权行使后其他请求权旋即消灭。只有在法律有明确规定,或者是存在终局责任人的情形,具体履行不真正连带债务的人才可以向其他债务人进行追偿。例如,甲侵占乙的花瓶,但是被丙打碎,如果乙只起诉甲,甲在承担赔偿责任以后,可以向丙进行追偿;如果乙直接起诉丙,丙在承担赔偿责任之后则不能向甲进行追偿。

2. 不真正连带责任的主要适用情形

不真正连带责任主要适用于数个加害人各自独立的侵权行为偶然结合造成了他人民事权益的损害,又不构成共同侵权时,受害人对数个加害人分别享有损害赔偿请求权,每个加害人对损害均负全部责任。正如史尚宽先生所阐述的不真正连带责任的适用情形之一,即数个独立的侵权行为偶然竞合产生的不真正连带债务,如一方不法占有他人财物,另一方将其毁灭。①

不真正连带责任在《侵权责任法》中主要体现在第 11 条:"二人以上分别实施侵权行为造成同一损害,每个人的侵权行为都足以造成全部损害的,行为人承担连带责任。"此条中规定的连带责任应该是不真正连带责任。

第 43 条第 1 款是生产者和销售者缺陷产品责任共同的请求权基础,生产者

---

① 参见史尚宽:《债法总论》,中国政法大学出版社 2000 年版,第 673—675 页。

和销售者分别基于产品的生产行为与销售行为而对消费者的人身、财产安全负有法定义务,当一个缺陷产品造成使用者的人身或财产损害时,受害人便产生了两个赔偿请求权,既可以向产品销售者行使该权利,也可以向产品的生产者行使该权利。任一债务人履行了赔偿义务后,受害人的请求权都归于消灭。该法第42条第1款则是生产者和销售者的对内最终责任确定条款,即生产者或者销售者根据该法第43条第2款和第3款规定进行追偿的请求权基础条款。如果销售者向受害人承担了赔偿义务,而产品缺陷是生产者造成的,那么销售者在承担了责任之后可向生产者追偿,此时生产者为终局责任人;但如果生产者承担了赔偿义务,却是因为销售者的过错使得产品存在缺陷的,生产者有权向销售者追偿。

3. 不真正连带责任的法律效力

不真正连带责任具有对外和对内两方面效力:

(1)不真正连带责任的对外效力。债权人对于债务人中的一人或数人或全体,可以同时或者先后为全部或一部的请求,这与连带债务无异。

(2)不真正连带责任的对内效力。不真正连带责任的对内效力,是指责任人内部的责任分担和追偿关系。通说认为,数个加害人的行为产生原因不同,只是由于偶然因素而结合在一起,加害人之间不存在内部分担关系,因而也不存在基于内部分担关系的求偿权。但在某个加害人应负终局责任的情况下,加害人之一在承担了全部责任后,有权向终局责任人追偿。

(四)数人中部分承担的补充责任

1. 补充责任的概念与特征

补充责任,是指两个以上的行为人对一个被侵权人实施加害行为,或者不同的行为人基于不同的行为而致使被侵权人的权益受到同一损害,各个行为人产生同一内容的侵权责任,被侵权人享有的数个请求权有顺序的区别,首先行使顺序在先的请求权,该请求权不能实现或者不能完全实现时,再行使其他请求权的侵权责任形态。[1]

一般认为补充责任来源于大陆法系的不真正连带债务学说,但它又有别于不真正连带责任。补充责任的本质,是由补充责任人代替受害人承担了向直接责任人追偿不能的风险,实际上是一种责任风险的移转,补充责任人并非最终责任人。补充责任人是第二顺位的责任人,权利人必须首先向第一顺位的责任人主张权利,如果第一顺位的责任人不能赔偿、赔偿不足或者下落不明导致请求不能得到满足时,方可向补充责任人主张权利,以保障自己的损失能得到填补。

---

[1] 参见杨立新:《侵权责任法》,法律出版社2010年版,第283页。

补充责任具有如下法律特征：

（1）责任主体的复数性。补充责任属于数人共同加害的责任承担方式之一，故产生补充责任的情形存在二人或二人以上责任主体。

（2）责任承担的顺位性。在补充责任的情况下，责任人之间的法律地位是不同的。直接责任人承担的赔偿责任是第一顺位的责任，补充责任人承担的是第二顺位的责任。直接责任人应当先独自承担责任，在其无力全额承担的情况下，才能要求补充责任人承担责任。这正是补偿责任和连带责任、不真正连带责任的核心区别所在。

（3）赔偿范围的补充性。补充责任的赔偿范围的大小，与直接责任人所能承担的赔偿责任的大小密切相关。补充责任人只是在直接责任人无法赔偿的范围内，根据其过错程度等标准，承担赔偿责任。

（4）补充责任人享有抗辩权。由于补充责任人承担的是补充性质的责任，在第一债务人没有承担责任前，补充责任人有权提出抗辩，拒绝债权人的请求。

2. 全部补充责任与相应的补充责任

就《侵权责任法》中规定的补充责任而言，补充责任可以分为完全的补充责任和相应的补充责任。

（1）完全的补充责任

完全的补充责任要求补充责任人的赔偿能够使被害人的全部损害得到填补，即"缺多少，补多少"。《侵权责任法》第32条第2款规定的监护人责任即属于这种责任。该款规定，有财产的无民事行为能力人、限制民事行为能力人造成他人损害的，从本人财产中支付赔偿费用。不足部分，由监护人赔偿。因此，当被监护人本人有财产时，应由本人的财产支付赔偿费用；对赔偿不足的部分，由监护人负补充责任。虽然法律未在形式上规定监护人责任为补充责任，但责任人承担的责任实际上是补充责任。这种责任不是连带责任，监护人不是就被监护人造成的全部损害负赔偿责任，而只就有财产的行为人赔偿不足部分承担补充赔偿责任。①

（2）相应的补充责任

相应的补充责任是我国《侵权责任法》确立的一个概念。所谓"相应"，是指补充责任人仅在与其过错程度相适应的赔偿范围内承担补充责任，而不是将第一顺位的责任人未承担的侵权责任全部承担下来。例如，直接侵权人造成了受害人10000元的损失，法院认定根据补充责任人的过错，其应当承担4000元的

---

① 对这一形态的补充责任，学说理论存在着争议。有人认为它是一种补充责任，有人认为是公平责任，有人则对补充责任持完全质疑的观点。参见薛军：《走出监护人"补充责任"的误区——论〈侵权责任法〉第32条第2款的理解与适用》，载《华东政法大学学报》2010年第3期。

相应补偿责任,此时,即使直接侵权人仅能负担 2000 元的赔偿责任,受害人也仅能要求补充责任人承担 4000 元的赔偿,而不能要求补充责任人承担 8000 元的赔偿。这便是相应的补充责任与完全补充责任的区别。相应的补充责任是对补充责任人承担补充责任的一种限制,其目的是避免对补充责任人课以过重的责任,使其承担远远超过其过错程度的责任。

相应补充责任的适用情形包括以下几种:其一为法定的义务不履行行为与他人的侵权行为发生竞合而产生的补充责任;其二为约定的债务不履行行为与他人的侵权行为发生竞合而产生的补充责任;其三为数个侵权行为偶然竞合而产生的补充责任。①

我国《侵权责任法》规定了三种情形的补充责任。第 34 条第 2 款规定:"劳务派遣期间,被派遣的工作人员因执行工作任务造成他人损害的,由接受劳务派遣的用工单位承担侵权责任;劳务派遣单位有过错的,承担相应的补充责任。"第 37 条第 2 款规定:"因第三人的行为造成他人损害的,由第三人承担侵权责任;管理人或者组织者未尽到安全保障义务的,承担相应的补充责任。"第 40 条规定:"无民事行为能力人或者限制民事行为能力人在幼儿园、学校或者其他教育机构学习、生活期间,受到幼儿园、学校或者其他教育机构以外的人员人身损害的,由侵权人承担侵权责任;幼儿园、学校或者其他教育机构未尽到管理职责的,承担相应的补充责任。"

适用相应补充责任时应遵循如下规则:

第一,相应补充责任是一种顺位补充,这种责任有先后顺序,即首先应由直接责任人承担赔偿责任,直接责任人没有赔偿能力或者不能确定谁是直接责任人时,才由补充责任人承担赔偿责任。② 如果直接责任人承担了全部赔偿责任,则补充责任人无须再承担任何责任,受害人无权向补充责任人要求承担责任,直接责任人也无权向其追偿。

第二,相应补充责任并不是直接责任人不能赔偿的部分,而是根据补充责任人的过错程度和行为的原因力大小所确定的相应责任。相应的补充责任的范围受制于两个因素,即补充责任人自身的过错、原因力以及直接责任人已经承担的损害赔偿责任情况。就第一个因素而言,补充责任人对自己存在过错或未尽义务、对损害发生具备原因力情形下的损害承担可能的补充责任,没有过错或没有违反义务、对损害发生没有原因力时不承担责任,且其承担责任的范围不超过其有过错或违反义务、存在原因力范围内应当承担的责任。就第二个因素而言,直接责任人已经承担了全部赔偿责任的,补充责任人无须承担责任;直接责任人仅

---

① 参见杨立新:《侵权责任法原理与案例教程》,中国人民大学出版社 2008 年版,第 334—335 页。
② 参见杨垠红:《侵权法上作为义务——安全保障义务之研究》,法律出版社 2008 年版,第 240 页。

承担了部分赔偿责任的,补充责任人仅须对剩余部分承担与自己过错或未尽义务相适应的补充赔偿责任,在这一情形下,受害人可能无法得到全部的赔偿。

(五) 数人承担的比例责任

1. 比例责任的概念

比例责任,是指根据被告侵权行为可能造成全部或部分损害或可能造成将来损害的因果关系的可能性,被告对原告遭受的全部或部分损害或可能遭受的损害所承担的侵权责任。它是一种新型的责任分担解决路径,尤其适合运用于大规模的侵权案件之中,它对于解决具体侵害主体不明确、侵害份额不明等因果关系不确定的纠纷具有重要的价值。在适用比例责任时,根据数名被告的侵权行为可能引发损害的因果关系比例,在各被告之间分配相应的赔偿责任。我国《侵权责任法》第67条所规定的环境污染者的责任分担方式"根据污染物的种类、排放量等因素确定",实际上已经体现了比例责任的精神。①

2. 比例责任的产生原因

比例责任产生的原因在于,现实生活中存在着众多的因果关系难以确定的侵权案件,如污染环境给他人造成损害,却难以确定具体加害人;数个生产可替代性药品的厂家所制造的药品造成了他人的人身损害,受害人无法确认损害是由哪个厂家的药品引起的;病者身患癌症,由于医生的误诊或漏诊导致生存机会的丧失或减少等等。根据传统判定因果关系所采用的"或全有或全无"的标准,原告的举证达到法律要求的证明标准,他可以从被告处获得全部损害赔偿。如果原告的举证无法满足法律设定的充分程度,则他将面临无法从被告处获得任何赔偿的惨境。

对于此种尴尬困境,立法者可能会采用推定因果关系的方式,要求被告承担"连带责任"来救助亟待获得赔偿的原告,或者选择举证责任倒置的方法来减轻遭受损害的原告的举证责任,之后再通过"按份责任"来克服由被告承担连带责任的过于严苛性。其实,无论"按份责任"抑或"连带责任"都是建立在因果关系得以证明或推定成立的基础上,它实际上并没有对传统的因果关系规则予以突破。而且,当原告对损害发生亦有过失时,举证责任倒置的方法将使被告陷于难以举证的困境,所以上述方法并不能很好地平衡双方利益,解决此等窘境。于此情形下,比例责任的方法具有一定的优势。以行为人各自可能引发损害的比例来认定因果关系,即证明因果关系的一定概率,以此确定责任的大小,可以避免

---

① 我国亦有学者主张在环境污染责任中采比例责任。参见刘信平:《侵权法因果关系理论之研究》,法律出版社2008年版,第273—274页。王竹:《侵权责任分担论——侵权损害赔偿责任数人分担的一般理论》,中国人民大学出版社2009年版,致害人不明侵权责任分担论部分。陈聪富:《中国大陆侵权责任法草案之检讨》,载王文杰主编:《月旦民商法研究——侵权行为法之立法趋势》,清华大学出版社2006年版。

公平正义之秤过于偏向一方。当然,比例责任并非可以替代其他责任形态,亦并非可以借此完全摒弃传统的因果关系理论,它只是一种在特殊情形下补充性的规则。

3. 比例责任的类型化

(1) A类及其子类型

A类由以下这些情形构成:原告的损害可能来自其他被告的侵权行为、非侵权行为或者原告的过错,因而不能确定被告的侵权行为是否是原告已经受到损害的事实原因。这一大类可以进一步分为以下五个子类型:

A1子类型——"选择性责任"——侵权人不确定。这一类型可称为"选择性责任",指在一个案件的多个被告中,每一个被告都可能是造成原告损害的原因,但实际上并非所有(或者仅仅一个)被告是造成损害的原因。

A2子类型——"市场份额责任"——侵权人与原告之间不具有因果关联性。该类型被命名为"市场份额责任",是指在多名侵权人导致多名原告受损的情形中,究竟是哪一名被告导致原告的损害不确定。

A3子类型——"环境污染或药品案件"——受害人不确定。在这一子类型案件中,环境污染、药品或类似的危险源进一步地增加了罹患某种疾病的数量,但非侵权的因素也会导致部分的病患。

A4子类型——"疑难案件"。在A1子类型和A2子类型中,可以确定原告的损害是由一组"嫌疑人"中的一个或者多个人所实施的侵权行为造成的。在A3中,虽然不确定原告是否是侵权行为的受害人,但被告是造成原告所受这种损害的侵权人,这一点是确定的,并且被告可能的确造成了原告的损害。相比较而言,A4子类型包括那些不能确定单独的原告是侵权行为的受害人,也不能确定单独的被告尽管有加害的行为,但是否实际导致了任何人的损害,很可能原告既不是加害行为的受害人而被告也不是加害人的案件。因此,可以将这个子类型的案件作为因果型比例责任中的"疑难案件"。

A5子类型——"机会丧失"。有时某一侵权人导致某一原告所受的损害并不是在因果关系意义上的危险系数增加,而是原告不遭受该损害的机会减少。这一减少构成"丧失"可能获得全部赔偿的"机会"的独立损害。当这一独立损害被认可时,这类案件就属于A5子类型。

(2) B类——损害中不确定的部分

A类主要囊括了无法确定被告的侵权行为是否原告所受损害中任何部分的必要原因的案件,而B类则是根据证据规则可以确定被告的侵权行为导致了原告的一些损害,但因果关系不明的问题是无法确定损害中的哪一部分是由侵权行为造成的,哪一部分是由其他原因要素造成的。

B类可以区分为两个子类型,一类是根据证据规则可以确定原告的全部损害是由多个被告的侵权行为造成的(B1子类型),尽管并非其中之一侵权行为造成了全部的损害。另一类则是有部分损害是由非侵权性要素造成的或者是由原告的助成过错造成的(B2子类型)。

(3) C类——不确定的未来损失

C类包括了因果关系的不确定性在于被告的加害行为是否会引起未来损害的案例。它可分为两个子类型,一类是无法确定被告的加害行为未来是否会对原告造成任何损害(C1子类型),另一类是根据证据规则的要求可以确定被告的侵权行为导致了原告过去的损害,或者会对原告导致未来的损害,但这一损害未来会发展到的程度或者是严重性不确定(C2子类型)。

(4) "复合案例"

需要明确指出的是,前文的类型化并未穷尽所有可能的比例责任的情形,有些情形具有一个以上的类型或者子类型的特征,因此也不能单独归入上述的任何一个"格子"。例如,不仅仅是无法确定被告的侵权行为是否是原告损害的必要原因(A类),而且还无法确定如果被告的侵权行为造成了损害,哪一部分的损失是由被告造成的(B类)。

第二节 共同侵权行为

一、共同侵权行为的概念与特征

(一) 共同侵权行为的概念

关于共同侵权行为的概念,立法与司法解释有着不同的规定。

《最高人民法院关于审理人身损害赔偿案件适用法律若干问题的解释》第3条规定:"二人以上共同故意或者共同过失致人损害,或者虽无共同故意、共同过失,但其侵害行为直接结合发生同一损害后果的,构成共同侵权,应当依照民法通则第一百三十条规定承担连带责任。"据此,共同侵权行为包括主观上具有共同过错的数人致害行为,还包括主观上没有过错,但侵害行为直接结合发生同一损害后果的数人致害行为。

根据《侵权责任法》第8条的规定,即"二人以上共同实施侵权行为,造成他人损害的,应当承担连带责任",该条对共同侵权行为没有进行明确界定。

我国理论界对共同侵权行为中的"共同"究竟应该如何认定,主要存在以下几种观点:

1. 主观说认为,共同侵权的本质特征在于数人致人损害,其主观上具有共同过错。主观上的共同过错将数人的行为联结成一个整体,并且是使数个侵权行为人承担连带责任的基础。所以,无意思联络的数人侵权并不是共同侵权。

根据数人之间是否有"意思联络",主观说又可分为"共同故意说"和"共同过错说"。从共同侵权行为理论的历史发展看,共同故意说是早期比较流行的一种学说,也是主观说里面对主观状态限制最为严格的,是最狭义的共同侵权行为理论。共同故意说认为数人之间的意思联络是成立共同侵权的必要条件,即行为人之间应有主观上的共同故意。如果没有行为人之间的意思联络,行为人的行为共同性就无法联系起来。因此,一方故意,一方过失或者双方皆过失的情况无法构成共同侵权。各个行为人之间如果有意思联络,即使他们之间有行为分担上的不同,但是因为意思联络的存在,他们的主观意志达到了统一,有着共同的愿望和动机,他们的行为也才能被当成是一个共同的行为,将其视为一个统一的整体予以考虑而由他们共同承担起相应的民事责任。该学说并不要求每个行为人都实际实施了侵权行为,只需要他们之间有通谋,有同心协力实施侵权行为之故意。

共同过错说则认为,只要加害人之间存在共同过错,即可成立共同侵权。共同过错包括共同故意和共同过失。共同过失,是指各个行为人虽然没有形成共同侵害的意思,但是对损害结果的发生都已有预见或者应当预见,只是因为疏忽大意或过于自信导致结果发生。共同过错说认为,共同侵权行为不应该仅以共同故意为必要条件,"共同故意的意思联络"限制过于狭窄,不利于对受害人利益的保护。

2. 客观说则着眼于侵权行为的客观方面,从中去寻求共同侵权的本质特征。客观说产生于近几十年,由于数人侵权行为的数量急剧增加且情节也更为复杂,为了更加合理地平衡共同行为人和受害人之间的利益,充分地保护弱者,对于共同侵权行为的"共同性"的内涵的解释越来越灵活,客观行为说应运而生。

该学说认为共同侵权的本质不在于主观方面,而在于行为或结果等客观方面的"共同性"。客观说否认共同侵权的构成需要各加害人之间的共同过错,而认为数个加害人之间即使没有共同的故意或者过失,只要每个加害人的行为与共同行为紧密联系,具有不可分割的性质,仍应构成共同侵权。客观说的另一个依据是,民事责任与刑事责任不同,刑事责任以行为人的主观过错为主要惩罚对象,而民事责任则侧重于填补受害人损失。[1] 因此,无论共同加害人之间是否具有共同过错,只要其行为具有客观的共同性,就应使其负连带责任,从而充分保护受害人的利益。

客观说使得连带责任更加容易成立,旨在充分保护受害人:当各加害人经济

---

[1] 参见王利明:《侵权行为法研究》(上卷),中国人民大学出版社2004年版,第692页。

实力不同时,连带责任可以提高受害人得到全部赔偿的可能性。① 但是过于宽松的连带责任违背了现代法上"罪责自负"或"自己责任"的原则,即每个人只能也只应对自己造成的损害结果负责,而无须对他人的行为后果负责。"客观说"对连带责任适用范围的扩张可能使部分行为人为他人的行为承担过多的责任,从而导致公正合理性的缺失。

3. 折中说也称主客观并用说,该说认为,判断数个加害人的侵害行为是否具有共同性,或者说是否构成共同侵权行为,应当兼顾主观和客观两个方面的因素。单纯的主观说或客观说都有失偏颇,正确的理论应当是合理平衡加害人与受害人之间的利益,而不可偏执一端。折中说的核心观点就是,在共同侵权的构成要件上,既要考虑各个行为人的主观方面,也要考虑各个侵权行为之间的客观联系。就主观方面而言,各个行为人均有过错,并且各个行为人对损害结果具有共同的认识,但是并不要求共同的故意或者意思上的联络。就客观方面而言,各行为人的加害行为应当具有关联性,构成一个统一的不可分割的整体,而且都是损害发生的不可或缺的共同原因。

折中说强调加害人与受害人之间的利益平衡,体现了侵权法的平衡社会利益的主要功能,具有一定的合理性。但是折中说的适用标准不统一,主观标准和客观标准如何选择适用并不明确,在理论上可能导致混淆并且造成实践上的操作困难。②

《侵权责任法》虽然没有体现出该法对主观说、客观说抑或折中说的直接、明确的选择,但是该法将二人以上分别实施侵害行为,造成同一损害后果的情形从共同侵权中独立出来,分别在第 11 条、第 12 条中作出规定,可见《侵权责任法》的观点更加倾向于主观说中的共同过错说。

综上,本书认为,基于《侵权责任法》的规定,共同侵权行为是指两个或两个以上的行为人,基于共同的故意或共同的过失,共同实施侵害他人权益的行为。共同侵权行为可以分为共同故意侵权行为和共同过失侵权行为两种情形。共同故意,也称为"共谋",指的是多个行为人之间存在意思联络,均明知损害的发生,并且共同追求这种损害发生的结果。共同过失是指各行为人对其行为所造成的损害后果具有内容相同或者相似的过失,即在实施过程中,行为人对可能的损害后果具有共同的可预见性,但是因为疏忽等原因从事了该行为,造成了同一损害后果。

反对共同过错说的学者认为,到目前为止,我国民法学界对究竟何为共同过失,尚无人能举出排他性例子来说明。此种观点其实有失偏颇,共同过失的例子

---

① 参见张新宝:《侵权责任法立法研究》,中国人民大学出版社 2009 年版,第 233 页。
② 同上书,第 235 页。

在实践中大有所在。例如,甲、乙二人在修建房屋的过程中,一起协力抬起沙袋从屋顶往下抛掷,并且都忽视了对路上行人的安全注意,结果伤及行人。又如,甲、乙二人共同看守一个存放易燃物品的仓库,值班期间二人商议外出喝酒解闷,并认为暂时离开并不会有意外发生,结果在二人离开期间,仓库因无人看守而意外失火。上述两个例子中,侵权人清晰明确,故不可能是共同危险行为,侵权人之间具有一定的意思联络,具有内容相同或相似的过失——疏忽对行人安全的注意和过于自信仓库的安全状态,所以也不能归属于无意思联络的数人侵权的情况,更不能说是共同故意的共同侵权,因为所有的加害人都不追求损害结果的发生,因此,此种情况显然是一种共同过失的侵权行为。

如果否定共同过失也能够成立共同侵权,将导致我国侵权法对共同过失侵权规制的空白。我国《侵权责任法》对数人的侵权行为的规定主要体现在第8条共同侵权行为,第10条共同危险行为和第11、12条无意思联络的数人侵权行为上。共同过失不同于共同危险行为。虽然在共同危险行为中,各个行为人主观上往往也会存在具有内容相同和相似的过失,这一点与共同过失十分相似,但是共同危险的行为人基于这个相同各自做出了侵害行为,造成了一个或者数个损害后果,如果各个行为的行为人都是清晰的,那么共同危险行为就转化为一个或者数个简单的单独侵权行为。而与此不同的是,共同过失的行为人基于这个相同或者相似的过失共同实行了一个行为,在行为上具有不可分割性,即使各个行为人之间的责任关系十分明确,也不可能被分割为数个单独侵权行为。共同过失也不同于无意思联络的数人侵权行为。无意思联络的数人侵权行为强调二人以上分别实施侵权行为,其中"分别"是指实施侵权行为的数个人之间不具有主观上的关联性,各个侵权行为都是相互独立的。每个行为人在实施侵权行为以前以及实施过程中,没有与其他行为人有意思联络,也没有认识到还有其他人在实施类似的行为。而在共同过失的行为中,各行为人不仅意识到了其他行为人的存在,而且还通过意思联络协力完成了侵害行为。因此,共同过失既不能通过第10条,也不能通过第11、12条调整,如果否认共同过失的情形不属于共同侵权,不能由第8条调整的话,那么其将成为《侵权责任法》立法的一个空白。

(二) 共同侵权行为的特征

共同侵权行为作为与单独侵权行为相对应的一个概念,与单独侵权行为相比,它具有以下几个特征:

第一,多个责任主体。共同加害的主体为两人或两人以上,行为人可以是自然人,也可以是法人或其他组织。

第二,共同的加害行为。共同性体现在行为的关联性和结果的单一性两个方面。行为的关联性,是指共同侵权人的加害行为指向同一侵害对象,且结合起来共同造成了损害结果。结果的单一性,是指两个或两个以上的加害行为造成了同一损害结果,该损害结果是不可分割的。

第三,对外负连带责任。共同侵权人对外承担连带责任,即共同侵权人作为一个整体就损害结果共同对外承担赔偿责任,其中任何一人均对全部损害承担责任,部分共同侵权人对全部损害承担责任后有权向其他责任人追偿。

二、共同侵权行为的构成要件

共同侵权行为作为侵权行为的一个类型,首先应当具备侵权行为的一般构成要件,此外,共同侵权行为还应当具备一些特殊的要件以体现"共同"这个特点,并作为加害人承担连带责任的基础。

(一) 主体的复数性

共同侵权行为人必须是两个或者两个以上,即共同过错的主体是多个人,既可以是自然人也可以是法人。并不是所有的共同侵权人都参与了加害行为的实行,有可能数人均对受害人实施了侵害行为,各个共同侵权人都是实行人,也可能数人中的部分作为策划人或放哨者或负责后勤保障而未实际参与加害行为的实行,但是由于他们与实行行为人之间的共同意思联络,也应当被认定为共同侵权人。还应当注意的是,这里说的多数人必须为能够独立承担责任的主体。同一个法人单位的数个雇员在执行职务行为时的共同行为造成他人损害,或者未成年人与其监护人共同导致损害的情况都不应属于共同侵权,因为该责任后果是由雇主或者监护人单独承担。

(二) 行为的共同性

共同侵权行为中的共同,既包括共同故意,也包括共同过失。共同故意,是指多个行为人之间存在意思联络,均明知损害的发生,并且共同追求这种损害发生的结果。共同过失是指各行为人对其行为所造成的损害后果具有内容相同或者相似的过失,即在实施过程中,行为人对可能的损害后果具有共同的可预见性,但是因为疏忽等原因从事了该行为,造成了同一损害后果。

(三) 结果的同一性

各个加害人的侵权行为导致的同一个不可分割的损害结果,这个损害是一个统一的整体。同一性体现在受害人为同一个主体,受到侵害的民事权益相同或相类似,若干个行为人针对不同的受害人实施侵害行为,或者侵害的是同一受害人的不同的权益,则可以认定损害结果可分。如果损害结果可分则为单独行为,而非共同侵权行为,每个加害人的责任根据可分的损害结果分别计算。例如,甲乙商议一起教训丙,结果甲负责对丙进行殴打,乙则将丙的小汽车砸毁,由于丙的人身损害和财产损失分属不同的权利类型,故甲乙分别就各自的行为结果对丙负责,不构成共同侵权。在共同侵权行为中,各侵权行为人所致的损害范围无法确定,该共同侵权行为与作为一个整体的损害结果之间具有因果关系。

当然,在共同侵权中各行为人所起作用不尽相同,但只要其共同实施了侵害他人合法权益的行为,哪怕仅仅参与了组织策划,并未实际实施具体的加害行为,也不影响其行为与损害结果的统一性和不可分割性。

三、共同侵权人的责任

根据我国《侵权责任法》第8条的规定,共同侵权行为人对受害人的损失应负连带责任。责任的连带性是共同侵权不同于一般侵权的一个基本特点。

（一）共同侵权人的对外连带效力

1. 对外连带效力的法律特征

（1）每一个连带责任的责任人都要对受害人负责,他们都有义务向受害人负全部赔偿责任。无论各加害人在实施共同侵权行为的过程中,对损害结果所起的作用、过错程度或者原因力大小存在何等的差别,不影响他们对受害人应负的连带责任。

（2）受害人可以选择任何一个或者数个共同侵权行为人请求全部赔偿。由于任何一个共同侵权行为人都有义务向受害人承担全部赔偿责任,因此,受害人享有选择权,一旦共同侵权责任成立,受害人即可决定同时或者先后向共同侵权人中的一人、数人或者全部主张全额的赔偿责任。

《最高人民法院关于审理人身损害赔偿案件适用法律若干问题的解释》第5条第1款规定:"赔偿权利人起诉部分共同侵权人的,人民法院应当追加其他共同侵权人作为共同被告。赔偿权利人在诉讼中放弃对部分共同侵权人的诉讼请求的,其他共同侵权人对被放弃诉讼请求的被告应当承担的赔偿份额不承担连带责任。责任范围难以确定的,推定各共同侵权人承担同等责任。"这一条规定要求被害人必须起诉所有的共同侵权人,否则视为被害人放弃对未被起诉的侵权人应承担份额的求偿权。这一做法违背了连带责任的法理,使得受害人丧失了对请求赔偿的选择权,不利于对受害人权益的保护。《侵权责任法》出台后明确允许被害人选择部分或者全部加害人承担责任的权利。该法第13条规定:"法律规定承担连带责任的,被侵权人有权请求部分或者全部连带责任人承担责任。"法院既不能无视当事人的选择而强行追加共同被告,也不能因为当事人不同意追加而视为其放弃对未追加者的赔偿请求权。

（3）共同侵权行为产生的对外连带效力是一种法定责任引发的效力,不因加害人内部的约定而改变。加害人之间通过共同协议约定赔偿份额或者免除某些行为人的责任,该协议对受害人不产生效力,连带责任不会因该协议产生任何变化。行为人不能以其约定的份额或者协议的免责为由拒绝受害人向其主张的赔偿责任。这种协议只能在行为人内部产生效力。

（4）部分行为人履行了全部赔偿义务,对受害人而言,债权消灭。如果一个或者数个行为人履行了赔偿义务,则受害人的权利得到了完全的实现,受害人不得再向其他行为人主张权利,否则将违背侵权法填补损害的原则,使得受害人获得多于实际损失的赔偿,对赔偿义务人有失公平。

2. 共同侵权行为适用连带责任的意义

连带责任的制度安排,目的在于使受害人的损失更容易获得填补,更好地保护受害人的利益。在共同侵权的情况下,责令各个加害人承担连带责任有以下几点合理性:

第一,连带责任可以降低受害人因加害人清偿能力不足而受偿不能的风险。每一个加害人的偿债能力是不同的,有些人具有较强的清偿能力,有些人清偿能力则较弱甚至不具有清偿能力。如果采取分别责任,受害人就有可能因部分债务人的清偿能力不足而无法获得足额的赔偿。而如果在加害人之间承担连带责任的情况下,则不必考虑各个加害人的偿债能力问题,受害人可以选择最有清偿能力的加害人请求全部赔偿。这相当于责令清偿能力较好的加害人分担了受害人本应承担的部分加害人清偿不能的风险。通过将责任主体不能承担责任的风险转移给其他连带责任人共同承担,来保障受害的权利人得到足够的赔偿。

第二,连带责任赋予权利人以最为简便易行的请求权,有利于降低受害人寻求救济的成本。在侵害人承担按份责任的情形下,法律要求受害人为了得到全部的赔偿,必须起诉每一个侵权责任人。而事实上,受害人在提起诉讼时,往往并不能发现所有的侵权行为人,而且由受害人来发现所有侵权行为人也会大大提高受害人的救济成本,这对受害人而言十分不利。而连带责任制度赋予受害人以最为简便易行的请求权,权利人可以选择责任人中的一人或数人行使请求权或者选择全体责任人行使请求权,也可以先后行使请求权,后被请求的责任人不得以权利人已向其他责任人提出了请求为由拒绝承担责任。

(二) 共同侵权人间的内部责任分配及追偿关系

我国《民法通则》第87条规定:"负有连带义务的每个债务人,都负有清偿全部债权的义务,履行了义务的人,有权要求其他负有连带义务的人偿付他应当承担的份额。"《侵权责任法》第14条规定:"连带责任人根据各自责任大小确定相应的赔偿数额;难以确定责任大小的,平均承担赔偿责任。支付超出自己赔偿数额的连带责任人,有权向其他连带责任人追偿。"可见,共同侵权人虽然对外承担的是连带责任,但是共同侵权人之间内部责任仍然为按份责任,共同侵权人中的一人或数人若承担了超出自己应承担的份额,有权向其他共同侵权人追偿。

1. 共同侵权人之间的内部责任分配

共同侵权人之间的内部责任属于按份责任,这就涉及责任份额比例划分的问题。关于如何在责任人之间分配赔偿责任,目前主要有以下几种方法:

（1）比较过错法，即对数个共同侵权人在实施加害行为时的过错进行比较，按照各个侵权人的过错在造成被害人损失的总过错中的比例来确定责任份额的分配，故意或重大过失等过错较大的，最终承担较大份额的赔偿责任，过错较小的，承担较小份额的责任。

（2）比较原因力法，即对比数个共同侵权人在实施共同侵权行为时各自所起的作用，依据各个行为的作用程度的不同对责任大小进行区分，起到较重要作用的，分担较大的赔偿责任份额，所起的作用较为次要的，承担的责任份额相应较小。

（3）综合考量法，这种方法在分配共同侵权人之间的赔偿责任份额时一并考虑过错和原因力大小的因素，并且还考虑了各行为人所造成的侵权后果的严重程度、加害人所获得的非法利益、责任人的经济负担能力等诸多因素，通过综合考量来确定赔偿责任的份额。

（4）平均分摊法，顾名思义，就是在各个共同侵权人之间平均分摊赔偿责任。这一方法将共同侵权人的过错责任和原因力视为相当的，由共同侵权人平均承担赔偿责任。

根据《侵权责任法》第14条的规定，共同侵权人内部份额的确定先是按照各自责任大小判断，即根据共同侵权人的过错程度与原因力大小来确定其应承担的份额；如果根据过错程度与原因力大小无法确定责任范围，共同侵权人承担同等的责任份额。

2. 共同侵权人之间的追偿权

追偿属于法律上产生的一种新的债务，称为追偿之债。在这种债的关系中，已经对外超额承担了责任的侵权人是债权人，未承担责任或者承担份额不足的是债务人。连带责任人的追偿权必须具备如下的条件：

第一，连带责任人须履行了义务。这里的履行义务，不应仅限于实际履行的行为，凡能达到债履行效果、使得债消灭的行为，如提存、抵消等，均应包括在内。

第二，其他连带责任人须共同免去履行责任，即因该连带责任人的履行行为，使全体债务人的债务全部消灭。关于共同侵权人在何种情况下，才能行使追偿权，有三种主要的观点：第一种观点认为，必须共同侵权人承担了全部赔偿责任之后，才能向其他人行使追偿权。第二种观点认为，必须每一个共同侵权人承担了超过自己应当分担的份额之后，才能向其他共同侵权人行使追偿权。第三种观点认为，追偿权的行使不一定要求责任人承担连带责任为前提，任何共同侵权人，只要承担了赔偿责任，都有可能产生向其他人追偿的权利。甚至每一个共同侵权人承担了低于自己的份额的赔偿责任,也有可能向侵权人求偿。[①] 本书认为,因为连带责任的设置目的是为了充分保障受害人的利益,将连带责任人之一或部分无法履行清偿责任的风险转移由连带责任人承担,所以第三种观点与此目的相悖,不宜采用。就第二种观点而言,虽共同侵权人承担的份额超过了自己的份额,但未清偿全部债务,而允许共同侵权人行使追偿权可能会引起在继续清偿中反复清算问题,而且也不利于保护受害人的利益。第一种观点既可以有效、及时地保障受害人得到全部赔偿,又可以避免反复清算带来的繁琐。

第三,该连带责任人履行义务须超过其应当分担的部分,未超过的,不能行使追偿权。连带责任人有权要求其他债务人偿付超过的部分,其他债务人每人应偿付的部分应按自己应承担的份额的比例确定。倘若其中某一债务人没有偿还能力,对该债务人不能偿还的部分,按照公平原则,可由追偿权人和其他债务人按照各自应承担的份额比例分担。

第三节　教唆帮助侵权行为

一、教唆、帮助侵权行为的概念

教唆行为,是指行为人采用诱导、劝说、挑拨、刺激、怂恿等手段使他人产生实施侵权行为的意图并且实施加害的行为。

有些学者将教唆者称为"造意者",指出教唆者的鼓动、唆使或策划使得原本无加害他人意思之人,产生了为加害行为之故意。教唆可以采用明示的方式,也可以采用暗示方式;既可以是公开的,也可以是秘密的。在具体的教唆方法上,可以通过煽动、怂恿、刺激、挑拨、诱骗、利诱、劝说、授意、指示、胁迫手段等方法进行教唆。帮助行为是指为他人提供帮助,使他人易于实施侵权行为,达到侵害权益的目的。给予帮助的方式包括提供工具、指示目标、传授方法等。帮助的内容可以是物质上的,也可以是精神上的,可以发生在行为人实施侵权行为之前,也可以发生在行为人实施侵权行为的过程中。教唆、帮助者一般不直接参与加害行为,但起到促使加害行为发生或者为加害行为提供便利的作用,教唆、帮助者一般与加害人有一定的意思联络。

《民法通则》没有涉及教唆人、帮助人责任的规定,有关教唆人、帮助人的责任最早出现于《最高人民法院关于贯彻执行〈中华人民共和国民法通则〉若干问题的意见(试行)》第148条,该条规定:"教唆、帮助他人实施侵权行为的人,为共同侵权人,应当承担连带民事责任。教唆、帮助无民事行为能力人实施侵权行

[①] 参见曾隆兴:《详解损害赔偿法》,中国政法大学出版社2004年版,第63—64页。

为的人,为侵权人,应当承担民事责任。教唆、帮助限制民事行为能力人实施侵权行为的人,为共同侵权人,应当承担主要民事责任。"而在《侵权责任法》中并没有明确教唆、帮助为共同侵权人,而且将狭义的共同侵权行为与教唆、帮助行为分别在两个条款中加以规定。故学者们对教唆、帮助行为的性质有所争议,有些学者认为教唆、帮助行为是共同侵权行为,有些学者则主张教唆、帮助行为应视为共同侵权行为。

主流观点认为,教唆、帮助他人实施侵权行为的,与直接从事侵权行为的人同等对待,视为共同侵权人。因为,虽然教唆、帮助者往往仅有侵害他人的意图,并未直接、具体地参与到实际的侵害活动中,因此,原则上他们不应当承担侵权责任。但是,如果不令这些教唆人或者帮助人承担侵权责任,必将大大违背社会正义观念,且也不易遏制此等教唆行为或者帮助行为发生。此外,教唆或者帮助他人实施侵权行为者通常与各行为人存在共同故意,其行为已与其他共同侵权人的行为构成了一个共同的、不可分割的整体,因此在《侵权责任法》中将这两类人与直接从事侵权行为的人同样对待,视其为共同侵权行为人。这实际上是法律上的一种拟制。

二、教唆、帮助侵权行为的构成要件

构成教唆、帮助他人实施侵权行为必须满足以下三项要件:

(一) *侵权主体为多数*

在教唆行为中至少存在两类行为人:一即实施教唆行为之人,即教唆人;二则为受教唆而实施侵权行为之人,即行为人。在帮助行为中亦至少存在两类行为人:一即实施具体侵权行为之人,即行为人;二则是为行为人提供帮助、协助之人,即帮助人。可见,无论是教唆侵权行为还是帮助侵权行为,至少都存在两类主体,即侵害主体为两人或两人以上。

(二) *教唆人或者帮助人主观上具有故意*

一般来说,教唆行为与帮助行为都是教唆人、帮助人故意作出的,教唆人、帮助人能够意识到其作出行为所可能造成的损害后果,并且追求这个后果的发生。教唆行为与帮助行为的区别之处在于,在教唆行为中,教唆人与被教唆人通常存在主观上的意思联络,即一方面,教唆人出于主观故意做出一定的教唆行为,另一方面,被教唆人由于受到了他人的教唆也产生了侵害他人权益的故意,二者在主观上属于共同故意,都追求同一个损害结果的发生。然而,如果被教唆人是出于过失侵害了他人权益,则不构成教唆行为。帮助行为则不同,并不要求帮助人与被帮助人存在意思联络,只要该帮助行为确实起到了为侵害行为提供便利的效果,即使被帮助人不知道存在帮助行为,也不影响帮助行为的成立。应当注意的是,实践中可能存在行为人并非出于故意而是过失地或者偶然地实施了帮助他人侵权的行为,虽然该行为在客观上也为侵权行为提供了便利,但不属于帮助行为,帮助人无须与行为人承担连带责任,而应当根据其过错的大小单独承担责任。

(三) 被教唆人、被帮助人实施了相应的侵权行为并且造成了损害后果

这一要件包含两层意思:第一,被教唆人或被帮助人实施了侵害行为,并且该行为正是教唆的内容或者帮助的对象。如果被教唆人或被帮助人实施的侵权行为与教唆、帮助行为之间不存在内在的联系或者超出了教唆、帮助内容的范畴,则该行为属于行为人的单独行为,所造成的损害不应当由教唆、帮助人承担连带责任。例如,甲教唆乙毁坏丙的汽车,然而乙在毁坏了丙的汽车后又将丙殴打致伤,甲与乙仅在毁坏汽车所造成的财产损害的范围内承担连带责任,丙的人身伤害的损失由乙单独承担。

第二,被教唆人、被帮助人的侵权行为造成了他人损害。如果被教唆、被帮助人未实施侵害行为或者其侵害行为未造成损害,均不构成教唆、帮助行为。这一点是与刑法中的教唆犯的重要区别,在刑法中,被教唆人即使未实施教唆的行为,没有按照教唆人的意图实施相应的侵权行为,教唆人也能构成教唆犯罪(未遂)。

三、教唆、帮助侵权行为的责任

《侵权责任法》第 9 条规定:"教唆、帮助他人实施侵权行为的,应当与行为人承担连带责任。教唆、帮助无民事行为能力人、限制民事行为能力人实施侵权行为的,应当承担侵权责任;该无民事行为能力人、限制民事行为能力人的监护人未尽到监护责任的,应当承担相应的责任。"根据该条规定,教唆、帮助人的责任可以分为两种情形:

其一为教唆、帮助完全民事行为能力人。此时,教唆、帮助行为者视为共同侵权人,承担连带责任。

其二为教唆、帮助无民事行为能力人、限制民事行为能力人。根据《最高人民法院关于贯彻执行〈中华人民共和国民法通则〉若干问题的意见(试行)》第 148 条的规定,如果教唆、帮助无民事行为能力人实施侵权行为,只有教唆人或帮助人是侵权人,应当承担全部民事责任;被教唆人或被帮助人本人及其监护人均无须承担侵权责任。教唆、帮助限制民事行为能力人实施侵权行为的人为共同侵权人,与被教唆、帮助人承担连带责任,但是教唆、帮助者为主要责任人,承担主要责任。与之不同的是,《侵权责任法》的规定肯定了无论是教唆、帮助无民事行为能力人实施侵权行为,还是教唆、帮助限制民事行为能力人实施侵权行为,应由教唆人与帮助人承担民事责任。同时,该法进一步规范了此情形下的监护人相关责任。监护人如果没有尽到监护的义务,应当承担相应的责任。根据

新法优于旧法的原则,《民法通则》司法解释与《侵权责任法》相冲突的规定不再具有法律效力。

　　立法之所以作出如此变更,是因为更加平等地看待无民事行为能力人与限制民事行为能力人,其实二者均对侵害行为缺乏必要的认识,无法理性地理解其侵害行为可能导致的法律后果,他们实则为教唆、帮助人的侵权工具,因此应当由教唆、帮助人承担侵权责任。在这一情形下,如果一概要求监护人承担赔偿责任,未免过苛,所以法律规定只有在监护人未尽监护义务的情形下,才承担相应的责任。[①] 所谓的"相应的责任",是指依据监护人的过错程度、原因力大小来确定其应承担赔偿责任的大小。如果监护人平时对其监护下的无民事行为能力人或限制民事行为能力人不闻不问,放纵其不良行为、不良嗜好,使得被监护人在他人的教唆或帮助下实施了侵权行为,此时监护人要承担较重的责任。如果监护人平时对其监护下的无民事行为能力人或限制民事行为能力人时常进行一定的教育,但过于自信他们不会受他人诱使,未尽充分的管教义务,在此情形下,被监护人因他人的教唆、帮助而实施了侵权行为,此时监护人所承担的责任较轻。

[①] 参见王胜明主编:《中华人民共和国侵权责任法释义》,法律出版社2010年版,第62页。

第五章 共同危险行为

第一节 概 述

一、共同危险行为的概念及其特征

共同危险行为,是指数人共同实施可能造成他人损害的危险行为,其中一人或数人的行为导致了损害结果,但不能确定数人中谁是真正的具体加害人,而责令所有危险行为人对该损害后果负连带赔偿责任的情形。

从严格的意义上说,对于共同危险行为,所有行为人中,仅有部分人的行为与损害结果之间存在事实上的因果关系,其他行为人并非实际的加害人。按照责任自负的原则,那些没有实际致害的行为人本不应该承担责任,但是此时又无法查清真正的致害人,出于对受害人的保护,法律把共同危险行为按照狭义的共同侵权行为处理,要求行为人承担连带责任,故而共同危险行为也被称为"准共同侵权行为"。[1]

共同危险行为具有以下几项法律特征:

1. 实施侵权行为的主体为复数。所谓"共同"危险行为,即表明行为人是两人或两人以上,他们实施了可能引致损害结果的行为。如果仅为一人单独实施侵害行为造成损害后果,不可能称为"共同"危险行为。

2. 数人在主观上不存在故意。共同危险行为人在主观上并没有侵害他人权益的故意,如果存在共同故意,则将会构成狭义的共同侵权行为。

3. 数人所实施的行为具有引致他人损害的危险性。共同危险行为中的危险并不等同于作为严格责任基础之一的"危险活动"。共同危险行为中所具有的危险性,虽然在广义上属于危险活动的范畴,某些共同危险行为也可能是高度危险活动,但是,此处所说的"危险"与高度危险活动中的"危险"含义截然不同,前者仅指出导致损害的可能性,后者指某种活动具有特别的危险,如损害极其巨大或者损害发生频率很高等。[2]

共同危险人中每一人的行为均存在造成他人损害的可能性。例如,夜晚,几位朋友喝酒后,一起到某建筑工地,各自随意地从高处抛掷石头,恰好砸到值班

---

[1] 参见张新宝:《侵权责任法》,中国人民大学出版社2010年版,第52页。梁慧星:《共同危险行为与原因竞合——〈侵权责任法〉第10条、第12条解读》,载《法学论坛》2010年第2期。

[2] 参见王利明:《论共同危险行为中的加害人不明》,载《政治与法律》2010年第4期。

人的头上。这些饮酒者各自所实施的随意从高处抛掷石头的行为均隐藏着引致他人人身或财产损害的危险可能性,都是一种危险行为。对于引发危险的可能性分析,可以从行为本身、周围环境以及行为人对致害可能性的控制条件上加以判断。如果这些饮酒者不是到建筑工地,而是到荒无人烟的地方,从一高耸的悬崖上往下抛掷石头,则他们的行为并不是一种具有引致他人危险处境的行为。

4. 损害结果与数人的共同危险行为有因果关系,但不能准确判明是何者实际造成了损害后果。具有危险性的共同行为在客观上引发了他人权益遭受损害的结果,也就是说,具有危险性的共同行为与他人的损害后果之间存在因果关系。然而它与一般侵权行为的区别在于,无法确切地判明损害后果是由共同行为人中的何人造成的。如前例,几位朋友饮酒后从高处抛掷石头,恰好有一行人经过工地,听到声响,联想起曾有人告诉他的工地闹鬼之事,以为是鬼魂出动,仓皇逃离时摔伤了脚。此行人摔伤脚的损害后果与几位朋友抛掷石头的行为之间不存在法律上认可的因果关系,故抛掷石头的行为不构成行人摔伤脚的共同危险行为。

二、共同危险行为的发展历史

(一)共同危险行为的起源

共同危险行为的萌芽出现在罗马法时代。在罗马共和国晚期,由于城市的繁荣昌盛,街道两旁建筑物密集,但是道路却非常狭窄,以致经常出现有人从楼上往楼下泼水或投掷物品而致行人伤害的情形。为了确保公共集会场所和道路交通的安全,罗马法便创造了用以解决加害人不明时如何救济受害人的制度——"倒泼和投掷责任之诉"。[①] 倒泼物或投掷物致害的责任是一种准私犯,因为房屋的居住者通常会由于他人(包括奴隶或自由人)的过失而承担此等责任。也就是说,建筑物的占有人对从该建筑物中向公共场所投掷或倾倒的任何物品所造成的损害承担赔偿责任,不管有关的投掷行为或倾倒行为是由谁实施的。[②] 如果该房屋由数个共有人共同居住,共有人应对该房屋内发生的倒泼和投掷行为造成的后果承担连带责任。该诉讼是向房屋的居住者提起的,而不论他是所有人、用益权人或承租人,也不论其有无过失,均按私犯论处。因为要证明谁是倒泼和投掷的行为人是很困难的,这样规定,也有利于促使房屋的居住人提高注意程度。后世民法所规定的共同危险行为,正是从这个制度中衍生发展起来的。

---

① 参见〔意〕彼得罗·彭梵得:《罗马法教科书》,黄风译,中国政法大学出版社1992年版,第405—406页。
② 参见〔英〕巴里·尼古拉斯:《罗马法概论》,黄风译,法律出版社2004年版,第240页。

《法国民法典》既未规定共同侵权人的责任,也没有对共同危险行为作出任何规定。但法国学术界和司法实务界认为应规制共同危险行为,并且在实际的判例中也承认了共同危险行为理论。在现代法国司法实践中,当无法确定实际致害人时,共同危险人的责任确定标准已发展为"每一个参与危险活动的人对危险活动可能造成的全部损害承担赔偿责任"①。

《德国民法典》第一次规范了共同危险行为,该法典第830条规定:"二人以上以共同实施的侵权行为引起损害的,每一个人就损害负责任。不能查明两个以上参与人中孰以其行为引起损害的,亦同。"第840条第1款又对连带责任的承担方式进行了规定:"二人以上一同就因侵权行为而发生的损害负责任的,作为连带债务人负责任。"②在德国的实践中,有两个典型的共同危险行为案例:一是"猎人案件",即多个猎人同时向一个方向开枪,路过的行人被射中,但是无法查明究竟是哪个猎人射出的子弹击中了该行人。二是"摔炮案件",在一个啤酒花园中,坐在一个桌上的六个人向另外一个桌上的客人扔出摔炮,其中一个摔炮炸伤了受害人的眼睛,但受害人无法指认究竟是哪个摔炮导致其眼睛遭受了损害。③ 对于这些情形,德国高等法院均作出了承担连带责任的判决。德国法所确立的共同危险行为制度,为之后其他国家相关立法提供了参考。

(二)共同危险行为在近现代国家立法或实践中的体现

近代大陆法系国家在德国民法的影响下也相继对共同危险行为作出了规定。例如,《日本民法典》第719条规定:"数人因共同的侵权行为给他人造成损害时,各自连带地负损害赔偿责任。共同行为人中谁施加了损害不明时,也各自负连带责任。"④《韩国民法典》第760条规定:"数人因共同不法行为给他人造成损害时,对其损害负有连带赔偿责任。不构成共同侵权行为的数人行为造成了损害,却不知谁的行为造成的情况下,同前款。"《希腊民法典》对狭义共同侵权与共同危险行为进行了区分,且对共同危险行为进行了单独规定。该法典第926条第2款规定:"如果数人同时或相继实施行为,而不能确定谁的行为造成损害的,则所有的与此有关的人承担连带责任。"

普通法国家虽无成文法对共同危险行为作出规定,但是从判例中可以看出其对共同危险行为学说的认可与运用。⑤ 在美国侵权法上有许多相关的案例,

---

① 〔德〕克雷斯蒂安·冯·巴尔:《欧洲比较侵权行为法》(上),张新宝译,法律出版社2001年版,第86页。
② 《德国民法典》,陈卫佐译,法律出版社2006年版,第308—311页。
③ 参见王胜明主编:《中华人民共和国侵权责任法解读》,中国法制出版社2010年版,第49页。
④ 于敏:《日本侵权行为法》,法律出版社2006年版,第267页。
⑤ 参见杨立新:《侵权责任法》,法律出版社2010年版,第102页。

1948年美国加利福尼亚州的"Summers v. Tice案"就是其中典型的一例。① 原告与两位被告同属于某一打猎协会的会员。一天该协会成员外出打猎时,两被告因过失同时向原告所在方向射出了一颗子弹,其中一颗子弹击中了原告的眼睛。但原告无法以确切的证据证明其眼睛究竟是被其中哪一位被告的子弹击中的,仅能证明两位被告都因过失而发射了子弹,且原告自身并无过错。基于这一事实,法官采用了因果关系举证责任倒置的方式,除非被告能够举证证明自己对原告的伤害完全没有责任,否则两位被告都必须承担赔偿责任。

再如"辛德尔诉阿伯特化学厂案"。在此案中,辛德尔是个乳腺癌患者,在她出生前,她母亲服用了当时广为采用的防止流产的乙烯雌粉。后来研究证明,服用乙烯雌粉与患乳腺癌有很大关系,辛德尔就是此药的间接受害者。当时,生产此药的共有11家化学工厂,她没有办法证明她的母亲究竟服用了哪家化学厂生产的药品。辛德尔提起损害赔偿之诉后,初审法院不予受理,于是她提出了上诉。1982年加利福尼亚州上诉法院判决当时生产此药品的11家制造商对辛德尔的损害负连带赔偿责任。② 虽然这一案件是产品责任领域的案件,但我们不难看出,本案确定赔偿责任的理论依据之一就是共同危险行为学说。

(三) 共同危险行为在我国的发展

民国时期,国民政府制定的《中华民国民法典》标志着我国确立了共同危险行为制度。该法第185条规定:"数人共同侵害他人之权利者,连带负损害赔偿责任。其不能确知孰为加害人者,亦同。"此部法典至今仍在我国台湾地区施行。

新中国成立后,虽然颁布了《民法通则》,但未对共同危险行为作出规范,使得对于共同危险行为的具体案件处理长期处于无法可依的状态。2001年12月《最高人民法院关于民事诉讼证据的若干规定》首次以司法解释的方式对"共同危险行为"作出了规范,其第4条第7款规定:"因共同危险行为致人损害的侵权诉讼,由实施危险行为的人就其行为与损害结果之间不存在因果关系承担举证责任。"该条文虽然提及了共同危险行为,但它仅仅是从举证责任分配的角度予以规范。我国对共同危险行为实体法上的规定仍为空白。

《最高人民法院关于审理人身损害赔偿案件适用法律若干问题的解释》首次从实体权利、义务规范的角度确立了共同危险行为制度,弥补了我国侵权法上共同侵权行为制度的司法空白。该解释第4条规定:"二人以上共同实施危及他人人身安全的行为并造成损害后果,不能确定实际侵害行为人的,应当依照民法通则第一百三十条规定承担连带责任。共同危险行为人能够证明损害后果不

---

① See Summers v. Tice, 119 P. 2d 1. (Cal. 1948) (SATL 348).
② 参见王利明主编:《民法·侵权行为法》,中国人民大学出版社1993年版,第361—367页。

是由其行为造成的,不承担赔偿责任。"该解释标明了共同危险行为人的连带责任及免责事由,对指导司法实践公正处理共同危险行为纠纷具有重大的意义。

《侵权责任法》正式从基本法的高度肯定了共同危险行为制度。该法第10条规定:"二人以上实施危及他人人身、财产安全的行为,其中一人或者数人的行为造成他人损害,能够确定具体侵权人的,由侵权人承担责任;不能确定具体侵权人的,行为人承担连带责任。"第13条规定:"法律规定承担连带责任的,被侵权人有权请求部分或者全部连带责任人承担责任。"第14条规定:"连带责任人根据各自责任大小确定相应的赔偿数额;难以确定责任大小的,平均承担赔偿责任。支付超出自己赔偿数额的连带责任人,有权向其他连带责任人追偿。"它对《最高人民法院关于审理人身损害赔偿案件适用法律若干问题的解释》的规定作了进一步的发展,体现了我国立法技术的不断成熟与立法理论的日臻进步。

《侵权责任法》对共同危险行为作出明确规范是必要的,其意义体现在以下几点:

第一,对司法实践需求的有效回应。《民法通则》及其司法解释没有对共同危险行为加以规范,然在司法实践中,此类案件却是大量存在着,①法院在审判实践中亦运用了共同危险行为理论来处理此类案件,有些省高院还在指导审判实践的规范性文件中对该制度作出了相应的规定。例如,《山东省高级人民法院关于审理人身损害赔偿案件若干问题的意见》第25条规定:"二人以上共同实施危险行为造成他人人身伤害的,如果当事人之间不能举证确定损害后果是哪人的行为造成的,可根据证据规则和过错推定原则,推定各个行为人为共同侵权人,由各行为人作为共同被告,对损害后果共同承担连带民事责任。"为了对应实践中公正地处理案件,为了维护司法审判的统一性和权威性,有必要从基本法的层面对共同危险行为作出明确的规范。

第二,已有先前的立法设想和理论研究作为铺垫。2002年12月九届全国人大常委会第三十一次会议讨论的《中华人民共和国民法(草案)》第67条规定:"二人以上同时实施同一种类的危险行为,其中一人或者数人的行为造成他人损害,行为人能够证明具体侵权人的,由该侵权人承担侵权责任;行为人不能证明具体侵权人的,行为人承担连带责任。"可见,我国立法者早已规划在民法典中确立共同危险行为制度。在我国理论界对共同危险行为的探讨已为长远,许多教科书、论著均对共同危险行为予以深刻的阐释与探讨。《侵权责任法》中规定的共同危险行为制度对立法者、司法者、学者甚至民众而言并非一种崭新的、陌生的制度,而是建立在前期立法草案、司法实践、理论研究成熟的基础上。

---

① 参见万鄂湘主编:《中国审判案例要览(1993年综合本)》,中国人民公安大学出版社1994年版,第65页。

第三,有益于合理解决纷争,维护社会安全团结。在现代生活中,共同危险行为引发的损害纠纷并不陌生。在确立共同危险行为制度之前,各地法院处理方式不同,甚至有些法院相互推诿,使得受害当事人的权益无法得到及时的救济,当事人只能通过其他不当甚至是违法、犯罪的途径来解决争议,从而影响社会的安定。确立共同危险行为制度,有利于法院依法公平公正地审理纠纷,消除纷争,使受害人得到补偿,侵害人受到适当的惩罚,进而维护社会的稳定。

三、共同危险行为制度与其他相关制度的区别

(一) 与抛掷物致人损害的区别

所谓抛掷物致人损害,是指从高层建筑物中抛掷物品,致使他人人身或财产损失,而不能证明谁是真正的加害人的损害事件。① 随着社会的飞速发展,城市的建筑物密度日益加大,高楼林立的现象随处可见,再加上部分城市居民道德修养不高,导致抛掷物致人损害的现象屡见不鲜。例如,"重庆烟灰缸案"、"济南菜板案"、"深圳玻璃案"等均属于这种情形。② 针对此类情形,《侵权责任法》作出了专门的规定,即第87条规定:"从建筑物中抛掷物品或者从建筑物上坠落的物品造成他人损害,难以确定具体侵权人的,除能够证明自己不是侵权人的外,由可能加害的建筑物使用人给予补偿。"

抛掷物致人损害责任与共同危险行为责任是两种不同的责任,二者的主要区别如下:

1. 行为主体的人数不同。在共同危险行为责任中,侵权主体的人数具有多数性,即须为二人或二人以上均实施了可能导致损害后果的危险行为;而在抛掷物致人损害中,侵权主体一般为一人,即仅一人实施了导致损害结果的行为,而非所有承担责任者都实施了侵害行为。

2. 发生的领域不同。共同危险行为发生的领域较为广泛,除了高层建筑外,其他很多领域也可能发生共同危险行为;而抛掷物致人损害仅适用于从建筑物中抛掷物品的情形。

3. 责任人的范围不同。在共同危险行为中,不能确定具体侵权人时,由实施了危及他人人身、财产安全行为的人承担赔偿责任;但在抛掷物致人损害中,难以确定具体侵权人时,最终责任人除了侵权行为人外,还包括该建筑物的其他使用人,尽管此等人实际上并没有实施任何侵权行为。

4. 所承担的责任不同。在共同危险行为中,在不能确定具体侵权人的情形

---

① 参见王利明:《侵权行为法归责原则研究》,中国政法大学出版社2004年版,第177页。
② 具体案情可参见王胜明主编:《中华人民共和国侵权责任法释义》,法律出版社2010年版,第425页。

下,共同危险行为人承担连带责任;而在抛掷物致人损害责任中,难以确定具体侵权人的,可能加害的建筑物使用人承担的是补偿责任。各个可能的建筑物使用人之间不承担连带责任,而是按份分别对被侵权人进行补偿。被侵权人不能要求某一个或一部分可能加害的建筑物使用人补偿其全部的损害,可能加害的建筑物使用人按照自己应承担的份额对被侵权人进行补偿后,也不能向其他可能加害的建筑物使用人追偿。但是,发现了真正侵权人的,可以向真正的侵权人进行追偿。①

5. 免责事由不同。在共同危险行为中,只有在确定了实际导致损害结果的致害人时才能免除其他行为人的责任;但在抛掷物致人损害中,行为人只要证明自己不是致害人即可免责。

(二)与无意思联络的数人侵权的区别

无意思联络的数人侵权,是指数个事先没有意思联络(没有共同故意或过失)的行为人分别独立地对受害人实施侵权行为,最终导致受害人同一损害的情形。我国《侵权责任法》第11条和12条分别针对无意思联络的数人侵权的两种情形作出了规定。该法第11条规定:"二人以上分别实施侵权行为造成同一损害,每个人的侵权行为都足以造成全部损害的,行为人承担连带责任。"该法第12条规定:"二人以上分别实施侵权行为造成同一损害,能够确定责任大小的,各自承担相应的责任;难以确定责任大小的,平均承担赔偿责任。"第11条是关于累积因果关系的无意思联络数人侵权的规定,第12条是关于部分因果关系的无意思联络数人侵权的规定。前者规制的是一种数人分别实施侵权行为且各个行为均足以导致损害发生的侵权行为,后者规制的是一种数人分别实施侵权行为且结合造成同一损害结果的侵权行为。

从中我们比较发现,共同危险行为与无意思联络的数人侵权的区别主要有以下三点:

1. 致害人是否明确不同。在共同危险行为中,往往不知道损害结果到底是由谁引起的,实际致害人不明确;而在无意思联络的数人侵权中,实际致害人是明确的,无论是在《侵权责任法》第11条还是在第12条规定的情形下,行为者、承担责任者正是实际致害人。

2. 责任人行为与损害结果之间有无因果关系不同。对于共同危险行为,在责任承担者中,由于加害人的不明确,所以难以认定共同危险行为者中何人与损害结果之间存在因果关系,每个行为与损害结果之间的因果关系是模糊的,需要借助因果关系推定的方式为受害人的举证提供便利;而在无意思联络的数人侵权中,无论是累积因果关系的无意思联络数人侵权还是部分因果关系的无意思

---

① 参见王胜明主编:《中华人民共和国侵权责任法释义》,法律出版社2010年版,第429页。

联络数人侵权,责任的承担者均为造成实际损害结果的人,即均为与损害结果存在因果关系的人。以累积因果关系表现的无意思联络数人侵权中,加害人的行为与损害结果之间具有充足的因果关系,而且每个行为都对损害的发生发挥了实际的作用,其中任何一个行为均足以导致损害结果的发生。① 以部分因果关系表现的无意思联络数人侵权中,虽然加害人的各个行为不足以单独导致损害结果的发生,但是数个行为的结合与损害结果发生之间存在明确的因果关系。

3. 责任的承担方式不同。在共同危险行为中,并不知道行为人中谁是真正的致害人,但根据法律规定,所有的共同危险行为人承担连带责任;而在无意思联络的数人侵权中,根据法律规定的不同情形,各行为人可能承担连带责任,也可能承担按份责任。

(三) 与共同侵权行为的区别

共同侵权行为作为狭义的共同加害行为,与共同危险行为一同构成广义的共同加害行为,故两者存在许多的相同之处,如主体的复数性、责任的连带性等等,但是两者亦存在明显的区别,具体体现为如下几点:

1. 致害人是否明确不同。对于共同危险行为,在众多的行为人中,实际的致害人是不明确的;而在共同侵权行为中,致害人亦为多数,但却是明确的,所有的行为人都对受害人实施了具体的加害行为,尽管他们的分工可能存在差别。正如史尚宽先生所言的,"共同危险行为与纯粹之共同侵权行为人不同者,非因全体之行为使其发生损害,惟因其中之某人之行为而使其发生结果,然不知其为谁之时也"②。

2. 有无意思联络不同。在共同危险行为中,各个行为人对加害行为没有共同的意思联络,也缺乏共同的认识。而在共同侵权行为中,数个行为人之间存在共同故意或共同过失。

3. 应承担责任的损害结果不同。在共同危险行为中,各行为人仅对危险行为现实化后产生的损害结果负责,对与实施的危险活动无关的损害不承担连带责任。例如,前述关于饮酒者工地抛掷石头的例子,当饮酒者正在抛掷石头时,行人甲经过被砸中,手臂受伤,甲联想到曾经听说的工地闹鬼之事,而慌忙逃跑,扭伤了脚。饮酒者仅对自己引发损害危险的抛掷行为导致的甲手臂伤害承担赔偿责任,而对之后的甲脚的扭伤不承担赔偿责任,因为后者与该危险行为无关。而在共同侵权行为中,各行为人须对其共同故意或共同过失范围内的所有损害结果承担连带责任。例如,几位朋友大量饮酒后,商议通过共同暴打酒店内另一客人甲来摆脱心中烦闷,在实施共同伤害行为过程中,甲受伤倒地,假装昏厥过

---

① 参见陈聪富:《因果关系与损害赔偿》,北京大学出版社 2006 年版,第 60 页。
② 史尚宽:《债法总论》,中国政法大学出版社 2000 年版,第 175 页。

去,并趁此等饮酒者停止暴打之际,慌忙逃跑而扭伤了脚,此时,数名共同伤害者应当对暴打甲造成的人身损害和之后引发的脚扭伤的损害承担赔偿责任。

4. 免责事由不同。在共同危险行为中,只要确定了实际导致损害结果的致害人就能免除其他行为人的责任;而在共同侵权行为中,在行为的具体实施时可能会有分工,但是由于各个行为人均有与他人协作侵害的意思,所以即使可以确定直接导致损害的行为人(即实行人),其他行为人也不能因此而免除责任。

第二节 共同危险行为的构成要件

一、数人同时或相继实施了共同危险行为

1. 行为人须为数人

这里的数人是指行为人应为两人或两人以上,这是共同危险行为的数量特征,如果仅为一个人实施的行为,即使造成了损害结果的发生,也只是单独侵权行为,而不能称为共同危险行为。

2. 行为在时空上存在密切关联

为了避免共同危险行为的适用被泛化,应将共同危险行为限定在一个合理的范围之内,即仅在各行为人同时或相继实施危险行为的情形下才构成共同危险行为。如果各行为人实施的行为不存在任何时间上、空间上的同一性或密切性,则不构成共同危险行为。例如,几位朋友醉酒爬上工地高层建筑物,其中一人向下抛掷石头,正好砸中值班人的头部,该受害人晕倒。但这些朋友毫不知情,继续饮酒,相继醉倒,只剩一位仍在饮酒,见其他朋友都已醉倒,便无聊地将地上石头踢向醉倒的朋友,想唤醒他们,但因醉酒看不清而误将石头踢到了建筑物外,正好砸在了受伤晕倒的值班人的头上,使他的伤口进一步恶化。前一醉酒者的行为与后一醉酒者的行为并不构成共同危险行为,因为两者的行为在时间上分离而开,不具有同一性或密切性。

另外,值得注意的是,行为人的"实施"并不仅仅包括作为,不作为同样可以构成共同危险行为。例如,有数个采砂人分别在同一条河里采砂,他们在采完后均未履行把河床中坑洼部分回填的义务,使得原来的浅水区变成了深水潭,结果导致受害人在不知情的情况下不小心踩空掉进深水潭中溺亡,现无法查明导致受害人死亡的深潭是何人所为。这时,该数个采砂人的行为也应构成共同危险行为。[①]

---

① 参见王鑫、刘晓燕、张顺强:《挖完砂石不回填,留下后患责难逃》,载《人民法院报》2009年9月30日第9版。

3. 数人的行为须均具有导致实际损害结果的危险性

行为人承担连带责任，必须以其所实施的行为具有导致实际损害结果的危险性为前提。例如，四个人在公路边玩，其中三个人决定比赛谁能将石头扔得最远，于是此三人均努力向公路上扔石子，另一人则负责在远处当裁判。此时，正逢一辆汽车高速驶过，其中的一个石子打破了车窗玻璃，但无法查明是何者扔的石子造成了损害。对于此类情形，依据共同危险行为的规定，投掷石子的三人应承担连带责任，对于充当裁判角色者，不应承担赔偿责任。这是因为在这一例子中，只有投掷石子的三人之行为才具有导致损害结果发生的危险性，充当裁判者并没有实施引发危险的行为，其作为裁判者的行为不具有引致损害结果的危险性，故此人不能视为共同危险行为人，不得要求其承担连带赔偿责任。

二、致害主体具有不确定性

1. 行为人中仅一人或一部分人实际导致损害的发生

共同危险行为中，并非所有行为人的行为都实际导致了损害结果的发生，行为人中仅一人或者一部分人为实际致害人，而其他人的危险行为并未转化为实际致害结果，仍停留在可能导致损害的阶段。因此，如果所有行为人的行为都实际导致损害结果的发生，则不能适用《侵权责任法》第10条关于共同危险行为的规定，只能适用《侵权责任法》第11条和12条关于无意思联络的数人侵权的规定。

2. 无法确定实际的致害主体

实际的致害人不确定是共同危险行为的关键性、最为突出的特征，也是判断是否构成共同危险行为的重要标准。同时，实际致害人不确定还是法律要求共同危险行为人承担连带责任的原因。正如王泽鉴教授所言："损害的发生，确由一人所引起，究为何人，虽无法查明，但数人乃应负连带责任，立法理由，显然在于保护受害人，使不知因难以证明孰为加害人，致不能求偿。诚然，在此种情形，对实际上未为加害而未能证明之人，难免过苛，但若不为赔偿，对被害人，则绝对不利，权衡轻重，法律仍不能不令数人负连带责任。"[①]但是，值得注意的是，并非所有的致害主体不明确的情形都是共同危险行为。例如，前文提及的抛掷物致人损害也属于致害主体不明的情形。因此要构成共同危险行为，除了致害主体不明确这一要件外，还必须同时符合其他构成要件。

三、共同危险行为人之间无意思联络

1. 无意思联络是共同危险行为的消极主观要件

数人的行为要构成共同危险行为，其主观上必须没有意思联络。如果行为

[①] 王泽鉴：《民法学说与判例研究》（第一册），中国政法大学出版社2002年版，第52页。

人之间有意思联络,这时即使实际致害人不明了,行为人的行为也会因为行为人主观上的意思联络而联结为一个不可分割的整体,从而构成狭义的共同侵权行为。正如史尚宽先生所言:"数人通谋,其中一人可认为他人意思之实行或所参与之谋义对其结果有相当因果关系者,其中之下手人虽为不明,仍为纯粹之共同侵权行为人,非此所谓准共同侵权行为人。"①

2. 行为人须是对本意即致损的行为无意思联络

要求共同危险行为人之间无意思联络,针对的仅仅是本意即致损的行为而言的。在具体的案情中,行为人之间对本意非致损的行为有意思联络则不影响共同危险行为的成立。再以上述"投石案"为例,三个侵权人对"比赛扔石子"这一行为是有意思联络的,但是这并不影响构成共同危险行为,因为他们比赛扔石子的目的并非导致汽车受损,也就是说,他们并没有对致损意图存在意思联络。但是如果此三个人决定一起在公路边上扔石子,看看谁扔得比较准,谁能够砸中汽车,结果造成他人汽车车窗玻璃被一石子打破且无法查明实际致害人。在这一情形下,三人之间存在意思联络的行为之本意即为对他人的汽车造成损害,此时三人的行为性质发生了改变,不再符合共同危险行为构成要件,而应认定此三个行为人的行为构成共同侵权行为。

四、数人的危险行为与损害结果存在因果关系

1. 必须有损害结果的存在

赔偿责任的成立须以发生损害结果为前提,因此要求数人的行为要承担连带赔偿责任,必须在客观上造成现实的损害后果。如果各行为人的行为仅仅停留在可能导致损害的危险行为阶段,则不能要求行为人承担侵权损害赔偿责任。例如,甲、乙、丙三人在森林中吸烟,且均未将烟蒂熄灭,结果引发了森林大火,然而事后无法查明大火是三人中何者的行为引起的。对此,显然可以适用共同危险行为的规定。但是如果此三人未熄灭各自的烟蒂而离开,但之后突然下了一场暴雨将烟蒂浇灭了,因此没有造成任何财产损失,此时,不能要求此三人承担损害赔偿责任。

2. 数人的行为作为一个整体与该损害结果存在因果关系

要求行为人承担责任,除了证明有损害结果存在外,还必须证明行为人的行为与损害结果之间有因果关系。作为一种较为特别的侵权行为,共同危险行为的因果关系认定较普通侵权行为的更为复杂。由于共同危险行为中实际致害人不能确定,所以在共同危险行为制度中,并不是考察其中某一个行为人的行为与损害结果是否有因果关系,而应该把所有行为人的共同危险行为作为一个整体

---

① 史尚宽:《债法总论》,中国政法大学出版社2000年版,第175页。

看待,分析其是否与损害结果存在因果关系,由此判断各行为人是否需要承担连带责任。

3. 该因果关系应为择一的、推定的因果关系

(1) 择一的因果关系之合理性

择一的因果关系是相对于累积的因果关系而言的。需要注意的是,这里的"择一"并非特指行为人中仅一人实际致损的情形,还应包括一部分人实际致损的情形。因此,所谓的择一的因果关系,是指数个人的行为均有可能导致结果的发生,但实际致害人仅为其中的一人或部分人。而累积的因果关系,是指数个人行为的结合导致了结果的发生,但其作用比例不明。择一的或选择的因果关系的特征有以下四项:数人独立地、分别地参与了一个对他人权利具有损害危险的行为;这些行为中的一个行为实际造成了损害;每一个行为人的行为都具有造成损害的可能;真正的加害人无法确定。累积的因果关系的特征主要有以下四项:数人独立地、分别地参与了一个对他人权利具有损害危险的行为;损害乃是其中的一个行为实际造成的,或者多个行为共同造成了损害;每一个人的行为都具有造成全部损害的可能;每一个参与人实际的加害部分无法明确。[1]

对于共同危险行为的因果关系属于择一的因果关系还是累积的因果关系,学术界存在争议。但通说认为共同危险行为的因果关系以择一的因果关系作为判断标准为宜,而不包括累积的因果关系。因为在累积的因果关系中,数个人行为的结合导致结果的发生,此数个行为人均是致害人,故致害人是明确的,尽管各致害人的致害行为对损害发生的作用比例不能确定,但这与共同危险行为"致害人不明"的特征是不相符的。而且,通说认为共同危险行为仅针对侵害人不明的情形,而累积的因果关系主要适用于加害份额不明确的情形,所以不宜运用于共同危险行为的因果关系判断之中。

(2) 推定的因果关系之合理性

所谓因果关系的推定,就是指在损害发生后,数个行为人都有可能造成损害,但又不能确定谁是真正的行为人时,法律从公平正义和保护受害人的角度出发,推定每个人的行为与损害之间都具有因果关系。[2] 在推定的因果关系中,数个行为人的行为与损害结果之间的因果关系不是必然的,而是法律推定的,即有可能部分行为人的行为与损害结果之间事实上不存在因果关系,只是法律为了解决责任承担而作出因果关系的推定。

共同危险行为的因果关系应属于推定的因果关系。在共同危险行为人中,

---

[1] 参见程啸:《论共同危险行为的构成要件——以〈侵权责任法〉第 10 条为中心》,载《法律科学》2010 年第 2 期,第 131 页。

[2] 参见王利明:《侵权行为法研究》(上卷),中国人民大学出版社 2004 年版,第 742 页。

只有一人或一部分人的行为与损害结果之间具有客观上的因果关系。按照通常的侵权法原理,只有能得以证实的因果关系才能作为追究法律责任的依据。如果危险状况引发者的行为与损害结果之间的因果关系无法得到证实,则该行为人对损害结果不承担赔偿责任。在共同危险行为中,如果坚持传统的必然因果关系说,则会引发一个不公平的问题,即可能会因为真正的致害人不明确而无法认定损害与何者行为之间存在因果关系,从而导致受害人的损害无法得到填补,这显然是不合理、非正义的。运用推定因果关系说可以妥善地解决这一难题,法律推定各共同危险行为人的行为均为致害的原因,从降低了受害人的举证难度,为受害人的权益损失提供了有效的救济途径。从我国《侵权责任法》第10条的规定看,目前我国法律采取的正是推定的因果关系理论。

第三节 共同危险行为的责任承担

一、共同危险行为的责任承担

共同危险行为的法律责任包括两个方面:一是对外的责任承担,即全体共同危险行为人与受害人之间的赔偿责任关系;二是对内的责任分担,即共同危险行为人之间的责任分担和追偿关系。

(一)对外的责任承担

1. 各共同危险行为人对外应承担连带责任

共同危险行为与共同侵权行为的责任承担方式相同,行为人都应当向受害人承担连带赔偿责任。世界绝大多数国家或地区均认为共同危险行为人对受害人承担的是连带责任。对于受害人的损失,所有共同危险行为人作为一个整体负有赔偿义务,同时,每一个共同危险行为人亦负有全部赔偿的义务。受害人既可以向所有行为人主张赔偿责任,也可以向其中任何一人或一部分人主张全部赔偿责任。各行为人关于责任分担比例的约定仅对内部有效,而不能对抗受害人。在受害人完全受偿的情况下,受害人与共同危险行为人之间债权债务关系消灭。

2. 令非实际致害人承担责任的理论依据

在共同危险行为中,有些行为人实际上并没有造成损害结果,要使这些没有造成损害的人承担责任,主要是基于以下两种理论:

(1)利益权衡理论——侧重保护受害人

所谓利益衡量,也称法益衡量,是指在法律所确认的利益之间发生相互冲突时,由法官对冲突的利益确定其轻重而进行的权衡与取舍活动。[①] 美国著名大

[①] 参见胡玉鸿:《关于"利益衡量"的几个法理问题》,载《现代法学》2001年第4期。

法官霍姆斯认为,"社会利益的责任是一个法官不可回避的责任,为达到这一点,就要承认司法判决中存在不关联性,甚至不可认识性","应从法律之外……法律后面的社会利益来解决实际的法律问题"。① 在共同危险行为中,实际致害人是不明的。法律经过详细的考量,通过对无辜的被害人与可能引发危险而未实际造成损害的行为人的利益进行权衡,最终选择了保护受害人的利益。这是因为,与其让一个受害者孤立无助,不如集合所有可能引发危险者的财力来救济被侵害者的权益。

(2) 危险控制、预防理论

危险控制理论即"谁能够控制、减少危险谁承担责任"的规则。把风险分配给最有可能避免损害发生的人,这样既可以起到威慑作用,又符合效率原则。在共同危险行为中,一般情况下,无辜的受害人很难预见、预防危险的存在和损害的发生。监督者控制潜在危险的义务通常来源于他对危险源的控制能力。② 共同危险行为人是危险行为的实施者,是损害发生的来源,他们通常可以预见并有能力控制危险源,防免损害的发生。由共同危险行为人承担责任可以对他们起到警示、威慑作用,促使他们谨慎从事,从而达到预防和减少危险行为的目的,进而从源头上避免了损害的发生。

3. 共同危险行为人承担连带责任的意义

第一,连带责任制度的适用符合设置共同危险行为制度的初衷。连带责任制度具有转移和分散风险的作用。一方面,连带责任将由受害人承担的风险转移给了共同危险行为人,更有利于填补受害人的损害;另一方面,连带责任制度将受害人自行承担赔偿不能的风险转化为由共同危险行为人承担内部求偿不能的风险。对部分行为人丧失清偿能力的风险的不同分配方式恰恰是连带责任制度与按份责任制度最大的区别。这样的制度设计更有利于加强对受害人利益的保护,与共同危险行为制度的创设宗旨正好是吻合的。

第二,从一定程度上说,共同危险行为的特性决定了连带责任制度的适用。根据侵权法基础理论,通常只有在各行为人对损害结果的责任比例明确时才能适用按份责任制度。而在共同危险行为中,实际致害人无法确定,更谈不上各行为人对于损害结果的责任比例的确定了,因此难以适用按份责任制度。正是由于共同危险行为的这一特性,决定了其责任承担应适用连带责任制度。连带责任制度在共同危险行为中的适用,能维护法律原则的一致性。

---

① 转引自徐爱国、李桂林、郭义贵:《西方法律思想史》,北京大学出版社 2002 年版,第 282—283 页。

② 参见〔德〕克雷斯蒂安·冯·巴尔:《欧洲比较侵权行为法》,焦美华译,法律出版社 2001 年版,第 269 页。

（二）对内的责任分担

1. 共同危险行为人之间内部责任份额的划定

对于共同危险行为人之间内部责任的划定，我国大部分学者都持"平均分担说"的观点。该说认为各共同危险行为人应当平均分担共同危险行为引发的责任，各人以相等的份额对损害结果负责。理由在于："在共同危险行为中，不知孰为实际致害人，各行为人致受害人损害的概率相等，且由于共同危险行为责任的不可分割性，所以决定了共同危险行为人在责任承担上，一般是平均分担，个人以相等的份额对损害结果负责"[①]。但也有一些学者主张"就诸多因素综合评价，决定责任分担的份额"。理由在于：在实践中，每个危险行为人的行为往往具有不同的致害概率；各个行为人在主观上相对于危险行为而言可能具有不同的心理态度，比如共同危险行为人中有的是故意，有的则是过失，而且即便都是出于过失，其过错程度也有所不同。[②]

本书认为这两种观点均有其合理之处，应适当综合加以应用，即共同危险行为人内部的责任承担应采用"以比例分担为原则，平均分担为补充"的规则。而且在同一部法律中，不宜出现表达相同却含义有别的法律术语，从维护法律规定整体性、一致性角度出发，共同危险行为人所承担连带责任，应与我国《侵权责任法》第14条所阐释的连带责任同义。故对共同危险行为内部责任的分担应为，共同危险行为人先根据各自责任大小确定相应的赔偿数额，即比较共同危险行为人的过错、原因力大小来确定相应的责任范围；责任大小难以确定的，才由共同危险行为人平均承担赔偿责任。

2. 超额清偿的行为人的追偿

根据我国《侵权责任法》的规定，超额清偿的行为人有权向其他连带责任人追偿。超额清偿者可以通过行使追偿权来填补自己超额承担责任的部分。应承担责任而未支付赔偿金额的共同危险行为人，应当根据自己的责任份额补偿已承担赔偿责任的共同危险行为人因超额赔偿而遭受的损失。

对于行为人是否必须在履行全部赔偿义务后才能追偿这一问题，学者们存在不同的观点。有的学者认为，只有在共同危险行为人中的一人或一部分人承担了全部赔偿义务后，才有权向其他共同危险行为人追偿。而有的学者则认为，一个或一部分共同危险行为人承担的赔偿义务超过其应负担的份额后即可发生求偿权。[③]

本书认为，如果采用第二种观点，会导致共同危险行为人之间的反复相互求

---

① 曹险峰、刘丽丽：《论共同危险行为》，载《法制与社会发展》2000年第6期。
② 参见崔世君、何建辉：《共同危险行为相关问题探讨》，载《延安大学学报》2004年第1期。
③ 参见于敏：《日本侵权行为法》，法律出版社1998年版，第286页；原永红：《论共同危险行为》，载《法学论坛》2000年第4期。

偿,却不能很好地保证受害人的损失得到及时的填补。第一种观点较为合理,虽然有时这一做法可能对已经履行了赔偿责任的共同危险行为人有所不利,使得只有在承担了全部赔偿责任后,承担责任者才可以向其他人追偿;但是恰恰是这样的设计才能实现创设连带责任制度的价值。而且这一做法,也避免了共同危险行为人之间的反复相互求偿。我国《侵权责任法》采纳了第一种观点,在一个或者数个连带责任人清偿了全部赔偿数额后,支付了赔偿费用的连带责任人有权向其他连带责任人追偿。[1] 追偿权的行使须具备三个条件,即责任人实施了清偿或者其他财产支出行为;责任人的行为使其他责任人的债务消灭;责任人承担了超出自己的赔偿数额的责任。追偿权在共同危险行为人内部责任关系中具有相当重要的作用,它可以保障共同危险行为人内部合理分担风险,避免本应承担责任者逃脱责任。

二、部分共同危险行为人的免责事由

在共同危险行为中,如果行为人能够证明实施侵权行为有合法或不可归责的理由,或损害是由受害人故意行为造成的,均可以免责。但是对于共同危险行为人是否可以通过举证证明自己不是实际致害人而免责的问题,学界存在两种观点:

其一为肯定说。该学说主张,只要数人中有人能够证明自己的行为与被害人的损害结果之间没有因果关系,也就证明了自己不是实际致害人,即使在其他人中仍然不能确知谁为实际致害人,也应当将该人排除在共同危险人之外,使其免除责任。[2]

其二为否定说。该学说认为行为人不能通过提供证据证明损害结果不是由其行为造成的而免责,而是必须在证明了谁是真正的致害人之后方可免责,这一方式能更加有力地保护受害人的利益。[3]

上述两种不同的观点,都有一定的道理,其中否定说更有利于对受害人的权益予以救济。从我们目前的立法看,《最高人民法院关于民事诉讼证据的若干规定》第 4 条第 1 款和《最高人民法院关于审理人身损害赔偿案件适用法律若干问题的解释》第 4 条第 2 款的规定采纳了肯定说,而后来的《侵权责任法》则更加倾向于采用否定说。

这一转变的理由在于:其一,在民事诉讼中,证据证明的标准是一种盖然性标准。其依据的是法律真实,而非客观真实。因此,如果共同危险行为人之一有证据证明自己的行为和损害结果没有因果关系,虽然不充分,但其所提供的证据

---

[1] 参见王胜明主编:《中华人民共和国侵权责任法释义》,法律出版社 2010 年版,第 77 页。
[2] 参见史尚宽:《债法总论》,中国政法大学出版社 2000 年版,第 176 页。
[3] 参见郑玉波:《民法债编总论》,台北三民书局 1998 年版,第 165 页。

的证明力明显大于受害人所提供的,使法官建立确信并对证明力较大的证据予以确认,从而认定危险行为人没有实施侵害行为的事实。如此的证明标准有可能使所有参与实施共同危险行为的人通过证明自己的行为和损害后果没有因果关系,从而逃脱责任。于是其结果可能是,损害事实客观存在,但是每个行为人都证明自己不是真正的致害人,而无须承担责任,致使被害人无法得到任何赔偿,从而背离了设立共同危险行为制度的目的。因此,只有证明谁是真正的致害人才能适用责任免除的规则,更能彰显设立共同危险行为制度的价值,保障设置这一制度的初衷得以实现。

其二,从实际情况看,各行为人最了解共同危险行为的产生和发展过程,因此有能力证明谁是加害人,从而有利于查明事实真相。[①] 相对于受害人而言,行为人距离危险行为更近,较为容易举证证明他们之中谁实施了实际的加害行为,而允许行为人通过证明自己不可能是加害人以免除责任,可能导致法官过大的自由裁量权、行为人过于轻易地逃脱责任,使得受害人难以得到救济。故而共同危险人能够证明自己并非加害人并不能免除其责任,否定说的做法更有益于促进当事人揭示事实真相。

因此,司法实践中应当适用《侵权责任法》的相关规定,而不再适用效力层次较低且较为不合理的最高人民法院的相关司法解释。

---

① 参见郑玉波:《民法债编总论》,台北三民书局 1998 年版,第 165 页。

第六章 不承担责任和减轻责任的抗辩事由

第一节 抗辩事由的概念和分类

一、抗辩事由的概念

抗辩事由,是指被告针对原告的侵权诉讼请求而提出的、证明原告的诉讼请求不成立或者不完全成立的事由。

在《侵权责任法》中,抗辩事由是针对承担侵权责任的请求权而提出来的,因此,抗辩事由又称为免责或者减轻责任的事由。① 我国《侵权责任法》第三章所规定的"不承担责任和减轻责任的情形"可视为学理上所称的抗辩事由。

我国立法对侵权责任的免责事由采取了"一般法加特别法、一般规定加特别规定"的立法模式。② 这里的一般法是指《侵权责任法》,其第5条规定:"其他法律对侵权责任另有特别规定的,依照其规定。"这意味着,《侵权责任法》规定的抗辩事由具有一般法的特征,当特别法对特殊领域作出另行规定的,应先适用特别法的规定。例如,《海洋环境保护法》第92条规定:"完全属于下列情形之一,经过及时采取合理措施,仍然不能避免对海洋环境造成污染损害的,造成污染损害的有关责任者免予承担责任:(一)战争;(二)不可抗拒的自然灾害;(三)负责灯塔或者其他助航设备的主管部门,在执行职责时的疏忽,或者其他过失行为。"该条规定的三种免责事由,不因《侵权责任法》的规定而丧失法律效力。

《侵权责任法》第三章是关于所有侵权责任的抗辩事由的规定,属于一般性规定,即受害人的过错、第三人的过错、不可抗力、正当防卫、紧急避险等(《侵权责任法》第26—31条)。同时,《侵权责任法》在一些特殊侵权中也规定了特殊抗辩事由,如《侵权责任法》第60条、第70条、第71条、第72条和第78条等,这些均属于特别规定,它们应该优于一般规定予以适用。

二、抗辩事由的分类

抗辩事由分为法定抗辩事由与非法定抗辩事由。法定抗辩事由,是指为我国法律所明文规定的抗辩事由,包括受害人过错、第三人过错、不可抗力、正当防

---

① 参见王利明、杨立新:《侵权行为法》,法律出版社1997年版,第76页。
② 参见程啸:《侵权责任法》,法律出版社2011年版,第214页。

卫、紧急避险等;非法定抗辩事由,是指我国立法未明确加以规定、然我国司法实践或理论已普遍认可的抗辩事由,包括职务授权行为、受害人的同意、自甘冒险、自助行为、意外事件等。

各种抗辩事由能否运用于具体案件,则应当根据具体案件和法律的具体规定来确定,不能一概而论。在某些侵权样态中,有些抗辩事由就不能得以适用或被限制适用。

第二节　法定抗辩事由

一、受害人过错

受害人过错,是指由于受害人的过错导致损害的发生或扩大。侵权损害中,损害在一般情况下是由于加害人过错造成的,但是受害人在侵权损害中也常常存在过错。如果加害人与受害人都有过错,则构成减轻责任的事由,仅有受害人的过错,则构成加害人免除责任的事由。

实践中,基于不同的现实情况,以受害人过错作为抗辩事由的法律后果是不一样的,可以分为两种情形加以分析。

（一）受害人存在过失

受害人存在过失作为抗辩事由,应根据具体情况加以分析。在过错责任中,如果受害人的过失是损害发生的唯一原因,则构成免除责任的事由;如果对损害的发生,受害人具有重大过失,而加害人只具有轻微过失,亦可能构成免除责任的事由;如果受害人有过失,加害人亦有过错,则一般构成减轻责任的事由,即通常所说的过失相抵。

1. 过失相抵的概念

过失相抵,亦称"与有过失",是指对于加害人行为造成的损害结果的发生或扩大,受害人也有过失的情形。绝大多数国家均承认与有过失作为责任减免的事由,我国《侵权责任法》第26条也作了明确规定。

确立过失相抵目的在于促进公平正义的实现,激励受害人采取防范措施。首先,在现今民事诉讼制度中,关于因果关系之认定,只许认定全部有因果关系,或完全无因果关系,而不许认定部分有因果关系。过失相抵制度,正足以救济或调整此种僵硬观念所造成的偏差,以实现公平裁判之目的。[①] 其次,当受害人因自身的过失促成损害的发生或扩大之时,应允许将损害在侵权人和受害人之间进行必要的比例分配。这种考虑也符合公平正义的观念,如果说多个加害人的

---

① 参见曾隆兴:《详解损害赔偿法》,中国政法大学出版社2004年版,第429页。

行为共同促成损害的出现,这些加害人要承担连带责任或者是按份责任,即加害人和受害人的行为是共同促成损害的原因,那么在他们之间也应该对责任进行分配。

2. 过失相抵的构成要件

过失相抵的构成应具备如下要件:

(1) 受害人对损害的发生或者扩大亦存在过错。只有当受害人对于损害的发生或者损害结果的扩大存在过错时,才能适用过失相抵制度。否则,即使损害发生或者损害结果的扩大是因受害人的行为所导致,也不能通过适用过失相抵制度来减轻加害人的责任。关于受害人过错的判断仍然应该遵循过错判断的一般标准。

(2) 受害人自身的行为是损害发生或者扩大的共同原因。所谓共同原因是指受害人的行为与加害人的行为共同作用,促成了一个损害结果的发生或者扩大,或者是受害人的行为作用于已经发生的损害结果上,使其继续扩大。就损害结果发生而言,若要构成过失相抵,受害人的行为应是不可或缺的共同原因之一;这里的共同原因,既包括损害本身发生的原因,也包括助成损害事实发生的原因。就损害结果扩大而言,则受害人的行为可以是共同原因,也可以是单独原因。

3. 过失相抵的适用

过失相抵原则主要在过错责任中适用,如果加害人因故意或者重大过失导致他人损害,而受害人仅存在一般或者轻微过失时,不适用过失相抵原则。对于在无过错责任中是否可以适用过失相抵原则,学者们曾存在较激烈的争论。但现在一般认为,受害人过错是一个普遍的抗辩事由,适用范围包括过错责任案件和无过错责任案件。[①] 本书认为,应根据法律的具体规定,在无过错责任案件中,有区别地运用过失相抵原则。过失相抵原则在无过错责任中的适用情况主要有以下三种:

第一,法律规定不适用过失相抵原则的情形。根据《侵权责任法》第70条的规定,仅战争和受害人故意可作为民用核设施经营者的免责事由,受害人过失,即使是重大过失,也不能减轻民用核设施经营者的责任。

第二,法律规定仅受害人存在重大过失才适用过失相抵的情形。根据《侵权责任法》第72条的规定,占有或者使用易燃、易爆、剧毒、放射性等高度危险物造成他人损害的,占有人或者使用人只有证明受害人对损害的发生存在重大过失的前提下,才可以适用过失相抵,加害人才可以因此减轻责任。受害人仅为一般过失的,加害人不得减轻责任。

---

① 参见张新宝:《侵权责任法》,中国人民大学出版社2011年版,第78页。

第三,法律规定受害人存在一般过失也可以适用过失相抵原则的情形。《侵权责任法》第 73 条规定:"从事高空、高压、地下挖掘活动或者使用高速轨道运输工具造成他人损害的,经营者应当承担侵权责任,但能够证明损害是因受害人故意或者不可抗力造成的,不承担责任。被侵权人对损害的发生有过失的,可以减轻经营者的责任。"

过失相抵的实行,可分为两个步骤,一是比较过错,二是比较原因力。比较过错,是指通过确定并比较加害人和受害人的过错程度,从而决定相关责任的承担和责任的范围。就比较原因力而言,较新研究成果表明,受害人的原因力也应该是影响侵权人责任的重要因素。尽管过错较之原因力在侵权法上更具有规范意义,但考虑到过错推定责任中过错大小难以确定,无过错责任中责任构成不考虑侵权人的过错,原因力考量在整个侵权责任法领域内日渐重要。[①] 所谓原因力,是指在构成损害结果的共同原因中,每一个原因行为对于损害结果发生或扩大所发挥的作用力。加害人和受害人双方的行为造成与有过失中的损害结果,这两种行为对于同一个损害结果来说,是共同原因,每一个作为共同原因的行为都对损害事实的发生或扩大具有原因力。原因力对于与有过失责任范围的影响具有相对性,它受到双方过错程度的约束或制约。此种相对性的决定作用,主要表现在以下三个方面:第一,在当事人双方的过错程度无法确定时,应以各自行为的原因力大小,确定各自责任的比例。第二,在当事人双方的过错程度相当时,各自行为的原因力大小对赔偿责任起微调作用。第三,在加害人依其过错应承担主要责任或次要责任时,双方当事人行为的原因力起微调作用:原因力相等的,依过错比例确定赔偿责任;原因力不等的,依原因力的大小相应调整主要责任或次要责任的责任比例,确定赔偿责任。

(二)受害人故意

1. 受害人故意的构成要件

根据《侵权责任法》第 27 条的规定,损害如果是由于受害人故意造成的,则行为人不承担责任。受害人故意构成免责事由,应具备以下几项要件:

(1)受害人知道自己的行为会让自己遭受损害后果却仍然追求或放任这一结果的发生。受害人对损害结果的发生所持有的故意,可以是直接故意,亦可以是间接故意。例如,受害人万念俱灰欲自杀,正好看到高压电线,遂爬上电线杆并用手触高压线,导致触电而亡。受害人的直接故意构成电力公司的免责事由。再如,受害人食不果腹,遂盗割高压电线欲卖钱,被高压电流击伤。受害人的间接故意可构成电力公司的免责事由。

(2)受害人的损害完全是因为自己的故意造成的,即受害人的故意行为是

[①] 参见杨立新:《中华人民共和国侵权责任法草案建议稿及说明》,法律出版社 2007 年版,第 287 页。

损害后果发生的唯一原因,排除了加害人的过错。如果受害人对损害结果发生存在故意,而加害人对此亦存在故意或重大过失,则应适用《侵权责任法》第26条关于过失相抵的规定。例如,甲打算在高速公路上自杀,乙酒后驾车,其所驾驶的车辆严重超速,并且未对甲采取任何的避让措施,导致甲被撞身亡。此时,应适用过失相抵,乙应当对甲死亡的后果承担部分的赔偿责任。

2. 受害人故意的适用

受害人故意作为免责事由可以适用于过错责任,亦可适用于无过错责任。根据《侵权责任法》的规定,适用无过错责任的情形包括:第70条:"民用核设施发生核事故造成他人损害的,民用核设施的经营者应当承担侵权责任,但能够证明损害是因战争等情形或者受害人故意造成的,不承担责任。"第71条:"民用航空器造成他人损害的,民用航空器的经营者应当承担侵权责任,但能够证明损害是因受害人故意造成的,不承担责任。"第72条:"占有或者使用易燃、易爆、剧毒、放射性等高度危险物造成他人损害的,占有人或者使用人应当承担侵权责任,但能够证明损害是因受害人故意或者不可抗力造成的,不承担责任。被侵权人对损害的发生有重大过失的,可以减轻占有人或者使用人的责任。"第73条:"从事高空、高压、地下挖掘活动或者使用高速轨道运输工具造成他人损害的,经营者应当承担侵权责任,但能够证明损害是因受害人故意或者不可抗力造成的,不承担责任。被侵权人对损害的发生有过失的,可以减轻经营者的责任。"第78条:"饲养的动物造成他人损害的,动物饲养人或者管理人应当承担侵权责任,但能够证明损害是因被侵权人故意或者重大过失造成的,可以不承担或者减轻责任。"

二、第三人过错

(一)概念和构成要件

第三人过错,是指受害人和加害人之外的第三人对受害人损害的发生或扩大存在过错,此时加害人可以主张减轻或者免除责任。《侵权责任法》第28条规定:"损害是因第三人造成的,第三人应当承担侵权责任。"以第三人过错作为抗辩事由必须符合以下条件:

1. 过错主体是第三人。第三人是指加害人和受害人以外的第三人,而且该第三人与加害人不存在法律上应负责任的关系,否则就可能产生替代责任的问题。

2. 第三人与当事人没有过错联系。这意味着第三人过错仅指第三人自己的过错,他与加害人之间不存在共同故意或共同过失,否则就可能产生共同侵权的问题,而不是减免责任的问题。

3. 第三人的行为具有违法性。第三人不仅具有过错,而且实施了某种损害他人合法权益的行为,即其行为有违法性。

4. 第三人的行为构成损害发生或扩大的原因。只有在第三人的行为与损害发生或者扩大存在因果关系时,加害人才可以第三人过错为抗辩主张减轻或者免除侵权责任。

(二) 第三人过错的法律后果

第三人过错的法律后果究竟是减轻还是免除加害人的赔偿责任,应区分不同情况:

1. 损害的发生完全是由第三人的过错行为引起的,由第三人单独承担责任,加害人免除责任。《民法通则》第127条和《侵权责任法》第28条均作出了明确规定。此时,第三人的行为构成一种替代原因从而中断了原行为人与损害后果之间的因果关系,因此侵权人可免予承担责任。①

2. 当第三人和加害人对于损害的产生或扩大都有过错时,根据不同情形可以按过错程度或原因力大小适当地减轻加害人责任的事由:(1)如果第三人的过错是损害发生或者扩大的主要原因,则减轻或免除加害人的大部分民事责任。(2)如果第三人的过错是损害发生或扩大的一般原因,减轻加害人相应部分的民事责任。(3)如果第三人的过错是损害发生或扩大的次要原因,应根据具体情况较少减轻或不减轻加害人的民事责任。

3. 第三人过错与共同侵权的关系:(1)行为人与第三人存在故意或过失,共同实施侵权行为造成他人损害的,应当承担连带责任,而不能主张第三人过错的抗辩事由。(2)行为人与第三人实施危及受害人人身、财产安全的行为,但无法确定具体加害人是行为人还是第三人,行为人与第三人应承担连带责任。行为人不能以第三人的行为作为抗辩事由。(3)行为人与第三人分别实施侵权行为造成同一损害,而行为人或第三人的行为均足以造成全部损害,此时,行为人与第三人承担连带责任。行为人不能以第三人行为的存在主张减轻或免除自己的责任。

(三) 第三人过错的适用范围

以第三人过错作为抗辩,可以认为是因果关系理论和过错责任理论的延伸,因此它一般适用于过错责任的侵权案件。在无过错责任领域,法律对第三人过错的效力作了特别规定的,从其规定。例如,《侵权责任法》第68条规定:"因第三人的过错污染环境造成损害的,被侵权人可以向污染者请求赔偿,也可以向第三人请求赔偿。污染者赔偿后,有权向第三人追偿。"《侵权责任法》第83条规定:"因第三人的过错致使动物造成他人损害的,被侵权人可以向动物饲养人或者管理人请求赔偿,也可以向第三人请求赔偿。动物饲养人或者管理人赔偿后,有权向第三人追偿。"

---

① See Bryan A. Garner, Black's Law Dictionary(8th Edition), Thomson West, 2004, pp.234—235.

三、不可抗力

(一) 不可抗力的概念与分类

不可抗力是各国立法通行的减轻或者免除加害人侵权责任的抗辩事由。对于不可抗力的界定主要有三种学说：主观说认为应该以被告的预见能力和抗御能力作为判断标准，被告如果已尽了最大注意仍然不能防止损害后果的发生，即认定为不可抗力。客观说认为应该以事件的性质及外部特征为标准，凡属于一般人无法抗御的重大外来力量为不可抗力。折中说则既承认不可抗力是一种客观的外部因素，也强调当事人以最大的注意预见不可抗力，以最大的努力避免和克服不可抗力。[①]《民法通则》规定，不可抗力是指不能预见、不能避免并不能克服的客观情况。可见，我国立法是采取折中说的观点。

我国立法没有对不可抗力作出类型的规定，依据学理通说，不可抗力可以分为三类：第一类是自然原因的不可抗力。如达到一定强度的地震、台风、洪水、海啸、火山爆发、雪崩等。绝大多数国家或地区立法和理论都对此类不可抗力予以认可。第二类是社会原因的不可抗力。不少国家和地区的立法与理论主张某些社会现象可以构成不可抗力，如战争、罢工、武装冲突等。第三类是国家原因的不可抗力。有时国家行使行政、司法职能的行为会导致当事人损害的发生或者扩大，如果当事人对此等行为无法预见、不能避免并不能克服，则可以构成不可抗力。

(二) 不可抗力的构成要件

不可抗力作为一种抗辩事由，应符合以下两项要件：

1. 不可预见

不可预见应以一般人的预见能力和现有的技术水平为根据。在具体衡量时，并不是以某一特定的人的预见能力作为标准，而是以一个合理谨慎之人的认识能力加以判断。对于专业领域的人的判断，应以该领域具备相应知识技能的人所应有的认识能力加以判断。在判断预见性时还要结合现有的技术水平，人们对某些事件的预知能力受所生存时代的科学技术水平之限制。有些事件在过去认为是不可预见的，但随着科学技术的进步，现在已可预见，因此应以当前的科学技术水平来判断预见的可能性。

2. 不能避免且不能克服

不能避免且不能克服，是指当事人已经尽到了最大的努力和采取了一切可以采取的措施，但仍无法避免某种事件的发生并克服这一事件所造成的损害结果。它表明这一事件的发生和这一事件所造成的损害后果具有必然性，超出了

[①] 参见张新宝：《侵权责任法》，中国人民大学出版社2011年版，第75页。

当事人可以控制的范围。

（三）不可抗力的法律后果

不可抗力对损害发生或扩大的原因力不同，其所产生的抗辩效果也有差异：（1）不可抗力是损害发生或扩大的唯一原因，当事人可以免除责任。（2）不可抗力只是损害发生的部分原因，当事人对损害的发生或扩大也有过错的，不能依不可抗力免除责任，一般只能根据其原因力的大小，适当减轻责任。

在无过错责任中，不可抗力作为抗辩事由的法律后果应该由法律直接作出规定，有时不可抗力并不能作为免责事由。例如，根据《侵权责任法》第70条的规定，民用核设施发生核事故造成他人损害的，只有证明损害是因战争或者受害人故意造成的，才可以免责，不可抗力不是免责理由。

四、正当防卫

（一）正当防卫的概念

正当防卫，是指为了保护公共利益、他人或本人的合法权益免受正在进行的不法侵害，行为人针对加害人所采取的必要的保护性措施。正当防卫作为一种保护性措施，是一种合法行为，因此，因正当防卫造成的损害，防卫人不负赔偿责任。《侵权责任法》第30条对此作出了规定："因正当防卫造成损害的，不承担责任。正当防卫超过必要的限度，造成不应有的损害的，正当防卫人应当承担适当的责任。"

（二）正当防卫的构成要件

1. 实施正当防卫的前提是存在不法的侵害行为

正当防卫针对的是正在发生的不法的侵害行为。不法的侵害行为是对法律所保护的权利、利益的损害行为，这种行为既可以是犯罪行为，也可以是其他违法的行为，对于合法的行为不存在正当防卫的行使。该行为的侵害性必须是现实存在的，而不是臆想或推测的。正当防卫的实施应当是在不法侵害行为已经开始并且尚未结束的时间内进行。尚未发生的侵害、已经实施终了的侵害，抑或实施者已经自行终止的侵害都不能成为正当防卫的对象。

2. 正当防卫应当针对不法侵害人本人实施

正当防卫仅能针对实施不法侵害行为的本人进行，而不能对其家属或其他第三人实施。因为正当防卫的目的是及时有效地制止正在进行的不法侵害，而达到这一目的最直接有效的方法就是对不法侵害行为的直接实施者采取必要的防卫措施。而且，合法权益受到不法侵害是正当防卫可以实施的前提，第三人并没有实施不法侵害行为，当然不能对其进行防卫。正当防卫可以针对不法侵害人的人身实施，也可以针对不法侵害人的财产实施。这里所指的财产必须是加害人用于实施不法侵害的财产以及有助于直接制止不法侵害行为的财产。

3. 正当防卫必须以保护合法权益为目的

防卫人在进行正当防卫时必须以保护公共的、他人的或本人的权益为目的。如果行为人为了侵害他人,先对其进行挑拨、激怒,然后以正当防卫为名实施侵害行为,则属于防卫挑拨,构成侵权。在相互的非法侵害行为中,如打群架,因为行为人都有侵害他人的不法目的,因而一般不能认为其中一方或双方属于正当防卫。

4. 正当防卫不能超过必要限度

正当防卫的程度原则上应与不法侵害的程度相适应,正当防卫超过必要限度的构成防卫过当。如何确定和理解正当防卫的必要限度,学术界有不同的学说。多数意见认为,从权衡各方利益的角度考虑,既有利于维护防卫人的权益,也要考虑到对不法行为人的合法权益的保护,防卫行为应以足以制止不法侵害为必要限度。如果为了一个较小的合法利益而采取造成巨大损失的防卫方式,则可认为该防卫行为超过了必要限度。从防卫的时间上讲,对于侵权人已经被制服或者侵权人已自动停止侵权行为的,防卫人不得再行攻击行为;从防卫手段来讲,能够用较缓和手段进行有效的防卫之情况下,不允许用激烈手段进行防卫。对于没有明显危及人身、财产等重大利益的不法侵害行为,不允许采取造成重伤等手段对侵权人进行防卫。

(三) 防卫过当的责任

正当防卫超过必要的限度,行为人要承担适当的责任。适当责任,是指行为人并非对全部的损害后果承担全面赔偿责任,正当防卫人仅在造成的损失范围内承担部分的责任。在具体判定责任大小时,应当根据案件的具体情况,综合考察行为人在实施过当防卫措施时的处境、行为人的过错程度、行为实施的强度、该行为欲保护的利益大小等因素来确定赔偿的范围。

五、紧急避险

(一) 紧急避险的概念

紧急避险,是指为了使社会公共利益、自身或者他人的合法权利免遭正在发生的、实际存在的危险,迫不得已所采取的以造成他人较少损害来避免遭受较大损害的紧急行为。《侵权责任法》第31条规定:"因紧急避险造成损害的,由引起险情发生的人承担责任。如果危险是由自然原因引起的,紧急避险人不承担责任或者给予适当补偿。紧急避险采取措施不当或者超过必要的限度,造成不应有的损害的,紧急避险人应当承担适当的责任。"

紧急避险与正当防卫有三点主要的区别:一是危险来源的差别。正当防卫针对的危险来自于他人的不法侵害行为,而紧急避险的危险既可能是由他人的行为造成的,也可能由自然原因引起的。二是施加对象的不同。正当防卫行为只能施加于不法侵害行为人本人,而紧急避险施加于第三人,造成第三人人身或财产的损失。三是法律效果的差异。正当防卫没有超过必要限度的,行为人不承担赔偿责任,而即使是在必要限度内的紧急避险,避险人也可能要给予受害的第三人一定的补偿。

紧急避险有两类:其一是由自然原因引起的紧急避险,即由与人的行为无关的客观原因,如台风、地震、海啸等引发的紧急避险;其二是由人的原因引起的紧急避险,即由除紧急避险人、受害人之外的第三人的行为引发的紧急避险。

(二) 紧急避险的构成要件

紧急避险必须具备以下构成要件:

1. 危险必须正在发生

紧急避险人只能针对正在发生,并威胁着公共的、本人或者他人的利益的危险,采取必要的紧急措施。对于非现实的、虚幻的、假想的、尚未发生的、只有极小可能性的、非急迫的危险,均不得采取紧急避险的措施。

2. 采取避险措施必须是不得已的

所谓不得已,是指采取的措施是避免危险所必要的,在两种合法权益无法同时得以保全的情形下,只能通过舍弃一种较小权益的方法来保全较大的权益。

3. 避险行为不得超过必要的限度

紧急避险行为所引致的损害原则上应小于所避免的损害,否则,避险行为就超过了必要限度。对于必要限度的认定应当综合权衡将要保护的利益与实施紧急避险行为将要损害的利益的轻重来判断,即"两利相权从其重,两害相权取其轻"。如果其所保护的利益大于其所造成的损害,则认为紧急避险符合必要限度;反之,则认为紧急避险超过了必要限度。如果两种权益均为财产性质的,可以通过计算具体财产金额的办法来加以比较;如果其中之一权益为人身性质的,则人身性质的权益一般优先于财产性质的权益;如果两种权益均为人身性质的,则通常生命权等价值较重、不可挽回的权益重于身体权等价值相较为轻的权益。

(三) 紧急避险的法律后果

根据《侵权责任法》第 31 条的规定,紧急避险的法律后果主要有以下几种:

1. 引起险情的人的责任。如果存在引起险情发生的人,应当由此人对他人紧急避险造成的损害承担民事责任。例如,甲挑逗邻家的藏獒,被激怒的藏獒挣断链条冲到街上咬人,乙为逃避该藏獒的袭击,踩踏了丙的水果摊。丙的水果的损害,应当由甲来承担赔偿责任。

2. 如果危险是由自然原因引起,则紧急避险人不承担民事责任,或者给予适当的补偿。例如,因为雷击,甲家着火,甲匆忙逃出,但身上着火,乙见状赶忙使用伸手可及的丙家正在晾晒的棉被扑灭了甲身上的火,丙的棉被因此被毁损,此时,丙不能要求乙对其损失承担赔偿责任,甲作为受益人应该对丙进行适当补偿。

3. 紧急避险人采取措施不当或超过必要限度的,行为人应对本不应造成的损害承担适当的责任。紧急避险超过必要限度,是指采取紧急避险措施所导致的损害结果大于所保全的权益,或者所采取的措施并没有减少损害。避险人对过当部分的损害结果应当承担全部的民事赔偿责任。例如,夏日乘凉之时,有一精神病人手持扇子向纳凉人冲来,众人惊散,该精神病人便追逐着纳凉人甲,甲恐慌,冲进电脑销售店,将数台苹果电脑砸向该精神病人前来的方向以防止该精神病人的靠近,甲的避险行为显然不当,超过了必要的限度,他应当对超过必要限度内的损失承担相应的侵权赔偿责任。

第三节 非法定抗辩事由

一、职务授权行为

(一) 职务授权行为的概念

职务授权行为也称为依法执行职务行为,是指行为人依照法律的规定,在必要时履行法定职责造成他人的人身和财产权益损害的行为。它主要包括两种情形:(1) 国家工作人员代表国家行使权力,在职务范围内的活动造成他人权益的损害;(2) 非国家工作人员根据法律授权执行公务行为造成他人权益的损害。

(二) 职务授权行为的构成要件

职务授权行为作为抗辩事由应当具备三个条件:

第一,行为人必须具有合法的授权,行为人的行为仅限于公法上的职务履行行为。职务授权行为之所以能成为抗辩事由,是因为这种行为有合法的授权,该授权的目的是为了保护社会公共利益和社会成员的合法权益。此时,个人权益的保障受到一定的限制。行为超越了法定的授权或者行为所依据的法律已经失效或者被撤销,则不构成职务授权行为。

第二,行为人的行为应合法。这里的合法包括执行职务的权限合法和程序合法。行为人必须严格按照法律的权限和法定的程序来履行职务和行使职权,这样才能对产生的损害后果不承担责任。程序不合法或者权限不合法而致他人损害的行为,不构成职务授权行为,行为人应承担法律责任。

第三,造成的损害后果是保证职务执行所必需的。也就是说,损害的发生是执行职务所不可避免的或必要的,只有在不造成损害就不能执行职务时,执行职务的行为才能作为抗辩事由。如果在执行职务的过程中,造成的损害是可以避免或者减少的,执行职务的行为则不构成或不完全构成抗辩事由。

二、受害人同意

(一) 受害人同意的概念

受害人同意,是指受害人事先明确表示允许他人侵害其权利,自愿承担某种损害后果且不违背法律和社会公共道德的意思表示。在起草《侵权责任法》时,有学者主张对受害人同意作出明确的规定,但是立法者考虑到国外对此种免责事由作出规定的成文法不多,因此,《侵权责任法》亦暂不规定,将该问题留待司法实践具体解决。① 尽管《民法通则》和《侵权责任法》没有将被侵权人同意作为抗辩事由加以规定,但是通说将其作为不承担责任的抗辩事由。② 而且《侵权责任法》第55条规定:"医务人员在诊疗活动中应当向患者说明病情和医疗措施。需要实施手术、特殊检查、特殊治疗的,医务人员应当及时向患者说明医疗风险、替代医疗方案等情况,并取得其书面同意;不宜向患者说明的,应当向患者的近亲属说明,并取得其书面同意。"该条实际上表明受害人同意在某些情形下可以作为一种免责事由。

(二) 受害人同意的构成要件

受害人同意构成一种抗辩事由,应当同时具备以下几个要件:

1. 受害人必须有处分该权利的能力与权限

没有处分该权利的能力或权限的人作出的承诺,显然不能产生法律效果,该表示不构成抗辩事由。例如,无民事行为能力人或限制民事行为能力人同意其朋友将其作业本撕毁,他有作出此等同意的能力与权限,这一同意的意思表示可以作为抗辩事由。但若无民事行为能力人或限制民事行为能力人同意将其父母的跑车借给其朋友开,并同意承担汽车损毁的任何责任,此时,该无民事行为能力人或限制民事行为能力人没有作出此等同意的能力与权限,这一同意的意思表示不能作为抗辩事由。

2. 受害人的表示必须遵守一般的意思表示规则

受害人承诺的意思表示必须具备一般意思表示的生效要件,如受害人的意思表示必须是真实的,因欺诈、胁迫、重大误解等原因而作出的同意承受某一损害后果之意思表示,是不真实的,不能视为抗辩事由。

3. 受害人必须事先明确承诺放弃赔偿请求权

受害人的同意应是在侵害行为之前作出的,而不是事后才为表示。通常这种同意应当采用明示的方式,即受害人通过言语或文字的方式明确地表示其同意承担他人针对自己的某种特定行为或某种特定的损害后果。默示的同意,是

---

① 参见王胜明主编:《中华人民共和国侵权责任法解读》,中国法制出版社2010年版,第120页。
② 参见张新宝:《侵权责任法》,中国人民大学出版社2011年版,第73页。

指基于受害人某种特定的行为而推断出其对他人实施的某种特定行为或者一定的损害后果之同意。受害人同意可否采用默示的方式,不同国家和地区有着不同的观点。英美法和德国法认可受害人的默示同意可以作为一种抗辩事由,但是法国法则否认受害人默示同意的免责效力。在我国学界,学者亦有不同的看法:持否定说的学者认为,在默示形式下,受害人一般只意识到并实际承担了危险,但实际上不希望损害结果的发生,故并不能依推定方式来判断受害人已经同意;持肯定说的学者认为,符合法律要求或者民事习惯的受害人默示的意思表示也可得到承认。① 本书赞同后一种观点,在某些条件下,符合法律要求或民事习惯的受害人默示的意思表示也可得到承认。仅承认明示同意的方式过于限缩了当事人同意的范围,不能充分地尊重当事人的自由意志。

4. 受害人的同意必须不违法,不违背社会公序良俗

受害人同意的内容不得违反法律、公序良俗,否则不发生免除或减轻加害人民事责任的效果。在一般情况下,承诺侵害自己的财产权利,应当为有效。承诺侵害自己的人身权利,则应区分具体情况:如承诺他人将自己身体致以轻微伤害,属于正当的意思表示;如承诺他人将自己杀害或者致以重伤,则不属于抗辩事由。

(三) 受害人同意的法律后果

以受害人的同意作为抗辩事由,行为人在受害人明确表示自愿承担损害结果的范围内对受害人实施侵害,行为人对该侵害行为造成的后果不承担民事责任。行为人对受害人实施的侵害超过了受害人同意的范围或限度的,应对超出限度和范围的损害承担赔偿责任。

三、自甘冒险

(一) 自甘冒险的概念

自甘冒险,是指受害人已经意识到某种风险的存在,或者明知将遭受某种风险,却依然冒险行事,致使自己遭受损害。②

虽然我国《侵权责任法》对自甘冒险没有明确规定,但我国审判实践和学术理论上都认可这一抗辩事由。③ 例如,我国法院判决认为:"体育运动具有一定的危险性,参与者无一例外地处于潜在的危险之中,既是危险的制造者,又是危

---

① 参见江平、费安玲主编:《中国侵权责任法教程》,知识产权出版社2010年版,第266页。
② 参见王利明:《侵权责任法研究》(上),中国人民大学出版社2010年版,第422页。
③ 我国绝大多数学者对此持肯定之见,参见王利明:《侵权责任法研究》(上),中国人民大学出版社2010年版,第422页及以下。杨立新:《侵权责任法》,法律出版社2012年版,第219页及以下。张新宝:《侵权责任法》,中国人民大学出版社2011年版,第73页。王成:《侵权责任法》,北京大学出版社2011年版,第170页及以下。朱岩:《侵权责任法通论·总论(上册 责任成立法)》,法律出版社2011年版,第502页以下。

险的承担者。未成年人由于对行为后果缺乏必要的认识和预见能力,因此其本身就是一种特殊的危险源。其造成的危险责任只能是未成年人父母或直系血亲等法定监护人来承担"[1]。

自甘冒险原则的适用受到一定的限制,在自甘冒险者的行为符合救助或人道主义原则时,不得适用。

(二) 自甘冒险的构成要件

自甘冒险作为一种减轻致害人责任的抗辩事由,应具备以下几项要件:

1. 受害人知道或应当知道危险的存在。在自甘冒险的情形下,受害人一般知道可能发生的危险,甚至在某些情形下知道此等危险可能对其引发的损害,但是仍然决定为某种行为。

2. 受害人自愿从事了某项有危险的活动,且受害人自身对损害的发生存在一定的过错。不能认为,只要受害人认识到了危险的存在并从事了某种行为,就认为受害人是自甘冒险,从而应减轻或免除行为人的责任,只有在受害人从事的自甘冒险行为是有过错的情况下,才能导致行为人责任的减轻或免除。[2]

3. 致害人造成了受害人的损害。具言之,在自甘冒险情形下,致害人引发的危险或所从事的危险活动,与受害人的损害之间存在因果关系。受害人的损害是由致害人引发的危险或所从事的危险活动造成的。

(三) 自甘冒险的法律后果

法谚云:"自甘冒险者自食其果。"因此,在自甘冒险的情形下,依照法律,当事人不得就自己同意遭受的损害获得补偿,即如果当事人自愿置身于其觉察和了解的危险中,则不得就为此所受损害获得赔偿。[3] 但是近来这一观点也受到了批评,因而逐步被比较过失的规则所替代,即依据受害人与加害人的过错程度而确定责任。大陆法系国家法律中亦依过失相抵制度相应地减轻加害人的赔偿责任。比较过失规则的运用,具有灵活性、应变性,可以避免完全免责带来的不公平与呆板性。我国《侵权责任法》第 76 条也规定:未经许可进入高度危险活动区域或者高度危险物存放区域受到损害,管理人已经采取安全措施并尽到警示义务的,可以减轻或者不承担责任。

四、自助行为

(一) 自助行为的概念

自助行为,是指权利人为了保护自己的合法权益,在情势紧急无法及时请求

---

[1] 乌鲁木齐市天山区人民法院(2008)天民一初字第 2045 号民事判决。
[2] 参见王利明:《侵权责任法研究》(上),中国人民大学出版社 2010 年版,第 425 页。
[3] 参见薛波主编:《元照英美法词典》,法律出版社 2003 年版,第 24 页。

国家机关保护自己的合法权益时,对义务人的财产或人身所实施的一种强制性措施。自助行为是一种私力救济方式。我国《侵权责任法》并没有明确规定自助行为是一种抗辩事由,但在司法实践中,法院通常会依据法理认可自助行为这一抗辩事由的适用。

在现代法治社会,法律原则上并不鼓励私人采取具有强制力的手段来解决纠纷。只有在法律规定的特殊情形下,允许当事人采用合理限度内的自助行为,以避免自己的利益遭受无法或难以弥补的侵害。当事人在采取措施后,尤其是对他人人身自由加以限制的,应及时联系相关权力部门,依照法律程序解决纠纷。所以采取自助行为时,必须有严格的条件限制,行为人实施自助行为以后,必须立即向有关机关请求处理。如果当事人在采取自助措施后,没有及时联系相关权力部门,对他人的人身自由予以长时间的限制,将会造成对他人人身的非法侵害。

(二) 自助行为的构成要件

构成自助行为必须具备以下几项要件:

1. 行为人实施自助行为必须是为了保护自己的合法权益,他人利益、公共利益和非法利益并不包括在内。

2. 行为人实施自助行为必须是在情况紧迫来不及请求国家机关处理的情况下。所谓情势紧急,是指如果不立即采取必要的措施则可能导致自身的权益无法实现或在实现上存在明显的困难。如果行为人有可能请求国家机关予以处理,则行为人应当先请求国家机关采取措施来保护自己的合法权益。

3. 行为人实施自助行为必须针对义务人实施且为法律或者社会公共道德所认可。自助行为必须是对义务人的财产或人身实施的,不得对第三人(包括义务人的亲属、朋友等)实施。同时,这种自助行为不能违反法律或社会公序良俗。

4. 行为人实施自助行为不得超过必要限度。如果是对义务人财产实施扣押,以足以保护权利人的权益为限;如果是对其人身实施强制,以足以控制义务人使其无法脱逃为限。

因自助行为造成的损害后果,行为人原则上不承担侵权责任。如果自助行为超过必要限度或自助人借机侵害义务人的财产或人身,造成不应有损失的,行为人仍然应当承担相应的民事责任。

第七章 侵权损害赔偿

第一节 概 述

一、侵权损害赔偿概念及其特征

侵权损害赔偿,是指当事人一方因侵权行为造成他方损害时,在当事人之间产生赔偿之债,在债务人不履行该赔偿义务时,所应承担的赔偿对方损失的民事责任方式。侵权责任的成立并不以损害的实际产生为要件,但是当事人提出损害赔偿的,则必须以损害的实际产生为要件,且这种损害和具体权益的侵害存在法律上的因果关系。侵权损害赔偿具有以下三个主要的法律特征:

第一,侵权损害赔偿的根本目的是救济损害。赔偿的作用在于为受害人提供救济,使其所受到的损失得以弥补。如果没有损害,则没有赔偿,所以原则上,受害人所获得的赔偿不超过其所遭受的损失,不允许受害人获得超额的赔偿。但在例外情形下,受害人难以证明其具体损失的,可通过法院予以酌定。[①]

第二,侵权损害赔偿主要是一种财产性赔偿责任。人身损害、财产损害的赔偿责任具有财产性;造成他人精神损害的责任承担形式包括消除影响、恢复名誉、赔礼道歉以及支付赔偿金。支付赔偿金也是一种财产性责任。

第三,侵权损害赔偿是法律强制规定的结果。侵权损害赔偿并不是当事人意思所决定的,而是法律课加于侵权法律关系的当事人。这是侵权责任与违约责任不同之处。违约责任中的损害赔偿可以允许当事人自行商定,当然,如果当事人约定的赔偿金明显地高于或低于违约的损害后果,当事人可以请求人民法院予以调整。

二、侵权损害赔偿的规则

侵权损害赔偿的规则主要有全部赔偿和损益相抵两种。

(一)全部赔偿规则

全部赔偿是损害赔偿的最基本规则,是指对致害人的侵权行为,应根据财产损失的多少、精神损害的大小,确定民事赔偿的范围,而不论行为人在主观上是出于故意还是过失,也不论行为人是否受刑事、行政制裁。侵权损害赔偿采用全

[①] 参见《欧洲侵权法原则》第2:105条:"损害必须按照正式的诉讼程序标准证明。证明损害的精确数额过于困难或花费过高的,法院可以评估损害数额。"

部赔偿规则是由损害赔偿填补损失的功能所决定的。

适用全部赔偿规则时应当遵循如下规则:

1. 在确定损害赔偿数额时,应当以实际损害作为标准,全部予以赔偿。确定赔偿数额,既不以加害人的过错程度作为损害赔偿数额的依据,也不能以行为的社会危险性大小为依据,只能以实际损失为判断依据。当然,法律有特别规定或在共同过错、与有过失及第三人过错的情形下,过错程度的轻重对赔偿责任的确定具有决定的作用。此外,在确定精神损害赔偿数额时,行为人的主观过错程度以及行为对损害产生的原因力大小亦起着重要的作用。

2. 全部赔偿损失包括所失利益和可得利益。对于所失利益的赔偿,毋庸置疑。对于可得利益,其证明标准通常要低一些,通常只要可能发生即可。[①] 只要是当事人已经或者能够合理预见,并且是正常人可以合理期待、可以转化为现实的利益,就应当予以赔偿。

3. 全部赔偿包括必要费用损失的赔偿。受害人为恢复权利、减少损害而支出的必要费用也属于赔偿范围。例如,甲一家开车外出,乙过失撞毁了甲的汽车,甲赶忙拦下的士将受伤的家人送往医院,甲打的行为是为了减少损害的进一步扩大,此笔交通费用的支出应纳入损害赔偿的范围。

4. 全部赔偿所赔偿的只能是合理损失,不合理的损失不应予以赔偿。受害人对已造成的损害故意弃之不管使损害进一步扩大或者借助这一放任行为扩大赔偿范围,对于这些不合理的部分,加害人无须赔偿。

5. 在特别情形下,法律对损害赔偿数额作出了限制,此时赔偿数额应依法律的具体规定。

(二) 损益相抵规则

损益相抵规则,是指赔偿请求权人基于发生损害的同一原因获得利益的,在确定赔偿额时应当予以扣除,赔偿义务人仅就差额予以赔偿的规则。对于损益相抵的理论依据,学者主要有利益说和禁止得利说两种观点。

利益说认为,损害实际是受害人因为侵权行为的发生所丧失的利益。这种丧失利益的计算,是测算受害人的利益差额,即损害发生前的受害人的财产状况,以及受害人在损害发生后的财产状况,二者的差额就是受害人丧失的利益,也是加害人赔偿的范围。但是如果因为损害,受害人获得其他利益,无疑应该计入其损害发生后的财产,因此应该将这部分利益从赔偿的范围中扣除,适用损益相抵。

禁止得利说,是指为了填补损害,而实行全面赔偿的原则,损失多少,赔偿多

---

① 参见〔德〕U. 马格努斯主编:《侵权法的统一:损害与损害赔偿》,谢鸿飞译,法律出版社2009年版,第279页。

少,须让受害人获得充分赔偿,但是也不能让受害人因为损害而增加新的利益,如果因为损害而获得新的利益,就应该从赔偿的范围中扣除。从本质内容看,这两种观点是一致的,都体现了全部赔偿原则,即使得受害人获得充分的赔偿,但不允许受害人获得额外的收益。①

损益相抵原则是债法的一般原则,为众多国家的立法或理论所采纳。英美侵权法有一著名的谚语:"损害赔偿不是中六合彩。"意思是说赔偿不过是为了使被侵权人得到补偿,使其财产、人身等方面恢复到受害前的状况,而不是使被侵权人得到过多的利益。这一法谚不仅要求赔偿的数额与损害程度相当,也要求应当将被侵权人从加害行为中得到的利益予以扣除。在大陆侵权责任法中,有所谓"得利禁止"的规则,其含义与英美侵权行为法的相关规则略同。《欧洲侵权法原则》第10:103条规定:"在决定损害赔偿金额时,受害方通过损害事件所获得的利益必须扣除,除非扣除与受益的目的不一致。"

损益相抵规则具有以下特征:第一,它是确定侵权损害赔偿责任范围大小及如何承担的原则。第二,依该原则所确定的赔偿数额,是基于同一行为而产生的损害与获利之差额,而非损害的全额。第三,它由法官依职权行使,法官在审理案件时可以依职权主动地运用。

损益相抵规则应当具备以下构成要件:第一,侵权损害赔偿之债合法有效成立,这是适用本规则的前提。第二,受害人须获得利益,此等利益包括积极利益和消极利益。第三,侵权行为既是损害发生的原因,也是利益获得的原因。如果损害的发生与利益的获得不是基于同一原因,不得适用该规则。第四,所得利益的扣除应当与得利的目的相协调。

在以下情况,尽管损益由于同一原因而发生,但不适用本规则:

1. 第三人因同情对受害人赠与的财产。受害人在发生损害后因得到第三者的赠与而受益,通常认为是基于第三人与受害人之间的特殊感情、特殊关系,而非为了减轻或免除加害人的责任。只要赠与人没有专门声明用以减免致害人的赔偿责任,就不能以受害人受有外来的利益而予以相抵。

2. 由继承而获得的财产。主要发生于受害人死亡的情形,受害人的继承人通过继承关系获得了财产,似乎该继承人作为损害赔偿请求人获有利益,其实这只是受害人财产所有权的衍续,并非其继承人受有新的利益。

3. 退休金、抚恤金、慰问金。国家机关、事业单位、国有企业、人民团体等单位的工作人员在非因工致伤、致残、致亡时,单位往往给本人或其家属发放属于福利性质的一定数额的退休金、抚恤金等补助,目的并不是填补被害人的损失,而为体现组织上对职工的关怀。这种性质的单位福利也不能适用损益相抵予以

---

① 参见曾世雄:《损害赔偿法原理》,中国政法大学出版社2001年版,第237页。

减轻加害人的责任。

4. 法定救济。法定救济包括国家机构补贴、有关单位补贴或社会保障机构给予的保险待遇等,这种救济是由具体法律、法规为了特定的保护目的而加以规定的,一般认为不纳入损益相抵的范围。

5. 强迫所得。它是指非因赔偿权利人的意思表示而受有的利益,主要包括两种情形:一是基于损害事实而直接产生的利益,如擅自在他人房屋上添附生活用品,装修工人误将 403 室作为委托人指令的 303 室进行了装修。二是在损害事实发生后的赔偿过程中,因赔偿方式不同而产生的利益,典型的是以新代旧的情况,如被他人损毁的旧房屋得以重建。①

三、侵权损害赔偿的支付方式

对于损害赔偿的支付方式,各国的立法例主要有以下几种:(1) 单一的一次性支付。(2) 以一次性给付为原则,以定期给付为例外。(3) 以定期给付为原则,以一次性给付为例外。(4) 赋予法官自由裁量权,由法院根据案情来决定采用一次性给付的方式还是定期给付的方式。

我国立法对损害赔偿的支付方式的规定经历了从较严格到较宽松的发展过程。《民法通则》第 108 条规定:"债务应当清偿。暂时无力偿还的,经债权人同意或者人民法院裁决,可以由债务人分期偿还。有能力偿还拒不偿还的,由人民法院判决强制偿还。"《最高人民法院关于审理人身损害赔偿案件适用法律若干问题的解释》(以下简称《人身损害赔偿司法解释》)第 33 条规定:"赔偿义务人请求以定期金方式给付残疾赔偿金、被扶养人生活费、残疾辅助器具费的,应当提供相应的担保。人民法院可以根据赔偿义务人的给付能力和提供担保的情况,确定以定期金方式给付相关费用。但一审法庭辩论终结前已经发生的费用、死亡赔偿金以及精神损害抚慰金,应当一次性给付。"第 34 条规定:"人民法院应当在法律文书中明确定期金的给付时间、方式以及每期给付标准。执行期间有关统计数据发生变化的,给付金额应当适时进行相应调整。定期金按照赔偿权利人的实际生存年限给付,不受本解释有关赔偿期限的限制。"《侵权责任法》在此基础上,结合当前的具体情况,在第 25 条中规定:"损害发生后,当事人可以协商赔偿费用的支付方式。协商不一致的,赔偿费用应当一次性支付;一次性支付确有困难的,可以分期支付,但应当提供相应的担保。"

由此可见,在《民法通则》时代,强调的是债务必须清偿,当事人原则上须一次性偿还,无力偿还的,须经债权人同意或人民法院裁决,方可分期偿还。到了

---

① 参见钟淑健:《损益相抵规则的适用范围及其援用》,载《法学论坛》2010 年第 3 期,第 126—127 页。

《人身损害赔偿司法解释》时,法律赋予法院自由裁量权,可以根据赔偿义务人的相关情况,决定是否可以定期金的方式给付,然须以法律文书的形式对给付的时间、方式以及标准加以具体化、明确化。但是出于对当事人权益的保护、防止侵权人拖欠债务,该司法解释要求侵权人应当一次性给付一审法庭辩论终结前已经发生的费用、死亡赔偿金以及精神损害抚慰金。《侵权责任法》则规定了一种较为灵活、彰显当事人自治权的方式:先由当事人自行协商,充分尊重当事人的意思自由;在协商不成时,法律采取的是"一次性支付为主,分期支付为辅"的方式,即当事人无法通过协商达到一致意见时,原则上要求侵权人一次性支付,如果一次性支付确有困难,侵权人在提供了适当的担保的前提下,可以分期支付。这意味着,侵权人请求分期支付须满足两个条件:一是举证证明一次性支付确实存在着困难,由人民法院对此作出最终判断;二是提供合格的担保,担保的方式包括保证、抵押、质押等。

第二节 人身损害赔偿

一、人身损害赔偿概述

人身损害赔偿,指自然人的生命权、健康权、身体权等人身权利受到不法侵害,产生致伤、致残、致死等损害后果,权利人以财产赔偿等方法进行救济的侵权赔偿制度。关于人身损害赔偿数额的计算,《民法通则》第119条规定了基本的构架,但没有详细的规定,《消费者权益保护法》、《产品质量法》、《道路交通安全法》、《医疗事故处理条例》、《国内航空运输旅客身体损害赔偿暂行规定》等法律、法规对人身损害赔偿作了一些规定,而《人身损害赔偿司法解释》则较为详细地规定了人身损害赔偿的各种具体适用规则。此外,《最高人民法院关于审理触电人身损害赔偿案件若干问题的解释》、《最高人民法院关于审理涉外海上人身伤亡损害赔偿的具体规定(试行)》和《最高人民法院关于审理铁路运输损害赔偿案件若干问题的解释》对特别类型的人身损害赔偿问题作出了专门的规定。《侵权责任法》在总结过往立法、司法解释有益经验的基础上,以第16条到第18条的规定从基本法的角度确立了我国人身损害赔偿的具体规则。

《人身损害赔偿司法解释》第17条规定:"受害人遭受人身损害,因就医治疗支出的各项费用以及因误工减少的收入,包括医疗费、误工费、护理费、交通费、住宿费、住院伙食补助费、必要的营养费,赔偿义务人应当予以赔偿。受害人因伤致残的,其因增加生活上需要所支出的必要费用以及因丧失劳动能力导致的收入损失,包括残疾赔偿金、残疾辅助器具费、被扶养人生活费,以及因康复护理、继续治疗实际发生的必要的康复费、护理费、后续治疗费,赔偿义务人也应当予以赔偿。受害人死亡的,赔偿义务人除应当根据抢救治疗情况赔偿本条第一款规定的相关费用外,还应当赔偿丧葬费、被扶养人生活费、死亡补偿费以及受害人亲属办理丧葬事宜支出的交通费、住宿费和误工损失等其他合理费用。"该司法解释在规范造成他人人身损害赔偿范围中,采用了三层次的标准,即区分一般人身损害、因伤致残和死亡三种不同程度的损害,规定了相应的损害赔偿责任。

《侵权责任法》第16条规定:"侵害他人造成人身损害的,应当赔偿医疗费、护理费、交通费等为治疗和康复支出的合理费用,以及因误工减少的收入。造成残疾的,还应当赔偿残疾生活辅助具费和残疾赔偿金。造成死亡的,还应当赔偿丧葬费和死亡赔偿金。"可见,我国《侵权责任法》与上述司法解释一脉相承,将人身损害依轻重程度不同分为一般伤害、人身伤残、死亡三种,并针对三种情形分别规定了不同的赔偿责任。

二、一般伤害的赔偿额计算

一般伤害,指自然人的身体、健康等人身权利受到伤害,通过治疗可以康复的侵害。加害人对一般伤害的赔偿范围包括医疗费、护理费、交通费、住宿费、住院伙食补助费、必要的营养费等为治疗和康复支出的合理费用,以及因误工而减少的收入。

(一)为治疗和康复支出的合理费用

1. 医疗费。医疗费,是指受害人遭受人身侵害后接受医学检查、治疗与康复而已经支付和将来必须支付的相关费用。它不仅包括已经支付的医疗费用,还包括将来会发生的后续治疗费用,如二次治疗的费用、后遗症的治疗费用等。医疗费应当根据医疗机构出具的医药费、住院费等收款凭证,结合病历和诊断证明等相关证据确定,通常包括挂号费、检查费、医药费、治疗费、住院费、康复费等费用。加害人对治疗的必要性和合理性有异议的,应当承担相应的举证责任。医疗费的赔偿数额,按照一审法庭辩论终结前,实际发生的数额确定。对于器官功能恢复训练所必要的康复费、适当的整容费以及其他后续治疗费,受害人可以在实际发生后再另行起诉。但根据医疗证明或者鉴定结论确定必然发生的费用,可以与已经发生的医疗费一并予以计算。

实践中通常存在一个争议比较大的问题,即关于治疗医院的选择。级别不同的医院,其治疗措施不同、治疗效果有所区别,其治疗费用必然会有较大的差异,受害人与赔偿义务人从各自不同的立场出发,会作出完全不同的选择。受害人愿意选择较好的医院加以治疗,因此所花的费用会较高,而作为赔偿义务人则倾向于以相关费用较低的医院标准加以计算。《侵权责任法》、《人身损害赔偿司法解释》均未对此作出明确的规定,本书认为,应采用"就近医治、治疗该人身伤害为必要"原则。根据《最高人民法院关于贯彻执行〈中华人民共和国民法通则〉若干问题的意见(试行)》第144条,即"医药治疗费的赔偿,一般应以所在地治疗医院的诊断证明和医药费、住院费的单据为凭",医院的选择一般是以所在地为标准,如果受害人在某农村的路上被车辆撞伤,他一般应在该农村的医院进行治疗,但是如果伤势较为严重、紧急,当地医院难以或无法应对处理,应当及时转到附近有治疗能力的医院。

2. 护理费。护理费,是指受害人因受到人身损害导致缺乏生活自理能力,需要他人进行护理而产生的费用。护理费的支付是以当事人生活不能自理或者不能完全自理,需要他人护理为前提,这一情况应以医疗机构或法医等鉴定机构的结论为证明。《人身损害赔偿司法解释》第21条规定:"护理费根据护理人员的收入状况和护理人数、护理期限确定。护理人员有收入的,参照误工费的规定计算;护理人员没有收入或者雇佣护工的,参照当地护工从事同等级别护理的劳务报酬标准计算。护理人员原则上为一人,但医疗机构或者鉴定机构有明确意见的,可以参照确定护理人员人数。护理期限应计算至受害人恢复生活自理能力时止。"

3. 交通费。交通费,是指受害人及其必要的陪护人员因就医或者转院治疗实际发生的用于交通的相关费用。它一般包括:受害人自身就医或转院治疗而花费的交通费用,以及必要的陪护人员协同受害人就医或转院治疗而支付的交通费用。但是受害人的其他亲朋处理侵权损害纠纷所花费的费用、看望受害人所支出的费用,均不属于为治疗和康复支出的费用。《人身损害赔偿司法解释》第22条规定:"交通费根据受害人及其必要的陪护人员因就医或者转院治疗实际发生的费用计算。交通费应当以正式票据为凭;有关凭据应当与就医地点、时间、人数、次数相符合。"可见,交通费是指实际已经发生的费用,对将来可能发生的费用的预先主张,法院不予以支持。当事人对费用的发生负有举证义务,应提交相关的正式票据。所谓"正式票据"是指国家承认的能够作为报销凭证的税务发票,如公交车票、乘坐出租车发票、飞机票、火车票、轮船票等。而且该票据应与具体的医院地址、就医的时间、参与人数、实际次数相一致,这样的规定可以有效地防止当事人恣意或随意地报销票据。

4. 住院伙食补助费。住院伙食补助费是指遭受人身损害后,受害人在住院治疗期间支出的伙食费用超过平时在家的伙食费用,而由加害人就其合理的超出部分予以赔偿的费用。《人身损害赔偿司法解释》第23条规定:"住院伙食补助费可以参照当地国家机关一般工作人员的出差伙食补助标准予以确定。受害人确有必要到外地治疗,因客观原因不能住院,受害人本人及其陪护人员实际发生的住宿费和伙食费,其合理部分应予赔偿。"

5. 营养费。营养费,是指受害人因人身损害而需要恢复身体机能从而增加适当的营养所支出的费用。这是一项必要的支付费用,因为受害人在遭受人身伤害后,因发生代谢改变,通过日常饮食不能满足受损机体对热能和各种营养素的要求,必须从其他食品中获得营养。《人身损害赔偿司法解释》第 24 条规定:"受害人的营养费应当根据受害人伤残情况参照医疗机构的意见确定。"就营养费赔偿的具体标准,法律和司法解释均没有给出明确的范围界定,实践中一些法院主张根据受害人实际需要补充营养情况而定,如《北京市高级人民法院关于审理人身伤害赔偿案件若干问题的处理意见》第 18 条规定:"营养费给付标准可根据受害人实际需要补充营养情况酌定。"应当注意的是,一定要审查补充营养与侵权行为所造成的损害之间的因果关系;要正确区分被侵权人原本就需要补充的营养与受到损害后需要补充的营养;此外,还要注意一项审判政策,即根据我国目前的国情,大部分地区经济还不发达,生活水平还不高,加上营养费的标准不如其他的赔偿项目标准具体,相对比较抽象的特点,营养费的给付一般不宜过高。[1]

（二）因误工而减少的收入

因误工而减少的收入,是指受害人由于人身受到伤害,无法从事正常工作或者劳动而失去或者减少的工作、劳动收入。误工费应当根据受害人的误工时间和收入状况确定。

就误工时间而言,根据《人身损害赔偿司法解释》第 20 条第 2 款的规定,误工时间根据受害人接受治疗的医疗机构出具的证明确定。

就收入状况而言,根据《人身损害赔偿司法解释》第 20 条第 3 款的规定,受害人有固定收入的,误工费按照实际减少的收入计算。受害人无固定收入的,按照其最近三年的平均收入计算;受害人不能举证证明其最近三年的平均收入状况的,可以参照受诉法院所在地相同或者相近行业上一年度职工的平均工资计算。实践中,对无收入人是否应当予以误工费赔偿存在着较大的争议,持否定说者认为,无收入人在遭受人身损害之前并没有任何收入,所以就谈不上误工费赔偿的问题。但肯定说者认为,要区别情况看待,对于家庭主妇对家庭付出的劳动价值,我们应当予以肯定,因为家庭主妇受到人身伤害而无法从事家务因此而增加的家族开支可以视为一种损失,所以应当予以适当的误工费的赔偿。在具体数额的确定上,可以依据与该家庭主妇所从事的家务劳动的工作量相同的保姆的收入加以确定。[2]

三、人身伤残的赔偿额计算

人身伤残,是指受害人所遭受的人身损害经治疗不能康复而丧失或部分丧

---

[1] 参见张新宝:《侵权责任法》,中国人民大学出版社 2011 年版,第 120 页。
[2] 参见张新宝主编:《人身损害赔偿案件的法律适用》,中国法制出版社 2004 年版,第 329 页。

失劳动能力的伤害。对于残疾的赔偿范围,我国立法经历了一个发展变化的过程。最早由《民法通则》第119条予以明确规定,即"侵害公民身体造成伤害的,应当赔偿医疗费、因误工减少的收入、残废者生活补助费等费用;造成死亡的,并应当支付丧葬费、死者生前扶养的人必要的生活费等费用。"之后,《产品质量法》第44条和《消费者权益保护法》第41条又加以细致化规定,即侵害人应当赔偿医疗费、治疗期间的护理费、因误工减少的收入等费用;造成残疾的,还应当支付残疾者生活自助具费、生活补助费、残疾赔偿金以及由其扶养的人所必需的生活费等费用;造成受害人死亡的,并应当支付丧葬费、死亡赔偿金以及由死者生前扶养的人所必需的生活费等费用。加害人对人身伤残的赔偿范围包括为治疗和康复支出的合理费用、因误工而减少的收入,残疾赔偿金和残疾辅助器具费,被扶养人的必要生活费。《人身损害赔偿司法解释》持类似的观点,其第17条规定致人伤残的赔偿包括"残疾赔偿金、残疾辅助器具费、被扶养人生活费,以及因康复护理、继续治疗实际发生的必要的康复费、护理费、后续治疗费"。《侵权责任法》在此基础上,将被扶养人的必要生活费纳入到残疾赔偿金中,规定造成残疾的,除了赔偿一般人身伤害所需赔偿的内容外,"还应当赔偿残疾生活辅助具费和残疾赔偿金"。

(一)为治疗和康复支出的合理费用和因误工而减少的收入

这与一般伤害赔偿的计算相似,但其计算的方法和项目略有不同:(1)加害人不仅需要支付住院治疗期间的护理费,而且需支付受害人因残疾不能恢复生活自理能力的护理费,护理期限可以根据其年龄、健康状况等因素合理确定,但最长不超过二十年;其护理级别应当根据其护理依赖程度并结合配制残疾辅助器具的情况确定。(2)受害人因伤致残持续误工的,误工费用的计算时间是计算至定残日前一天。所谓定残日,是指伤残鉴定机构对受害人的残疾程度或等级作出具体鉴定意见之日。在定残日之后,受害人因部分或全部丧失劳动能力而获得的赔偿,属于残疾赔偿金,而不是误工费的赔偿。

(二)残疾生活辅助具费

残疾生活辅助具费,是指受害人因残疾而造成身体功能全部或部分丧失后需要购买、配制补偿功能的生活自助用具所支出的费用。残疾生活辅助器具主要包括:(1)肢残者用的支辅器、假肢及其零部件、义眼、假鼻、内脏托带、矫形器、矫形鞋、非机动助行器、代步工具(不包括汽车、摩托车)、生活自助具、特殊卫生用品;(2)视力残疾者使用的盲杖、导盲镜、助视器、盲人阅读器;(3)语言、听力残疾者使用的语言训练器、助听器;(4)智力残疾者使用的行为训练器、生活能力训练用品等。[①]《人身损害赔偿司法解释》第26条规定:"残疾辅助器具

[①] 参见汪治平:《人身损害赔偿若干问题研究》,中国法制出版社2001年版,第62页。

费按照普通适用器具的合理费用标准计算。伤情有特殊需要的,可以参照辅助器具配制机构的意见确定相应的合理费用标准。辅助器具的更换周期和赔偿期限参照配制机构的意见确定。"

(三)残疾赔偿金

残疾赔偿金是受害人残疾后所特有的一个赔偿项目,是指赔偿义务人对受害人因身体、健康遭受侵害导致的残疾这一单纯的损害后果进行的金钱赔偿。

对于残疾赔偿金的性质与标准,理论界与实务界存在较大的争论。残疾赔偿金的性质主要有三种学说:

1. 所得丧失说。该学说认为残疾赔偿金的目的是为了赔偿受害人因为残疾而遭受的损害,它以受害人受到伤害之前的收入与受到伤害之后的收入之间的差额作为衡量标准。如果受害人丧失了劳动能力,但在受到伤害前后受害人的收入并没有差异,如未成年人、失业者没有收入损失,没有损害产生,因此不能获得赔偿。

2. 劳动能力丧失说。该学说认为受害人因为侵害人的行为而部分或全部丧失劳动能力,这本身就是一种损害,而无须发生事实上的收入的减少,伤残前后收入是否发生变化并不影响赔偿的取得与否。无论受害人残疾后其收入是否降低,侵害人都应当对劳动能力的部分或全部丧失作出赔偿。

3. 生活来源丧失说。受害人的残疾将会影响其获得收益的能力,导致其生活来源的减少或丧失,侵害人应对此作出赔偿。

这三种观点各有利弊,所得丧失说使得一些在受害前无实际收入的人,如未成年人、失业者无法得到赔偿,存在不公平。劳动能力丧失说较贴近损害发生时的实际情况,但没有考虑到受害人的具体情况,如将来劳动能力的提高、受害人年龄、受教育程度、实际收入的差别。依生活来源丧失说确定的残疾赔偿金一般比较低,不利于对受害人权益的充分保障。我国司法解释以劳动能力丧失说为原则,同时也综合考虑收入丧失与否的实际情况,以平衡当事人双方的利益。《侵权责任法》规定了残疾赔偿金这一赔偿项目,但对其性质和计算标准等作出了明确的规定,因此司法解释的规定仍将适用,可以暂时参照司法解释的规定来计算残疾赔偿金的数额。

《人身损害赔偿司法解释》第25条规定:"残疾赔偿金根据受害人丧失劳动能力程度或者伤残等级,按照受诉法院所在地上一年度城镇居民人均可支配收入或者农村居民人均纯收入标准,自定残之日起按二十年计算。但六十周岁以上的,年龄每增加一岁减少一年;七十五周岁以上的,按五年计算。受害人因伤致残但实际收入没有减少,或者伤残等级较轻但造成职业妨害严重影响其劳动就业的,可以对残疾赔偿金作相应调整。"

如果受害人能够举证证明其住所地或者经常居住地城镇居民人均可支配收

入或者农村居民人均纯收入高于受诉法院所在地标准的,残疾赔偿金可以按照其住所地或者经常居住地的相关标准计算。

四、死亡的赔偿额计算

对于死亡赔偿金的性质存在两种不同的看法。扶养丧失说认为,由于被侵权人的死亡,导致其生前依法定扶养义务供给生活费的被扶养人丧失了生活费的供给来源,受有财产损害,对此损害加害人应当予以赔偿。继承丧失说认为,侵害他人生命致人死亡,不仅生命利益本身受侵害,而且造成被侵权人余命年岁内的收入"逸失",使得这些原本可以作为被侵权人的财产为其法定继承人所继承、未来可以取得的收入,因加害人的侵害行为所丧失,对于这种损害应当予以赔偿。一般认为,我国司法解释采继承丧失说,我国《侵权责任法》对此未明确界定,但与司法解释不同的是,《侵权责任法》将扶养费并入了死亡赔偿金之内。

对死亡赔偿金的计算,《侵权责任法》未给出明确的标准,暂时可以参照《人身损害赔偿司法解释》第29条和第30条的规定。该法第29条规定:"死亡赔偿金按照受诉法院所在地上一年度城镇居民人均可支配收入或者农村居民人均纯收入标准,按二十年计算。但六十周岁以上的,年龄每增加一岁减少一年;七十五周岁以上的,按五年计算。"第30条规定:"赔偿权利人举证证明其住所地或者经常居住地城镇居民人均可支配收入或者农村居民人均纯收入高于受诉法院所在地标准的,残疾赔偿金或者死亡赔偿金可以按照其住所地或者经常居住地的相关标准计算。"

在司法实践中,法院根据《人身损害赔偿司法解释》规定,对农村居民和城市居民按不同标准支付死亡赔偿金,导致城市居民获得的死亡赔偿金比农村居民高,有的高出三至四倍,一度引发了"同命不同价"的争论。为了解决这一歧视,《侵权责任法》第17条明确规定:"因同一侵权行为造成多人死亡的,可以以相同数额确定死亡赔偿金。"对于同一侵权行为造成多人死亡的案件中,适用相同的数额来确定死亡赔偿金具有三点优势:第一,解决在同一案件中农村人与城市人"同命不同价"的不公平,实现对人格的平等保护;第二,减轻同一案件中众多原告的举证困难,提高诉讼程序的效率,只要原告之一完成举证,法官在此基础上作出公正的赔偿决定后,其他受害人亦可参照这一数额进行赔偿,使得受害人可以及时地获得救济;第三,在同一案件中,针对多个具体受害人分别计算死亡赔偿金,必然会大大增加法官的工作量,造成司法资源的浪费,以同一数额确定死亡赔偿金可以有效节约司法资源,为受害人提供平等保护。

第三节 财产损害赔偿

一、财产损害赔偿概述

财产损害,是指行为人侵害财产权,导致受害人财产减损、丧失的损害。这里的财产包括有形财产和无形财产。财产权遭受侵害,一般造成受害人财产上的损失,但在侵害有特殊纪念意义的物的情形下,不仅造成受害人财产损失,而且造成受害人精神伤害。

财产损害具有以下三个主要的特征:

第一,损害是违法行为侵害财产权造成的客观后果。财产损害作为损害事实,是侵权责任的构成要件之一。同时,财产损害还影响着对责任人的侵权损害赔偿责任是否存在以及损害赔偿责任范围大小的判定。财产损害赔偿以实际的损失为范围,受害人遭受多少的损失,应当获得多少赔偿。如果被侵权人没有遭受财产损失,则他不应当获得赔偿。

第二,财产损害是指财产的价值量的减小,财产价值贬损、损失或灭失都属于价值量减小的形式。财产损害,在物理形态上,表现为财产的被侵占和毁损;在价值形态上,表现为财产价值的减小。人们对财产损害的认识,经历了一个发展过程。在《民法通则》颁布实施时,立法者注重的是对财产的物理上的保护,随着新经济产品的创新与发展,电脑、网络的冲击,虚拟财产的出现,财产权利呈现出日益扩张的趋势,多种类型的无形财产进入法律的保护范围。对无形财产的损害,其物理形态的变化并不明显,而是主要体现在财产价值的贬损。

第三,侵权财产的损害表现形式是侵占他人财产、损毁财产和损害其他财产利益。侵占是指侵权人非法取得财产的占有。损毁财产是指侵权行为导致他人的财产外形或内部成分发生变化,致使财产价值减小。其他财产利益损害是指除所有权以外的其他财产权所遭受的损害。

二、财产损害赔偿的计算标准

对于财产损害而言,计算的时间点、地点和计算的依据具有重要的意义。

1. 计算的时间点

《侵权责任法》第 19 条规定:"侵害他人财产的,财产损失按照损失发生时的市场价格或者其他方式计算。"这说明在我国计算财产损失的时间点是损失发生时。

从比较法的角度考察,关于计算财产损失的时间点有不同的判断标准:第一种是以损失发生时为标准;第二种是以被侵权人侵权或者起诉时为标准;第三种是以判决时为标准;第四种是以侵权人实际支付时为标准。上述四种标准各有利弊,但是从赔偿的目的是对损害的填补出发,以损失发生时为标准具有一定的合理性,大多数国家均采纳了这一标准。因为,以损失发生时的价格为准进行计算能够更准确地体现损失多少赔偿多少的精神,从而避免因为计算时间点后移可能导致的惩罚性后果。以损失发生时作为时间点,即使判决或请求时该财产的市场价格上涨,被侵权人也不得以价格上涨后的损失要求赔偿;如果事后因该财产的市场价格下跌,侵权人也不得以价格下跌要求减少赔偿。①

奥地利以主观过错程度为标准对损失的计算时间点进行不同处理的做法具有一定的合理性,我国未来立法或者司法解释可以考虑采纳。在奥地利,如果侵权人在主观上属于一般过失,那么损害的计算时间点就是损害发生时;如果侵权人在主观上属于故意或者重大过失,那么侵权人必须赔偿受害人所遭受的全部主观损失,法官必须考虑最后一次庭审之前出现的所有因素。这有可能使受害人获得比损害发生时所受损害更多的赔偿。

2. 计算的地点

《侵权责任法》第19条对损害计算的地点没有明确规定。有学者认为,应该以侵权行为地作为计算损害的地点标准,而根据《最高人民法院关于适用〈中华人民共和国民事诉讼法〉若干问题的意见》第28条的规定,侵权行为地既包括侵权行为实施地,也包括侵权结果发生地。尽管该条规定是针对程序问题的,但是也应该认为对实体问题具有一般的效力,除非另有司法解释作出不同的规定。② 但是这种理解会导致计算损害地点的双重标准问题,侵权行为实施地和侵权结果发生地在很多时候并不一致,而且受损财产的价格在两地可能存在较大的差距。因此,应该对《侵权责任法》第19条的规定作类推解释,既然计算的时间点是损害发生时,那么计算的地点也应该是损害发生地。

当然,在未来的司法解释中,我国可以考虑侵权人的主观过错程度对计算地点作不同的规定。如果侵权人在主观上只是一般的过失,那么应该采纳损害发生地的标准,如果侵权人在主观上是故意或者重大过失,那么可以考虑允许被侵权人在侵权行为实施地和损害发生地选择较高的赔偿标准予以计算。

3. 计算的价格标准

根据对《侵权责任法》第19条的解释,损害计算的价格标准原则上应该是损害发生时和损害发生地的受损财产的市场价格。这是一种客观的计算方法,如果受损财产存在市场价格,那么这种计算方法相对比较明确,法院操作起来也

---

① 参见奚晓明主编:《〈中华人民共和国侵权责任法〉条文理解与适用》,人民法院出版社2010年版,第149页。

② 参见张新宝:《侵权责任构成要件研究》,法律出版社2007年版,第146页。

比较便利。问题在于,如果受损财产不存在市场价格,法院应该依据何种标准计算损失?《侵权责任法》第19条只是笼统地规定应依据"其他方式"进行计算。

上述规定中的"其他方式"应该这样理解:首先,如果法律对特定财产损害的计算依据有特别规定的,应该依据该特别规定。例如,《专利法》第65条规定,侵犯专利权的赔偿数额按照权利人因被侵权所受到的实际损失确定。这实际上是要求按照侵权行为时和侵权行为地的市场价格进行计算,但是基于专利的独创性,不可能存在关于特定专利权的市场价格,很多时候法官只能通过比照最相类似的专利权的市场转让价格进行计算。如果最相类似的专利权的市场转让价格也找不到,从而导致实际损失难以确定的,法官可以按照侵权人因侵权所获得的利益确定。如果侵权人因侵权获得的利益也难以确定的,法官可以参照该专利权使用费的倍数合理确定。如果上述计算依据均难以确定的,法官可以根据专利权的类型、侵权行为的性质和情节等因素,确定给予1万元以上100万元以下的赔偿。

其次,如果法律对特定财产的计算方式没有规定的,法院只能通过考虑被侵害财产的种类,侵权行为的性质,持续时间、范围、后果,侵权人的主观状态等各种因素,确定合适的计算方式。[①]

第四节 精神损害赔偿

一、精神损害赔偿的概述

精神损害,是指受害人因其人身或特定财产权益遭受侵犯而导致的严重精神痛苦。《侵权责任法》第22条规定:"侵害他人人身权益,造成他人严重精神损害的,被侵权人可以请求精神损害赔偿。"在我国,精神损害赔偿具有如下几个特征:

第一,精神损害赔偿是一种侵权责任。我国立法并没有明确精神损害赔偿是否可以适用于合同责任。但我国司法实践并不支持当事人在违约之诉中提出的精神损害赔偿请求。《最高人民法院关于确定民事侵权精神损害赔偿责任若干问题的解释》(以下简称《精神损害赔偿司法解释》)亦没有采纳违反合同也应承担精神损害赔偿责任的观点,而是将精神损害赔偿限制在侵权案件类型中。[②]

第二,精神损害赔偿具有补偿功能、惩罚功能、抚慰功能等。就补偿功能而言,受害人可以使用精神损害赔偿金进行一些户外活动、远足、休闲娱乐等有利

[①] 参见奚晓明主编:《〈中华人民共和国侵权责任法〉条文理解与适用》,人民法院出版社2010年版,第152页。
[②] 参见最高人民法院民事审判第一庭:《最高人民法院〈关于确定民事侵权精神损害赔偿责任若干问题的解释〉的理解与适用》,人民法院出版社2001年版,第12页。

于身心健康的活动,以放松精神,从而尽快从悲痛中恢复过来,所以给予受害人以精神损害赔偿是有必要的。就惩罚功能而言,人身、生命的损害是无法用金钱衡量的,精神损害赔偿并不是对受害人受到损害的实际填补,而是通过金钱的支付,对侵权人或其他社会成员产生威慑性、警戒力,从而遏制这种侵害行为的发生。抚慰功能也称满足功能,该功能是建立在这样的思想基础之上的,即加害人就其曾对受害人的所作所为负有使受害人满意之义务。[1] 当加害人支付了精神损害赔偿后,受害人内心的愤恨可以得到一定程度的平复,报复之心可以得到一定程度的削减。

二、精神损害赔偿请求权人的范围

精神损害赔偿请求权人,只能是自然人,法人或其他组织不得提出请求。虽然民法学界对此有很大的争议,但根据《精神损害赔偿司法解释》第5条的规定,"法人或者其他组织以人格权利遭受侵害为由,向人民法院起诉请求赔偿精神损害的,人民法院不予受理",显然司法部门否定了法人或其他组织的精神损害赔偿请求权。这是因为法人既不是一个伦理的存在,也不是一个精神的存在。就自然人而言,有如下几类请求权主体:

(一)被侵权人

被侵权人作为精神损害赔偿请求人,主要有两种情形:(1)根据《侵权责任法》第22条的规定,在人身权益遭受侵害且引致严重精神损害的情形下,被侵权人可以请求精神损害赔偿。根据《精神损害赔偿司法解释》第1条的规定,自然人因为生命权、健康权、身体权、姓名权、肖像权、名誉权、荣誉权、人格尊严权、人身自由权遭受非法侵害,有权向人民法院起诉请求赔偿精神损害。违反社会公共利益、社会公德侵害他人隐私或者其他人格利益,受害人亦可以侵权为由向人民法院起诉请求赔偿精神损害。第2条规定,在非法使被监护人脱离监护,导致亲子关系或者近亲属间的亲属关系遭受严重损害的情形下,监护人可以向人民法院起诉请求精神损害赔偿。(2)被侵权人特定物品上的人格利益遭受侵害时的情形。根据《精神损害赔偿司法解释》第4条的规定,具有人格象征意义的特定纪念物品,因侵权行为而永久性灭失或者毁损的,物品所有人可以以侵权为由向人民法院诉请要求精神损害赔偿。

精神损害赔偿请求权,一般由受害人本人行使,不得任意让与,也不发生继承。但赔偿义务人已经以书面方式承诺给予金钱赔偿,或者赔偿权利人已经向人民法院起诉的除外。

---

[1] 参见程啸:《侵权责任法》,法律出版社2011年版,第572页。

（二）被侵权人的近亲属

被侵权人的近亲属作为精神损害赔偿请求人,主要有两种情形:(1)被侵权人因侵权行为致死,死者近亲属有权提起精神损害赔偿之诉。《侵权责任法》第18条规定,在被侵权人死亡的情形下,其近亲属有权请求侵权人承担侵权责任。《精神损害赔偿司法解释》第7条也规定:"自然人因侵权行为致死,……死者的配偶、父母和子女向人民法院起诉请求赔偿精神损害的,列其配偶、父母和子女为原告;没有配偶、父母和子女的,可以由其他近亲属提起诉讼,列其他近亲属为原告。"(2)侵害死者人格利益时,死者近亲属有权提起精神损害赔偿之诉。《精神损害赔偿司法解释》第3条规定:"自然人死亡后,其近亲属因下列侵权行为遭受精神痛苦,向人民法院起诉请求赔偿精神损害的,人民法院应当依法予以受理:(一)以侮辱、诽谤、贬损、丑化或者违反社会公共利益、社会公德的其他方式,侵害死者姓名、肖像、名誉、荣誉;(二)非法披露、利用死者隐私,或者以违反社会公共利益、社会公德的其他方式侵害死者隐私;(三)非法利用、损害遗体、遗骨,或者以违反社会公共利益、社会公德的其他方式侵害遗体、遗骨。"

三、精神损害赔偿数额的计算

（一）精神损害赔偿金计算的特点

与财产损害赔偿金相比,精神损害赔偿金的计算有其明显的特点:(1)浓厚的主观性。精神损害通常是因为侵害非物质的客体,如个人情感(疼痛与痛苦、名声等)产生的,其价值很大程度上取决于受害人的主观情势。[①] 因而,精神上的痛苦实质上是受害人主观上的感受,不存在可被他人容易识辨的外在客观特征,难以直接用市场价格等客观方法来确定。(2)金额的不确定性。由于精神损害赔偿金存在浓厚的主观性,因个体而异,因情形有别,所以难以确定一个具体的数额。(3)缺乏客观的标准。基于精神损害赔偿的个体、情形的差异,无法提出一个客观的判断标准来加以衡量。(4)计算方法的多样性。正因为精神损害赔偿金具有上述这些特点,导致不同国家、立法者不同的思考角度会有不同的计算方法。

（二）确定精神损害赔偿金的考虑因素

《精神损害赔偿司法解释》第10条规定了影响法院确定精神抚慰金数额的因素,包括:(1)侵权人的过错程度,法律另有规定的除外;(2)侵害的手段、场合、行为方式等具体情节;(3)侵权行为所造成的后果;(4)侵权人的获利情况;(5)侵权人承担责任的经济能力;(6)受诉法院所在地平均生活水平。

[①] 参见〔德〕U. 马格努斯主编:《侵权法的统一:损害与损害赔偿》,谢鸿飞译,法律出版社2009年版,第281页。

1. 侵权人的过错程度。法院会根据侵权人主观是故意还是过失、是重大过失还是一般过失抑或轻微过失，来判断损害赔偿金的多少。过错程度越严重，精神损害赔偿金就越多，以此惩罚严重过错的当事人，同时抚慰被侵权人或其近亲属的内心伤害。

2. 侵害的手段、场合、行为方式等具体情节。具体情节的差异可以反映出对当事人精神损害程度的不同，亦可以折射出当事人主观恶性的差别。例如，在众目睽睽之下要求顾客脱衣搜查与在公司办公室、仅少数人在场时对顾客进行脱衣搜查相比，前者显然对当事人的人格尊严造成的伤害更大；再如，将他人杀害后肢解相较于杀害他人后将其掩埋，对受害人的家属造成的心灵创伤、精神痛苦是有很大区别的。

3. 侵权行为所造成的后果。损害后果不仅决定着精神损害赔偿的有无，还决定着精神损害赔偿的多少。在损害后果不太严重的情形下，不会产生精神损害赔偿，通常情形下损害后果越重，当事人遭受的精神损害就越严重，对其的赔偿就越多。

4. 侵权人的获利情况。例如，在一些情形下，侵权人通过恶意毁损明星的形象、捏造明星的性丑闻来娱乐大众而获得高收益，此时，侵权人收益的多少也是决定精神损害赔偿数额的考察因素。

5. 侵权人承担责任的经济能力。因为人们的经济状况差别甚大，同一赔偿金对于一些家境富有者而言，九牛一毛，不值一提，无法达到威慑的作用；而对于一些家境贫寒者而言，恐难承担，会造成其巨大经济负担，所以可以根据当事人经济能力的差异规定不同的精神损害赔偿数额，以达到实质惩罚侵权人的效果。

6. 受诉法院所在地平均生活水平。我国不同地区的经济发展水平以及城乡经济发达程度差别很大，因此在确定精神损害赔偿的时候不能脱离现实，应结合当地平均生活水平来确实精神损害赔偿的数额。

第八章 雇主责任

第一节 雇主责任的概念和特征

一、雇主责任的概念

雇主责任,是指雇主对雇员在从事职务活动中所造成的第三人的损害承担的赔偿责任。雇主责任是为他人行为所致损害负责,属于自己责任原则之例外。

关于雇主替代责任基础学说理论中有不同的看法。[①] 控制说认为,雇主应当对其雇员的行为加以控制和监督,防止其雇员损害他人的行为发生,因其怠于对雇员行为的监督、注意而造成第三人损害的,应当承担赔偿责任。公共政策说认为,因雇员的职务行为所发生的损害赔偿实际上是雇主的一项商业成本,由雇主承担此项损害赔偿,较为合理,因为雇主可以通过提高商品或者劳务的价格,或者通过责任保险的方式,将其损失由社会大众合理分担。利益说认为,雇员从事雇佣活动,是为雇主的利益。雇主既然从雇员的职务活动中获得利益,那么由雇主来承担因雇员职务行为造成的损害也是合理的,即"利之所在,损之所归"。

随着我国市场经济的发展,经济活动日益频繁,专业分工进一步细化,人们经常需要聘用他人辅助完成一定的工作。当受雇人在执行职务过程中造成他人损害,大多需要雇主来承担侵权责任,是为雇主责任。雇主责任是一种典型的替代责任。我国《侵权责任法》第34条规定:"用人单位的工作人员因执行工作任务造成他人损害的,由用人单位承担侵权责任。劳务派遣期间,被派遣的工作人员因执行工作任务造成他人损害的,由接受劳务派遣的用工单位承担侵权责任;劳务派遣单位有过错的,承担相应的补充责任。"第35条规定:"个人之间形成劳务关系,提供劳务一方因劳务造成他人损害的,由接受劳务一方承担侵权责任。提供劳务一方因劳务自己受到损害的,根据双方各自的过错承担相应的责任。"第34条中用人单位和第35条中接受劳务一方为雇主,第34条中工作人员和第35条中提供劳务一方为雇员,此两条规定可视为我国侵权责任法对雇主责任的规定。用人单位与劳动者之间的关系一般由劳动法调整,但劳动法作为一个独立的部门法乃是从民法中分离出来的,且迄

---

① 参见曹艳春:《雇主替代责任研究》,法律出版社2008年版,第114—124页。

今为止用人单位在一般观念上仍被认为属于雇主身份,因此涉及用人单位责任者,本章亦统称为"雇主责任"。

二、雇主责任的特征

相对于一般侵权责任,雇主责任是一种特殊的侵权责任,具有以下几个特征:

第一,雇主责任原则上是一种替代责任。侵权责任可以分为两类:对自己行为的责任和对他人行为或物件致害的责任。用人者责任属于自己责任的例外,是用人者对他人的侵权行为承担责任。在雇主责任的归责原则问题上,多数立法例采用无过错责任原则,根本不考虑雇主的选任、监督过失,在法律上直接将雇员的侵权责任归于雇主承担。只要雇员的行为符合侵权责任的构成要件,雇主就要承担责任。另外,从雇主的赔偿能力上考虑,由雇主来承担赔偿责任也的确能使受害人得到更加有效的保护。

第二,雇主责任以雇佣关系为前提。雇佣关系既包括单位与个人之间订立的劳动合同的关系,也包括个人与个人之间提供劳务的关系。雇佣关系可以是长期的,也可以是短期的。"被用工者在工作过程中造成他人损害,都与工作本身具有内在关联性。被用工者从事一定的活动,或者是按照用工者的意志,或者是为了用工者的利益,或者是在用工者的监督下进行。"[1]雇主之所以替代雇员对第三人造成的损害承担责任,就是因为他们之间存在雇佣关系。

第三,雇主责任是因其雇员执行职务活动时对第三人造成损害而承担的赔偿责任。这就要求雇员发生侵权行为时处于特定的状态,或为执行职务,或为遵循雇主的意志,或为雇主的利益而做出的行为。雇员对第三人的致害行为必须符合侵权的构成要件。如雇员无过错,构不成侵权,雇主当然不需要承担责任。一旦雇员的行为符合了侵权的构成要件,雇主就要为雇员的致害行为向第三人承担损害赔偿责任。

第二节 雇主责任的归责原则

一、雇主责任归责原则的立法模式

1. 无过错责任原则

在英美法上,雇主对雇员在执行职务行为过程中实施的一切不法行为承担责任,而不需要证明雇主是否有过错。因此,英美法上的雇主责任属于无过错责

---

[1] 王利明:《侵权责任法研究》(下卷),中国人民大学出版社2011年版,第73页。

任。《法国民法典》第1384条第5款规定,主人与雇主,对其家庭佣人和受雇人在履行受雇的职责中造成的损害,负赔偿责任。① 法国通说认为,雇主责任是担保性质的无过错责任,雇主不能通过证明其对仆役及雇员的选任已经尽到必要的注意义务而免责。② 许多其他欧洲大陆的国家如荷兰、意大利等也确立了雇主的无过错责任。

当然,雇主承担替代责任须以雇员的行为构成侵权为前提,也就是说雇员的行为不仅造成他人的损害,而且其具有可归责性,对受害人需要承担侵权责任,否则,雇主不负赔偿责任。但是,雇主针对雇员的侵权行为承担无过错责任,不意味着雇员对他人的侵权责任的成立也必然采用无过错责任原则归责。雇员对他人的侵权责任采用何种归责原则,视其侵权行为的类别而定。唯有对雇员的侵权责任先行界定清楚,逻辑上才能让雇主替代雇员承担该责任。如果认为,雇主的无过错责任是指不问雇员在执行职务时是否有过错,只要造成了受害人损害的,即可令雇主承担责任,那显然是对雇主替代责任的误解。

2. 过错推定责任原则

《德国民法典》和《日本民法典》均对雇主责任采过错推定原则,即如果雇主能够证明自己在选任和监督方面没有过错或即使尽相当注意损害仍会产生时,则不对雇员造成的损害承担雇主责任。例如,《德国民法典》第831条规定:"(1)雇用他人执行事务的人,对受雇人在执行事务时施加于第三人的损害,负赔偿的义务。雇用人在对于任命受雇人时,并在其应提供设备和工具器械或者应当监督事务的执行时,对装备和监督已尽必要的注意,或即使尽必要注意仍难免发生损害的,不发生赔偿义务。(2)根据合同承担为本人照管本条第1款第2句所列举事务的人,负有相同的责任。"③ 由此可见,《德国民法典》在认定雇主是否具有过错的问题上,采用过错推定的做法,一定程度上平衡了由于采用过错责任原则而造成的雇主与受害人之间的利益失衡状态。王泽鉴先生认为,《德国民法典》之所以设过错推定责任有以下几个理由:(1)使人负损害赔偿责任的,不是因为有损害,而是因为人有过失;(2)为顾及家庭及小型企业的负担能力;(3)推定过错责任乃举证责任的倒置,足以保护被害人而不背离过失原则。④

实际上,即使德国和日本的相关法律规定采用过错推定责任原则,但因其对雇主的选任、监督义务的严格认定,很少出现举证免责的情形,而事实上接近无过错责任原则。

---

① 参见《法国民法典》,罗结珍译,北京大学出版社2010年版,第352页。
② 参见王泽鉴:《侵权行为》,北京大学出版社2009年版,第419页。
③ 《德国民法典》,郑冲、贾红梅译,法律出版社2001年版,第206页。
④ 参见王泽鉴:《侵权行为》,北京大学出版社2009年版,第420页。

3. 过错推定责任与衡平责任相结合原则

此种立法模式为我国台湾地区"民法"所独有,该法第188条规定:(1)受雇人因执行职务,不法侵害他人之权利者,由雇佣人与行为人连带负损害赔偿责任。但选任受雇人及监督其职务之执行,已尽相当之注意或纵加以相当之注意而仍不免发生损害者,雇佣人不负赔偿责任。(2)如被害人依前项但书之规定,不能受损害赔偿时,法院因其申请,得斟酌雇佣人与被害人之经济状况,令雇佣人为全部或一部之损害赔偿。(3)雇佣人赔偿损害时,对于为侵权行为之受雇人,有求偿权。根据此规定,即便雇主能够证明自己没有过错,法院仍可根据受害人的请求适用衡平责任要求雇主承担部分或全部责任。这就使雇主实际上无法通过证明自己没有过错而完全免责。在司法实践中,我国台湾地区法院也对雇主的免责抗辩进行了严格的限制,"在实务上雇佣人得举证免责的案例,甚为罕见,此项衡平责任,名存实亡,不具规范意义。"[①]可见,其实际上也是近似于无过错责任。

二、我国雇主责任立法模式

雇主责任适用无过错责任原则可谓是世界立法的趋势,我国立法顺应了这一潮流。《侵权责任法》第34条和第35条直接规定了雇主对其雇员执行工作任务时造成的损害承担赔偿责任,而没有规定雇主尽到选任、监督义务者可以免责,明确肯定了我国的雇主责任属于无过错责任。采用无过错责任的优点在于,一方面,现代侵权法首先强调的是对受害人的补偿,而雇主通常情况下都更有能力承担损害赔偿责任,因此采用无过错责任更有利于保护受害人的利益;另一方面,雇主可以通过保险等方式分散风险,而在保险费率市场化的情况下,保险公司会通过对保费的增减来敦促雇主加强对劳动者的选任、培训和监督,并不会使雇主怠于履行此义务。[②]

第三节 雇主责任的构成要件

雇主责任的构成要件有三:(1)致害人与雇主之间存在雇佣关系;(2)受雇人的行为是发生在雇佣过程中的职务行为;(3)受雇人的行为侵害了他人的权利。

一、致害人与雇主之间存在雇佣关系

关于雇佣关系的判断,理论上主要存在两种标准:第一种为契约理论。该理

---

① 王泽鉴:《侵权行为》,北京大学出版社2009年版,第19页。
② 王利明:《中国民法典学者建议稿及立法理由——侵权行为编》,法律出版社2005年版,第138页。

论认为判断雇佣关系是否存在,以雇主与受雇人之间是否订立契约为标准。一般来说,雇佣关系中双方当事人会订立雇佣契约,以明确各自的权利义务和职权范围。但是在实践中,还存在很多未订立契约的事实雇佣关系。第二种为控制理论。该理论认为判断雇佣关系的基础在于雇主对于受雇人的控制。法国最高法院认为,如果雇主享有对其雇员发号施令或指导的权利,并且此种命令或指导是关于这些雇员如何完成其职务活动的方法的,则雇主与雇员之间存在雇佣关系和隶属关系。不过,这种界定范围过窄。随着社会发展,很多雇员具有雇主所不具备的专业知识,此时雇主已不可能就如何履行职务来对雇员进行具体的指导或命令,并且,在现代公司管理体制中,一个大公司的雇员人数往往有上百乃至上千,公司管理层不可能做到对每一个雇员的具体工作职责和任务进行指导或命令,因此如果仍坚持上面所述的控制标准,则很多实质上的雇佣关系都会被排除。因此,应当对"控制"进行扩大解释,即公司职员基于公司治理结构所受到的来自其任何上级的工作上的"控制"均应包括在内。控制理论是契约理论的重要补充,在当事人之间的雇佣契约关系不明时,控制理论具有决定性意义。

  雇佣关系的判断标准,在其与承揽关系的区分问题上表现得尤为突出。在司法实践中,由于雇佣关系与承揽关系多半兼而涉及劳务的提供和劳动成果的完成,因此二者的混淆时有发生。又因为一旦在工作过程中造成他人损害,将法律关系定性为雇佣还是承揽将导致责任归属上的迥异,这使案件当事人之间原属雇佣关系还是承揽关系,往往成了争议的焦点。学界就这两种关系的区分,提出了人身依附性的存在与否、以劳动过程还是劳动成果为标的、工作者是否具有意志上的独立性、工作时间是长期性还是临时性的、从事的是日常性还是专业性工作、由哪一方提供工作工具、是周期性还是一次性支付报酬等标准。我们认为,应当以控制理论为基础,将工作者是否具有意志上的独立性作为首要的区分标准。申言之,雇佣关系中雇主应当能在劳动过程中对雇员发出具体指示,对于劳动过程有相当程度的控制,而承揽关系中的定作人则只能就劳动成果发出指示,对于劳动过程则无权干涉,至少不能进行实质性的控制。正因为如此,雇员才无须对雇主实施劳动控制而形成的劳动成果对雇主负责,而承揽人则应当就自行控制下形成的劳动成果对定作人负责。与此相应,雇主控制下的雇员在劳动过程中致他人以损害,自然应当由雇主负责;而承揽人在自主劳动过程中致他人以损害,则应当自行负责。

二、受雇人的行为是发生在雇佣过程中的职务行为

  雇主并不是对雇员的一切侵权行为均承担责任,他仅对在雇佣过程中雇员执行职务时的侵权行为承担责任,也就是说,雇员的侵权行为与其职务有特定的

关系。关于职务行为的判断,大体上有三种标准:

1. 雇主主观说。以雇主的主观意思为标准,执行职务的范围应依雇主所指示办理的事件来决定。雇主明确指示办理的事情,就是执行职务的行为,超出雇主指示范围的任何行为都不是职务行为。

2. 雇员主观说。即以雇员的主观愿望为标准,从事雇佣活动原则上应依雇主所示办理的事件来决定,但是如果雇员是为了雇主的利益,或者在雇主指示不够具体明确的时候,或者因情势变化必须另行处理的时候,亦应认为是属于职务行为。

3. 客观说。以职务行为的外在行为为标准,如果行为在客观上表现为与依雇主指示办理的事件要求相一致,就应当认为是属于职务行为的范围,否则就不属于执行职务行为。①

雇主主观说将职务行为仅限于雇主所指示办理的事项,范围太过于狭窄,易使不当职务行为或其他本应当由雇主承担替代责任而造成的损害行为排除在职务行为之外,不利于对受害人的保护;而雇员主观说是以雇员的主观意思来判断职务行为,又易使职务行为的范围过大,虽然对受害人有利,但却使雇主承担了不可预料的风险,对其不公平。所以,两种主观判断标准都不宜单独直接作为职务行为的判断标准。而采用客观说时,只要形成执行职务的外观,即可认定雇主责任的适用,它兼顾了雇主和雇员双方的利益,又有利于保护被侵权人的利益。② 显然,判断职务行为时,采用客观说是比较合理的。

三、受雇人的行为侵害了他人的权利

雇主责任是典型的无过错责任,但又是一种替代责任,即替代雇员承担赔偿责任,那么就要求雇员的行为必须满足侵权责任的构成要件:第一,有不法行为;第二,该行为侵害了他人的合法权益并造成了损害;第三,行为与损害之间存在因果关系;第四,雇员有过错。应在雇员的行为满足以上四个侵权责任要件的前提下,再进行雇主责任的追究。

雇员的行为导致他人损害,可以是财产损害,也可以是人身损害。其侵害的对象范围并不限于绝对权,如生命权、健康权、所有权等,还包括一般财产,即雇员的行为导致他人遭受纯经济损失,只要构成侵权的,雇主也要承担赔偿责任。③ 另外,此要件中的"他人"是除雇主和雇员以外的第三人,因此不应当包括雇主或雇员自己。这是因为,雇主责任制度的立法目的,就在于通过替代责任制

---

① 参见张新宝:《侵权责任法》,中国人民大学出版社2010年版,第159页。
② 参见王利明:《中华人民共和国侵权责任法释义》,中国法制出版社2010年版,第151页。
③ 参见王利明、周友军、高圣平:《中国侵权责任法教程》,人民法院出版社2010年版,第497页。

度更好地保护第三人的合法权益。雇主或雇员自身遭受的损害,可以通过合同法或者其他侵权责任制度加以解决。

第四节 雇主责任的承担

雇主责任的承担,分为外部责任承担和内部责任承担。外部责任,即由谁向受害人承担赔偿责任。内部责任,即追偿权问题,雇主是否有向雇员追偿的权利。涉及劳务派遣单位时,由于主体之间关系相较于一般的雇佣关系复杂,在雇主责任的承担问题上有一定的特殊性。

一、外部责任的承担

对于外部责任的承担,我国《侵权责任法》第34条第1款规定:"用人单位的工作人员因执行工作任务造成他人损害的,由用人单位承担侵权责任。"《最高人民法院关于审理人身损害赔偿案件适用法律若干问题的解释》第9条规定:"雇员在从事雇佣活动中致人损害的,雇主应当承担赔偿责任;雇员因故意或者重大过失致人损害的,应当与雇主承担连带赔偿责任。"此司法解释与我国台湾地区的立法基本相同,即受雇人因执行职务不法侵害他人的权利,雇主应与受雇人负连带赔偿责任。[①]雇主与雇员之间的这种连带责任应当是一种不真正连带责任。不真正连带责任中,债权人对于债务人之一或部分或全体可以同时或者先后请求全部或一部之请求。在雇员对第三人造成损害时,雇员基于其自己的侵权行为对第三人承担赔偿责任,雇主则基于法律的规定对第三人承担赔偿责任,因此,雇主和雇员是基于不同的原因而对第三人负有同一给付义务。第三人可以选择向雇主或雇员或同时向两者要求赔偿。这也有利于从最大程度上保护受害的第三人的利益。雇主或受雇人中的任何一方在完成了赔偿之后,侵权之债归于消灭。

二、内部责任的承担

我国《侵权责任法》没有规定雇主与雇员之间的追偿权,但《最高人民法院关于审理人身损害赔偿案件适用法律若干问题的解释》第9条第1款规定:"雇员在从事雇佣活动中致人损害的,雇主应当承担赔偿责任;雇员因故意或者重大过失致人损害的,应当与雇主承担连带赔偿责任。雇主承担连带赔偿责任的,可以向雇员追偿。"此条规定了雇员在故意或存在重大过失时需要和雇主承担连带责任,并且雇主可以向雇员进行追偿。国外立法多限制雇主向雇员追偿的情

---

① 参见王泽鉴:《侵权行为》,北京大学出版社2009年版,第442页。

形,即使雇主可以向雇员进行追偿,多数立法也限制追偿的数额。

在现实中,雇员往往处于弱势地位,而雇主的经济实力相对雄厚,让经济实力雄厚的雇主向处于弱势地位的雇员求偿,不合情理,"在企业实务上,雇用人向受雇人行使求偿权的,当属罕见,盖受雇人多无资力,强为求偿,不利于劳资关系的和谐。"①雇主在这种情况下,只允许追偿较小的数额,其损失主要应通过保险和价格机制转嫁给社会分担,而不应向本处于弱势地位的雇员索赔。

还有一种情况比较少见,即如果雇员首先承担了侵权损害赔偿,且不属于其故意或重大过失的情况下,雇员有权向雇主追偿。②

三、劳务派遣单位相关责任的承担

劳务派遣,是指劳务派遣单位与劳动者建立劳动关系,而后将劳动者派遣到实际用工单位,在实际用工单位的指挥或监督下从事劳动。劳务派遣涉及劳务派遣单位、用工单位和被派遣劳动者三方关系,雇佣单位与用工单位分离是其最大的特点。劳务派遣是一种新型的用工方式,在我国趋于完善的市场经济体制下发展迅速,但也导致了不少问题。针对这种新的用工方式,我国逐步进行了立法的完善。例如,《劳动合同法》第92条规定:"劳务派遣单位违反本法规定的,……给被派遣劳动者造成损害的,劳务派遣单位与用工单位承担连带赔偿责任。"

关于被派遣劳动者在执行职务造成他人的损害时,责任应该由谁来承担的问题,我国《侵权责任法》第34条第2款明确规定:"劳务派遣期间,被派遣的工作人员因执行工作任务造成他人损害的,由接受劳务派遣的用工单位承担侵权责任;劳务派遣单位有过错的,承担相应的补充责任。"此条规定实际上是确认了用工单位是雇主,应承担雇主责任,而派遣单位有过错的,承担相应的补充责任。

劳务派遣单位的责任是"相应的补充责任",其包含两层含义:一是补充责任。受害人要首先向用工单位请求赔偿,用工单位是第一顺位的责任人,应承担主要的赔偿责任。当用工单位无力赔偿时,才向劳务派遣单位请求赔偿,劳务派遣单位是第二顺位的责任人,其承担与过错程度相应的补充责任。劳务派遣单位就超出其过错部分的赔偿,可以向用人单位进行追偿。③ 二是相应的责任,即法院可以考虑劳务派遣单位的过错适当减轻其责任。考虑到完全赔偿规则,法院也应当尽可能使受害人获得充分救济,其减轻责任时要尽到充分说理的义务。④ 这样就合理地分配了用工单位和派遣单位的责任承担,主次分明,轻重适

---

① 王泽鉴:《侵权行为》,北京大学出版社2009年版,第445页。
② 参见曹艳春:《雇主替代责任研究》,法律出版社2008年版,第280页。
③ 参见王利明:《侵权责任法释义》,中国法制出版社2010年版,第152页。
④ 参见周友军:《侵权法学》,中国人民大学出版社2011年版,第440页。

当,有利于确定受害人求偿的对象和各责任主体的责任份额。

四、雇主责任的抗辩事由

毋庸置疑,侵权责任的一般抗辩事由也可以是雇主责任的抗辩事由,如不可抗力等。另外,雇主责任作为替代责任,其免责抗辩事由还依赖于雇员的侵权责任关系。如果雇员对于受害人存在抗辩事由,如受害人故意,那么雇主也当然享有该雇员对于受害人的抗辩。

雇主的抗辩事由因其雇员所形成的侵权类型而有所不同,也就是说要看其雇员所成立的侵权责任类型而定。如果雇员基于其所从事的职务行为,如高度危险作业而发生了应当追究无过错责任的侵权责任,就根据该类侵权责任的抗辩事由享有相应的抗辩权。一般说来,雇主责任的抗辩事由主要包括以下情形:(1)不可抗力;(2)紧急避险;(3)受害人过错;(4)意外事件;(5)正当防卫;(6)自助行为;(7)依法执行职务的行为;(8)受害人同意;(9)第三人过错。

第九章 教育机构责任

第一节 概 述

一、教育机构责任的概念和特征

校园是学生进行学习和接受教育的主要场所,校园安全是人类教育活动的目的得以实现的前提。绝大部分在校的中小学生和一部分大学生属于未成年人,自我保护意识不强,况且学校内人口密度比较大,因而比较容易发生伤害事故。学生伤害事故发生之后,有关当事方往往就教育机构是否应当承担责任及其责任的大小发生争执,故而有必要通过立法对教育机构责任作出明确界定。

教育机构责任,是指无民事行为能力人或限制民事行为能力人在幼儿园、学校或者其他教育机构学习、生活期间,因教育机构未尽到相应的教育、管理职责,遭受人身损害或者致他人损害时,教育机构所应当承担的民事责任。在这里,幼儿园,通常是指对三周岁以上学龄前幼儿实施保育和教育的机构。学校,是指国家或社会力量举办的全日制中小学(含特殊教育学校)、各类中等职业学校和高等教育学校等。这些学校不仅包括公办学校,也应当包括民办学校,如私人设立的幼儿园等。其他教育机构,是指少年宫以及职业培训机构、电化教育机构等。[①] 无民事行为能力人和限制民事行为能力人主要指未成年的学生,但也包括因健康原因致使其行为能力受到限制的成年人。教育机构责任具有以下主要特征:

(一)责任主体具有特殊性

教育机构责任的责任主体主要是幼儿园、学校或其他教育机构。从我国《侵权责任法》将教育机构责任这一部分置于第四章"关于责任主体的特殊规定"中可以看出,教育机构的责任主体具有一定的特殊性。这种特殊性主要表现在:第一,教育机构性质的特殊性。通常认为,教育机构具有公益性,它所承担的主要是社会教育职责,因此不宜使其承担过重的赔偿责任。[②] 虽然我国存在大量的民办教育机构,而且随着社会经济的发展,人们物质文化生活水平的提高,类似的民办教育机构也将会逐渐地增多,但其仍以教育为主要办学宗旨和目

---

① 参见全国人大常委会法制工作委员会民法室编:《〈中华人民共和国侵权责任法〉条文说明、立法理由及相关规定》,北京大学出版社2010年版,第162—163页。
② 参见张新宝:《侵权责任法原理》,中国人民大学出版社2005年版,第314页。

的,因此可以说它具有浓厚的公益色彩。第二,教育机构具有一定的控制力。从某种程度上来说,教育机构管理着在校学习、生活期间的学生,由于对学生学习、生活环境具有一定的控制力,故而在一定程度上有义务避免学生在学习、生活的环境中可能发生的危险;与此同时,由于学生在校学习、生活期间脱离了监护人的监护,因此教育机构对其负有保护、看管等义务和职责。①

(二)责任的产生具有时间和空间范围上的特殊性

首先,从时间范围上看,这里所说的损害须在教育机构学习和生活期间发生。当然,我们也不能把学习和生活期间仅仅局限于学生在校园内的学习期间,可以作适当的延伸,因为学校在寒暑假或者周末等节假日也可能组织学生参加一些校外活动,如春游、参观等等,在这期间因学校未尽到教育、管理的职责,致使学生遭受的侵害也属于教育机构的责任范围。因此可以说,只要是学校组织的活动,即使不是在学期内、工作日发生,也属于学校负责的范围。

其次,从空间范围上看,凡是处于学校所控制的范围内,就应该由学校承担责任;超出该范围的,应该由监护人承担责任。② 一般而言,学生在校学习、生活期间是在教育机构的监督管理范围之内,而不一定局限于特定的教育机构的相关场所。例如,学校组织学生走出校园进行郊游或毕业旅行,在空间上虽然超出校园范围,但由于学生的活动仍然处于学校的监督管理和组织之下,因而仍然属于教育机构的责任范围。但是,在学生放学回家的路上,除非学校根据约定提供接送服务,否则,学校对学生的安全一般不必承担保护义务。

(三)责任类型具有多样性和特殊性

教育机构责任主要包括三种类型,即无民事行为能力人在教育机构学习、生活期间遭受人身损害时教育机构的责任;限制民事行为能力人在教育机构学习、生活期间遭受人身损害时教育机构的责任;无民事行为能力人或限制民事行为能力人遭受学校以外的人员的人身损害时教育机构的责任。这三种责任在归责原则、构成要件和责任范围上各有不同,发生的原因也不尽相同。③

二、我国教育机构责任制度的演进

《民法通则》对在校未成年学生人身伤害赔偿未明确作出规定,相关规定散见于有关的司法解释。1988年《最高人民法院关于贯彻执行〈中华人民共和国民法通则〉若干问题的意见(试行)》第160条规定:"在幼儿园、学校生活、学习的无民事行为能力人或者在精神病院治疗的精神病人,受到伤害或者给他人造

---

① 参见王利明:《侵权责任法研究》(下卷),中国人民大学出版社2011年版,第197—198页。
② 参见教育部人事司等:《校园安全》,北京师范大学出版社2008年版,第261页。
③ 参见王利明:《侵权责任法研究》(下卷),中国人民大学出版社2011年版,第200页。

成损害,单位有过错的,可以责令这些单位适当给予赔偿。"但此处对责任主体、责任性质、赔偿范围等尚欠明确。2002年,教育部出台了《学生伤害事故处理办法》,但该规章重在指导学校等教育机构正确处理学生伤害事故,重在规范教育主管部门的管理职责和管理责任。2003年颁布的《最高人民法院关于审理人身损害赔偿案件适用法律若干问题的解释》第7条从民事侵权的角度完善了对责任主体、归责原则(过错责任)、责任方式等的规定,但对无行为能力人和限制行为能力人未作区分。① 一直以来,有学者对此存有异议,认为应将未成年人区分为无民事行为能力人和限制民事行为能力人,因为相比无民事行为能力人来说,限制民事行为能力人有一定的认识、辨别能力,教育机构就限制民事行为能力人的人身损害所承担的责任应当比无民事行为能力人更轻一些。最后我国《侵权责任法》集一段时期以来关于教育机构责任的理论研究与实践经验之大成,就此作出了具体规定:

第38条规定:"无民事行为能力人在幼儿园、学校或者其他教育机构学习、生活期间受到人身损害的,幼儿园、学校或者其他教育机构应当承担责任,但能够证明尽到教育、管理职责的,不承担责任。"

第39条规定:"限制民事行为能力人在学校或者其他教育机构学习、生活期间受到人身损害,学校或者其他教育机构未尽到教育、管理职责的,应当承担责任。"

第40条规定:"无民事行为能力人或者限制民事行为能力人在幼儿园、学校或者其他教育机构学习、生活期间,受到幼儿园、学校或者其他教育机构以外的人员人身损害的,由侵权人承担侵权责任;幼儿园、学校或者其他教育机构未尽到管理职责的,承担相应的补充责任。"

第二节 教育机构责任的性质

一、教育机构责任之性质的立法模式

关于教育机构的责任,世界各国存在以下几种不同的立法模式:

(一) 法定监护人责任模式

在这种模式下,教育机构就是监护人,它要对作为被监护人的学生的行为承担责任。② 在德国法上,教师被规定为监督义务人,应当对学生的行为负责,类似于我国的监护人。不过要补充说明的是,在德国,教师属于公务员,所以其违反监督义务,就应当认定为违反职务上的义务,产生国家赔偿责任。我国有学者

---

① 参见丁海俊主编:《侵权法教程》,对外经济贸易大学出版社2010年版,第169页。
② 参见曹诗权:《未成年人监护制度研究》,中国政法大学出版社2004年版,第332页。

指出,"无民事行为能力人和限制民事行为能力人在幼儿园、学校或者其他教育机构学习、生活期间受到伤害或者给他人造成损害,由于这些单位对未成年学生负有一定的监护性质的职责,因此,可以视情况决定这些单位适当地承担赔偿责任"①。可见,这种主张认为,教育机构承担责任的基础在于其为未成年学生的法定监护人,对未成年学生承担监护管理和保护的职责,当未成年学生在教育机构学习、生活期间受到伤害或者给他人造成损害时,由于学校没有尽到监护责任的,就应该承担民事赔偿责任。

(二) 委托监护人责任模式

在这种模式下,教育机构是接受监护人的委托而负有监护义务的人,因此教育机构的责任应该属于委托监护人责任的范畴。有别于前述法定监护人责任模式,委托监护是基于双方意思表示一致而形成的,而非基于法律的直接规定。也就是说,教育机构被认定为委托监护人,应当以委托合同的存在为前提。若出现学校依法接受委托承担相应监护职责的情形,是应当予以承认和支持的。

(三) 教育、管理和保护职责模式

该模式认为,教育机构承担责任的基础,不是学校和学生之间的监护关系,而是学校依照《教育法》的规定承担的对学生负有的教育、管理和保护职责。因而,学校与未成年学生之间不是监护法律关系,而是一种发生在教育过程中的特殊的教育法律关系;只有遵循教育的规律和教育法的规范,才能正确理解和处理这类事故。② 依据《教育法》关于学校对学生承担的教育、管理和保护职责的规定,教育机构未尽上述职责并因此而造成学生人身损害的,就要承担赔偿责任。

二、我国教育机构责任的性质

在我国,过去理论上曾经长期认为教育机构是一种监护人责任,教育机构和未成年学生之间的关系是一种监护关系,对于学生遭受的侵害应由教育机构承担监护人责任。诚然,当家长将被监护人送至教育机构之后,家长的监护责任确实得到相应的减轻,从被监护人进入教育机构时开始,教育机构承担了教育、管理的职责,在某种程度上具有监护的性质和特点。但从我国《侵权责任法》的规定看,应当可以明确,教育机构和学生之间不是监护关系。

一方面,《侵权责任法》将教育机构的责任从监护责任中分离,两者虽然都被规定在第四章中,但作为两项不同的制度分别规定,这表明了教育机构与学生之间并非监护关系。另一方面,《侵权责任法》在第38条和第39条中没有采取严格责任,而是采取过错推定责任和过错责任,表明立法者也否定了教育机构责

---

① 马原主编:《中国民法教程》,人民法院出版社1989年版,第324—325页。
② 参见杨立新:《侵权责任法》,法律出版社2010年版,第286页。

任属于监护人责任的立法模式。实际上,这一理解,与我国《民法通则》中关于未成年人的监护人的规定是相符合的。因为《民法通则》第16条所列举的未成年人的各类监护人中,不包括教育机构。当然,监护人责任与教育机构责任之间的确比较容易混淆,有必要对二者的区别加以澄清:

第一,责任基础不同。监护人的责任是替代责任,监护人承担责任的前提是被监护人实施了侵权行为,并不需要考虑监护人的过错。即便监护人过错较轻甚至没有过错,也要对受害人的损失承担全部或部分赔偿责任。而教育机构责任则是一种自己责任,是教育机构未尽到教育、管理职责所应当承担的责任。只有在第三人侵权造成未成年学生伤害,且无法追究第三人责任时,教育机构才需要根据过错承担相应的补充责任,并且这种责任在性质上也并非一种替代责任。

第二,归责原则不同。监护人责任适用的是无过错责任原则;教育机构责任则是过错推定责任原则和过错责任原则。《侵权责任法》第32条第1款规定:"无民事行为能力人、限制民事行为能力人造成他人损害的,由监护人承担侵权责任。监护人尽到监护责任的,可以减轻其侵权责任。"可见,监护人承担无过错责任,尽到了监护责任的只能减轻责任,而不影响责任的成立。该法第38、39条则规定了:对于无民事行为能力人,教育机构承担的是过错推定责任;而对于限制民事行为能力人,教育机构承担的是过错责任;只要教育机构尽到了教育、管理职责,就无须承担责任。

第三,责任财产不同。就监护人责任而言,如果被监护人自己拥有责任财产,应当首先由被监护人承担责任;只有在被监护人没有责任财产或责任财产不足以清偿时,才需要以监护人的财产承担责任。而对教育机构责任而言,当其需要就无行为能力人或限制行为能力人遭受的损害承担责任时,属于单纯的自己责任,应当以自己的责任财产来承担。

第三节 教育机构责任的分类

一、校内人员侵权责任与校外人员侵权责任

教育机构的责任可以分为校内人员侵权责任和校外人员侵权责任。校内人员侵权,是指未成年学生在教育机构内,因教育机构内部的人或物的因素而遭受的人身损害。在校内人员侵权中,大多是学生相互致害,即学生在学习、生活期间,因学校内其他学生的行为遭受人身损害。一般而言,学生相互致害的,由无民事行为能力人和限制民事行为能力人的监护人承担侵权责任,如果学校存在过错的,学校也必须承担侵权责任。

校外人员侵权,是指因教育机构以外的人或物的因素所遭受的损害。这里

所说的教育机构以外的人员,是指非因学习、工作等关系而隶属于该教育机构的人员。这里所说的物,是指不属于教育机构所有、使用或管理的物。学生在教育机构学习、生活期间因校外人员导致人身损害的,由校外人员承担侵权责任,学校仅在没有尽到相应的管理职责的情况下承担一定的补充责任。

二、作为的侵权责任与不作为的侵权责任

作为的侵权责任,是指教育机构的工作人员实施积极的侵权行为造成学生的人身损害,教育机构应当承担的责任。例如,教师或其他教育机构工作人员体罚、殴打学生等造成学生损害的情形。

不作为的侵权责任,是指教育机构因其消极不作为的侵权行为造成学生的人身损害,所应当承担的责任。[①] 教育机构的责任大多是不作为的侵权责任,或因教育机构没有尽到教育、管理职责而导致学生在学习、生活期间遭受损害,或因教育机构以外的第三人的侵害而使教育机构疏于管理、保护造成的损害。《侵权责任法》第38—40条均属对教育机构不作为侵权责任的典型规定。

三、直接赔偿责任与补充赔偿责任

教育机构的直接赔偿责任,是指幼儿园、学校和其他教育机构对在其中学习、生活的无民事行为能力人和限制民事行为能力人因未尽到教育、管理职责而造成的人身损害,直接承担赔偿责任。我国《侵权责任法》第38条、第39条分别规定的无民事行为能力人和限制民事行为能力人在受到损害时教育机构承担的责任,即教育机构承担直接赔偿责任的两种类型。

教育机构的补充赔偿责任,是指无民事行为能力人和限制民事行为能力人在幼儿园、学校或者其他教育机构学习、生活期间,受到第三人的人身侵害的,在该第三人不能承担赔偿责任或者不能全部承担赔偿责任的情况下,由教育机构在未尽到管理职责的范围内承担相应的补充赔偿责任。我国《侵权责任法》第40条规定的在幼儿园、学校或者其他教育机构未尽到管理职责时所承担的责任,即教育机构承担补充赔偿责任的类型。

第四节 教育机构责任的归责原则

世界各国和地区关于教育机构责任归责原则的立法模式各不相同。有适用过错责任原则的,如美国、法国及我国台湾地区等;有适用过错推定原则的,如德

---

① 参见王利明:《侵权责任法研究》(下卷),中国人民大学出版社2011年版,第209页。

国、希腊等;还有些则根据受教育者的行为能力的不同而采用不同的归责原则;更有甚者要求区分学校的性质,对那些非公益性学校适用无过错责任原则。我国《侵权责任法》第38、39条对教育机构的侵权责任采用的是依据未成年人的行为能力区分对待的模式,即无民事行为能力人在教育机构监管保护期间遭受损害时,适用的是过错推定原则;而对限制民事行为能力人的损害,则采用过错责任原则。这种区分受害人的行为能力适用不同归责原则的做法的理由在于:

首先,行为能力不同的学生防范损害的能力不同。无民事行为能力人在法律上是被推定为没有任何的辨别能力的,完全缺乏应对危险的防范意识和自我保护的能力,可谓是绝对的弱者,因此对于他们应给予强有力的保护。而限制民事行为能力人的心智相对成熟,能在一定的程度上辨认和控制自己的行为,故而应当区别对待。

其次,行为能力不同的学生实施举证行为的能力不同。无民事行为能力人基本上无法在损害发生后有效地实施举证证明行为,适用过错推定责任原则,就可以免除他们的举证责任,更有利于实现其权利的救济。限制民事行为能力人则有一定的举证能力,适用"谁主张谁举证"的一般证明责任分配原则,对其权利的保护不会造成妨碍。

《侵权责任法》第40条还规定,教育机构对于学生在校期间遭受校外人员侵害的应当根据过错责任原则承担补充责任。其理由在于,此类侵权存在第一责任人,即直接侵权人,受害人即使不向教育机构主张赔偿,其救济仍然是可以通过由直接侵权人承担责任实现的。规定教育机构只有在存在过错并且直接侵权人无力赔偿的范围内承担相应的责任,是合情合理的。

第五节 教育机构责任的构成要件

教育机构责任在归责上虽有过错推定责任、过错责任和补充责任之别,但主要体现在证明责任的分配和其他第一责任人的有无,至于在责任的构成上,则均需满足以下四个要件,即:(1)学校等教育机构存在违法行为;(2)存在未成年学生遭受人身损害的事实;(3)教育机构的违法行为与学生所遭受的损害之间具有因果关系;(4)教育机构对于学生所遭受的损害在主观上存在过错。

一、学校等教育机构存在违法行为

我国《义务教育法》、《未成年人保护法》等明确规定了教育机构对学生进行教育、管理和保护的职责,存在违反这些职责的违法行为,是教育机构需承担侵权责任的前提。教育机构的违法行为主要表现为其工作人员存在对学生疏于教育、管理和保护的不作为行为,属于对自身以教育、管理和保护为内容的作为义务的违反。由于教育机构工作人员的此类行为属于职务行为,根据雇主责任制度,理应由教育机构来承担替代责任。

二、存在未成年学生遭受人身损害的事实

填补损害为我国《侵权责任法》的首要功能,因此,损害的发生是侵权赔偿责任构成要件的前提条件。教育机构责任中的损害主要是指人身损害,包括"学生的人身伤害和死亡及由此产生的财产性损失,主要如医疗费、护理费、交通费、住宿费、营养费、住院伙食补助费、伤残用具费、丧葬费等费用的支出"①。可见,这一损害应当仅限于包括精神损害在内的人身损害,及其因人身损害而导致的财产损害,但不应当包括受害学生的直接财产损失。

三、教育机构的违法行为与学生所遭受的损害之间具有因果关系

学校疏于教育、管理和保护职责的行为,必须与学生遭受的损害之间具有引起与被引起的因果关系。例如,学生有特异体质或者特定疾病,不宜参加某种教育教学活动,学校知道或者应当知道,但未予以必要的注意从而采取适当措施,最终导致损害发生的,即属于存在此种因果关系。从实践情况看,教育机构没有尽到教育、管理职责,有时是损害发生的唯一原因,有时则仅为原因之一。②《学生伤害事故处理办法》第8条规定:"学生伤害事故的责任,应当根据相关当事人的行为与损害后果之间的因果关系依法确定。因学校、学生或者其他相关当事人的过错造成的学生伤害事故,相关当事人应当根据其行为过错程度的比例及其与损害后果之间的因果关系承担相应的责任。当事人的行为是损害后果发生的主要原因,应当承担主要责任;当事人的行为是损害后果发生的非主要原因,承担相应的责任。"

四、教育机构对于学生所遭受的损害在主观上存在过错

因为我国《侵权责任法》对教育机构承担侵权责任采纳的是过错推定责任原则与过错责任原则,所以教育机构侵权责任的构成要件之一就是主观上具有过错。过错是行为人的主观心理活动,比较难以举证证明,我们有必要通过一定的客观标准进行判断。判断行为人主观上是否存在过错可以从以下几个方面考虑:

(一)教育机构对学生负有何种注意义务

如前所述,教育机构对学生的义务主要是教育、管理和保护的义务,具体来

---

① 杨震主编:《侵权责任法》,法律出版社2010年版,第219页。
② 参见杨立新:《侵权责任法原理与案例教程》,中国人民大学出版社2008年版,第236页。

说,既包括法律行政法规课加的法定义务,又包括基于教育部门颁布的教育教学管理规章、操作规程等规定而产生的一般性的注意义务,还包括教育机构与学生家长签订合同约定的注意义务。① 应当指出,注意义务不能一刀切,不同的情况教育机构应承担的注意义务也有细微差别,总之危险性越高的行为其所负的注意义务也应该越高。

(二) 教育机构是否恪尽了相当的注意义务

既然教育机构肩负着保护管理未成年人身安全的任务,其就有义务恪尽相当的注意义务不让学生遭受损害。所谓的恪尽相当的注意义务,是指教育机构依据法律行政法规及合同之约定,努力履行了对学生人身安全的合理而谨慎的义务。教育机构恪尽相当的注意义务的前提是其对危害结果具有可预见性并且可以避免。如果学校对于危险的发生根本不具备可预见的能力,或者说不应该也根本无法预见,就无法恪尽相应的注意义务,即使这时候学生遭受了损害,教育机构主观上也不存在过错。

另外,在过错的举证责任分配问题上,因归责原则而异。无民事行为能力人作为受害人的教育机构侵权责任采用的是过错推定原则,应由教育机构举证证明自己主观上不存在过错;而限制民事行为能力人作为受害人的教育机构侵权责任采用的是过错责任原则,要求受害人就教育机构的过错承担全部的证明责任,并且还要承担举证不能的风险。

第六节 教育机构责任与相关责任的界分

一、教育机构责任与特殊侵权责任之关系

教育机构的责任与特殊侵权责任之间的关系如何,值得探究。尤其是它与雇主责任、物件致人损害责任等的关系。例如,教师体罚学生、教学楼倒塌等导致学生损害的情况,究竟适用《侵权责任法》第38—40条的教育机构的责任,还是适用相应的特殊侵权责任?根据《学生伤害事故处理办法》第9条的规定,教育机构的责任包括:因校舍等有明显不安全因素时学校的责任;教师或其他工作人员体罚学生时学校的责任等。如此一来,教育机构的责任几乎成为"无所不包"的责任。②

其实,教育机构的责任与特殊侵权责任要明确区分开,如果学生遭受的损害,可以适用《侵权责任法》上其他特殊侵权责任的,就不应再适用教育机构的责任制度。这主要是基于如下理由:第一,基于平等原则的考虑。平等原则的

---

① 参见杨立新:《侵权责任法》,高等教育出版社2010年版,第218页。
② 参见王利明、周友军、高圣平:《中国侵权责任法教程》,人民法院出版社2010年版,第445页。

要求之一是,类似问题类似处理。如果学生遭受的损害可以适用特殊侵权责任制度,却适用了教育机构的责任制度,则违反了平等原则。例如,如果教育机构的责任包括了雇主责任,就等于教育机构对其雇员的行为仅承担过错责任,而其他雇主都要对其雇员的行为承担替代责任(即无过错责任),这很明显是有失公平的。第二,基于司法实务中法律适用的考虑。特殊侵权责任是针对具体类型的侵权行为,其能够适应各种特殊侵权,以准确认定责任。如果教育机构责任可以包含各类特殊侵权责任,就不利于在司法实践中妥当地进行法律适用。因此,侵权法上教育机构的责任规则与特殊侵权责任的规则之间形成了一般规范与特别规范的关系,应当适用特别规范优先适用的原则来处理。如此排除之后,教育机构承担责任的情形就会显著"瘦身",其主要包括:学生之间相互侵害、学校因组织群众性活动而导致学生伤害、学生受到校外人员的侵害等。

二、教育机构责任与违反安全保障义务的责任之关系

根据《侵权责任法》第40条的规定,就教育机构因未尽到管理职责而对校园以外的人员所承担的侵权责任来说,在某些情况下,其可能包括违反安全保障义务的责任。具体来说,教育机构可能因其场所而负有安全保障义务,教育机构也可能因其组织群众性活动而负有安全保障义务,并最终导致学生受到伤害。根据该法第37条的规定,违反安全保障义务的责任之一是场所责任,尽管该条关于场所的规定中没有明确地列举学校,但该条采取"等公共场所"的表述,表明其中可以包括教育机构。问题在于,教育机构承担场所责任和组织责任时,究竟应适用《侵权责任法》第40条,还是适用该法第37条?本书认为,应当适用《侵权责任法》第40条。主要理由在于:第一,教育机构违反安全保障义务的责任是特别规定,而安全保障义务制度是一般规定。我国《侵权责任法》针对教育机构的责任专门对此作出了规定,因此,应该适用法律的特别规定。第二,《侵权责任法》第37条关于场所责任的列举没有规定教育机构。第三,在判断标准上,《侵权责任法》第37条是以违反安全保障义务为责任前提的。而教育机构的责任是以违反教育、管理职责为责任前提的。应当看到,这两者之间也存在一定的联系,在涉及第三人侵害时,教育机构应当承担相应的补充责任。

第七节 教育机构责任的承担

在我国,对教育机构的责任区分两种不同的情形来处理:

第一,无民事行为能力人或限制民事行为能力人因教育机构内部的原因而遭受人身损害的情形。按照《侵权责任法》第 38 条和第 39 条的规定,责任的承担采取过错推定原则和过错原则,只要符合责任的构成要件,并且不具备免责事由,教育机构须承担过错责任、自己责任。教育机构必须按照完全赔偿原则,对受害学生所遭受的财产损害和非财产损害(精神损害)进行全部赔偿。

第二,无民事行为能力人或限制民事行为能力人因教育机构以外人员的原因而遭受人身损害的情形。这里所说的教育机构以外的人员,是指教育机构的学生、教师和其他工作人员以外的人。按照《侵权责任法》第 40 条的规定,此时,首先由侵权人承担侵权责任。教育机构在未尽到管理职责时,应该承担相应的补充责任。也就是说在这种情况下,当教育机构有过错时,不是和实际侵权人一起承担连带赔偿责任,而仅仅承担补充赔偿责任。当然,如果学校、幼儿园等教育机构和实际侵权人在共同过错的支配下实施了共同侵权行为,此时应该承担共同侵权的连带赔偿责任。①

我国《侵权责任法》没有规定教育机构的公平责任。但是,在教育机构不具有过错的情况下,地方性法规规章等有特别规定的,可能要承担公平责任。例如,《上海市中小学校学生伤害事故处理条例》第 13 条规定:"对学生伤害事故的发生,当事人均无过错的,可以根据实际情况,按照公平责任的原则,由当事人适当分担经济损失。"所以,在上海市,学生可能请求教育机构承担公平责任。《侵权责任法》第 5 条规定:"其他法律对侵权责任另有特别规定的,依照其规定。"这可以理解为是对该条适用的当然结果。②

---

① 参见张新宝:《侵权责任法》,中国人民大学出版社 2006 年版,第 217 页。
② 参见王利明、周友军、高圣平:《中国侵权责任法教程》,人民法院出版社 2010 年版,第 450 页。

第十章 产品责任

第一节 概 述

一、产品的界定

我国《产品质量法》第2条第2款规定:"本法所称产品是指经过加工、制作,用于销售的产品。"据此,构成"产品",应当具备两个条件:第一,经过加工制作,未经加工制作的天然物,如天然矿石,不是产品;第二,用于销售,不拟进入流通领域者,即便经加工制作而成,也不是本法所称的产品。"以是否经过'加工'或者'工业加工'来规定或者解释产品责任法中产品的范围是大多数国家通行的做法"[①],但是对于何为"加工",众说纷纭。但应当肯定的是,加工不应只限于工业加工,手工加工的产品给他人造成损害的也应当承担产品责任。另外,《产品质量法》第2条第3款规定:"建筑工程不适用本法的规定;但是,建设工程使用的建筑材料、建筑配件和设备,属于前款规定的产品范围的,适用本法规定。"据此,产品当限于动产。

另外,值得思考的是,农产品、电、天然气、智力成果等是不是产品?农产品但凡经过加工且用于销售者,当属产品无疑。电和天然气虽然在物质构造上有别于一般的动产,但是从我国《合同法》分则将其作为一类有名合同的客体看,其在法律属性上与一般动产并无本质区别;另外,它们虽属自然力,但非经人类的开发包括加工等活动无法成为销售对象,故而亦属产品之列。至于智力成果,又称知识产品,无疑有人类加工之特点,用于销售者,也应当受《产品质量法》的约束;当然,若知识产权法对其有特殊规定者,当从其规定。

二、产品责任的概念

我国大陆立法所称的"产品责任",在我国台湾地区则称为"商品制造人责任"、"商品制作人责任"、"商品责任"、"制品责任"等,虽名称各异,但含义类似。

《产品质量法》第41条第1款规定:"因产品存在缺陷造成人身、缺陷产品以外的其他财产损害的,生产者应当承担赔偿责任。"第42条第1款规定:"由

---

① 王利明、周友军、高圣平:《中国侵权责任法教程》,人民法院出版社2010年版,第521页。

于销售者的过错使产品存在缺陷,造成人身、他人财产损害的,销售者应当承担赔偿责任。"《侵权责任法》第 41 条规定:"因产品存在缺陷造成他人损害的,生产者应当承担侵权责任。"第 42 条第 1 款规定:"因销售者的过错使产品存在缺陷,造成他人损害的,销售者应当承担侵权责任。"据此,我们认为,产品责任是指因产品存在缺陷造成他人人身、财产的损害时,产品的生产者和销售者所应承担的民事责任。产品责任具有如下特征:

第一,产品责任发生于产品的流通领域。产品仅以"用于"销售为要件,不要求已经投入流通,但产品责任作为一种涉及他人的法律关系,其成立则以产品已经进入流通领域为必要。若某物虽属产品但尚未投入流通,则即使造成了损害,也不会导致发生产品责任。"未将产品投入流通"作为《产品质量法》规定的生产者免责事由之一,其理在此。

第二,产品责任发生的原因是产品存在"缺陷"。《产品质量法》第 46 条规定:"本法所称缺陷,是指产品存在危及人身、他人财产安全的不合理的危险;产品有保障人体健康和人身、财产安全的国家标准、行业标准的,是指不符合该标准。"这一规定摒弃了《民法通则》第 122 条的"质量不合格"的标准,因为"产品是否合格要求事先有一个客观的可供参照的标准,但是实践中很多领域的产品暂无法定标准或者行业标准。"[①]

第三,产品责任的责任承担主体是生产者与销售者。《产品质量法》和《侵权责任法》均将生产者和销售者规定为产品责任的主体,而排除了同样可能导致产品缺陷的运输者和仓储者等其他第三人的产品责任。这并不意味着他们无须承担任何责任,立法规定了他们的过错范围内的责任,只是不属于直接针对受害人的产品责任罢了。

第四,产品责任具有特殊的免责事由。产品责任的发生过程具有区别于一般侵权行为的特殊性,因此具有构成一类特殊侵权责任的秉性,包括在免责事由上也存在特殊之处。例如,基于产品未投入流通而免责等。

三、我国产品责任制度的发展历程

尽管世界范围内对产品责任的立法早在 19 世纪中期就出现了,但由于我国的立法起步较晚,相应的产品责任立法也滞后于其他国家。1986 年的《民法通则》第 122 条首次对产品责任作出了规定:"因产品质量不合格造成他人财产、人身损害的,产品制造者、销售者应当依法承担民事责任。运输者、仓储者对此负有责任的,产品制造者、销售者有权要求赔偿损失。"虽然该条立法存在瑕疵,但是意义非凡,不仅明确了产品责任的承担主体,同时确定了产品责任的归责原

---

① 田土城:《侵权责任法学》,郑州大学出版社 2010 年版,第 207 页。

则,开启了我国产品责任立法之先河。系统地规范产品责任的,当属1993年《产品质量法》与2009年《侵权责任法》。前者在后者生效之前是产品侵权领域的主要法律依据,由其确立的产品责任的主要问题包括产品定义、缺陷界定、归责原则、责任主体、损害以及赔偿的方式和范围等。之后的《侵权责任法》则以专章规定了产品责任,它以《产品责任法》为基础,总结司法实务经验,借鉴国际相关立法,对产品责任制度作了进一步完善,增加规定了缺陷产品的召回与警示制度、惩罚性赔偿制度等。

第二节 产品责任的归责原则

产品责任归责原则的确立是其制度构建的核心问题,关系到其责任的构成、举证责任的分配、相关责任人能否免责以及受害人的利益能否得到保障。

一、我国产品责任归责原则的立法演进

我国《民法通则》、《产品质量法》关于产品责任的归责原则有所不同,通过对立法演进过程加以梳理,有利于避免混淆,正确地适用法律。

《民法通则》第122条规定:"因产品质量不合格造成他人财产、人身损害的,产品制造者、销售者应当依法承担民事责任。"该条对归责原则问题语焉不详,引起了学界的争议。有的学者认为产品质量不合格的事实本身就应视为产品制造者有过错。该条的规定是"视为有过错的侵权责任",这种"视为"是法律的认定,责任人不能用证据来推翻这种认为。[①] 有的学者则认为,产品责任适用无过错责任原则,无论义务主体有无过错,只要是不合格产品致人损害,就应当负赔偿责任,其目的是为了加重产品制造者、销售者的责任,更好地保护消费者的利益。[②]

《产品质量法》第41条第1款规定:"因产品存在缺陷造成人身、缺陷产品以外的其他财产损害的,生产者应当承担赔偿责任。"第42条规定:"由于销售者的过错使产品存在缺陷,造成人身、他人财产损害的,销售者应当承担赔偿责任。销售者不能指明缺陷产品的生产者也不能指明缺陷产品的供货者的,销售者应当承担赔偿责任。"第43条规定:"因产品存在缺陷造成人身、他人财产损害的,受害人可以向产品的生产者要求赔偿,也可以向产品的销售者要求赔偿。属于产品的生产者的责任,产品的销售者赔偿的,产品的销售者有权向产品的生

[①] 参见江平:《民法中的视为、推定与举证责任》,载《政法论坛》1987年第4期。
[②] 参见王利明、周友军、高圣平:《中国侵权责任法教程》,人民法院出版社2010年版,第514页。杨立新:《侵权损害赔偿》,吉林人民出版社1988年版,第127页。

产者追偿。属于产品的销售者的责任,产品的生产者赔偿的,产品的生产者有权向产品的销售者追偿。"《产品责任法》的这些规定侧重于从赔偿责任的承担方面规范产品侵权关系,但是对于归责原则在表述上却甚为模糊,以至有学者认为,"这些规定非但没有澄清对产品责任归责原则的模糊认识,反而加剧了产品责任归责原则的争议"①。

二、《侵权责任法》中规定的产品责任归责原则

《侵权责任法》第 41 条规定:"因产品存在缺陷造成他人损害的,生产者应当承担侵权责任。"第 42 条规定:"因销售者的过错使产品存在缺陷,造成他人损害的,销售者应当承担侵权责任。销售者不能指明缺陷产品的生产者也不能指明缺陷产品的供货者的,销售者应当承担侵权责任。"第 43 条规定:"因产品存在缺陷造成损害的,被侵权人可以向产品的生产者请求赔偿,也可以向产品的销售者请求赔偿。产品缺陷由生产者造成的,销售者赔偿后,有权向生产者追偿。因销售者的过错使产品存在缺陷的,生产者赔偿后,有权向销售者追偿。"这一立法明确了生产者就产品责任承担的是无过错责任,毋庸争议。至于销售者产品责任的归责原则,则在学界出现了两种不同的看法。一种观点认为在产品责任领域销售者承担的是过错责任,②其主要依据就是该法第 42 条的规定;还有一种观点认为与生产者一样,销售者承担的也是无过错责任。"产品责任确定为无过错责任,其立意是确定这种侵权责任不考察过错,无论生产者、销售者有无过错,只要受害人能够证明产品具有缺陷,即可构成侵权责任。因而受害人不必证明产品生产者或者销售者的过错,因而也就减轻了权利人的诉讼负担,有利于保护受害人的权利。"③

我们认为,产品责任的生产者与销售者均应就产品责任的承担适用无过错责任原则,理由如下:

第一,《侵权责任法》第 42 条中的"过错"不是销售者构成产品责任的要件,而是生产者向其追偿的前提。观其第 43 条第 1 款,明显赋予了受害人请求赔偿的选择权,即既可以要求生产者赔偿也可以要求销售者赔偿,并且没有对销售者承担责任附加过错要件,因此,我们认为立法者在这里将生产者与销售者的责任承担条件统一了。该条第 3 款"因销售者的过错使产品存在缺陷的,生产者赔偿后,有权向销售者追偿"的规定才在生产者追偿的环节中对销售者承担责任

---

① 高圣平:《产品责任归责原则研究——以〈侵权责任法〉第 41、42、43 条为分析对象》,载《法学》2010 年第 6 期。
② 参见杨震主编:《侵权责任法》,法律出版社 2010 年版,第 229 页。全国人大法工委:《中国侵权责任法条文释义与立法背景》,人民法院出版社 2010 年版,第 179 页。
③ 杨立新:《侵权责任法》,法律出版社 2010 年版,第 311—312 页。

附加了过错要件。因此，这一解释应该是前后一致的。

第二，从归责原则的本意上讲，它要解决的是由谁来对受害人的损害承担责任，而不是多个责任人内部如何进行责任分配的问题。所谓"归责"是指"在行为人因其行为和物件致他人损害的事实发生以后，应依何种根据使之负责，此种根据体现了法律的价值判断，即法律应以行为人的过错还是应以已发生的损害结果为价值判断标准，抑或以公平等作为价值判断标准"①。换言之，归责原则直接解决侵权行为人对受害人的损失如何承担责任，至于各侵权人之间怎么分配责任，在所不问。基于我们前文对产品责任的界定，产品责任的归责原则解决的是生产者、销售者对受害人的责任归属问题，而非该责任归属确定之后在他们内部的责任分配问题。归责原则的这一特征，在其他特殊侵权责任，如雇主责任立法中也有明确体现。

第三，销售者承担无过错的产品责任，还可以从其就所售产品承担瑕疵担保义务的立法中得到佐证。我国《合同法》第155条规定："出卖人交付的标的物不符合质量要求的，买受人可以依照本法第一百一十一条的规定要求承担违约责任。"这一条规定了产品销售方的质量瑕疵担保义务。学界通说认为我国《合同法》中的违约责任采纳无过错责任，那么可以推知销售方在承担其产品质量瑕疵责任时亦不以过错为条件。一般认为，这里的产品质量瑕疵有别于《产品质量法》第46条所指的产品缺陷，进一步分析销售者的产品责任是一种侵权责任，其构成的前提条件之一是产品存在缺陷，后者是指产品存在危及人身、他人财产安全的不合理的危险；产品有保障人体健康和人身、财产安全的国家标准、行业标准的，是指不符合该标准。显然，其严重程度要大于产品质量"瑕疵"。试想，如果在销售者承担产品瑕疵责任时采用无过错责任原则，而在其需要承担较之更重的产品缺陷责任时却采用过错责任原则，显然也是不合理的。

第三节 产品责任的构成要件

由于生产者和销售者均就其产品责任承担无过错责任，在责任的构成要件上也就是统一的，即应当具备以下三个要件：(1) 产品存在缺陷；(2) 缺陷产品对他人造成了损害；(3) 产品缺陷与损害结果之间具有因果关系。

一、产品存在缺陷

《侵权责任法》第41条明确规定了产品存在缺陷是相关人员承担产品责任的前提和基础。根据前文所述产品缺陷的定义，其判断标准就是"产品存在不

---

① 王利明、周友军、高圣平：《中国侵权责任法教程》，人民法院出版社2010年版，第121页。

合理的危险"。"不合理的危险"并非基于产品功能本身所自带的危险,而是由于其他原因如生产者或销售者未尽到合理的注意义务等使产品产生的危险。因为即使是安全产品也可能由于使用不当而发生危险。因此,所谓"不合理的危险",即"生产者对产品可能的危险性没有预见,或者已经预见但无防范措施,或已经预见却无警示或生产者所作出的警示,没有达到生产者在当时的科技条件对某一危险的预见能力"[①]。

第 41 条后段还规定了判断产品是否存在缺陷,即"不符合相关的国家或行业标准"。有学者认为本条仅仅确立了单一的缺陷认定标准,即产品存在危及人身、他人财产安全的不合理的危险,而认为后面关于国家、行业标准的规定不过是"认定是否存在不合理危险的参考因素"。[②] 还有人认为是双重标准,因为本条是用分号将前后段分隔开来的,意在并列而非解释说明或包含。我们认为,本条规定了产品缺陷判断的一般标准与特殊标准,即对于有国家或行业标准的产品依该标准,没有标准的则依一般的"存在不合理的危险"的标准。

二、缺陷产品对他人造成了损害

损害的产生是我国侵权赔偿责任构成的必备要件,"无损害即无救济"是我国侵权责任法的理论基础。这里的"他人"不仅限于与销售者有合同关系的购买人,而应理解为包括所有因为该产品存在缺陷而遭损致害的人。而所谓"损害"指的是不利的法律后果,根据《产品质量法》第 41、42 条的规定,既包括人身权益损害也包括财产利益的损害。但是对于财产利益的损害是否包括产品本身的损害,学界有两种不同的看法。[③] 本文认为这里的"财产损害"排除了该产品自身的损害,对此,《产品质量法》第 41 条明确使用了"缺陷产品以外的其他财产"来界定财产损害的范围。依据在于:一则产品本身的损害应该属于合同法救济的范畴,侵权责任法没必要重复规范;二则产品责任的创设目的在于保护消费者固有的人身及财产利益,而非是为了救济纯经济损失;[④]三则两种财产损失所适用的诉讼时效各异,产品本身的损害适用的是《民法通则》第 136 条规定的一年诉讼时效的特殊规定,而对于其他财产损害则适用《产品质量法》第 45 条规定的两年诉讼时效的规定。由此,我们认为缺陷产品导致的财产损害是不包括产品自身的损害的,并且这么区分还充分赋予了受害人选择最有利于自己的救济方式进行维权。至于有人认为法律作如此区分会不利于保护消费者利益,我们认为这种担心是多余的,因为虽然根据《合同法》第 122 条的规定请求权竞

[①] 王利明、周友军、高圣平:《中国侵权责任法教程》,人民法院出版社 2010 年版,第 525 页。
[②] 参见王利明:《侵权责任法研究》(下卷),中国人民大学出版社 2011 年版,第 230 页。
[③] 同上书,第 237—241 页。
[④] 参见王泽鉴:《民法学说与判例研究》(第八册),中国政法大学出版社 1998 年版,第 241 页。

合时受害人只能择一起诉,但产品缺陷造成自身损害和固有利益损害并存的情况下,由于请求权客体各不相同,受害人可分别就不同的客体提起违约与侵权之诉,并不受该条之限制。

三、产品缺陷与损害结果之间具有因果关系

《产品质量法》第41条和《侵权责任法》第41、43条均使用"因"这个词来表述产品缺陷与损害结果之间的关系,明确了因果关系在产品责任的构成要件中的不可或缺的地位。所谓产品责任中的因果关系可以理解为损害结果所发生的原因是直接由于产品存在缺陷引起的。换言之,如果销售者出售了存在缺陷的产品,但是致他人损害却不是由于该行为引起的就不能认定是产品责任,而可能构成一般侵权。在如何确定致害产品与致害结果存在因果关系方面,应采用学界通行的相当因果关系说。至于就该因果关系的举证,我们认为受害方应承担初步的举证义务,即证明是由于销售者或者生产者销售或生产的该特定产品存在的缺陷而非其他原因导致了损害。对方则可以通过证明"产品未投入流通领域"等免责。当然,举证责任的分配标准不是绝对的。鉴于当今科技发展之速,某些高科技领域的产品致害时,消费者常会存在举证困难,若一味要求消费者负担举证义务将不利于其权利的救济。因此我们认为司法实务中不应当绝对拘泥于这种举证义务分配规则,在特殊情况下可以特殊处理,而立法者也最好能在立法层面上对这种新出现的问题作出回应。

第四节 产品责任的相关责任主体

一、产品责任之承担主体——生产者与销售者

前文已分析产品责任发生的要件之一是产品存在缺陷,因此,具有较大可能导致产品缺陷的主体,必然首先被认为是确定责任承担者的关键。关于产品责任的承担主体,存在两种立法模式:一种是以欧盟为代表的单一主体模式,即只将产品的生产者列为承担责任的主体;另一种以美国为代表的双重主体模式,即将生产者与销售者列为共同承担责任的主体。我国《侵权责任法》延续了《产品质量法》的做法,借鉴美国的双重主体模式,将产品责任的承担主体规定为产品生产者与销售者。我们认为,采取这种立法模式的合理性在于,避免了受害人与销售者不存在直接合同关系且又无法确定生产者的情况下受害者得不到救济的可能。事实上,因销售者没有妥善保管而导致产品责任的情形不在少数,将销售者列为责任承担者,不仅体现了对消费者利益的保护,同时也彰显了法律的实质正义。

从《侵权责任法》第 43 条的表述看,我国立法将生产者推定为承担产品责任的最终责任人,除非其有证据证明导致缺陷产品致害的原因是由其他人引起的。这里的"生产者",不应当仅限于产品的实际生产者,还应当包括不实际生产但使用自己的商业标识的产品。《最高人民法院关于产品侵权案件的受害人能否以产品的商标所有人为被告提起民事诉讼的批复》中指出:"经研究我们认为,任何将自己的姓名、名称、商标或者可资识别的其他标识体现在产品上,表示其为产品制造者的企业或个人,均属于《中华人民共和国民法通则》第一百二十二条规定的'产品制造者'和《中华人民共和国产品质量法》规定的'生产者'。"

所谓"销售者",是指为了营利的目的而出卖他人生产或者销售的产品的人。① 对于"销售者",也不应当仅限于与消费者有直接合同关系的一般卖方,而应作广义理解。市场经济中,产品从生产领域进入到流通领域,再经过层层环节最终被消费者所购得,这一过程中,凡是接触过产品的卖方,都可能是产品缺陷致害的导致者。因此,产品的批发商、零售商、中间商,或以融资租赁方式出售产品的卖方等,均须承担产品责任。

二、生产者与销售者之间的不真正连带责任

既然产品责任的承担主体为多数主体,那么就产生了该多数主体责任为连带责任还是按份责任的问题。《侵权责任法》第 43 条规定:"因产品存在缺陷造成损害的,被侵权人可以向产品的生产者请求赔偿,也可以向产品的销售者请求赔偿。产品缺陷由生产者造成的,销售者赔偿后,有权向生产者追偿。因销售者的过错使产品存在缺陷的,生产者赔偿后,有权向销售者追偿。"换言之,当受害人因为产品缺陷而招致损害时,既可以行使对生产者的损害赔偿请求权,又可以行使对销售者的损害赔偿请求权,还可以将两者一并诉诸法院,并且有权要求被其选中的责任人承担全部赔偿责任。即使缺陷产品致害是由产品的生产者造成,与销售者无关,受害人仍得基于本条要求销售者承担全部赔偿责任,销售者不能主张基于"产品缺陷不是由其造成的"而免责。但是如果其有证据证明"产品缺陷由生产者造成的,销售者赔偿后,有权向生产者追偿"。反之生产者亦然。显然,这不是一种按份责任,而属于连带责任的范畴,学界称之为生产者与销售者之间的不真正连带责任。

不真正连带责任与真正连带责任的根本区别在于,后者不存在终局责任人,行为人履行过赔偿义务后不能向其他责任人要求全部赔偿,因为每位真正连带责任人都必须承担一部分侵权责任。不真正连带责任不存在所谓的内部分担问

---

① 参见张民安、杨彪:《侵权责任法》,高等教育出版社 2011 年版,第 490 页。

题,先行承担责任的人要么得向其他责任人全部追偿,要么自己承担全部责任。就产品责任而言,生产者和销售者都有可能是产品责任的最终责任人,该责任人如何认定,先行承担责任的人能否事后追偿,应当根据具体情况进行判断。这种立法可以最大程度地保障受害人的权益救济得到实现。当然,如果产品的生产者和销售者存在共同侵权并因此导致产品责任,也不排除在其之间存在真正连带责任。

三、生产者与销售者对第三人的追偿权

《侵权责任法》第44条规定:"因运输者、仓储者等第三人的过错使产品存在缺陷,造成他人损害的,产品的生产者、销售者赔偿后,有权向第三人追偿。"这里的"第三人"主要是但不限于产品流通过程中的仓储者、运输者,也理应包括零部件或材料的提供者。

《侵权责任法》没有将第三人尤其是运输者与仓储者也列为承担产品责任的主体,原因大体包括:首先,现实生活中消费者较易于确定产品的销售者,但是难于确定运输者和仓储者,让受害人直接起诉他们,通常存在较大的诉讼难度,无益于救济的实现。其次,产品责任适用的是无过错责任原则,即使由于第三人的过错致害也不能使生产者与销售者免责,所以规定太多的责任主体的必要性不大。再次,"运输与仓储等关系,实际上是发生在生产者或者销售者与运输者或仓储者之间的内部关系"①。法律作如此规定,也是为了避免内部关系与外部关系的混淆。《侵权责任法》仅规定产品的生产者与销售者承担直接的产品责任,并且这样足以保护受害人的利益。当然,这不妨碍该法第44条同时规定生产者与销售者对有过错的运输者和仓储者的追偿权。

生产者与销售者对第三人行使追偿权,当以自己已经对受害人承担了产品责任为前提。并且,该种追偿权,仅在"因运输者、仓储者等第三人的过错使产品存在缺陷"的情形下方才成立,至于其性质为违约损害赔偿请求权还是侵权损害赔偿请求权,均无不可。

第五节 产品责任的承担形式

符合产品责任的构成要件不具备免责事由时,责任主体应当承担产品责任。传统侵权责任法中规定的承担责任的方式主要是损害赔偿。然而,单独的损害赔偿方式已经无法满足现代社会中对产品责任承担形式的需求,责任人除了应当承担事后救济性责任以外,更多地应当承担排除妨害、消除危险、售后警示、召

---

① 王利明:《侵权责任法研究》(下卷),中国人民大学出版社2011年版,第255页。

回等事前预防性责任。立法课以生产者和销售者此类预防性义务以及违反此类义务时的责任,不仅可以使其明确其负有积极义务去消除损害发生的可能,防患于未然,也可以防止生产者滥用"将产品投放流通时的科技水平尚不能发现缺陷存在"的免责事由,避免因其消极不作为造成不必要的损害,充分体现侵权责任法对受害人的全面救济的功能。

一、排除妨害、消除危险

《侵权责任法》第45条规定:"因产品缺陷危及他人人身、财产安全的,被侵权人有权请求生产者、销售者承担排除妨碍、消除危险等侵权责任。"这是该法明确规定的产品责任的预防性的责任形式。根据该条,此种形式的责任之成立应当具备两个要件:第一,产品存在缺陷;第二,产品已经危及他人人身、财产安全。"所谓'危及'是指法律并不要求缺陷产品已经实际造成了损害,只要存在造成他人人身或财产的危险,就满足了法律规定的要件。"①这两个要件满足时,受害人即可要求责任人承担排除妨害、消除危险等责任。这里的"等责任"应当认为是《民法通则》第134条所规定的十类责任承担形式中的一种或几种。此类预防性责任不仅能够更好地保护消费者的利益,而且相较于事后赔偿,责任人负担的赔偿代价更少。

二、售后警示、召回

《侵权责任法》第46条规定:"产品投入流通后发现存在缺陷的,生产者、销售者应当及时采取警示、召回等补救措施。未及时采取补救措施或者补救措施不力造成损害的,应当承担侵权责任。"这一条具体分析起来主要包括了产品责任人的两个义务:产品的售后警示义务与售后召回义务。

所谓产品售后警示义务,是指"产品的生产商如果知道或者应当知道自己已经出卖了的某种产品存在对他人人身或财产的损害危险,生产商应当采取某种措施,对已经发现的产品危险予以警告,以便使用者在使用、消费此种危险产品时,能够采取措施避免遭受产品危险造成的损害。"②尽管有些国家的立法不赞成将此类义务课加于生产者,但是我国立法时还是对生产者和销售者的售后警示义务作了明确规定。这一规定不仅可以更好地保护消费者尤其是危险产品的使用者,还可以反过来促进商家研发安全商品的积极性。事实证明,这一制度的确立的确降低了产品缺陷带给消费者的使用风险。

与售后警示义务密切相关的是售后召回义务。产品召回是指:"将一些存

---

① 王利明:《侵权责任法研究》(下卷),中国人民大学出版社2011年版,第257页。
② 张民安、杨彪:《侵权责任法》,高等教育出版社2011年版,第492页。

在缺陷致使公众健康和安全存在不可接受风险的产品撤出销售、分销和消费领域的措施。"①设立这一制度的最大意义在于防患于未然,避免缺陷产品给消费者造成损害或者造成更严重的损害。《侵权责任法》颁行之前,我国一些部门规章中零散地规定了个别产品的召回制度,如《缺陷汽车产品召回管理规定》、《食品召回管理规定》、《儿童玩具召回管理规定》等,这些规定散乱而不系统,且法律效力位阶低下,不能对责任人产生有力的约束。《侵权责任法》整合了这些召回制度,以适用于所有产品领域的产品责任一般法的形式,全面确立了我国的产品召回制度。该制度使得责任人由传统的被动承担赔偿义务转变为可以主动采取措施避免更加不利于双方的情形发生,这不仅有利于全面、及时、有效地保护消费者的利益,还可以在一定程度上增加生产者及商家的信誉,具有非常重要的意义。

三、惩罚性赔偿

当缺陷产品已经造成了不可挽回的损失时,受害人只能主张损害赔偿。我国《产品质量法》第44条明确规定了对受害人人身损害和财产损害的赔偿,这与其他类型的侵权责任并无本质区别。但是,在产品责任承担问题上,有一个较为特殊的问题,即惩罚性赔偿问题。《侵权责任法》第47条规定:"明知产品存在缺陷仍然生产、销售,造成他人死亡或者健康严重损害的,被侵权人有权请求相应的惩罚性赔偿。"据此,产品责任的惩罚性赔偿是指生产者与销售者明知产品存在致害风险而仍然加以生产销售,并因此造成了他人死亡或者健康严重受损等重大损害时,受害人可以获得的超出实际损害数额之外的损害赔偿。众所周知,法律不应当沦为人们牟利的工具,否则不仅对加害一方失衡,还可能造成社会的混乱,不利于彰显法律应体现的公平正义。因此,包括我国在内的很多国家的侵权责任法就侵权责任的承担采纳了填补损害的原则。《侵权责任法》在产品责任领域破除这一原则而例外设立惩罚性赔偿制度,存在重要理由。首先,在产品侵权领域,受害方与加害方对于产品存在严重的信息不对称。不言而喻,生产商对于自己产品的信息掌控程度一般远远高于消费者,如果不加大惩罚力度,就可能导致责任人将原本不高的赔偿纳入生产成本中,从而转嫁给消费者,使得产品责任制度的目的落空。设立惩罚性赔偿制度,加大惩罚力度,能使加害方畏惧高额的赔偿金,从而积极主动地提高产品的安全性,或者对投入流通的缺陷产品进行警示和召回,因此是很有必要的。其次,惩罚性赔偿制度有利于实质正义的实现。尽管生产者、销售者与消费者之间在法律地位上是平等的,但是在商品交易过程中存在着实质性的经济力量的不对等,为了避免生产者、销售者对

---

① 张民安、杨彪:《侵权责任法》,高等教育出版社2011年版,第493页。

这种优势的滥用,惩罚性赔偿制度成为必要。最后,就我国当前的现实而言,假冒伪劣产品充斥市场,产品质量问题形势严峻,由此引发大量的产品责任纠纷,非"严刑峻法"不足以应对。

产品责任的责任人承担惩罚性赔偿责任需要具备三个要件:

第一,生产者、销售者的"明知"。"明知产品存在缺陷仍然生产、销售",明知的对象是"产品存在缺陷",即生产者与销售者已经知道产品存在致害的可能,仍然生产销售,据此可以认定其主观上具有过错。对于这种主观过错要件的要求,是由惩罚性赔偿的制裁功能决定的。

第二,已经造成了严重的后果。只有在产品缺陷"造成他人死亡或者健康严重损害"时受害人才可主张惩罚性赔偿。该制度的目的在于对那些因产品缺陷遭受人身伤亡等重大损害的受害人提供救济,是对消费者生命健康权的特殊保护。另外值得一提的是,此类重大损害通常伴有精神痛苦,《侵权责任法》第22条规定的精神损害赔偿可以并行不悖地予以适用。

第三,加害人的过错行为与受害人的重大损害之间具有因果关系。这一因果关系的判断标准与构成产品责任的因果关系判断标准是一致的。

四、产品责任中违约与侵权之竞合

构成产品责任时,受害者如果是与销售者有直接的合同关系,则既可以基于《合同法》主张违约责任,也可以基于《侵权责任法》向生产者和销售者主张侵权责任。这就是产品责任中的违约责任与侵权责任的竞合问题,受害人只能选择其一行使权利。在产品责任涉及精神损害时,选择侵权损害赔偿对受害人更加有利,因为侵权所致精神损害赔偿得到立法的明确规定,但到目前为止我国合同法则仍不支持守约方的精神损害赔偿。就惩罚性赔偿而言,我国多部法律均有体现,如《消费者权益保护法》第49条确立了双倍返还义务,《合同法》第114条确立了惩罚性违约金,《食品安全法》第96条确立了十倍赔偿金等。具体提起何种诉讼更加有利于受害人,应当就个案中的具体情形作具体分析。

第六节 免责事由与诉讼时效

一、产品责任的免责事由

产品责任的免责事由,是指产品责任的主体据以免除自己的产品责任的理由。法律在给予消费者充分保护自己利益的权利时,也要防止他们滥用诉讼权利危害生产者与销售者的正当权益,免责事由就是其中的一个途径。《侵权责任法》关于免责事由的一般规定,在性质相宜的范围内,当然适用于产品责任,但是我国《侵权责任法》没有规定产品责任的特别免责事由,所以仍应适用《产品质量法》中的相关规定。具体说来,产品责任免责事由包括以下几种情形:

(一)产品未投入流通领域

所谓投入流通,通常是指基于商业目的将产品以出售、出租、租卖、抵押、质押、典当等方式供他人控制,包括但不限于供他人使用、由他人保管等目的。[①] 如果未进入流通领域的产品导致他人遭受了损害,生产者无须承担产品责任。例如,从生产者的生产车间盗取的高压锅在使用时发生爆炸导致损害,即使是由于高压锅本身的缺陷所致,受害人也不得向生产者要求产品责任赔偿。

(二)产品投入流通时,引起损害的缺陷尚不存在

如果生产者是在明确了产品不存在缺陷的情况下将之投入流通,其后产品发生缺陷并致害,生产者无须承担责任。不过需要注意的是,这里指的是不承担最终责任。换言之,这一免责事由是《侵权责任法》第43条第3款、第44条所规定的生产者得以追偿的依据,而不能以此抗辩受害人的赔偿请求。当然,如果生产者在产品投入流通之后发现产品可能存在致害的风险,则必须采取警示、召回等合理措施避免这一情形的发生,否则同样需要承担侵权责任。

(三)将产品投入流通时的科学技术水平尚不能发现缺陷的存在

某些产品缺陷在生产者穷尽当时同行业生产者的一般科技水平仍然不能避免的情况下,法律也不能过于苛刻地要求生产者对此类难以预见到的风险承担责任。将这一情形规定为产品责任的免责事由,可以有利于技术的革新,为企业的发展营造一个更为宽松的环境。

二、产品责任的诉讼时效

产品责任的诉讼时效,是指受害人向人民法院请求要求产品生产者和销售者承担侵权责任的诉讼时效期间。

《民法通则》第135条规定:"向人民法院请求保护民事权利的诉讼时效期间为二年,法律另有规定的除外。"该法第136条规定了适用一年的时效期间的情形,其中一种情形即为"出售质量不合格的商品未声明的"。另外,《产品质量法》第45条规定:"因产品存在缺陷造成损害要求赔偿的诉讼时效期间为二年,自当事人知道或者应当知道其权益受到损害时起计算。因产品存在缺陷造成损害要求赔偿的请求权,在造成损害的缺陷产品交付最初消费者满十年丧失;但是,尚未超过明示的安全使用期的除外。"那么,产品责任的诉讼时效问题应当如何适用法律呢?

应当明确《民法通则》第136条关于一年诉讼时效的规定,是针对销售者所

---

① 参见张民安、杨彪:《侵权责任法》,高等教育出版社2011年版,第494页。

承担的产品质量瑕疵担保责任而言的,不同于由销售者与生产者承担的产品责任。如前所述,产品致害的财产损失不包括产品本身的损害,当产品本身亦受到损害时消费者可以基于本条要求商家承担违约责任。而对于其他诸如人身及财产的损害,则可基于《产品质量法》第 45 条第 1 款之规定追究生产者与销售者的产品侵权责任。至于第 45 条第 2 款所规定的十年诉讼时效,是指产品侵权损害赔偿请求权的最长诉讼时效,应当基于我国民法上最长诉讼时效的原理和规定加以适用。

第十一章　机动车交通事故责任

第一节　机动车交通事故的概念和特征

一、机动车交通事故的概念

随着我国经济的发展,机动车数量激增,已经成为人们生活中的一种主要交通运输工具,对人们生活的便利、生产效率的提高作出了极大的贡献。但与此同时,机动车因其速度较快而存在一定的危险性,机动车交通事故频发,也给人们的生命、财产带来了巨大的损害。通过对相关法律责任的认定来对此类损害进行有效救济,定分止争,有效地预防类似损害的再次发生,成为了现实的迫切需要。《侵权责任法》第48条规定:"机动车发生交通事故造成损害的,依照道路交通安全法的有关规定承担赔偿责任。"

根据我国《道路交通安全法》第119条的规定,"道路"是指公路、城市道路和虽在单位管辖范围但允许社会机动车通行的地方,包括广场、公共停车场等用于公众通行的场所;"交通事故"是指车辆在道路上因过错或者意外造成的人身伤亡或者财产损失的事件。该法第76条规定了机动车交通事故的两种类型,即机动车之间发生的交通事故与机动车与非机动车驾驶人、行人之间发生的交通事故。因此,所谓"机动车交通事故",当指机动车与机动车或者与非机动车驾驶人、行人之间在公路、城市道路或虽在单位管辖范围但允许社会机动车通行的地方,因过错或者意外造成的人身伤亡或者财产损失的事件。

二、机动车交通事故的特征

（一）机动车交通事故是由机动车造成的

《道路交通安全法》第119条规定:"'机动车',是指以动力装置驱动或者牵引,上道路行驶的供人员乘用或者用于运送物品以及进行工程专项作业的轮式车辆。"据此,机动车符合以下三个特征:第一,以动力装置驱动或者牵引,而非以人力或者畜力驱动或牵引。动力主要包括燃油动力和电动力。那么,对于近年来广泛兴起的电动自行车是否属于机动车呢?《道路交通安全法》第119条规定:"'非机动车',是指以人力或者畜力驱动,上道路行驶的交通工具,以及虽有动力装置驱动但设计最高时速、空车质量、外形尺寸符合有关国家标准的残疾人机动轮椅车、电动自行车等交通工具。"同时根据《电动自行车通用技术条件》

的规定,"电动自行车最高车速应不大于 20km/h;整车质量应不大于 40kg。"综合两者可知,当电动车设计在标准范围内时,属于非机动车;如果超过了这个标准,则应将其列为机动车。第二,在道路上行驶。《道路交通安全法》第 119 条规定:"'道路',是指公路、城市道路和虽在单位管辖范围但允许社会机动车通行的地方,包括广场、公共停车场等用于公众通行的场所。"第三,轮式车辆。轮式车辆是与履带式车辆相对的,因为履带式车辆一般不能在公共通行场所通行,而且运行速度较低,危险性较小,所以没有将其列入机动车范围。

(二) 机动车交通事故发生于机动车在道路上运行过程中

机动车交通事故必须发生在机动车运行过程中,运行是机动车交通事故的主要特征,是指机动车处于运动状态,包括起动、行驶、转弯、倒车等。机动车处于静止状态发生的事故不属于机动车道路交通事故,可以根据《侵权责任法》的一般规定进行处理。另外,机动车交通事故必须是在公共通行道路上发生的事故,在不允许车辆通行的场所或只允许特定人的车辆通行的场所发生事故不属于机动车交通事故的范畴。

(三) 因机动车运行导致他人损害

机动车交通事故责任以导致他人损害为前提,这里的"他人",应当仅指非机动车或行人一方,而不包括导致损害的机动车的使用人或车内人员。并非因为后者遭受的损害无须赔偿,而是不应当通过机动车交通事故责任制度加以解决,因为该制度作为一种特殊侵权责任制度,其中的归责原则等规定是根据前种情形设置的。另外,"机动车交通事故责任要实现责任保险与侵权赔偿的衔接,即发生损害赔偿后,首先要以保险赔偿,保险赔偿后的不足部分才能基于侵权责任获得赔偿。然而,根据《机动车交通事故责任强制保险条例》第 3 条的规定,'本条例所称机动车交通事故责任强制保险,是指由保险公司对被保险机动车发生道路交通事故造成本车人员、被保险人以外的受害人的人身伤亡、财产损失,在责任限额内予以赔偿的强制性责任保险'。可见,机动车交通事故责任强制保险的保险范围不适用于本车人员与被保险人所受损害的赔偿"[①]。综上所述,可知机动车交通事故是因机动车运行造成的他人的损害。

第二节 机动车交通事故责任的归责原则

一、我国机动车交通事故责任归责原则之沿革

(一) 无过错责任原则时期

我国《民法通则》第 123 条规定:"从事高空、高压、易燃、易爆、剧毒、放射

[①] 王利明:《侵权责任法研究》(下),中国人民大学出版社 2011 年版,第 285 页。

性、高速运输工具等对周围环境有高度危险的作业造成他人损害的,应当承担民事责任;如果能够证明损害是由受害人故意造成的,不承担民事责任。"由于上述法律条文过于简单,加之立法技术的不成熟,导致理论界对道路交通事故责任是否适用无过错责任原则产生了诸多争论。

否定的意见主要集中于高速交通工具是否包括机动车。王利明教授就持否定的观点,他认为,"将汽车与火车、飞机等并列视为高速运输工具并适用第123条是值得研究的"[①],因为汽车的危险性比火车、飞机低,所以将机动车与飞机、火车一同视为高速运输工具是不合适的。他认为,"随着生产力的发展,汽车设计和制造技术正在不断完善,安全措施也在不断加强。这样,行为人即使尽最大谨慎仍不能避免损害发生的可能性越来越小,所以可以适用过错责任"[②]。

肯定论者以梁慧星教授为代表。他认为,所谓高速运输工具造成他人损害,应当包括机动车交通事故,而且从保护受害人利益出发,《民法通则》第123条应成为法院受理并裁判交通事故赔偿案件的法律依据。肯定论者的主要理论依据是危险责任和补偿责任两种学说。根据此两种学说,机动车交通事故责任的归责原则,应当采取无过错责任原则。

(二) 过错责任原则时期

1992年国务院颁布实施《道路交通事故处理办法》,这是一部全面规定道路交通事故处理的行政法规,对道路交通事故的责任认定、调解和损害赔偿责任均作了详细的规定。按照该办法的规定,汽车等在一般道路上行使的机动车辆不属于高速运输工具,道路交通事故是一种过失行为,因而在归责原则上应当适用过错责任原则。在审判实践中,大量的道路交通事故责任案件是以《道路交通事故处理办法》的规定为法律依据作出判决的,适用过错责任原则,是此类案件适用法律和确定责任的基本做法。

然而,人们越来越意识到,在机动车交通事故责任认定中适用过错责任原则,对受害人通常是不公平的。这是因为,一方面,机动车驾驶人员的注意义务应当不同于相对方的注意义务。机动车驾驶人员属于一种专业人员,必须经过一定的专门训练,具有相应的业务技能和交通法规意识,才能从事机动车的运行工作,且其工作性质不仅关系到个人的生命、财产安全,而且对周围其他人的生命、财产具有一定的危险性。因此,驾驶员的行为应当比一般人具有更高的注意义务,而不能单看交通事故责任关系中各方当事人的过错程度之大小。另一方面,机动车具有非机动车和行人所不具有的危险性。不言而喻,机动车要比非机动车、行人在道路交通运输中具有更大的优势,因此也对周围环境具有一定的危

[①] 王利明主编:《民法·侵权行为法》,中国人民大学出版社1993年版,第513页。

[②] 同上。

险性,如果单纯适用过错责任原则,则没有注意到双方在控制力方面的实质性的不对等,从而无法体现法律的人性关怀。

二、我国现行机动车交通事故责任的归责原则

2004年生效的《道路交通安全法》对道路交通的参与主体进行了分类,分为机动车、非机动车和行人三种类型,不同类型主体之间的交通事故分别采取不同的归责原则,不再坚持单一的归责原则。同时,该法引入了机动车责任强制保险这一重要的损害分担方式,确立了一个多元的归责原则体系。

(一)保险公司的无过错限额赔偿责任

伴随着机动车的大量使用,其驾驶活动对人身财产安全带来的固有风险日益突出。为了使受害人得到及时救治,同时减轻责任人的赔偿负担分散赔偿责任,国务院制定了《机动车交通事故责任强制保险条例》,该条例第2条规定:"在中华人民共和国境内道路上行驶的机动车的所有人或者管理人,应当依照《中华人民共和国道路交通安全法》的规定投保机动车交通事故责任强制保险。"《道路交通安全法》第76条规定,"机动车发生道路交通事故造成人身伤亡、财产损失的,由保险公司在机动车第三者责任强制保险责任限额范围内予以赔偿"。由此可知保险公司承担的是一种合同责任,而不是侵权责任。无论机动车交通事故中的责任人是否有过错,保险公司都要承担无过错赔偿责任,除非道路交通事故的损失是由受害人故意造成的。

(二)道路交通事故社会救助基金管理机构的无过错责任

根据《道路交通安全法》第75条的规定,"肇事车辆参加机动车第三者责任强制保险的,由保险公司在责任限额范围内支付抢救费用;抢救费用超过责任限额的,未参加机动车第三者责任强制保险或者肇事后逃逸的,由道路交通事故社会救助基金先行垫付部分或者全部抢救费用"。设立道路交通事故救助基金的目的是动用社会力量确保交通事故的受害人能够得到及时的生命救助,不因某些个别机动车所有人的不法行为,而造成更为严重的损失。严格地说,它不是侵权责任,而是一种社会保障责任。①

(三)机动车与非机动车驾驶人、行人之间的交通事故适用无过错责任原则

《道路交通安全法》第76条第1款第2项规定:"机动车与非机动车驾驶人、行人之间发生交通事故,非机动车驾驶人、行人没有过错的,由机动车一方承担赔偿责任;有证据证明非机动车驾驶人、行人有过错的,根据过错程度适当减轻机动车一方的赔偿责任;机动车一方没有过错的,承担不超过百分之十的赔偿

---

① 参见杨曙光:《机动车交通事故损害赔偿法律问题研究》,中国人民公安大学出版社2010年版,第54页。

责任。"第 2 款规定："交通事故的损失是由非机动车驾驶人、行人故意碰撞机动车造成的,机动车一方不承担赔偿责任。"

该法第 76 条第 1 款前段规定了机动车与非机动车驾驶人、行人之间发生交通事故时,无须考虑机动车一方是否有过错,即明确了应当由该方承担责任的原则。尽管其中提到了"非机动车驾驶人、行人没有过错的",但只是用于排除由机动车一方承担全部赔偿责任的情形。换言之,非机动车驾驶人、行人的过错,仅对于机动车一方承担赔偿责任的范围有影响,但对于该责任之成立无影响。从该款后段的表述看,非机动车驾驶人、行人的过错构成了减轻机动车一方的赔偿责任的事由。该条第 2 款规定,即便机动车一方没有过错,也应当被课以不超过百分之十的赔偿责任,这进一步说明机动车一方的过错仅对责任范围有影响,而无关乎责任之归属。不论机动车一方是否有过错,对道路交通事故责任之成立是毋庸置疑的。可见,就机动车一方对非机动车驾驶人、行人的道路交通事故责任,该条规定的是无过错责任原则。

不论是机动车一方,还是非机动车驾驶人、行人的过错,都将对机动车一方的道路交通事故责任的赔偿范围发生影响。机动车一方有证据证明非机动车驾驶人、行人有过错的,可以根据过错程度适当减轻机动车一方的赔偿责任。如果机动车一方没有过错,即"1. 机动车符合安全驾驶运行的技术条件,2. 机动车驾驶人尽到了谨慎开展驾驶活动的高度注意义务,采取了必要的处置措施,3. 所驾驶的机动车不存在对正常行驶构成不合理威胁的安全隐患"①,那么机动车一方承担不超过百分之十的赔偿责任。这里所谓"机动车一方没有过错",应当是以非机动车驾驶人、行人存在过错为前提的,否则,如果双方均无过错,当适用《侵权责任法》第 24 条的"受害人和行为人对损害的发生都没有过错的,可以根据实际情况,由双方分担损失"的规定,而无须将机动车一方的责任限定在"不超过百分之十"的范围内。这份"不超过百分之十"的赔偿责任,不但证明了无过错责任的适用,而且体现了道路交通中"优者危险负担"理论,即在道路交通事故中,机动车具有更好的机动性能和风险回避性能,因此应给予相对的弱者一方以特殊的保护。

当然,如果交通事故是由非机动车驾驶人、行人故意碰撞机动车造成的,如"碰瓷"②现象、自杀行为等,此时基于受害人故意这一免责事由,机动车一方不需要承担责任。

---

① 梅夏英:《中华人民共和国侵权责任法讲座》,中国法制出版社 2010 年版,第 223 页。
② "碰瓷",原为北京方言,古玩业行话,意指个别不法之徒在摊位上摆卖古董时,常常别有用心地把易碎裂的瓷器往路中央摆放,专等路人不小心碰坏,以便借机讹诈。今泛指一些投机取巧、敲诈勒索的行为,包括故意和机动车辆相撞骗取赔偿的行为。

（四）机动车之间的交通事故实行过错责任原则

发生在机动车之间的交通事故，双方具有相同的物理属性，相同的风险回避能力，因此并不需要运用无过错责任原则来对其中一方进行特殊的保护，应当适用传统的过错责任原则。《侵权责任法》第6条规定："行为人因过错侵害他人民事权益，应当承担侵权责任。"根据此规定，受害方要求加害方承担侵权责任的，必须提供证据证明对方对事故的发生具有过错，并按照其过错程度确定损害赔偿范围；如果双方都有过错，则应当根据双方对事故的过错程度确定过错比例，以此分担赔偿责任。在实践中，交通警察介入事故的调查处理过程中，通常会做过错比例认定书，一般可以作为证明过错比例的证据，除非有相反的证据可以推翻。

第三节 机动车交通事故责任的构成要件

机动车交通事故责任的归责原则因责任主体和对象而各异，因此在责任的构成要件方面也不相同。本节只讨论作为一种特殊侵权责任的机动车对非机动车、行人的交通事故责任的构成要件。该责任的构成要件有三个：(1) 机动车交通事故发生于机动车在道路上运行过程中；(2) 有损害后果发生；(3) 机动车交通事故与损害后果之间有因果关系。

一、机动车交通事故发生于机动车在道路上运行过程中

机动车交通事故应当发生于道路上。道路当指公路、城市道路和虽在单位管辖范围但允许社会机动车通行的地方，包括广场、公共停车场等用于公众通行的场所。

交通事故发生时，机动车必须处于运行状态。如果机动车处于静止状态，如停放在路边，而因各种原因致使他人遭受损害，则不属于道路交通事故责任的范畴，而应根据实际情况适用其他法律制度解决。

二、有损害后果发生

机动车交通事故损害赔偿责任的前提条件是必须造成了损害后果，包括人身伤亡、财产损失、精神损害等。没有损害后果就不构成交通事故，也就无须赔偿。

三、机动车交通事故与损害后果之间有因果关系

因果关系是归责的前提和基础，也是侵权行为赔偿责任构成的必要条件。认定交通事故责任，要求机动车以与他人碰撞等接触方式造成他人损害，对人身

伤亡及财产损害具有相当的因果关系。当然,这里的接触不限于直接接触,机动车碰撞非机动车、行人后,非机动车、行人在无法自我控制的情况下造成的其他人的人身或财产损害,均应当认定为与机动车交通事故之间存在因果关系。

第四节 机动车交通事故责任的责任主体

机动车道路交通事故责任的归责原则是在机动车发生道路交通事故造成损害后,确定由何方当事人承担民事赔偿责任的基本准则;而机动车道路交通事故责任的责任主体的认定应该是在归责原则统摄下,基于具体的判定标准,明确承担民事损害赔偿责任的具体当事人。

一、机动车交通事故损害赔偿责任主体的理论基础

随着工业文明的发展,人们的生存和安全受到越来越大的威胁和挑战,机动车即为其中的一个典型。为了更好地保护机动车交通事故中的受害人之权益,仅由所有人或驾驶人承担赔偿责任已经不能适应当今社会的实际需要。为此,学界对于交通事故责任主体范围的扩展作了较为深入的研究,主要形成了以下几种理论:

(一)危险控制理论

危险控制理论,是指对无法避免的现实危害,唯有危害物的支配者和危险活动的经营者可得预防和减少,因此所生侵害自然应由危险支配者和危险活动经营者承担。"从事危险活动或者占有、使用危险物品的人对于这些活动或物品的性质具有最为真切的认识,也最具有能力控制危险的现实化,因此作为危险的控制者,其应当承担责任。"[1]对于机动车而言,其所有人、实质控制人对车辆拥有支配权,能够最大程度上控制机动车产生的损害,预防事故的发生,因此应当对机动车交通事故产生的损害承担责任。

(二)报偿理论

所谓"报偿理论",即"谁享有利益谁承担风险"的原则。这是从罗马法"获得利益的人负担危险"的法谚发展而来的一项原则,要求由追求自己利益的人同时负担这一行为所导致的损失,包括对自己和对他人的损失。这一原则不但能体现公平理念的要求,而且本身也符合经济理性原理。[2] 利益的追求者可以在此过程中利用自身理性决定是否实施这一行为,以及如何采取措施防范损失的发生,从而对这一行为进行优化,最终减少损失。若不遵循这种"利益与风险

---

[1] 程啸:《侵权行为法总论》,中国人民大学出版社 2008 年版,第 123 页。
[2] 参见李薇:《日本机动车事故损害赔偿法律制度研究》,法律出版社 1997 年版,第 52 页。

相一致"的原则,各种逐利行为必将无视其对他人所造成的损害,形成社会的一大灾难。根据报偿理论,享有机动车占有、使用、运行所产生的利益的人,均应当承担相应的责任。

(三) 危险开启和风险分散理论

所谓"危险开启"理论,是指谁开启了对他人人身、财产权益造成损害的危险源,谁就应当承担风险。"从事危险活动或者占有、使用危险物品的人毕竟开启了对他人人身、财产权益造成损害的危险源,因此在法律允许的这种危险活动存在以及危险品的持有的情况下,作为对价的就是这些开启危险状态之人应当承担高度的注意,并在没有过错的情况下对损害亦须承担责任。"[①]让机动车使用人承担责任即体现了学者们对危险开启理论的认同。

"风险分散"理论则认为机动车交通事故是伴随于现代文明的风险,原本应当由享有现代文明的全体社会成员分担其所造成的损失。机动车控制人因承担责任所付出的赔偿金,通过提高运费和投保责任保险,最终转嫁给了整个社会,实际是由全体机动车利益的消费者分担了风险。

二、道路交通事故责任主体的认定

(一) 租赁、借用的机动车交通事故责任

《侵权责任法》第 49 条规定:"因租赁、借用等情形机动车所有人与使用人不是同一人时,发生交通事故后属于该机动车一方责任的,由保险公司在机动车强制保险责任限额范围内予以赔偿。不足部分,由机动车使用人承担赔偿责任;机动车所有人对损害的发生有过错的,承担相应的赔偿责任。"

借用、租用等合法使用他人的机动车辆发生交通事故的,借用人、租用人应作为被告承担损害赔偿责任。在机动车所有人将机动车辆合法地转移给他人占有时,根据机动车运行支配和运行利益归属的原则,机动车的合法占有人已成为机动车辆运行支配和运行利益的作用人。因此,借用人、租用人在发生交通事故后,应当承担赔偿责任。[②]

不过,存在几种特殊的情况。一是带驾驶人的机动车出租。这种出租方式本质上当属一种承揽合同。"承租人相当于定作人,出租人相当于承揽人,承揽的事项是按照承租人的指示提供车辆并且按照指示进行运行。"[③]带驾驶人的出租机动车发生交通事故致人损害应当承担责任的,应当按照《最高人民法院关于审理人身损害赔偿案件适用法律若干问题的解释》第 10 条的规定处理。该

---

① 程啸:《侵权行为法总论》,中国人民大学出版社 2008 年版,第 123 页。
② 参见王永起:《交通事故赔偿责任的归责原则和主体确定》,载《政法丛论》2000 年第 6 期。
③ 杨立新:《侵权责任法》,法律出版社 2011 年版,第 283 页。

条规定:"承揽人在完成工作过程中对第三人造成损害或者造成自身损害的,定作人不承担损害赔偿责任。但定作人对定作、指示或者选任有过失的,应当承担相应的赔偿责任。"由于承揽合同以完成工作成果为合同的标的,承租人看重的是出租人根据其任务目标的指示完成这一任务的结果,而非对机动车进行使用本身。因此,此时机动车的使用人仍为隶属于出租方的驾驶人,参照《侵权责任法》第49条,对于机动车交通事故责任,理当"由机动车使用人承担"。同时,参照该条,承租人"对损害的发生有过错的,承担相应的赔偿责任"。可见,将带驾驶人的机动车租赁关系认定为承揽合同关系,由此认定机动车交通事故责任,不仅符合承揽合同的本质特征,而且可以体现《侵权责任法》第49条的立法精神,是适当的。二是机动车辆所有人明知车辆有故障或缺陷,而将车辆借给或租给他人使用,导致发生交通事故的,则一般应当由车辆所有人承担赔偿责任,因为这属于机动车所有人应当"承担相应的赔偿责任"的"对损害的发生有过错的"情形。当然,如果机动车的借用人或承租人也与有过失,则也应当承担相应的责任。

(二) 转让并交付但未办理登记的机动车交通事故责任

《侵权责任法》第50条规定:"当事人之间已经以买卖等方式转让并交付机动车但未办理所有权转移登记,发生交通事故后属于该机动车一方责任的,由保险公司在机动车强制保险责任限额范围内予以赔偿。不足部分,由受让人承担赔偿责任。"该条科予受让人交通事故责任,其依据在于对机动车的所有权和占有状态。

《物权法》第23条和24条规定,"动产物权的设立和转让,自交付时发生效力,但法律另有规定的除外";"船舶、航空器和机动车等物权的设立、变更、转让和消灭,未经登记,不得对抗善意第三人"。因此,在机动车买卖过程中,一旦完成了交付,机动车所有权也就随之转移,即便登记簿上登记的权利状态与之不同。实际上,2012年颁行的《最高人民法院关于审理买卖合同纠纷案件适用法律问题的解释》第10条规定:"出卖人就同一船舶、航空器、机动车等特殊动产订立多重买卖合同,在买卖合同均有效的情况下,买受人均要求实际履行合同的,应当按照以下情形分别处理:(一) 先行受领交付的买受人请求出卖人履行办理所有权转移登记手续等合同义务的,人民法院应予支持;(二) 均未受领交付,先行办理所有权转移登记手续的买受人请求出卖人履行交付标的物等合同义务的,人民法院应予支持;(三) 均未受领交付,也未办理所有权转移登记手续,依法成立在先合同的买受人请求出卖人履行交付标的物和办理所有权转移登记手续等合同义务的,人民法院应予支持;(四) 出卖人将标的物交付给买受人之一,又为其他买受人办理所有权转移登记,已受领交付的买受人请求将标的物所有权登记在自己名下的,人民法院应予支持。"据此,获得交付的买受人得以对抗善意第三人,故基于交付而获得的机动车所有权是一种完全意义上的所有权,机动车原所有人彻底丧失所有权。因此发生交通事故后,若需追究机动车所有权人的交通事故责任,该所有权人应当认定为受让人。

另外,从买受人已经取得交付,也就得以直接支配机动车、成为机动车的实际使用人这一点看,由买受人承担相应的事故责任也是合理的。

理所当然,"《侵权责任法》第50条所调整的范围除了'买卖'这一情形外,还包括通过赠与、继承,以及所有权保留的分期付款等方式,形成的名义上所有人与实际所有人相分离的情况。"①

(三)拼装或者已达到报废标准的机动车交通事故责任

《侵权责任法》第51条规定:"以买卖等方式转让拼装或者已达到报废标准的机动车,发生交通事故造成损害的,由转让人和受让人承担连带责任。"由于拼装或达到报废标准的机动车达不到机动车应有的安全技术条件,上路行驶会造成极大的安全隐患,国务院颁布了《报废汽车回收管理办法》,严禁使用或转让此类机动车。以买卖的方式转让拼装或者已达到报废标准的机动车,转让人和受让人在主观上都存在过错,故而应当承担连带责任。该条立法在该连带责任的构成要件上并未对买卖双方的过错作出要求,这意味着只要转让的机动车客观上属于拼装或者已达到报废标准的机动车,不论买卖双方主观上是否知情,均应就该车所发生的交通事故承担责任。这对机动车买卖过程中双方尤其是买方的注意义务提出了较高的要求。

(四)盗抢的机动车交通事故责任

《侵权责任法》第52条规定:"盗窃、抢劫或者抢夺的机动车发生交通事故造成损害的,由盗窃人、抢劫人或者抢夺人承担赔偿责任。保险公司在机动车强制保险责任限额范围内垫付抢救费用的,有权向交通事故责任人追偿。"由于机动车所有人的所有权和使用权的分离是由于他人所实施的盗窃、抢劫或抢夺等违法犯罪行为所致,违背了所有人的主观意愿,并且机动车被盗抢后,机动车所有人不但丧失了对机动车的支配权,也不再享有运行利益,因此发生交通事故后责任理应由盗窃人、抢劫人或者抢夺人自行承担。为了最大限度地救济受害人,保险公司应在保险责任限额范围内垫付受害人所需的抢救费用。与此同时,保险公司对于盗抢人享有追偿权,由盗抢人作为这一责任的最终承担人。

(五)驾驶人肇事逃逸的机动车交通事故责任

《道路交通安全法》第70条规定:"在道路上发生交通事故,车辆驾驶人应当立即停车,保护现场;造成人身伤亡的,车辆驾驶人应当立即抢救受伤人员,并迅速报告执勤的交通警察或者公安机关交通管理部门。因抢救受伤人员变动现场的,应当标明位置。乘车人、过往车辆驾驶人、过往行人应当予以协助。"但在

---

① 梅夏英:《中华人民共和国侵权责任法讲座》,中国法制出版社2010年版,第229页。

现实生活中,发生交通事故后机动车驾驶人多有因畏惧承担责任而弃车或驾车逃逸的情况发生。对于这种驾驶人肇事逃逸的机动车交通事故责任的承担,《侵权责任法》根据肇事机动车是否明确及是否参加了第三人责任强制险,作了不同的规定。

1. 肇事机动车明确且参加了第三者责任强制险的情形

《侵权责任法》第 53 条规定:"机动车驾驶人发生交通事故后逃逸,该机动车参加强制保险的,由保险公司在机动车强制保险责任限额范围内予以赔偿"。在这种情况下虽然无法确定具体的肇事者,但是肇事的机动车可以确定,而且该车投保了第三者责任强制险。根据无过错原则,保险公司应当在强制险责任范围内予以赔偿。如果保险公司的限额赔偿不足以支付受害人的抢救费用,则应当由道路交通事故社会救助基金先行垫付超过部分的费用。

2. 肇事机动车不明确或虽然明确但未参加第三者责任强制险的情形

《侵权责任法》第 53 条规定:"机动车不明或该机动车未参加强制保险,需要支付被侵权人人身伤亡的抢救、丧葬费用的,由道路交通事故社会救助基金垫付。道路交通事故社会救助基金垫付后,其管理机构有权向交通事故责任人追偿。"这一规定体现了最大限度地救济受害人的原则。

第十二章 医疗损害责任

第一节 概 述

一、医疗损害责任的概念

《侵权责任法》在医疗损害责任一章既规定了医疗机构及其医务人员作为专家致损而应承担的责任,也规定了医疗机构及其医务人员使用医疗器械或医药产品、侵犯患者隐私等事由应承担的责任。这两类责任性质不同,有学者以医疗损害责任的广狭义之分来概括和描述这种区别。[①]

狭义的医疗损害责任作为专家责任的一种,仅指医疗机构及其医务人员在诊疗活动中因过失侵害患者生命、身体、健康权益的侵权责任。致损的主体是医疗机构及其医务人员这些具有专业性知识的机构和人员,损害是在提供专业性服务的过程中造成的。由于致损者是专家,损害发生在专业活动中,医疗损害责任在过错、因果关系的判断上都有特殊之处,需要法律予以特别的规范。

广义的医疗损害责任则是在诊疗过程中发生的损害,不仅包括狭义的医疗损害责任,还包括药品、医疗器械的缺陷给患者造成损害时的侵权责任,以及医疗机构及其医务人员在诊疗过程中非因其专业活动侵害患者的权益时应承担的侵权责任。其中药品、医疗器械造成的损害属于产品责任,《药品管理法》、《产品质量法》等法律也有专门的规定。非因专业医疗活动导致的损害也应由其他民事法律予以调整,如侵犯隐私权时由保护隐私权的民法规范调整。

《侵权责任法》之所以专章规定医疗损害责任,就是因为医疗损害责任的特殊性,也就是主要着眼于对特殊的狭义的医疗损害责任予以特别规范,对若干广义的医疗损害责任的规定,则是附带性质的。

二、医疗损害责任在我国法中的制度沿革

以《侵权责任法》的颁行为标志,我国法上的医疗损害责任从双轨制转变为单轨制。

《侵权责任法》颁布前,司法实践中多用医疗事故而非医疗损害责任的概念。国务院颁布的《医疗事故处理条例》是专门规范医疗事故的行政法规。对

[①] 参见程啸:《侵权责任法》,法律出版社2011年版,第432页。

于医疗事故的概念,该条例第 2 条规定,医疗事故是指"医疗机构及其医务人员在医疗活动中,违反医疗卫生管理法律、行政法规、部门规章和诊疗护理规范、常规,过失造成患者人身损害的事故"。对于医疗事故的认定,依该条例第 20 条规定,应交由医学会组织鉴定。如果依据《医疗事故处理条例》认定成立医疗事故,该条例还规定了一系列的赔偿标准。

2003 年 1 月 6 日《最高人民法院关于参照〈医疗事故处理条例〉审理医疗纠纷民事案件的通知》规定:"条例施行后发生的医疗事故引起的医疗赔偿纠纷,诉到法院的,参照条例的有关规定办理;因医疗事故以外的原因引起的其他医疗赔偿纠纷,适用民法通则的规定","条例施行后,人民法院审理因医疗事故引起的医疗赔偿纠纷民事案件,在确定医疗事故赔偿责任时,参照条例第四十九条、第五十条、第五十一条和第五十二条的规定办理"。医疗损害纠纷因此在审判实践中被分为两类:构成医疗事故的医疗损害纠纷和不构成医疗事故的医疗损害纠纷。二者在医疗过失的认定、法律适用和赔偿范围方面有明显的差异。《医疗事故处理条例》对于赔偿范围的计算标准要明显低于《民法通则》和《最高人民法院关于审理人身损害赔偿案件适用法律若干问题的解释》。最高法院颁布的上述通知,奠定了医疗损害赔偿双轨制的规范基础,但这种双轨制同损不同赔,甚至高损低赔,明显不合理。因此,一些地方性法院不得不进一步作出变通性的规定,如 2005 年《北京市高级人民法院关于审理医疗损害赔偿纠纷案件若干问题的意见(试行)》第 21 条规定:"如参照《医疗事故处理条例》处理将使患者所受损失无法得到基本补偿的,可以适用《民法通则》及相关司法解释的规定适当提高赔偿数额。"

起草《侵权责任法》时,学界已普遍认识到这种损害赔偿二元制的危害,立法机关也意识到:"医疗纠纷案件处理中法律适用的二元化的现象损害了我国法制的严肃性和统一性,影响了司法公正,加剧了医患矛盾,亟须通过立法加以解决"[1]。最终《侵权责任法》设专章规定医疗损害责任,并未考虑对医疗事故予以特别规定。

《医疗事故处理条例》作为一部医疗行政管理的法规,旨在通过医疗事故的概念确立惩处医疗机构及其医务人员的标准,不存在医疗事故,意味着医疗机构及其医务人员无须遭受构成医疗事故带来的行政处罚,并不意味着医疗机构及其医务人员在诊疗过程中没有过错,不用承担民事赔偿责任。实际上,是否承担民事赔偿责任的关键在于是否符合民法上侵权损害赔偿的要件。[2] 对于结束医疗损害赔偿的二元机制,学界并无异议,但对医疗损害赔偿中行政法规的功能,

---

[1] 王胜明主编:《中华人民共和国侵权责任法解读》,中国法制出版社 2010 年版,第 276 页。
[2] 参见艾尔肯:《论医疗损害》,载《北方法学》2008 年第 2 期。

仍有进一步研讨的必要。有学者认为:"医疗机构及其医务人员在诊疗活动中造成患者损害的行为是否构成医疗事故,只是一个与行政责任及刑事责任有关的问题,和民事责任的有无没有必然联系。"[1]实际上,医疗作为一种专业活动,民法上的医疗损害赔偿在过错认定等方面必然要求助于医学上的专业判断,是否构成医疗事故就是这样的一种专业判断,相关行政法规并非与民事责任无关。如果已经违反了行政法上的相关规定和规程,那么责任人就应当说存在民法上的过错。从更为宏观的角度看,行政法在侵权法中起到的功能,属于侵权法的基本理论问题之一,医疗损害责任恰好能够提供这样一个具体的观察窗口,其研究价值着实有待进一步的发掘。

第二节 医疗损害责任的构成要件

《侵权责任法》第54条规定:"患者在诊疗活动中受到损害,医疗机构及其医务人员有过错的,由医疗机构承担赔偿责任。"此条规定了医疗损害责任的构成要件。仅从法条文义出发,可以将医疗损害责任的构成要件概括如下:首先是医疗机构及其医务人员的诊疗活动;其次是患者的损害;再次是医疗机构及其医务人员有过错;最后是诊疗活动和损害后果之间有因果关系。此条中的患者、诊疗活动、医疗机构及其医务人员、损害、过错等概念,均需予以特别的界定。

一、法律关系的主体

(一)患者

2002年国务院颁行的《医疗事故处理条例》将原《医疗事故处理办法》中的"病员"改为"患者",也有学者主张用"医疗服务接收者"的概念代替患者。[2] 概念的变迁是社会现实的反映,如今接受医疗服务的人,不再局限于有病患的人,医疗美容、疾病预防,甚至计划生育服务也被涵盖在内。一些并无病患但接受了医疗服务的人,是否构成"患者",从而适用《侵权责任法》第54条的规定,应当说需要结合具体的案情通过法解释的方法予以辨明。

(二)医疗机构及其医务人员

人们惯常理解的医务人员,主要指医生、护士、药剂人员、检验化验人员等,但《侵权责任法》第54条中的医务人员的范围更广,包括医院中提供相关服务的其他人员及管理者。在1988年颁布的《卫生部关于〈医疗事处理办法〉若干

---

[1] 程啸:《侵权责任法》,法律出版社2011年版,第434页。
[2] 参见杨立新主编:《中华人民共和国侵权责任法草案建议稿及说明》,法律出版社2007年版,第261页。

问题的说明》中规定"因医疗护理工作是群体性的活动,构成医疗事故的行为人,还应包括从事医疗管理、后勤服务等人员"。这一规定,为广义理解《侵权责任法》第 54 条中的医务人员提供了支持。尽管从广义上理解医务人员可以变相加强对患者的保护,但广义理解的方式在理论上也存在一定问题。因为管理及后勤服务人员并非专业的医务人员,其活动并非专家活动,因而对其责任的判定也不宜采用以专家责任为基础的医疗损害责任。

所谓医疗机构,是指依法取得医疗机构执业许可证的各类机构。按照卫生部 1994 年颁布的《医疗机构管理条例实施细则》,医疗机构包括:(1)综合医院、中医医院、中西医结合医院、民族医医院、专科医院、康复医院;(2)妇幼保健院;(3)中心卫生院、乡(镇)卫生院、街道卫生院;(4)疗养院;(5)综合门诊部、专科门诊部、中医门诊部、中西医结合门诊部、民族门诊部;(6)诊所、中医诊所、民族医诊所、卫生所、医务室、卫生保健所、卫生站;(7)村卫生室(所);(8)急救中心、急救站;(9)临床检验中心;(10)专科疾病防治院、专科疾病防治所、专科疾病防治站;(11)护理院、护理站;(12)其他诊疗机构。

强调医疗损害责任的致损人必须是医疗机构及其医务人员,理由在于医疗活动的专业性。医疗涉及人最重要的生命和健康,我国《执业医师法》、《医疗机构管理条例》、《护士管理办法》等法规对医疗机构及其人员的主体资格有着非常严格的限制。不具备医疗活动资格而从事医疗活动的人,构成非法行医。而非法行医造成患者损害的侵权责任并不属于医疗责任。我国《医疗事故处理条例》第 61 条规定:"非法行医,造成患者人身损害,不属于医疗事故,触犯刑律的,依法追究刑事责任;有关赔偿,由受害人直接向人民法院提起诉讼。"医疗活动本质上是一种为了患者利益的被许可的侵权,出于患者利益考虑,被许可实施侵权行为的人,必须是具有相应能力和条件的人,不具备这种能力和条件且未经行政许可而行医的人,只是单纯的侵权行为而已。

医务人员虽然受雇于医疗机构,但在法律上构成两个相互区别的主体。医疗机构本身不可能直接实施诊疗活动,只能由雇用的医务人员实施诊疗活动,直接导致患者损害的只可能是医务人员而不可能是医疗机构。于是就存在医务人员与医疗机构的责任承担问题。有学者认为医疗机构对于医务人员导致的损害承担替代责任。[①] 实际上,民法上有诸多类似问题,如因自己管领的物造成他人损害的责任,或如因自己监护或雇用的人造成他人损害的责任。这些情形的共性在于责任人与致害人并非同一人,此类问题属于民法的一般问题。

---

① 所谓替代责任,是指责任人为他人的行为和行为之行为以外的自己管领下的物件所致损害负有的侵权赔偿责任。替代责任与一般责任相对应,其典型特点就在于行为人与责任人不同。参见王利明、周友军、高圣平:《中国侵权责任法教程》,人民法院出版社 2010 年版,第 593—594 页。

二、诊疗活动与损害

（一）诊疗活动

现行《侵权责任法》并未明确规定何为诊疗活动。按照日本学者的界定，所谓"医行为"指的是若欠缺医师的医学判断及其专业技术，此类行为就会对人体产生损害的行为。① 我国台湾地区学者认为，"医疗行为若从广义的概念加以认识，系指包括疾病、伤害之诊断、治疗，治疗后情况之判定，以及疗养指导等具有综合性的行为内涵的法律事实。就目前医院或诊所的惯行，上述医疗行为的具体内涵，包括属于诊断方面之问诊、听诊以及检查，属于治疗方面之注射、给药、敷涂（外伤药物）、手术、复健，属于治疗情况判定之追踪、检证等"②。在我国现行的法律法规中，卫生部在1994年颁布的《医疗机构管理条例实施细则》曾对诊疗活动予以界定，按照其第88条规定，诊疗活动是指"通过各种检查，使用药物、器械及手术等方法，对疾病作出判断和消除疾病、缓解病情、减轻痛苦、改善功能、延长生命、帮助患者恢复健康的活动"。

从法理角度观察，医疗是随着医学和社会的发展而发展的，因而诊疗活动的表现形式变动不居日益丰富，但诊疗活动的核心并不会发生变化，其要点在于运用专业的医学知识和医疗技能，因此，判断医疗机构及其医务人员的活动是否属于诊疗活动，关键看该活动是否要运用医疗机构及其医务人员的专业知识和技能。③ 如果应用，那么就属于诊疗活动，如果不应用，即使是医务人员在医疗机构所为，也并不构成诊疗活动，如医护人员出卖患者的个人信息。

（二）损害

诊疗活动服务于患者的生命、身体和健康利益。因此，医疗侵权损害的也仅仅只是生命、身体、健康权益，并非患者的所有民事权益。如果医疗机构及其医务人员在诊疗活动中侵害了患者的财产权益或其他人身权益，并不构成医疗损害。如医生在诊疗过程中盗取患者的财物或者侵犯患者的隐私权，此时对患者也造成了损害，但并不构成医疗损害责任中的损害。

（三）诊疗活动与损害间的因果关系

患者的损害必须是诊疗活动导致的。如果患者的损害不是发生在诊疗活动中，或与诊疗活动不存在因果关系，医疗机构无须承担医疗侵权责任。如患者去医院看病时，因地面湿滑而摔倒受伤，此时患者遭受的损害与诊疗活动并没有因

---

① 参见王利明主编：《中国民法典学者建议稿及立法理由·侵权行为编》，法律出版社2005年版，第265页。

② 参见高圣平主编：《〈中华人民共和国侵权责任法〉立法争点、立法例及经典案例》，北京大学出版社2010年版，第602页。

③ 参见程啸：《侵权责任法》，法律出版社2011年版，第437页。

果关系,并不构成诊疗活动造成的"损害"。

判断医疗机构及其医务人员的诊疗活动与损害的因果关系时,可以区分作为和不作为的侵权情形,分别采用下述方式确定诊疗活动构成损害的必要条件:在作为的医疗损害责任纠纷中,应考虑若没有医疗机构及其医务人员具有过错的诊疗活动,患者的损害是否会发生?如果没有诊疗活动患者的损害就不会发生,那么诊疗活动就是造成损害的必要条件。在不作为的医疗损害责任纠纷中,应考虑若医疗机构及其医务人员积极履行了作为的义务,患者的损害是否依然会发生?如果不会发生,那么医疗行为就是损害的必要条件。①

对于诊疗活动与损害之间的因果关系的证明,《侵权责任法》并没有作特殊规定,所以按照诉讼法上证明责任分配的原则,受损人应证明损害与诊疗活动存在因果关系,但显然不应对受损人做过高要求。有学者认为,在受损人的证明达到一定程度后,可以实行因果关系推定,进而由医疗机构证明自己的诊疗行为与损害之间没有因果关系。②

三、过错

(一) 过错的内容

按照《侵权责任法》第54条的规定,医疗损害责任的构成包含了过错的要件,但就何为医疗损害中的过错,学者们有诸多的不同见解。

首先,过错是否包含了故意?有学者认为,"过错"一词并不准确,因为过错包括故意和过失,而在医疗侵权中并不存在故意,因为医疗人员一旦因故意造成患者的损害,则为刑事犯罪或者一般侵权行为,不可能认定为医疗侵权行为。③ 也有学者认为,医疗过错包括故意和过失两种形态,但以过失为主要形态。④ 后一种说法恐怕更符合实际,故意导致的医疗损害,在现实中并非没有,只是相当少而已。

其次,是对过错内容的理解,此时须结合《侵权责任法》第57条的规定予以考察,该条规定:"医务人员在诊疗活动中未尽到与当时的医疗水平相应的诊疗义务,造成患者损害的,医疗机构应当承担赔偿责任。"在这一条文中,医务人员的过错与诊疗义务相联系,诊疗义务构成判定是否存在过错的标准,违反诊疗义务的,就认定医务人员存有过错。对如何判定诊疗义务的标准,学界有相当丰富的学说。

日本医疗责任法认为,应区分医学水准与医疗水准两个概念,医师注意义务

---

① 参见程啸:《侵权责任法》,法律出版社2011年版,第438页。
② 参见杨立新:《医疗损害责任的因果关系证明及举证责任》,载《法学》2009年第1期。
③ 参见杨立新:《医疗损害责任概念研究》,载《政治与法律》2009年第3期。
④ 参见张新宝、明俊:《医疗过失举证责任研究——比较法的经验与我国的实践》,载《河南省政法管理干部学院学报》2006年第4期。

的违反应以医疗水准为判断标准。所谓医学水准是医学上的问题,这样的水准只是朝将来一般化目标发展的基本研究水准而已,在临床上不应被提供为论断医师或医疗机关之注意义务的基准。①

在英美法中,以医疗过失概念确定过错问题。对医疗过失的判断需要考量以下几个方面:医生的注意义务标准是该医生所在技术领域中一名普通医生所具有的一般的技术、知识和一般的注意水准,并不是该领域中最有经验、最有技术,或最有资格的医生所具有的技术水准,也不是该领域中最没有经验的医生所具有的技术水准;在医疗领域中,往往存在着多位医生同行所普遍接受的医疗实践或观点,某医生的行为不符合其中任何一种医疗实践或医疗观点,他就很可能被证明为具有过失,如果有一部分执业者认为被告(某医生)的行为是错误的,而另外有一部分执业者赞同该被告的行为,就不能证明被告具有过失;医生的行为符合一种被同行广泛接受的医疗实践或医疗观点,只是没有过失的有利证据,但并不是结论性(决定性)的,即不能因为被告的行为与同行中被普遍遵循的做法一致,就可以决定被告无过失。② 可以说,英美法关于医疗过失的认定标准与日本法上的医疗水准的标准基本一致。

也有学者认为,医疗过失的判断标准包括客观标准和主观标准。客观标准是指通常医务人员的正常的技术水平及注意义务。运用客观标准需考虑的因素包括:医疗时的医疗水平、专科医务人员的技术水平、地区差异、紧急性、医疗尝试等。而主观标准是指需要考虑案件的实际情况、医疗机构及其医务人员的特殊情况。运用主观标准需考虑到的因素包括:"最佳判断法则"、造成患者合理信赖的宣传、医师的裁量权、"派别性"理论等。③ 以客观标准和主观标准的二分考虑注意义务问题,实际上也是依照医疗水准而不是医学水准来判断过错问题。

可见,诊疗义务的标准应采纳医疗水准而不是医学水准,对此学界并无异议。我国确定医疗过失的认定标准,通常称为医疗水平,实际上就是指医疗水准。④ 从便利操作的角度讲,判断是否尽到了诊疗义务,就看是否满足了医务人员应尽的注意义务。而医师的注意义务一般都是有"章"可循的。医师的注意义务一般表现为法律和规章所规定的具体医疗行为的操作规范,此即为医师的具体注意义务,构成判断医疗过失的具体标准。在法律和规章等对医师的注意义务有明确规定的情况下,认定医疗过失比较容易。但如果法律和规章没有明

---

① 参见杨立新:《论医疗过失的证明及举证责任》,载《法学杂志》2009年第6期。
② 参见姚苗:《英美法对医疗过失的判定原则及对我国的启示》,载《法律与医学杂志》2007年第1期。
③ 参见张新宝:《侵权责任法原理》,中国人民大学出版社2005年版,第228页。
④ 参见关淑芳:《论医疗过错的认定》,载《清华大学学报(哲学社会科学版)》2002年第5期。

文规定操作规程(即注意义务)的医疗行为造成了患者的伤亡,就应回归医疗标准认定医疗过失,同时考虑医疗行为的专门性、地域性和紧急性等要素。

在实践中,对医疗过失的鉴定目前有两种:一种是医疗事故技术鉴定;依据《医疗事故处理条例》之规定,医疗事故技术鉴定由负责医疗事故鉴定工作的医学会组织专家组进行鉴定;另一种是司法鉴定,依据《全国人民代表大会常务委员会关于司法鉴定管理问题的决定》、《人民法院对外委托司法鉴定管理规定》,法官根据当事人的申请或依职权委托司法鉴定机构进行鉴定。两种鉴定各有利弊,前者更为专业,但有自我裁判的嫌疑,后者的专业性会稍嫌不足,法院应当在综合考虑的基础上给出自己的结论。

(二) 过错的推定

除按照医疗水准判断过错是否存在,《侵权责任法》还规定了一些特定情形下对医疗机构的过错推定。《侵权责任法》第 58 条规定:"患者有损害,因下列情形之一的,推定医疗机构有过错:(一) 违反法律、行政法规、规章以及其他有关诊疗规范的规定;(二) 隐匿或者拒绝提供与纠纷有关的病历资料;(三) 伪造、篡改或者销毁病历资料。"

通常而言,过错推定是指受害人证明因行为人的行为而遭受损害后即可要求行为人承担损害赔偿责任,无须证明行为人主观上须有过错。行为人如果认为自己没有过错,可以对此予以证明,能够证明的就不构成侵权责任。但对于该条中的过错推定学界有不同的看法,有学者将之归为一种不可推翻的"推定",[①]实际上就是一种拟制,也有学者提出了过错认定的概念。[②] 上述条文所列的三种情形是互有区别的,因此运用"推定"这一工具的理由也有所不同。"违反法律、行政法规、规章以及其他有关诊疗规范的规定"表明了医务人员的诊疗活动不合规,而"隐匿或者拒绝提供与纠纷有关的病历资料"以及"伪造、篡改或销毁病历资料"则表明了医疗机构或医务人员的主观恶性。在前一种情形,如果医务人员证明确有理由不按常规行事,如抢救危急患者,应当允许医疗机构或医务人员证明自己没有过错,从而推翻此等"推定";但在后一种情形,法律进行"过错推定",完全是因为对医疗机构或医务人员予以惩罚,此时的"推定"才应

---

① 有学者认为,医务人员违反有关法律法律、医疗行业和医院各种管理规章制度和操作规程进行诊疗护理操作,或者违反卫生管理法律、法规、规章和卫生技术规范、常规的,应当认定为有过失。参见杨立新主编:《中华人民共和国侵权责任法草案建议稿及说明》,法律出版社 2007 年版,第 262 页。梁慧星主编:《中国民法典草案建议稿附理由(侵权行为编·继承编)》,法律出版社 2004 年版,第 63 页。

② 学界也有过错认定的提法,是指在符合法律规定的情形下,直接认定行为人具有主观过错。如果受害人举证证明自己所遭受的损害和行为人的行为符合法定情形,且二者之间存在因果关系的,就推定行为人具有过错。在过错认定的情形,被认为有过错的一方极难举证证明其主观无过错。参见高圣平主编:《〈中华人民共和国侵权责任法〉立法争点、立法例及经典案例》,北京大学出版社 2010 年版,第 621 页。

当具有拟制的性质,不得推翻。在司法实践中,已存在了类似的做法,如《安徽省高级人民法院关于审理医疗赔偿纠纷民事案件的若干意见》(皖高法2004年第11号文)第12条第2项规定,有证据证明医疗机构涂改、伪造、隐匿、销毁病历资料的,可以直接认定其存在过错。

《侵权责任法》第58条中规定的"法律、行政法规、规章",是指由全国人大及其常委会、国务院以及国务院各部门发布的规范性法律文件。包括:《药品管理法》、《执业医师法》、《献血法》、《传染病防治法》、《医疗事故处理条例》、《医疗机构管理条例》、《血液制品管理条例》、《医疗美容服务管理办法》、《护士管理办法》、《采供血机构和血液管理条例》、《血站管理办法》、《医疗器械临床试验规定》、《医疗机构病历管理规定》、《处方管理办法》、《放射诊疗管理规定》、《医师外出会诊管理暂行规定》、《消毒管理办法》、《人类辅助生殖技术管理办法》等。"其他有关诊疗规范",指在总结以往科学和技术成果的基础上对医疗过程的定义和所应用技术的规范或指南,通常分为广义和狭义两种。狭义的诊疗规范,是指由卫生部、国家中医药管理局制定或者认可的与诊疗活动有关的技术标准、操作规程等规范性文件(《医疗机构管理条例实施细则》第88条第4款)。广义的诊疗规范除了狭义的诊疗规范外,还包括由全国性行业协会或学会制定的各种标准、规范及制度的总称。此时的过错推定,是一种不能通过反证推翻的推定,因为违反相关的规程本身就表明了过错。我国现行法规有若干条文对此作了规定,如《医疗事故处理条例》第5条规定:"医疗机构及其医务人员在医疗活动中,必须严格遵守医疗卫生管理法律、行政法规、部门规章和诊疗护理规范、常规,恪守医疗服务执业道德。"又如,《医疗机构管理条例》第25条规定:"医疗机构执业,必须遵守有关法律、法规和医疗技术规范。"

第三节 医疗损害责任中的特殊问题

一、患者的知情同意权

《侵权责任法》并未直接规定患者的知情同意权,而是规定了医务人员的说明义务,以间接的方式确定了患者的此项权利。该法第55条规定:"医务人员在诊疗活动中应当向患者说明病情和医疗措施。需要实施手术、特殊检查、特殊治疗的,医务人员应当及时向患者说明医疗风险、替代医疗方案等情况,并取得其书面同意;不宜向患者说明的,应当向患者的近亲属说明,并取得其书面同意。医务人员未尽到前款义务,造成患者损害的,医疗机构应当承担赔偿责任。"对于条文提到的"特殊检查、特殊治疗",依照《医疗机构管理条例实施细则》第88条规定,是指(1)有一定危险性,可能产生不良后果的检查和治疗;

(2) 由于患者体质特殊或者病情危笃,可能对患者产生不良后果和危险的检查和治疗;(3) 临床试验性检查和治疗;(4) 收费可能对患者造成较大经济负担的检查和治疗。

上述侵权法条文间接规定了患者的两项权利,包括知情权和同意权。相对于之前的一些立法条例,这无疑是一种进步。如卫生部颁布的《医疗机构管理条例实施细则》仅仅规定了知情权,并没有规定同意权,其第62条规定:"医疗机构应当尊重患者对自己的病情、诊断、治疗的知情权利。在实施手术、特殊检查、特殊治疗时,应当向患者作必要的解释。因实施保护性医疗措施不宜向患者说明情况的,应当将有关情况通知患者家属。"

医疗行为对人的生命、身体、健康是一种侵害,但又是一种法律许可的侵害。之所以法律会许可这样的侵害,原因在于这种侵害是一种虽有风险但实际上又有助于患者的侵害。法律要求医疗机构及其医务人员负有告知的义务,也就是赋予患者知情权以及在知情基础上的同意权,让医疗行为这种具有侵害性的行为具有更多的正当性要素。但无论患者的知情权还是同意权,都应在一定范围之内。患者并非意欲成为医生,也不可能成为医生,并不是要知晓所有的病患相关信息。患者作为非专业人士,其同意权也要受到一定限制,否则很可能重现2007年11月21日在北京朝阳医院京西分院发生的惨剧。[①]

对于应当告知的内容,以及对患者造成损害的内容,学者从不同角度进行了阐述。

有学者将说明义务分为三类:(1) 为得到患者有效同意的说明义务,是指医师准备对患者实施重大的医疗行为时,应首先取得患者的同意,而有效同意的关键因素是,医师对患者就该医疗行为可能带来危及生命、损害身体机能及对身体外观发生重大改变等后果进行具体说明。(2) 为回避不良结果的说明义务,是指医师在医疗过程中,预见到或应当预见到有相当盖然性发生不良后果的危险时,应对患者或其亲属就医师的诊断与现在的症状、治疗状况等进行说明,对具体的疗养方法与遵守事项进行指导,以回避已经预见到的不良后果。(3) 作为转诊指示的说明义务,是指医师对于患有自己专门领域之外疾病的患者或依其病情超出自己治疗能力之外的患者负有作出转诊指示的说明义务,包括医师对属于自己专门领域之外的病人劝说转诊,以及对属于本领域之内但本医院或本人无条件给予适当治疗的病人进行转诊劝说。[②] 也有学者认为,医疗实验、医疗

---

① 当日下午四时左右,一名孕妇因难产生命垂危被其丈夫送入北京朝阳医院京西分院治疗,孕妇身无分文,但医院决定免费治疗,但其同来的丈夫却拒绝在医院的剖腹产手术书上签字,医生、护士束手无策,在抢救三个小时后,孕妇因抢救无效而死亡。

② 参见梁慧星主编:《中国民法典草案建议稿附理由(侵权行为编·继承编)》,法律出版社2004年版,第64页。

美容、一般医疗行为、重大医疗行为的性质各不相同,理应采取不同的知情同意标准。①

对于损害,除了现实的对生命、身体、健康造成的损害,有学者认为应作广义的理解。有时医生未经患者的知情同意,切除病体,即使并未对身体造成实质的损害,也视为给患者造成了损害。②

与一般的医疗损害责任不同,侵犯患者知情同意权的医疗损害责任,采用的是过错推定原则,并非不要求医务人员主观方面的过失,而是说,医务人员侵犯患者的知情权,未履行告知义务,就表明了其主观上有过错。此时,过错推定原则的重点在于医疗机构一方如何证明自己并没有主观上的过错。在实践中,大多医院以书面方式的说明书或同意书,交由患者阅读或签署,以此证明医疗机构方面已尽到了说明义务。但实际上,由于医疗行为本身的专业性,上述书面方式有时并不足以尽到说明之功能,必须辅以医务人员针对个案的说明或解释,此时才能尽到说明的义务。

一般而言,医疗机构及其医务人员尽到说明义务,患者在知情权得到落实后,得以进一步行使同意权,最终在知情且同意的情况下完成诊疗活动。但在紧急情形,患者或者其监护人等相关人士无法"正常"地行使同意权,此时就存在患者同意权的例外。

在《侵权责任法》制定过程中,原本规定:"因抢救生命垂危的患者等紧急情况,难以取得患者或其近亲属同意的,经医疗机构负责人批准可以立即实施相应的医疗措施。"此时的"难以取得患者或者其近亲属同意"往往被理解为包括了患者或者其近亲属明确不同意的情况。后来,《侵权责任法》第56条最终规定:"因抢救生命垂危的患者等紧急情况,不能取得患者或者其近亲属意见的,经医疗机构负责人或者授权的负责人批准,可以立即实施相应的医疗措施。"从"难以取得患者或者其近亲属同意"到"不能取得患者或者其近亲属同意",表明在患者及其近亲属明确不同意的场合,医疗机构及其医务人员不能直接实施救助,而"不能取得患者或者其近亲属同意"也被限定为患者不能表达意志,也无近亲属陪伴,又联系不到近亲属的情况。③

在征得患者及其近亲属同意这一问题上,我国有多部法律法规予以规定,其态度并不一致。1994年颁行的《医疗机构管理条例》第33条规定:"医疗机构实施手术、特殊检查或者特殊治疗时,必须征得患者同意,并应当取得其家属或者关系人同意并签字;无法取得患者意见时,应当取得家属或者关系人同意并签

---

① 参见杨立新主编:《中华人民共和国侵权责任法草案建议稿及说明》,法律出版社2007年版,第132条。
② 参见杨立新:《类型侵权行为法研究》,人民法院出版社2006年版,第900页。
③ 参见王利明、周友军、高圣平:《中国侵权责任法教程》,人民法院出版社2010年版,第609页。

字;无法取得患者意见又无家属或者关系人在场,或者遇到其他特殊情况时,经治医师应当提出医疗处置方案,在取得医疗机构负责人或者被授权负责人员的批准后实施。"1998年《执业医师法》第26条第2款规定:"医师进行实验性临床医疗,应当经医院批准并征得患者本人或者其家属同意。"2002年《医疗事故处理条例》第11条规定:"在医疗活动中,医疗机构及其医务人员应当将患者的病情、医疗措施、医疗风险等如实告知患者"。有学者据此认为,法律规定上的变迁愈来愈趋向于认定患者有独立决定是否接受医疗措施的能力。[①] 患者同意权问题的本质是"个人自决"的范围问题,即个人能否完全决定自己的生命、身体和健康,与自杀、安乐死等问题具有同质性,此外患者同意权问题在中国当下也与医患关系紧张有着紧密的联系,而《侵权责任法》的规定显然更趋向于认定患者的"个人自决"要优于医疗机构或医务人员的专业的父权式的干涉。

此外,即使在抢救生命垂危的患者等紧急情况下,不能取得患者或者其近亲属的意见,医务人员对患者进行的诊疗活动,也应当符合与当时的医疗水平相应的注意义务标准,如果未尽到合理诊疗义务造成了患者损害,表明其主观上有过错,应对患者承担医疗损害责任。

二、药品、消毒药剂、医疗器械致害及血液致害

《侵权责任法》对因诊疗活动中使用的物品造成的侵权进行了特别规定。该法第59条规定:"因药品、消毒药剂、医疗器械的缺陷,或者输入不合格的血液造成患者损害的,患者可以向生产者或者血液提供机构请求赔偿,也可以向医疗机构请求赔偿。患者向医疗机构请求赔偿的,医疗机构赔偿后,有权向负有责任的生产者或者血液提供机构追偿。"

这一条文规定的内容在学理上可以分为两个部分,一个部分涉及非血液的药品、消毒药剂及医疗器械,另一个部分涉及血液制品。进行这种区分的主要原因在于血液制品的特殊性,人体血液作为人的身体的一部分,更多地具有"人"的属性,而不是"物"的属性,与一般的产品存在差异,是不言而喻的,法律予以特殊对待也是理所当然的。

(一)非血液制品的致害责任

有学者认为,凡因药品、医疗设备的缺陷造成患者损害的,既是产品侵权责任也是医疗事故责任,其主要性质是前者。[②] 也有学者认为,在我国的医疗实践中,医疗单位既是诊疗护理服务的提供者,也是药品的最大零售商。在绝大多数

---

① 参见高圣平主编:《中华人民共和国侵权责任法立法争点、立法例及经典案例》,北京大学出版社2010年版,第612页。
② 参见杨立新:《类型侵权行为法研究》,人民法院出版社2006年版,第898页。

医疗单位,销售药品的收入远远高于提供诊疗护理服务的收入。因而,缺陷产品、器材等致人损害的赔偿应当按照我国《产品质量法》所确定的赔偿原则办理。①

《产品质量法》第41条规定:"因产品存在缺陷造成人身、缺陷产品以外的其他财产(以下简称他人财产)损害的,生产者应当承担赔偿责任。"《产品质量法》第43条规定:"因产品存在缺陷造成人身、他人财产损害的,受害人可以向产品的生产者要求赔偿,也可以向产品的销售者要求赔偿。属于产品的生产者的责任,产品的销售者赔偿的,产品的销售者有权向产品的生产者追偿。属于产品的销售者的责任,产品的生产者赔偿的,产品的生产者有权向产品的销售者追偿。"上述两个条文规定了产品责任的承担者既可以是产品生产者,也可以是产品销售者,为患者提供了较为周全的保障。依照上述条文,因药品、消毒药剂、医疗器械的缺陷造成患者损害的,患者可以向作为销售者的医疗机构请求赔偿,也可以向生产者请求赔偿,至于责任的最终承担者,与患者无关。因此,如果患者不能指明药品、消毒药剂、医疗器械的最终生产者,向医疗单位主张产品责任的,医疗单位不得推诿,但在自己无过错的情形下,可以向生产者追偿。

(二) 血液制品的致害责任

在实证法层面,血液制品的致害责任如依照现行法规有关产品责任的规定,无法周全保护患者。依照《产品质量法》第46条的规定,缺陷是指产品存在危及人身、他人财产安全的不合理的危险;产品有保障人体健康和人身、财产安全的国家标准、行业标准的,是指不符合该标准。依照《产品质量法》第41条第2款的规定,生产者能够证明有下列情形之一的,不承担赔偿责任:(1)未将产品投入流通的;(2)产品投入流通时,引起损害的缺陷尚不存在的;(3)将产品投入流通时的科学技术水平尚不能发现缺陷的存在的。血液制品致害的特殊性在于,由于输血感染本身具有的"窗口期","科学技术水平尚不能发现缺陷",但因此让患者本人承担损害后果,显然是无法接受的。

在实践中,受目前医学发展水平的限制,部分早期病毒感染患者,其病毒标志物在血液中难以检出,医学上一般称为"窗口期"。处于"窗口期"的献血者的血液在按照操作规范检查时通常显示为正常,这类经初检和复检合格的血液在输入人体后则会导致染病。

在学理层面,血液产品由于本身的特殊性,也无法直接被界定为"产品"。对于血液制品是否属于产品,存有三种意见,一是认为血液是产品,二是认为血液不是产品,三是认为血液应被视为产品。认为血液是产品的观点,其主要论据为,输血用血液与人体内的血液不同,它经过了加工、制作,尽管过程相对要简单

---

① 参见张新宝:《侵权责任法原理》,中国人民大学出版社2005年版,第229—230页。

一些,但如果不经过器械采血、分离、加入抗凝剂等工艺流程,人体内流出的血液不能自动成为输血用血液。而且输血用血液是通过等价交换的方式销售到医院的,患者在支付相关费用后才能使用。主张血液不是产品的论点认为,《产品质量法》第2条规定,"本法所称产品是指经过加工、制作,用于销售的产品"。将从供血者身体抽取的血液,进行分装、贮存、保管、运输以及加入抗凝剂并不构成加工和制作。血液不是生产劳动的结果,血站也不能生产、制造血液。《献血法》规定,国家实行无偿献血制度。血站是采集、提供临床用血的机构,是不以营利为目的的公益组织。无偿献血的血液必须用于临床,不得买卖。主张将血液"视为"产品的观点认为,相对于输血用血液,血液经过提取分离而形成的血液制品,如冻干血浆、白蛋白、丙种球蛋白和凝血因子等属于产品。血液与血液制品的来源相同,都是献血者体内自然流动的血液,只是输血者用的血液加工较为简单。① 由于血液制品本身的特殊性,将血液"视为"产品的观点较为可取,"视为"表明血液是像产品但又不是产品的物。对于这样的物,法律应当采取一些较为特殊的措施,这些特殊措施主要表现为对过错责任原则的突破。即在医疗机构及其医务人员有过错时应当承担责任,而在医疗机构及其医务人员无过错时,对于因输血导致的损害医疗机构及其医务人员依然应当承担部分责任。

医疗机构及其医务人员在无过错时仍需承担责任的规范依据为我国《民法通则》第132条的规定:"当事人对造成损害都没有过错的,可以根据实际情况,由当事人分担民事责任。"如有学者认为,在输血致害的情形下,如果医疗机构、供血单位或血液制品之生产者能够证明已尽到最大的注意义务仍无法避免损害的,不承担赔偿责任,但应根据实际情况给予适当补偿。所谓"已尽到最大的注意义务仍然无法避免损害",是指按照现行的法律及有关规定采取了相应的措施且运用了现有的科学技术设备在采集血液与制造血液制品时仍然无法发现其中的缺陷。② 也有学者认为,医疗机构或供应单位能够证明已采取必要检验技术并尽到合理注意义务的,不承担赔偿责任,但应当根据实际情况予以补偿。③

在输血导致感染的情形,也应注意区分血站与医疗机构的责任。如果血液是由血站提供的,按照《献血法》第10、13条的规定,血液质量的检测是由血站来完成的,医疗机构对血站提供的血液不再进行检查,但必须进行核查。如果医疗机构未尽此等核查义务,就认为其有过失。如果临床输血用血液不是由血站

---

① 参见王利明、周友军、高圣平:《中国侵权责任法教程》,人民法院出版社2010年版,第619页。
② 参见王利明主编:《中国民法典学者建议稿及立法理由·侵权行为编》,法律出版社2005年版,第272页。
③ 参见杨立新主编:《中华人民共和国侵权责任法草案建议稿及说明》,法律出版社2007年版,第270—271页。

提供,而是由医疗机构临时采集的,医疗机构对血液的质量负有与血站相同的血液检测义务,而不仅仅是核查义务,否则因输血造成输血感染就认为医疗机构有过失。输血感染造成不良后果的,如医师无过错的,不承担损害赔偿责任,有过错的,应按照过错大小承担相应的损害赔偿责任;因血液制品、药品和医疗器械等有缺陷致患者遭受损害的,适用产品责任的规定。①

三、医疗机构承担责任的减免

《侵权责任法》第60条对医疗机构不承担赔偿责任的情形也进行了特别规定,"患者有损害,因下列情形之一的,医疗机构不承担赔偿责任:(一)患者或者其近亲属不配合医疗机构进行符合诊疗规范的诊疗;(二)医务人员在抢救生命垂危的患者等紧急情况下已经尽到合理诊疗义务;(三)限于当时的医疗水平难以诊疗。前款第一项情形中,医疗机构及其医务人员也有过错的,应当承担相应的赔偿责任。"

这一条文有在先法规作为规定的基础。我国《医疗事故处理条例》第33条规定:"有下列情形之一的,不属于医疗事故:(一)在紧急情况下为抢救垂危患者生命而采取的紧急医学措施造成不良后果的;(二)在医疗活动中由于患者病情异常或者患者体质特殊而发生医疗意外的;(三)在现有医学科学技术条件下,发生无法预料或者不能防范的不良后果的;(四)无过错输血感染造成不良后果的;(五)因患方原因延误诊疗导致不良后果的;(六)因不可抗力造成不良后果的。"第49条第2款规定:"不属于医疗事故的,医疗机构不承担赔偿责任。"依照《医疗事故处理条例》,只要不是医疗事故,就不承担赔偿责任,但按照《侵权责任法》的规定,只要有过错就应当承担责任,这一区分也是行政法与民法区隔的表现。

(一)患者或者其近亲属不配合医疗机构进行符合诊疗规范的诊疗

按照《侵权责任法》第60条的规定,有三种情形医疗机构得以减免责任。其一是"患者或者其近亲属不配合医疗机构进行符合诊疗规范的诊疗"。在实践中,患者不配合诊疗的行为可以分为两类情形:

第一种情形下,患者客观上的"不配合"是因为其医疗知识水平的局限,因而难以理解医疗机构采取的正确的诊疗措施,如不遵医嘱、错误用药等。此时并不能当然认定患者不配合,从而认定医疗机构免责。

第二种情形下,患者主观上具有过错,此时的过错形态有故意和过失两种,较为常见的情况是患者具有过失的情形。患者故意追求损害结果的发生这一情

---

① 参见梁慧星主编:《中国民法典草案建议稿附理由(侵权行为编·继承编)》,法律出版社2004年版,第66—67页。

形较为罕见,但并不能排除,如患者为了获得保险金,故意不遵医嘱。①

在上述两种情形,均存在医疗机构及其医务人员存有过错的可能,如在第一种情形下,医务人员未尽到合理的说明告知义务,或在第二种情形下,医务人员尽管已经尽到了合理的说明告知义务,但在医务人员未尽到相应诊疗义务的情况时,存在混合过错。《侵权责任法草案(第三次审议稿)》笼统规定"只要是因为患者或者其近亲属不配合医疗机构进行符合诊疗规范的诊疗,医疗机构就一概不承担赔偿责任",这种规定实际上并不合理,因为如果此时医疗机构也有过错,就应当承担与其过错程度相当的赔偿责任。

(二)医务人员在抢救生命垂危的患者等紧急情况下已经尽到合理诊疗义务

《执业医师法》第24条规定:"对急危患者,医师应当采取紧急措施进行诊疗;不得拒绝急救处置。"可见,对于患者进行紧急救治是医疗机构及其医务人员的基本职责。在抢救危急患者时,医疗机构欲对患者因此遭受的损害免责,应举证证明患者处在"紧急情况",且医务人员在此等"紧急情况"下尽到了"合理诊疗义务"。

紧急情况一般是指,患者的生命受到伤病急剧恶化的威胁,如果威胁仅仅是对一般健康而非生命的,医务人员可以更充分地对患者的病情进行诊断,对患者进行充分的说明和告知,并不能构成紧急情况。紧急情况首先应当是现实的,而不是假想的。医务人员假想患者处在紧急情况,但患者实际上并不处在紧急情况的,不能适用免责规定。

按照《医疗事故处理条例》第33条第1项的规定,紧急情况下为抢救垂危患者生命而采取的紧急医学措施造成不良后果的,不属于医疗事故。换言之,也就是不承担行政法上的责任。但此时的医疗机构及其医务人员仍有可能未尽到相应的注意义务,因而承担民法上的损害赔偿责任。

紧急情况下对诊疗义务的要求应与通常情形有所不同。一般而言,紧急情况下的合理诊疗义务包括如下四个方面:(1)对患者伤病的准确诊断。(2)治疗措施的合理、适当,包括治疗措施和治疗用药的适当、合理。(3)谨慎履行说明告知义务。紧急情况下,如果事前告知不可行,采取紧急救治措施后仍应履行该项义务。(4)将紧急救治措施对患者造成的损害控制在合理限度之内。如果医务人员已经尽到在紧急救治情况下医务人员通常应尽到的诊疗义务,即合理诊疗义务,医疗机构不承担赔偿责任;如未尽到义务,仍难以免除赔偿责任。②

(三)限于当时的医疗水平难以诊疗

如果债人承诺利用各种可能的手段或者方法,或尽其最大可能的注意,以

---

① 参见王利明、周友军、高圣平:《中国侵权责任法教程》,人民法院出版社2010年版,第623—624页。
② 同上书,第626页。

完成特定合同目的或实现特定合同结果,但未承诺必定完成该特定合同目的或实现该特定合同结果时,债务人所负的合同义务就是方法债务。反之,债务人如果承诺必定完成特定合同目的或实现特定合同结果时,债务人所谓的合同债务,即为结果债务。医疗合同并不以治疗痊愈为合同的根本目的,因此,其合同债务的性质当然是方法债务。① 并不能以是否治愈的结果来判断医疗机构及其医务人员在诊疗活动中是否具有过错,如果医务人员已经尽到与当时医疗水平相应的诊疗义务,但该疾病限于当时的医疗水平难以诊疗的,就不应承担赔偿责任。

四、医疗机构的资料保管义务

病历资料是诊疗活动的记录,是医疗纠纷中最重要的证据,也是相关鉴定的主要依据。《侵权责任法》第 61 条规定了医疗机构的资料保管义务以及患者的查阅复制权,"医疗机构及其医务人员应当按照规定填写并妥善保管住院志、医嘱单、检验报告、手术及麻醉记录、病理资料、护理记录、医疗费用等病历资料。患者要求查阅、复制前款规定的病历资料的,医疗机构应当提供。"

(一)病历资料的范围

《侵权责任法草案》第二次审议稿和第三次审议稿均采用了"医学文书及有关资料",而未采用"病历资料"这一概念。我国《执业医师法》采用的也是"医学文书及有关资料",该法第 23 条第 1 款规定:"医师实施治疗、预防、保健措施,签署有关医学证明文件,必须亲自诊查、调查,并按照规定及时填写医学文书,不得隐匿、伪造或者销毁医学文书及有关资料。"

《医疗事故处理条例》第 8 条第 1 款规定:"医疗机构应当按照国务院卫生行政部门规定的要求,书写并妥善保管病历资料。"卫生部和国家中医药管理局在 2002 年联合颁布的《医疗机构病历管理规定》第 2 条对病历作了界定,"是指医务人员在医疗活动过程中形成的文字、符号、图表、影像、切片等资料的总合,包括门(急)诊病历和住院病历",也在第 15 条对"病历资料"作了进一步明确,"医疗机构可以为申请人复印或者复制的病历资料包括:门(急)诊病历和住院病历中的住院志(即入院记录)、体温单、医嘱单、化验单(检验报告)、医学影像检查资料、特殊检查(治疗)同意书、手术同意书、手术及麻醉记录单、病理报告、护理记录、出院记录"。依照《医疗事故处理条例》第 10 条第 1 款的规定,"患者有权复印或者复制其门诊病历、住院志、体温单、医嘱单、化验单(检验报告)、医学影像检查资料、特殊检查同意书、手术同意书、手术及麻醉记录单、病理资料、护理记录以及国务院卫生行政部门规定的其他病历资料"。

---

① 参见杨立新:《论医疗过失的证明及举证责任》,载《法学杂志》2009 年第 6 期。

（二）患者的查阅、复制权

《医疗事故处理条例》第 10 条规定："患者有权复印或者复制其门诊病历、住院志、体温单、医嘱单、化验单（检验报告）、医学影像检查资料、特殊检查同意书、手术同意书、手术及麻醉记录单、病理资料、护理记录以及国务院卫生行政部门规定的其他病历资料。患者依照前款规定要求复印或者复制病历资料的，医疗机构应当提供复印或者复制服务并在复印或者复制的病历资料上加盖证明印记。复印或者复制病历资料时，应当有患者在场。"

《医疗机构病例管理规定》第 12 条规定了可以复印或者复制病历资料的主体："（一）患者本人或其代理人；（二）死亡患者近亲属或其代理人；（三）保险机构。"第 13 条规定了要求复印或者复制的申请人应当提供相关的证明材料："（一）申请人为患者本人的，应当提供其有效身份证明；（二）申请人为患者代理人的，应当提供患者及其代理人的有效身份证明、申请人与患者代理关系的法定证明材料；（三）申请人为死亡患者近亲属的，应当提供患者死亡证明及其近亲属的有效身份证明、申请人是死亡患者近亲属的法定证明材料；（四）申请人为死亡患者近亲属代理人的，应当提供患者死亡证明、死亡患者近亲属及其代理人的有效身份证明，死亡患者与其近亲属关系的法定证明材料，申请人与死亡患者近亲属代理关系的法定证明材料；（五）申请人为保险机构的，应当提供保险合同复印件，承办人员的有效身份证明，患者本人或者其代理人同意的法定证明材料；患者死亡的，应当提供保险合同复印件，承办人员的有效身份证明，死亡患者近亲属或者其代理人同意的法定证明材料。"

《医疗事故处理条例》第 16 条规定："发生医疗事故争议时，死亡病例讨论记录、疑难病例讨论记录、上级医师查房记录、会诊意见、病程记录应当在医患双方在场的情况下封存和启封。封存的病历资料可以是复印件，由医疗机构保管。"《医疗机构病历管理规定》第 19 条规定："发生医疗事故争议时，医疗机构负责医疗服务质量监控的部门或者专（兼）职人员应当在患者或者其代理人在场的情况下封存死亡病例讨论记录、疑难病例讨论记录、上级医师查房记录、会诊意见、病程记录等。封存的病历由医疗机构负责医疗服务质量监控的部门或者专（兼）职人员保管。"有学者认为，二者只是规定在发生医疗事故时应当对主观性的病历资料进行封存，并未对患者是否可以查阅、复印及复制此类病历资料作出规定。①

《医疗事故处理条例》第 56 条规定，医疗机构违反本条例的规定，没有正当理由，拒绝为患者提供复印或者复制病历资料服务的，由卫生行政部门责令改

---

① 参见高圣平主编：《中华人民共和国侵权责任法立法争点、立法例及经典案例》，北京大学出版社 2010 年版，第 647 页。

正;情节严重的,对负有责任的主管人员和其他直接责任人员依法给予行政处分或者纪律处分。

依照《侵权责任法》第 58 条的规定,如果医疗机构隐匿或者拒绝提供与纠纷有关的病历资料,则推定医疗机构对患者的损害有过错。

五、其他规定

《侵权责任法》对患者的隐私权、过度检查行为,以及专门针对"医闹"的医疗机构和医务人员的合法权益维护作了特别规定。《侵权责任法》第 62 条规定:"医疗机构及其医务人员应当对患者的隐私保密。泄露患者隐私或者未经患者同意公开其病历资料,造成患者损害的,应当承担侵权责任。"此条是民法上隐私权保护规则在医疗损害责任场合的具体体现。《侵权责任法》第 63 条规定:"医疗机构及其医务人员不得违反诊疗规范实施不必要的检查。"过度检查行为是我国医疗体制改革过程中出现的问题,有着深层次的社会原因,而《侵权责任法》第 63 条的规定只能在某种程度上减少不必要检查行为的出现,问题的最终解决仍有赖于我国的医疗卫生体制的改革,以及医疗保障体系的建立健全。① 《侵权责任法》第 64 条规定了对医疗机构及其医务人员合法权益的保护:"医疗机构及其医务人员的合法权益受法律保护。干扰医疗秩序,妨害医务人员工作、生活的,应当依法承担法律责任。"保护民事主体的合法权益,是民法应有之义,并无必要特别强调。之所以有本条的规定,原因在于我国"医闹"现象的严重,而"医闹"问题如"过度检查"问题一样,与其说是一个法律问题,不如说是一个社会问题,其最终的解决有赖于相应的社会机制的健全。

---

① 参见王利明、周友军、高圣平:《中国侵权责任法教程》,人民法院出版社 2010 年版,第 635 页。

第十三章　环境污染责任

第一节　概　　述

一、环境污染责任的概念

按照《环境保护法》第2条的规定，环境是指影响人类生存和发展的各种天然的和经过人工改造的自然因素的总体，包括大气、水、海洋、土地、矿藏、森林、草原、野生生物、自然遗址、人文遗迹、自然保护区、风景名胜区、城市和乡村等。

环境污染是指人类直接或间接地向环境排放超过其自净能力的物质或能量，从而使环境的质量降低，对人类的生存与发展、生态系统和财产造成不利影响的现象。[①] 环境污染与自然灾害的概念相互区别，自然灾害是因自然过程本身导致环境质量下降的现象。简言之，自然界因"自然"发生的质量下降，属自然灾害，而自然界因"人工"发生的质量下降，属环境污染。

环境污染又有广、狭义之分。狭义的环境污染即所谓"公害（public nuisance）"，指因产业活动或其他人为活动而破坏大气、水、土壤、海洋等自然环境，从而给不特定多数人的生命、身体、健康、财产或者其他民事权益造成损害的行为。广义的环境污染尚包括相邻关系人之间的环境污染行为。所谓相邻关系人之间的环境污染行为，也称"私害"，是指相邻的不动产权利人之间，一方排放大气污染物、水污染物、噪声、光、电磁波辐射等有害物质等污染环境的行为，给他方造成损害。[②]

公害是针对不特定人的不特定侵害，而私害是针对特定人的特定侵害；公害往往是产业活动导致的，而私害往往是生活活动导致的。私害行为由物权法、侵权法调整即可。如《物权法》第35条规定，相邻不动产权利人违反国家规定弃置固体废物，排放大气污染物、水污染物、噪声、光、电磁波辐射等有害物质时，受妨害的相邻不动产权利人有权行使物权请求权，要求其排除妨害、停止侵害或消除危险。如果这种污染环境的行为造成了损害，被侵权人还有权要求加害人依照《侵权责任法》第6条第1款、第15条第1款第6项承担侵权赔偿责任。

公害在某种意义上是一种超过限度的但被现代社会允许的危害。工业革命以来，与人类生产活动相伴生的就是对环境的破坏，如果绝对地禁止破坏环境，

[①] 参见王利明、周友军、高圣平：《中国侵权责任法教程》，人民法院出版社2010年版，第638页。
[②] 参见于敏：《日本侵权行为法》，法律出版社2006年版，第323页。

那就等于绝对地禁止工业化。只有当人类生产活动超过限度,也就是使得自然不能承载的时候,才有环境污染及治理环境污染的必要。因此,事前的预防,如排污许可制度,事后的惩罚,如行政处罚,以及因环境全球化导致的全球化合作治理污染,都是治理公害的手段。

《侵权责任法》所特别规定的环境污染责任,指的就是公害意义上的环境污染,构成防治环境污染的法律体系中的一部分。《宪法》第 26 条第 1 款明确规定:"国家保护和改善生活环境和生态环境,防治污染和其他公害。"最高立法机关也先后颁布了《环境保护法》、《水污染防治法》、《大气污染防治法》、《海洋环境保护法》、《固体废物污染环境防治法》、《环境噪声污染防治法》、《放射性污染防治法》、《环境影响评价法》、《清洁生产促进法》、《水法》、《森林法》、《草原法》、《矿产资源法》,国务院颁布了《建设项目环境保护管理条例》、《水污染防治实施细则》、《危险化学品安全管理条例》、《排污费征收使用管理条例》、《危险废物经营许可证管理办法》、《野生植物保护条例》、《农业转基因生物安全管理条例》等 50 部行政法规。

环境污染的行为有以下类型:

1. 大气污染,依《大气污染防治法》的规定,即向空气中排放污染物,污染大气的行为,包括:燃煤产生的大气污染,机动车船赔偿污染以及废气、尘和恶臭污染。

2. 水污染,依《水污染防治法》第 91 条第 1 项的规定,即水体因某种物质的介入,而导致其化学、物理、生物或者放射性等方面特性的改变,从而影响水的有效利用,危害人体健康或者破坏生态环境,造成水质恶化的现象。

3. 环境噪声污染,依《环境噪声污染防治法》第 2 条第 1 款、第 31 条、第 41 条的规定,即因环境噪声超过国家规定的环境噪声排放标准,并干扰他人正常生活、工作和学习。环境噪声,是指在工业生产、建筑施工、交通运输和社会生活中所产生的干扰周围生活环境的声音,包括:交通运输噪音,即机动车辆、铁路机车、机动船舶、航空器等交通运输工具在运行时所产生的干扰周围生活环境的声音;社会生活噪声,即人为活动所产生的除工业噪声、建筑施工噪声和交通运输噪声之外的干扰周围生活环境的声音。

4. 固体废物污染,依《固体废物污染环境防治法》第 88 条的规定,固体废物,是指在生产、生活和其他活动中产生的丧失原有利用价值或者虽未丧失利用价值但被抛弃或者放弃的固态、半固态和置于容器中的气态的物品、物质以及法律、行政法规规定纳入固体废物管理的物品、物质。固体废物具体分为:工业固体废物,即在工业生产活动中产生的固体废物;生活垃圾,即在日常生活中或者为日常生活提供服务的活动中产生的固体废物以及法律、行政法规规定视为生活垃圾的固体废物;危险废物,即列入国家危险废物名录或者根据国家规定的危险废物鉴别标准和鉴别方法认定的具有危险特性的固体废物。

5. 海洋环境污染,依《海洋环境保护法》第 95 条第 1 项、第 2 条的规定,即直接或者间接地把物质或者能量引入海洋环境,产生损害海洋生物资源、危害人体健康,妨害渔业和海上其他合法活动,损害海水适用素质和减损环境质量等损害。海洋包括中华人民共和国内水、领海、毗连区、专属经济区、大陆架以及中华人民共和国管辖的其他海域。

6. 放射性污染,依《放射性污染防治法》第 62 条第 1 项的规定,即由于人类活动造成物料、人体、场所、环境介质表面或者内部出现超过国家标准的放射性物质或者射线。

二、环境污染责任的归责原则

环境污染责任的归责原则是由环境污染责任本身的特点决定的。环境污染责任是工业化的伴生物,其加害人往往是在技术上和经济上均处于强势地位的工业企业,在举证能力上也更胜一筹,而受害人往往是不特定的普通人,在财力、技术等方面均不能与加害人相抗衡。侵权法尽管以过错责任为一般原则,但无论大陆法系还是英美法系,近年来的发展趋势均表明过错责任原则在环境污染责任中的适用空间越来越狭小。

在大陆法系国家和地区,德国和日本采过错责任原则和无过错责任原则的双轨制,民法典中侵权责任的一般条款可以适用于环境污染纠纷,同时以特别法的形式规定无过错责任原则对环境污染责任的适用。但近年来,无过错责任原则的适用范围有逐渐扩大的趋势,在规制环境污染纠纷中逐渐占据了中心位置。我国台湾地区通过增加"民法"第 191 条之三来解决环境污染纠纷,此条继受了《意大利民法典》第 2050 条的规定,采用了过错推定原则,也表明了过错责任原则在意大利和我国台湾地区的松动。在英美法系国家,美国自 20 世纪 70 年代以来,将严格责任理论广泛应用到了有毒危险废弃物等高风险污染活动所致污染损害活动中,同时通过环境立法的行使确立了损害赔偿的严格责任原则。[1]

依照我国法律规定,环境污染责任适用的是无过错责任。无论污染者有无过错,只要从事了污染环境的行为,造成他人损害的,就应当承担侵权责任。《侵权责任法》第 65 条规定:"因污染环境造成损害的,污染者应当承担侵权责任。"此外,其他法律也明确规定了环境污染责任适用无过错责任原则,如《环境保护法》第 41 条第 1 款,《海洋环境保护法》第 90 条第 1 款,《水污染防治法》第 85 条第 1 款,《大气污染防治法》第 62 条第 1 款、《固体废物污染环境防治法》第 85 条、《环境噪声污染防治法》第 61 条第 1 款、《放射性污染防治法》第 59 条等。

---

[1] 参见王利明、周友军、高圣平:《中国侵权责任法教程》,人民法院出版社 2010 年版,第 640 页。

第二节 环境污染责任的构成要件

在环境污染责任适用无过错责任的基础上,我国学界对于环境污染责任的构成要件有不同表达。一种观点认为,环境污染责任的构成要件包括污染环境造成损害的事实,以及损害与污染环境的行为之间有因果关系。① 也有观点认为,环境污染责任的构成要件包括污染环境的行为,以及污染环境的行为造成他人损害。② 也有学者主张环境污染责任的构成要件为三要件,包括污染环境行为、客观的损害事实以及二者间的因果关系。③ 可以看到,不同表达在本质上分歧不大,均认定环境污染责任的构成要件包括污染环境的行为、污染环境致人损害的事实和因果关系。

一、污染环境的行为

污染环境的行为是环境污染责任的首要构成要件。污染环境的行为,往往具有间接性、复杂性、渐进性、多样性的特点。间接性,是指污染环境的行为往往是加害人排污以后,污染物通过空气、水、土壤等环境要素间接影响人的人身财产权益。复杂性,是指环境污染源和致人损害的历程比较复杂。渐进性,是指污染环境的行为往往并不是一次性的,损害结果并非即时发生,而是往往基于多种因素长期积累后逐渐形成损害结果,损害结果的发生具有一定的长期潜伏性。多样性,是指污染环境的行为多样,环境污染致人损害的结果可能是多种不同形式的行为造成的。④

污染环境的行为往往会违反国家保护环境防止污染的规定,但污染环境是不是一定要以违反国家保护环境防止污染的规定,则有不同见解。

环境法学界一般认为,基于《环境保护法》第 41 条的规定,为了保护环境,维护公共利益,违法性不应作为环境侵权行为的要素,即使污染环境的行为符合国家规定的标准,但造成了他人损害,也应当承担赔偿责任。⑤ 该条第 1 款规定:"造成环境污染危害的,有责任排除危害,并对直接受到损害的单位或者个人赔偿损失。"换言之,排污标准只是国家行政管理的依据,是否违反只是行政法的问题,而不是民法的问题,因此不能作为污染者是否承担民事责任的依据。此外,由于前述环境污染与产业发展的关联,国家在环境立法时,有时会基于发

---

① 参见周珂:《环境与资源保护法》,中国人民大学出版社 2008 年版,第 85 页。
② 参见马俊驹、余延满:《民法原论》,法律出版社 2007 年版,第 1072—1074 页。
③ 参见张新宝:《侵权责任法原理》,中国人民大学出版社,第 374 页。
④ 参见王利明、周友军、高圣平:《中国侵权责任法教程》,人民法院出版社 2010 年版,第 642 页。
⑤ 参见金瑞林主编:《中国环境法》,法律出版社 1998 年版,第 146 页。

展产业的考虑,虽制定了相应的排污标准但仍可能导致污染损害。因而,符合标准的排污仍然可能导致污染危害。① 国家或者地方规定的污染物排放标准,只是环境保护主管部门决定排污单位是否需要缴纳排污费和进行环境管理的依据,并非确定排污者应否承担赔偿责任的界限。换言之,即使排污符合标准,给他人造成了损害的,也要依据民法承担责任。此外,由于环境污染损害本身的复杂性,环境污染的形成主要取决于污染物在一定时空内的积累。因此,纵然单个企业排放出来的污染物是符合标准的,可在特定的时间和空间内,多个企业同时排放的污染物的总量很可能超标,从而造成他人损害。也就是说,即使符合国家规定的排放污染物的标准,仍然可能构成民法上的环境污染责任。

但也有学者基于我国《民法通则》第124条的规定,认为只有"违反国家保护环境防止污染的规定"才能够构成承担民事责任的前提。② 该条规定:"违反国家保护环境防止污染的规定,污染环境造成他人损害的,应当依法承担民事责任。"而在行为符合保护环境防止污染的规定,但依然造成重大损失时,有学者认为应当依据民法上的公平原则承担责任。③ 支持此观点的学者认为,既然排放的污染物符合标准,就表明没有违反国家保护环境防止污染的规定,自然不应承担侵权责任。如果符合规定的排污标准,也应承担侵权责任,就会削弱企业的环保意识,加重企业的负担,有经营困难甚至破产的可能。既然符合排放标准,仍会造成损害,那么国家应当出台更高的标准,否则应由国家承担相应的责任。④

如果按照《民法通则》第124条的规定,对环境污染受害人的保护显然难称周延,且此时依据公平责任让受害人获得救济,也有向一般条款逃逸的嫌疑,在具体适用方面多有不便。此外,侵权法上违反保护他人法律的侵权仅仅是侵权的一种类型,侵权法旨在保障合法权益,违反保护他人法律在某种意义上不过是认定是否构成侵权的一种方式,或者说一条捷径。因而,"违反国家保护环境防止污染的规定"不应作为环境污染责任的必要条件,但国家保护环境防止污染的规定在环境污染责任中也并非全无意义,应当区分违反与未违反国家规定排放污染物的环境污染责任,并基于这种区分予以区别对待。

(一) 违反国家规定排放污染物

为保护环境,我国法律明确要求民事主体在排放污染物时,不得超过国家或地方规定的标准。《环境保护法》第10条规定:"国务院环境保护行政主管部门

---

① 参见金瑞林主编:《中国环境法》,法律出版社1998年版,第146页。
② 参见王家福主编:《中国民法学·民法债权》,法律出版社1991年版,第515页。
③ 参见张新宝:《侵权责任法原理》,中国人民大学出版社2005年版,第375—376页。
④ 参见全国人大常委会法制工作委员会民法室编:《侵权责任法立法背景与观点全集》,法律出版社2010年版,第883页。

根据国家环境质量标准和国家经济、技术条件,制定国家污染物排放标准。省、自治区、直辖市人民政府对国家污染物排放标准中未作规定的项目,可以制定地方污染物排放标准;对国家污染物排放标准中已作规定的项目,可以制定严于国家污染物排放标准的地方污染物排放标准。地方污染物排放标准须报国务院环境保护行政主管部门备案。凡是向已有地方污染物排放标准的区域排放污染物的,应当执行地方污染物排放标准。"《大气污染防治法》第 13 条规定:"向大气排放污染物的,其污染物排放浓度不得超过国家和地方规定的排放标准。"《水污染防治法》第 9 条规定:"排放水污染物,不得超过国家或者地方规定的水污染物排放标准和重点水污染物排放总量控制指标。"《环境噪声污染防治法》第 23 条规定:"在城市范围内向周围生活环境排放工业噪声的,应当符合国家规定的工业企业厂界环境噪声排放标准。"到目前为止,我国已经颁布了八百余项国家环境保护标准以及三十余项环境保护地方标准。任何民事主体违反了国家标准或地方标准排放污染物的行为,当然构成污染环境之行为。实践中,就污染者的排污行为是否超过国家标准或者地方标准,通常需要由有关环境监测部门出具的检测报告加以证明。

(二)排污标准符合国家规定的

依据《侵权责任法》第 65 条,只要因污染环境造成损害的,污染者就应当承担侵权责任。排污符合国家标准或地方标准不能作为污染者减轻或者免除责任的理由。

1991 年 10 月 10 日,国家环保总局《关于确定环境污染损害赔偿责任问题的复函》指出:"承担污染赔偿责任的法定条件,就是排污单位造成环境污染危害,并使其他单位或者个人遭受损失。现有法律法规并未将有无过错以及污染物的排放是否超过标准,作为确定排污单位是否承担赔偿责任的条件。"

所谓危险责任,是指从事某种危险活动,或者持有、经营某种具有危险的物品、设备的人,在因其活动或物品、设备造成他人损害时,无论该人对损害的发生是否有过错,均应就该损害承担赔偿责任。危险责任的宗旨并不是禁止危险活动的存在,也不是惩罚加害人,而是基于社会公平和分配正义的观念,将伴随一定危险但是对社会有益的活动所生的损害,令危险的创造者或危险源的支配者负担,从而将其损害予以合理分配。因此,危险责任之成立并不以违法性为要件,这些危险活动为社会允许,自始都不是违法性判断的客体,也不得因事后发生的损害结果而认定危险活动具有违法性。[①]

---

① 参见王泽鉴:《侵权责任法》,北京大学出版社 2009 年版,第 546 页。

二、污染环境的损害

在确定环境污染责任的保护范围之前,需讨论环境权是否属于民法上环境污染责任的保护范围。有很多学者主张,环境侵权的民事责任保护范围应当包括环境权。① 但对此也有不同意见,认为环境权本身就存有争议,结合中国目前的实际,不宜将公民环境方面的利益纳入侵害客体的范围。② 有学者进一步认为,由于环境保护问题本身的复杂性,对环境的保护需要多个法律部门协调努力,《侵权责任法》所规定的环境污染责任不应该也不可能代替行政法、刑法、环境法等法律部门的相关规定,对环境权的性质虽存在争议,但环境权无论如何也不能说是私法上的权利,因此不宜将环境权作为《侵权责任法》的保护对象。③

民法主要保护私人的权益,换言之,民法主要关注私人所受的损害。就环境污染本身的性质而言,环境污染可能会造成私人的人身损害、财产损害,甚至也可能造成私人的精神损害。

就财产损害而言,既包括直接损害,也包括间接损害。也就是说,环境污染责任既保护现存利益,也保护期待利益。例如,鱼塘受到污染,鱼苗死亡,此时应当赔偿的不仅仅是鱼苗死亡给受损人造成的损失,还应赔偿养育鱼苗的期待利益,也就是鱼苗长大后受损人的可得利益。

值得特别注意的是,《侵权责任法》第 15 条所规定的责任形式并不限于停止侵害、排除妨害、消除危险、损害赔偿等责任方式,且不要求实际损害的发生。在环境污染责任中,即使损害事实尚未发生,但只要排污者的排污行为对他人人身财产权益构成威胁,也应当允许受到威胁的权利人享有主张停止侵害、排除妨害、消除危险的请求权,以便实现预防损害发生的功能。

三、污染环境致人损害的因果关系推定

环境污染责任适用因果关系推定,按照《侵权责任法》第 66 条的规定,受害者不用证明污染环境的行为与其损害之间的因果关系,而由污染者就其行为与损害之间不存在因果关系负举证责任。采取因果关系推定主要是考虑到环境污染侵权行为具有长期性、潜伏性、持续性、广泛性的特点,其造成损害的过程非常复杂,往往要经历一系列中间环节才能最终造成损害。通常,只有借助现代科学知识并利用相应的科学仪器才能确认环境污染行为与损害之间的因果关系。有时,在现有科学技术的条件下,可能尚无法认定某些环境污染中的因果关系。如

---

① 参见曹明德:《环境侵权法》,法律出版社 2000 年版,第 18 页。
② 参见张梓太:《环境法律责任研究》,商务印书馆 2004 年版,第 58 页。
③ 参见王利明、周友军、高圣平:《中国侵权责任法教程》,人民法院出版社 2010 年版,第 649 页。

果要求受害人必须确切地证明环境污染行为与损害的因果关系,显然强人所难。为了减轻环境侵权中受害人的举证负担,更加迅速地救济受害人,我国法上采取了因果关系推定的规则。《侵权责任法》的规定有着一系列在先规范作为基础。

《最高人民法院关于民事诉讼证据的若干规定》第 4 条规定:"下列侵权诉讼,按照以下规定承担举证责任:……(三)因环境污染引起的损害赔偿诉讼,由加害人就法律规定的免责事由及其行为与损害结果之间不存在因果关系承担举证责任。"《最高人民法院关于适用〈中华人民共和国民事诉讼法〉若干问题的意见》第 74 条规定:"在诉讼中,当事人对自己提出的主张,有责任提供证据。但在下列侵权诉讼中,对原告提出的侵权事实,被告否认的,由被告负责举证:……(3)因环境污染引起的损害赔偿诉讼。"《水污染防治法》第 87 条规定:"因水污染引起的损害赔偿诉讼,由排污方就法律规定的免责事由及其行为与损害结果之间不存在因果关系承担举证责任。"《固体废物污染环境防治法》第 86 条规定:"因固体废物污染环境引起的损害赔偿诉讼,由加害人就法律规定的免责事由及其行为与损害结果之间不存在因果关系承担举证责任。"

环境污染责任中适用因果关系推定,并不意味着受害人就不负担任何举证责任。在诉讼中,受害人至少应提出初步证据,建立加害人的环境污染行为与自己所受损害之间的初步联系。受害人建立初步证据的方法也与环境污染责任本身的特性有关,理论上有盖然性因果关系与疫学因果关系两种初步建立污染行为与损害间联系,并进而完成因果关系推定的方法。

所谓盖然性因果关系,是"如果没有该行为,就不会发生此结果"的证明,此时的受害人只要证明:(1)加害人排放的污染物质达到损害发生地区而发生作用;(2)该地区有多数同样情况发生。[①] 可见盖然性因果关系的要旨就在于所谓"盖然性",因果关系的证明无须严格的科学性检验,只要具有高度盖然性的证据即可确定因果关系。

疫学上的因果关系也是建立在盖然性基础上的一种因果关系,但更加强调统计方法的运用。其主要方法是将有关某疾病发生的原因,就疫学上可考虑的若干因素,利用统计的方法,调查各该因素与疾病发生间的关系,选出关联性(盖然性)较大的因素,对之进行综合性的研究及判断。一般而言,疫学因果关系的判断必须考量以下几个因素:(1)污染物质在受害人发病前发生作用,即具有时序性。一般而言,从污染物质发生作用到受害人发病必须具有合理的期间,这一期间应该是诱发期(疾病随之产生),而非潜伏期(疾病已经产生但尚未发觉)。(2)污染物质发挥作用的程度与患病几率成正比例关系。(3)污染物质的减少或消除与患病几率的降低成正比例关系,没有受到该物质影响的人群患

[①] 参见曹明德:《环境侵权法》,法律出版社 2000 年版,第 180 页。

病几率极低。(4)该污染物质确实能够导致该疾病的发生。这种作用机制能够在科学与疫学经验上获得没有矛盾的说明,但不要求此种说明严密。①

因果关系推定是环境污染责任中较为普遍的做法。德国《环境责任法》第6条规定在证明下列三项事由之后,即可推定因果关系存在:(1)特定物质的排放与该设施的经营有关;(2)排放的物质与所生损害具有空间以及时间上的关联;(3)排放的物质适于肇致所生损害。② 我国台湾地区"民法"第191条也规定了因果关系推定,由被害人举证盖然性因果关系后完成因果关系推定。

我国《侵权责任法》第66条的规定,也常被解读为举证责任倒置,而非因果关系推定。③ 从适用效果的角度看,二者并没有本质的差别。推定必然导致倒置,而倒置也可以被理解为是因为已经有了推定。

第三节 环境污染责任中的多数人侵权

实践中,环境污染行为往往不是由一个或几个主体造成的,而是由多个主体造成的。如果两个以上的污染主体共同故意污染环境,按照《侵权责任法》第8条的规定,毫无疑问构成共同侵权,应承担连带责任。不过,这种情形很少见。常见的是,多个企业各自排污,污染环境并造成损害,彼此之间并没有意思联络。

没有意思联络的共同侵权又可区分为若干类型,其中重要一类为共同危险行为。存在数个并没有共同故意的排污者,均排放了可能造成环境污染的物质,但并不能确切地知道到底是哪一个污染者排放的污染物质导致了损害结果的发生。《侵权责任法》第10条规定:"二人以上实施危及他人人身、财产安全的行为,其中一人或者数人的行为造成他人损害,能够确定具体侵权人的,由侵权人承担责任;不能确定具体侵权人的,行为人承担连带责任。"根据该条规定,环境污染中的共同危险行为人应当对损害结果承担连带责任。

除了共同危险行为,在排污行为与损害结果的物理关联已经确定的情况下,仍存在着多种可能性,其中的数个排污者究竟承担按份责任还是连带责任,是容易引起疑惑和争论的问题。这些情形包括:

(1)数个同时发生的排污行为造成了同一损害后果,每一个排污行为都可能导致损害结果发生。

(2)数个同时发生的排污行为导致了同一损害后果,但各单独的排污行为

---

① 参见曹明德:《环境侵权法》,法律出版社2000年版,第181—182页。
② 参见王泽鉴:《侵权行为》,北京大学出版社2009年版,第195页。
③ 参见王利明、周友军、高圣平:《中国侵权责任法教程》,人民法院出版社2010年版,第655页。

都不能导致损害的发生。如两种污染物单独排放都不会造成损害,但两种污染物汇合后成为剧毒物质造成损害。

(3) 相继发生的污染行为经过累加导致损害的发生。数个主体在一段时间内均排放了污染物,单个排放并不足以导致损害的发生,但由于数个排放叠加,达到了导致损害的量。

(4) 相继发生的两个排污行为,先发生的排污行为造成的损害结果尚未完全出现,后发生的排污行为直接导致损害结果出现。此时对于先行排污的企业来说虽然污染结果尚未出现,但在正常情况下先行排污的行为仍然会导致损害的发生。

我国《侵权责任法》第 67 条规定:"两个以上污染者污染环境,污染者承担责任的大小,根据污染物的种类、排放量等因素确定。"对这一条文有两种理解路径。一种路径认为,该条确定了数人污染环境的行为导致损害时,数人间承担按份责任;另一种路径认为,该条仅仅确定了数人污染环境承担连带责任后,内部分担责任的规则。从体系解释的角度看,《侵权责任法》第 67 条规定的究竟是按份责任还是连带责任,涉及该条与《侵权责任法》第 11 条与第 12 条的关系。

有学者也从条文适用的社会效果出发考虑了第 67 条的解释论问题。一种观点认为,尽管规定污染者承担连带责任可以有效保护受害人,但会加重大企业尤其是那些经济效益好的企业的负担。因为在规定连带责任的情形,受害人从赔付能力的角度考虑,一般会起诉经济能力强的大企业,而大企业由于处理污染的能力强,不一定就会比小企业排放的污染物多。规定连带责任不仅会加重大企业的负担,不利于社会公平,也不利于小企业积极治理污染。

也有观点认为,以保护大企业、经济效益好的企业为由,将本条理解为规定了环境污染者的按份责任,非常不合理。一方面,在环境污染侵权案件中,受害人是广大人民群众。另一方面,环境污染造成的损害是污染者为了一己之私利强加到受害人头上的。如果采取按份责任,势必导致无辜的受害人因侵权人没有赔偿能力而不能受偿。因此,《侵权责任法》第 67 条不应解释为按份责任。①

第四节 环境污染责任的减免规则

对于环境污染责任的减免规则,要从一般法和特别法两个层面去认识。学界一般认为,环境污染侵权责任的减免事由主要有不可抗力、受害人故意及第三

---

① 参见程啸:《侵权责任法》,法律出版社 2011 年版,第 463 页。

人过错等。但我国《侵权责任法》第68条明确规定:"因第三人的过错污染环境造成损害的,被侵权人可以向污染者请求损害赔偿,也可以向第三人请求赔偿。污染者赔偿后,有权向第三人追偿。"可见,第三人过错不再构成环境污染者减免责任的事由,污染者首先应当赔付,嗣后才能追偿。因而,依照我国现行法,环境污染责任的免责事由只有两项:不可抗力与受害人故意。

在特别法中,对于环境污染责任的减免也有规定。《环境保护法》第41条第3款规定:"完全由于不可抗拒的自然灾害,并经及时采取合理措施,仍然不能避免造成环境污染损害的,免予承担责任。"《水污染防治法》第85条第2款规定:"由于不可抗力造成水污染损害的,排污方不承担赔偿责任;法律另有规定的除外。"《水污染防治法》第85条第3款规定:"水污染损害是由受害人故意造成的,排污方不承担赔偿责任。"《大气污染防治法》第63条规定:"完全由于不可抗拒的自然灾害,并经及时合理采取措施,仍然不能避免造成大气污染损失的,免于承担责任。"

对于因第三人过错而导致的环境污染,进而造成损害的,污染者是否免责的问题,《侵权责任法》颁布前,法律上曾有不同的规定。有的法律规定可以免责,如《海洋环境保护法》第92条规定:"完全属于下列情形之一,经过及时采取合理措施,仍然不能避免海洋环境造成污染损害的,造成污染损害的有关责任者免予承担责任:(一)战争;(二)不可抗拒的自然灾害;(三)负责灯塔或者其他助航设备的主管部门,在执行职责时的疏忽,或者其他过失行为。"有的法律不允许免责,如《水污染防治法》第85条第4款规定:"水污染损害是由第三人造成的,排污方承担赔偿责任后,有权向第三人追偿。"

在《侵权责任法》颁布后,究竟按照新法优于旧法的原则,依照《侵权责任法》第68条的规定,因第三人的过错污染环境造成损害的,污染者均不能免责,其承担赔偿责任后可以向第三人追偿,还是按照特别法优于一般法的规则,适用特别法而不适用《侵权责任法》第68条的规定?恐怕仍需进一步研究,具体情况具体分析,不能一概而论。

一、不可抗力

我国《民法通则》第153条规定,不可抗力是指当事人不能预见、不能避免并不能克服的客观情况。学界通说认为,不可抗力可以作为环境污染责任的免责事由,但也有学者认为,承担环境污染责任的加害人作为危险源,应当承担危险源带来的风险,且加害人可以通过定价机制将损害分散,尤其是受害人的人身权益比加害人的财产权利在价值位阶上更高,不应将不可抗力作为加害人免责的事由。①

需要注意的是,我国环境保护法律法规惯常使用的术语是"不可抗拒的自然灾害",而不是"不可抗力"。区别于"不可抗力","不可抗拒的自然灾害"排除了不可抗力中的非自然因素。《大气污染防治法》第 63 条规定:"完全由于不可抗拒的自然灾害,并经及时采取合理措施,仍然不能避免造成大气污染损失的,免于承担责任。"《海洋环境保护法》第 92 条规定:"完全属于下列情形之一,经过及时采取合理措施,仍然不能避免对海洋环境造成污染损害的,造成污染损害的有关责任者免予承担责任:……(二)不可抗拒的自然灾害"。《环境保护法》第 41 条第 3 款规定:"完全由于不可抗拒的自然灾害,并经及时采取合理措施,仍然不能避免造成环境污染损害的,免予承担责任。"

从上述规定可见,一般而言,不可抗拒的自然灾害作为免责条件也是有条件的。首先,损害须是完全由自然灾害引起的,如果损害并不是完全由自然灾害引起,而是部分因为由于自然灾害引起,部分由于加害人引起,加害人并不能免责。其次,加害人必须及时采取了合理的措施,如果没有及时采取合理措施,仍然不能免责。

二、受害人过错

过错包括了故意和过失两种形态。作为免责条件的受害人过错,是指加害人能够证明受害人主观上具有过错的,可以减免加害人的赔偿责任。如我国《水污染防治法》第 85 条第 3 款规定:"水污染损害是由受害人重大过失造成的,可以减轻排污方的赔偿责任。"

受害人故意造成损害,是指受害人明知自己的行为会导致损害自己的后果但希望或者放任了此种结果的发生。《侵权责任法》第 27 条明确将受害人故意作为免责条件。但需要注意的是,受害人故意作为免责条件并不意味着只要存在受害人故意,加害人就一定免责,而是说受害人是损害发生的唯一原因时加害人才能够免责。如果受害人对于损害的发生存在故意,而加害人对损害的发生也有故意或者重大过失的,只能据此减轻加害人的赔偿责任。

受害人过失造成损害,是指受害人对自己行为的结果,应当预见而没有预见,或者虽然已经预见但是轻信此种结果可以避免。过失可以分为重大过失、一般过失、轻微过失。就加害人能否依据受害人的重大过失免责,学界存在不同观点。②

《侵权责任法》第 70 条规定,民用核设施的经营者得免除责任的事由限于

---

① 参见张梓太:《环境法律责任研究》,商务印书馆 2004 年版,第 110 页。
② 参见王利明、周友军、高圣平:《中国侵权责任法教程》,人民法院出版社 2010 年版,第 662 页。

受害人的故意,不包括受害人的过失,即使受害人具有重大过失,经营者也不能免责;按照《侵权责任法》第 72 条和第 78 条的规定,承担无过错责任的主体只有能够证明受害人对于损害的发生有重大过失时,才能免责;《侵权责任法》第 73 条则规定,从事高空、高压、地下挖掘活动,使用高速轨道运输工具造成他人损害的,经营人能够证明被侵权人对损害的发生有过失的,可以减轻经营人的责任。从上述规定可见,《侵权责任法》对受害人故意、重大过失、过失都规定有免除加害人责任的情形,具体如何规定,要看立法者具体的权衡。

无过错责任制度下的免责条件必须由法律严格限定,否则无过错责任制度的规定可能成为一纸空文。具体到环境污染的场合,法律没有明文规定时,原则上加害人不得因受害人的过失免除责任,仅在法律有明文规定的情况下,加害人才能依受害人的过失减轻责任。

第十四章 高度危险责任

第一节 概 述

一、概述

高度危险责任,也称高度危险作业责任,是指因从事规定危险作业造成他人损害时,责任主体应当承担的侵权责任。《侵权责任法》颁布前,《民法通则》对高度危险责任有专门的规定,其第123条规定:"从事高空、高压、易燃、易爆、剧毒、放射性、高速运输工具等对周围环境有高度危险的作业造成他人损害的,应当承担民事责任;如果能够证明损害是由受害人故意造成的,不承担民事责任。"

在《民法通则》的基础上,《侵权责任法》第九章对高度危险责任作了更为详尽的规定。该法第69条对高度危险责任进行了一般性规定,明确了高度危险责任适用的是无过错责任。一般认为,《民法通则》第123条规定的危险责任就是无过错责任,因此《侵权责任法》第69条的规定是对《民法通则》第123条的继承和发展。《侵权责任法》第70条至第73条逐一规定了高度危险责任的具体类型,第74条至第77条对高度危险责任的主体以及赔偿限额问题作了规定。

高度危险责任可以分为两种类型,一种为高度危险物品责任,另一种为高度危险活动责任。

高度危险物品责任,是指因某种设施或某种物品具有造成他人损害的高度危险性,从而使该设施、物品的所有人、经营者、管理人、占有人等承担的无过错责任。《侵权责任法》中的高度危险物品责任包括:《侵权责任法》第70条规定的民用核设施致害责任;第71条规定的民用航空器事故责任;第72条规定的易燃、易爆、剧毒、放射性等高度危险物致害责任。

高度危险活动责任,是指因某种活动具有造成他人损害的高度危险性,而使从事该活动的民事主体承担的无过错责任。《侵权责任法》第73条是对此类责任的规定。依照《侵权责任法》第73条的规定,高度危险活动致害责任,是指从事高空、高压、地下挖掘活动或者使用高速轨道运输工具造成他人损害时,经营者应承担的侵权责任。高度危险活动致害责任与高度危险物致害责任一样,适用的都是无过错责任。依据高度危险活动的类型不同,可将高度危险活动致害责任分为:高空作业致害责任、高压致害责任、地下挖掘活动致害责任以及高速轨道运输工具致害责任。

高度危险责任,顾名思义,属于危险责任的一种。危险责任是德国法上的概念,是为了应对成熟工业社会中严重损害事故产生的,这些事故的产生往往是因为人们使用具有重大隐藏性危险的科学技术和构造精密复杂的机械。此时即使采取了最谨慎的安全措施,也不能排除事故的发生。危险责任此时就应运而生了,这种责任不是对违法行为的制裁,而是对不幸损害的分担。高度危险责任就是危险责任中的特定类型。①

二、高度危险责任的一般条款问题

《侵权责任法》第 69 条是关于高度危险责任的一般条款。有学者认为,虽然《侵权责任法》第 69 条属于高度危险责任的一般条款,但该条只是为将来单行立法确立新的高度危险责任类型提供了基本的法律依据,并不意味着法官可据此任意确定哪些侵权行为属于高度危险行为,进而适用无过错责任原则。其理由在于,依据《侵权责任法》第 7 条,无过错责任的适用范围必须由法律加以规定。如果法官能够在司法裁判中适用无过错责任,必然导致整个侵权法归责原则体系的崩溃,对人们合理的行为自由构成不适当的限制,且作为《侵权责任法》第 69 条基础的《民法通则》第 123 条的适用情况表明,立法或司法解释如果不将"高度危险作业"加以具体之规定(如《触电损害赔偿解释》对高压电的界定),会出现混乱的局面。也有学者认为,《侵权责任法》第 69 条是关于高度危险责任的一般规定,这一规定不是适用于所有的危险责任,而是主要适用于高度危险作业致人损害的责任。作为一般条款,第 69 条必须在无其他特别规定的前提下才能被适用。法官在适用这种规定时,不仅应考量高度危险作业损害的严重性、难控制性和异常性,而且须考虑高度危险作业的社会价值。②

三、高度危险责任的构成要件

(一) 从事高度危险作业

高度危险作业,按照《民法通则》第 123 条的规定,是指"对周围环境有高度危险的作业"。"作业"的含义十分广泛,既包括占有与管理对周围环境造成高度危险的物品,也包括从事对周围环境具有高度危险的各种活动。现代科学技术的发展不仅创造出了自然环境中原本并不存在的各种高度危险的物品(如核材料、剧毒物质、爆炸物品等),还产生了各种高度危险的活动,如地下挖掘活

---

① 参见王利明、周友军、高圣平:《中国侵权责任法教程》,人民法院出版社 2010 年版,第 668 页。
② 参见王利明:《论高度危险责任一般条款的适用》,载《中国法学》2010 年第 6 期。

动,高速轨道运输工具的运营。"周围环境"应当理解为在危险活动或者危险物品附近的,可能因此遭受损害的一切民事主体的人身权益与财产权益。"高度危险"意味着,作业具有造成他人损害的很高的概率或者可能性,即便从事作业者尽到高度的注意义务亦难以完全避免损害之发生。如果高度危险作业直接侵害了他人的人身权益、财产权益,造成了损害,则属于高度危险责任。例如,高压电将路人击伤。如果高度危险作业是污染环境后对他人造成损害,就应当考虑适用环境污染责任。

高度危险作业中的他人,是指从事高度危险作业的民事主体之外的人,而该人的损害是由高度危险作业所致。受害人的损害是因高度危险作业本身具有的危险性造成的。从事高度危险作业的人并非对该作业造成的所有损害都承担无过错责任。需要承担无过错责任的损害仅限于危险的现实化而引发的损害。有时高度危险作业给他人造成了损害,但损害却并非作业的高度危险所致,那就应该适用《侵权责任法》的其他规定,如高压施工因施工车造成了他人的人身损害,此时损害的发生就并非因为作业活动本身的高度危险性。

(二) 责任主体

《侵权责任法》就高度危险责任中的责任主体作出了明确的规定。之所以明确予以特别规定,在于高度危险责任的类型不同,其责任主体也不同。对于高度危险物品责任,责任主体原则上根据物权关系确定,包括高度危险物的所有人、管理人、使用人、非法占有人等。对于高度危险活动责任,责任主体是该活动的从事者,包括民用核设施的经营者,民用航空器的经营者,高空、高压、地下挖掘活动或者高速轨道运输工具的经营者。

对于多主体的责任承担问题,《侵权责任法》确定了以下规则:遗失、抛弃高度危险物造成他人损害时,原则上由所有人承担侵权责任。如果所有人将高度危险物交由他人管理的,则由管理人承担侵权责任。所有人有过错的,与管理人承担连带责任。非法占有高度危险物造成他人损害的,由非法占有人承担侵权责任。如果所有人、管理人不能证明对防止他人非法占有尽到高度注意义务,则与非法占有人承担连带责任。

(三) 免责事由

1. 受害人故意

《侵权责任法》第70条至第73条以及《民法通则》第123条明确规定了受害人故意是高度危险责任的免责事由。受害人故意,是指明知将因其行为而遭受损害却追求或者放任此种损害后果的发生。如果被告能够证明损害是由受害人故意导致的,就可以免除责任,例如卧轨自杀。

2. 不可抗力

按照《侵权责任法》第72条与第73条的规定，在高度危险物造成他人损害以及从事高空、高压、地下挖掘活动或者使用高速轨道运输工具造成他人损害时，不可抗力属于免责事由。至于其他类型的高度危险责任，如《侵权责任法》第70条规定的民用核设施发生核事故造成他人损害、《侵权责任法》第71条规定的民用航空器造成他人损害，《侵权责任法》并未规定不可抗力作为免责事由。立法者认为，在民用核设施发生核事故造成损害时，将免责事由限制在受害人故意与战争等行为能更好地保护受害人，这也与国际上的通行做法相符，不可抗力不可免除责任。其次，在民用航空器造成损害的情形中，即便是《民用航空法》也没有规定不可抗力可以免责，《侵权责任法》也不应将不可抗力作为民用航空致害责任的免责事由。

3. 战争情形

依据《侵权责任法》第70条的规定，民用核设施发生核事故造成他人损害时，如果损害是因为战争等情形造成的，民用核设施的经营者不承担责任。战争等情形，是指武装冲突、敌对行动、暴乱等。《国务院关于核事故损害赔偿责任问题的批复》(国函[2007]64号)第6条规定："对直接由于武装冲突、敌对行动、战争或者暴乱所引起的核事故造成的核事故损害，营运者不承担赔偿责任。"此外，从域外法的经验看，战争、敌对行动基本上也都被作为民用核设施事故的免责事由。《关于核损害民事责任的1997年维也纳公约》第4条第3款规定："如果运营者证明核损害是直接由军事冲突行为、敌对行动、内战或暴乱所引起，运营者不负本公约规定的任何责任。"我国台湾地区的"核子损害赔偿法"第18条规定："核子设施经营者，对于核子损害之发生或扩大，不论有无故意或过失，均应依本法规定负赔偿责任。但核子事故系直接由于国际武装冲突、敌对行为、内乱或重大天然灾害所造成者，不在此限。"

第二节 民用核设施致害责任

我国先后颁布了《放射性污染防治法》、《核电厂核事故应急管理条例》、《民用核设施安全监督管理条例》、《核出口管制条例》、《核电厂放射性废物管理安全规定》、《民用核燃料循环设施安全规定》等法律、法规与规章，对于核设施的运营与核技术的利用进行了严格的规范与管理。但我国至今尚没有专门的《原子能法》对于核能的利用以及核事故的民事赔偿责任作出规定。目前对于核事故的赔偿责任、赔偿限额、免责事由、强制责任保险等问题，只有《国务院关于核事故损害赔偿责任问题的批复》有规定。因此，《侵权责任法》第70条特别就民用核设施发生核事故的赔偿责任作出了规定。

按照《放射性污染防治法》第 62 条第 2 项、《民用核设施安全监督管理条例》第 2 条的规定，民用核设施致害责任，是指在民用核设施的运营过程中出现核泄漏等核事故而给他人造成损害时，核设施的经营者应当承担的侵权责任。

依照我国《民用核设施安全监督管理条例》第 2 条和《放射性污染防治法》第 62 条的规定，民用核设施主要包括如下四种：核动力厂（核电厂、核热电厂、和供汽供热厂等）；其他反应堆（研究堆、实验堆、临界装置等）；核燃料生产、加工、贮存及后处理设施；放射性废物的处理和处置装置等。

与民用核设施相对应的核设施为军用核设施。《侵权责任法》规定的民用核设施致害责任显然不包括军用核设施。有学者认为，从立法论的角度看，军用核设施最好纳入国家赔偿法之中，对受害人进行国家赔偿。因为国家赔偿是因公权力行使而导致损害的赔偿，军用核设施的经营可以理解为是公权力的行使，但我国目前的国家赔偿法中，军事赔偿被排除在国家赔偿的范围外，因而可以类推适用《侵权责任法》第 70 条的规定，使军用核设施事故责任的受害人受到救济。①

一、归责原则

民用核设施的运营对周围环境具有高度危险性，属于高度危险作业，民用核设施发生核事故造成损害时，应当适用无过错责任。并且，此种无过错责任是一种严格的无过错责任。德国《原子能法》第 25 条规定，只要因核事故造成他人人身或财产损害的，无论该事故是因为核燃料、放射性物质、核废料还是由其他核物质引起的，核设施的保有人都要承担无过错责任。即便核事故是由于战争、敌对行为、内战、暴乱、重大自然灾害所致，核设施的经营者仍不能免除责任。依据《侵权责任法》第 70 条，民用核设施致害责任适用的也是非常严格的无过错责任，即便是不可抗力造成的核事故，也不能免除核设施经营者的责任，民用核设施经营者的免责事由受到严格的限制，仅限于战争及受害人故意。

二、构成要件

按照《民用核设施安全监督管理条例》第 24 条第 5 项的规定，民用核设施发生核事故，是指核设施内的核燃料、放射性产物、废料或运入运出核设施的核材料所发生的放射性、毒害性、爆炸性或其他危害性事故，或一系列事故。该条中提到的事故有着特殊的解释背景，国际上根据核设施发生的核损害的严重程

---

① 参见王利明、周友军、高圣平：《中国侵权责任法教程》，人民法院出版社 2010 年版，第 672 页。

度,有几个等级的区分,只有 4 到 7 级才被称为核事故。

造成他人损害,该损害包括人身伤亡,也包括财产损失。《国务院关于核事故损害赔偿责任问题的批复》第 2 条规定:"营运者应当对核事故造成的人身伤亡、财产损失或者环境受到的损害承担赔偿责任。营运者以外的其他人不承担赔偿责任。"核损害中的受害人应当是民用核设施经营人以外的第三人。如果是核设施经营人及其员工遭受的损害,应按照保险或工伤事故的有关规定处理。

《国务院关于核事故损害赔偿责任问题的批复》第 2 条对责任主体也有明确规定,依其规定,民用核设施致害责任的责任主体是核设施的经营者。按照《国务院关于核事故损害赔偿责任问题的批复》第 1 条的规定,经营者应指"中华人民共和国境内,依法取得法人资格,营运核电站、民用研究堆、民用工程实验反应堆的单位或者从事民用核燃料生产、运输和乏燃料贮存、运输、后处理且拥有核设施的单位。"民用核设施的经营者承担了赔偿责任后,可以向其他责任人追偿。按照《国务院关于核事故损害赔偿责任问题的批复》第 9 条的规定,营运者与他人签订的书面合同对追索权有约定的,营运者向受害人赔偿后,按照合同的约定对他人行使追索权。核事故损害是由自然人的故意作为或者不作为造成的,营运者向受害人赔偿后,对该自然人行使追索权。

三、赔偿保障机制与最高赔偿限额

由于核设施一旦发生事故,造成的损害可能会非常巨大。责任主体如果没有足够的偿付能力,受害人就难以得到补偿。比较法上有保证金、保险、国家财政补足等保证偿付能力的机制。德国《原子能法》第 13 条第 3 款规定,为保证核设施的保有人能够履行法定的损害赔偿义务,其必须缴纳最高额不超过 25 亿欧元的保证金,对保证金的具体数目与额度,每 5 年进行一次审核。另有强制责任保险的措施,即法律强制性规定核设施的经营者必须投保责任保险。例如,日本《核责任法》规定每个核设施必须投保规定的数额,此数额目前是 600 亿日元。如果实际损害超过了保证金额度或责任保险数额,政府将提供相应的财政帮助。我国台湾地区"核子损害赔偿法"第 27 条规定:"核子设施经营者因责任保险或财务保证所取得之金额,不足履行已确定之核子损害赔偿责任时,国家应补足其差额。但以补足至第 24 条所定之赔偿限额为限。前项国家补足之差额,仍应有核子设施经营者负偿还之责任。"

依据《国务院关于核事故损害赔偿责任问题的批复》第 8 条,"营运者应当做出适当的财务保证安排,以确保发生核事故损害时能够及时、有效的履行核事故损害赔偿责任。在核电站运行之前或者乏燃料贮存、运输、后处理之前,营运者必须购买足以履行其责任限额的保险。"第 7 条规定:"核事故损害的应赔总额超过规定的最高赔偿额的,国家提供最高限额为8亿元人民币的财政补偿。对非常核事故造成的核事故损害赔偿,需要国家增加财政补偿金额的由国务院评估后决定。"

核设施的经营者承担的是无过错责任。为避免其因无过错责任而承担过重的赔偿责任,一些国家的法律对无过错的损害责任有最高赔偿额的规定。《国务院关于核事故损害赔偿责任问题的批复》第7条第1款规定:"核电站的营运者和乏燃料贮存、运输、后处理的营运者,对一次核事故所造成的核事故损害的最高赔偿额为3亿元人民币;其他营运者对一次核事故所造成的核事故损害的最高赔偿额为1亿元人民币。"

第三节 民用航空器致害责任

民用航空器致害责任,是指因民用航空器运营而给他人造成损害时,该民用航空器的经营者应承担的侵权责任。依照《民用航空法》第5条的规定,民用航空器,是指除用于执行军事、海关、警察飞行任务外的航空器。而所谓航空器,按照我国台湾地区"民用航空法"第2条第1项的规定,是指飞机、飞艇、气球及其他任何借助于空气的反作用力,而飞行于大气中的器物。按照1967年国际民航组织的定义,航空器应当是通过空气的反作用力来飞行的,而不是通过空气对地面发生的反作用力来飞行的。航空器主要包括固定翼飞机、滑翔机、直升机等飞机。

一般认为,火箭是借助于燃料所产生的反作用力,运动方式和空气无直接关系,因而不属于航空器。另外,气垫船和地面效应船也不属于航空器,因为它们虽然能够离开地面或水面,在离地面较低的高度上滑行,但他们的升力大部分都是靠地面效应产生的,以至于它们根本无法真正在大气中飞行。

对于热气球和飞艇是否属于《侵权责任法》第71条规定的航空器,学者有不同看法。一种观点认为,热气球和飞艇也是借助于空气的反作用力而飞行于大气中的器物,应当适用民用航空器致害责任制度。另有观点认为,民用航空器的主要特征在于其高速运载,而不是作为高度危险物。热气球和飞艇除非具备高速运载工具的特征,否则不能适用《侵权责任法》第71条的规定。

一、类型

民用航空器致害责任可分为对所运输的旅客、货物造成损害时的责任和对地面第三人造成损害时的责任,后者又因致害航空器的国籍不同而有不同区分。

(一)民用航空器对运输的旅客、货物造成损害时的侵权责任

按照《侵权责任法》第71条的规定,民用航空器在运输旅客、货物的过程

中,对所运载的旅客、货物造成损害时,经营者应当承担侵权责任。《民用航空法》第124条第1款规定:"因发生在民用航空器上或者在旅客上、下民用航空器过程中的事件,造成旅客人身伤亡的,承运人应当承担责任"。第125条规定:"因发生在民用航空器上或者在旅客上、下民用航空器过程中的事件,造成旅客随身携带物品毁灭、遗失或者损坏的,承运人应当承担责任。因发生在航空运输期间的事件,造成旅客的托运行李毁灭、遗失或者损坏的,承运人应当承担责任。"

由于旅客或货物的托运人与民用航空器的经营者之间还存在运输合同关系,因此受害人既可以要求经营者承担侵权责任,也可以要求经营者依照《合同法》第302、303、311条承担违约责任。由于我国《合同法》原则上以无过错责任作为违约责任的归责原则,故此受害人针对民用航空器的经营者,无论是提起违约之诉还是侵权之诉,就归责原则而言并没有差异,区别主要在于目前依照我国法律的规定违约责任不能要求精神损害赔偿。

(二) 民用航空器对地面第三人造成损害时的侵权责任

依照《民用航空法》第157条第1款的规定,飞行中的民用航空器或从飞行中的民用航空器上落下的人或者物,造成地面、水面上的民事主体人身伤亡或者财产损害的,民用航空器的经营者依法应当承担侵权责任。依照《民用航空法》第157条第2款的规定,"飞行中"是指自民用航空器为实际起飞而使用动力时起至着陆冲程终了时止;就轻于空气的民用航空器而言,飞行中是指自其离开地面时起至其重新着陆时止。依据造成地面第三人损害的民用航空器的国籍不同,可以将此类侵权继续划分,分为国内的民用航空器在本国境内造成地面第三人的损害以及外国的民用航空器在本国境内造成地面第三人的损害。

凡是具有我国国籍的民用航空器,在我国境内造成地(水)面上的第三人损害的,均应适用《侵权责任法》与《民用航空法》的规定。《民用航空法》第157条第1款规定:"因飞行中的民用航空器或者从飞行中的民用航空器上落下的人或者物,造成地面(包括水面,下同)上的人身伤亡或者财产损害的,受害人有权获得赔偿;但是,所受损害并非造成损害的事故的直接后果,或者所受损害仅是民用航空器依照国家有关的空中交通规则在空中通过时造成的,受害人无权要求赔偿。"

不具有我国国籍的民用航空器在我国境内对地(水)上第三人造成损害的,适用何种法律取决于我国有关涉外民事关系法律选择适用的法律如何规定。《涉外民事关系法律适用法》第44条规定:"侵权责任,适用侵权行为地法律,但当事人有共同经常居所地的,适用共同经常居所地法律。侵权行为发生后,当事人协议选择适用法律的,按照其协议。"《民法通则》第142条第2款规定:"中华人民共和国缔结或者参加的国际条约同中华人民共和国的民事法律有不同规定的,适用国际条约的规定,但中华人民共和国声明保留的条款除外。"目前,世界上唯一生效的关于航空器对地(水)面第三人责任的赔偿公约就是1952年的《罗马公约》。该公约第1条第1款规定:"在地(水)面上蒙受损害的任何人,只需证明该损害是由飞行中的航空器或者从航空器上掉下来任何人或物体造成的,就有权获得本公约规定的赔偿。"公约明显采取的是无过错责任原则,受害人只需要证明以下两点就可以要求航空器的经营者承担赔偿责任:遭受了损害、损害是由于飞行中的航空器或者从航空器上掉下来的任何人或者物体造成的。

二、责任主体

依照《侵权责任法》第71条的规定,民用航空器致害责任的主体为民用航空器的经营者。依照《民用航空法》第138条的规定,民用航空器造成旅客或运输的货物损害时,经营者就是公共航空运输的承运人,包括缔约承运人与实际承运人,前者应当对航空运输合同约定的全部运输负责,后者仅对其履行的运输负责。依照《民用航空法》第137条的规定,缔约承运人,是指以本人名义与旅客或者托运人,或者与旅客或者托运人的代理人,订立航空运输合同的人。实际承运人,是指根据缔约承运人的授权,履行全部或者部分运输的人,而且只要没有相反的证明,就认为存在此种授权。

民用航空器造成地面第三人的损害时,依照《民用航空法》第158条的规定,民用航空器的经营者是指损害发生时使用民用航空器的人。如果民用航空器的使用权已经直接或者间接地授予他人,而本人保留对该民用航空器的航行控制权的,本人仍被视为经营人。依照《民用航空法》第158条第3款的规定,经营人的受雇人、代理人在受雇、代理过程中使用民用航空器,无论是否在其受雇、代理范围内行事,均视为经营人使用民用航空器。

依照《民用航空法》第158条第4款的规定,民用航空器登记的所有人应当被视为经营人,并承担经营人的责任;除非在判定其责任的诉讼中,所有人可以证明经营人是他人,并在法律程序许可的范围内采取适当措施使该人成为诉讼当事人之一。依照《民用航空法》第159条的规定,未经对民用航空器有航行控制权的人同意而使用该民用航空器,并对地面第三人造成损害的,有航行控制权的人除证明本人已经适当注意防止此种使用外,应当与该非法使用人承担连带责任。

三、免责事由

从现行法律的规定看,民用航空器致害责任的免责事由较多,且因致害责任类型的不同而有不同,包括:

（一）受害人故意

依据《侵权责任法》第71条的规定，如果民用航空器的经营者能够证明损害是因受害人故意造成的，不承担责任。《民用航空法》第161条第1款也规定，"依照本章规定应当承担责任的人证明损害是完全由于受害人或者其受雇人、代理人的过错造成的，免除其赔偿责任"。

（二）旅客本人的健康状况所致

《民用航空法》第124条规定："旅客的人身伤亡完全是由于旅客本人的健康状况造成的，承运人不承担责任。"

（三）行李、货物自身原因所致

依据《民用航空法》第125条第2、3款，旅客随身携带物品或者托运行李的毁灭、遗失或者损坏完全是由于行李本身的自然属性、质量或者缺陷造成的，承运人不承担责任。行李包括托运行李和旅客随身携带的物品。

（四）战争或武装冲突

依据《民用航空法》第125条、第160条，如果损害是武装冲突或者骚乱的直接后果，则免除经营者的责任。

（五）被有关国家机关剥夺民用航空器的使用权

《民用航空法》第160条第2款规定："依照本章规定应当承担责任的人对民用航空器的使用权业经国家机关依法剥夺的，不承担责任。"

除了免责事由，对民用航空器致害责任的减责事由法律也有明确规定，《民用航空法》第161条第1款规定："应当承担责任的人证明损害是部分由于受害人或者其受雇人、代理人的过错造成的，相应减轻其赔偿责任。但是，损害是由于受害人的受雇人、代理人的过错造成时，受害人证明其受雇人、代理人的行为超出其所授权的范围的，不免除或者不减轻应当承担责任的人的赔偿责任。"

在上文提到的免责及减责事由中，有些事由是《侵权责任法》的规定，有些事由则是《民用航空法》的规定。《民用航空法》制定在先，《侵权责任法》通过在后，二者对于免责或减责事由的规定并不完全一致，产生了二者的关系问题。《侵权责任法》第71条仅规定了受害人故意作为免责事由，那么受害人的过失就不再是免责事由，因而，《民用航空法》第161条规定的，"依照本章规定应当承担责任的人证明损害是完全由于受害人或者其受雇人、代理人的过错造成的，免除其赔偿责任；应当承担责任的人证明损害是部分由于受害人或者其受雇人、代理人的过错造成的，相应减轻其赔偿责任"，就不能继续适用。

四、最高赔偿限额

民用航空器致害责任的最高赔偿限额,因民用航空器致害责任类型的不同而不同,对旅客和运输货物的最高赔偿限额,依照《国内航空运输承运人赔偿责任限额规定》第 2 条与第 3 条的规定,在中华人民共和国国内航空运输中造成损害的,除《民用航空法》另有规定外,国内航空运输承运人应当在下列规定的赔偿责任限额内按照实际损害承担赔偿责任:(1) 对每名旅客的赔偿责任限额为人民币 40 万元;(2) 对每名旅客随身携带物品的赔偿责任限额为人民币 3000 元;(3) 对旅客托运的行李和对运输的货物的赔偿责任限额,为每公斤人民币 100 元。

对地面第三人损害的最高赔偿限额,《民用航空法》没有作出规定。

第四节 高度危险物致害责任

高度危险物致害责任,是指因占有或使用高度危险物造成他人损害时,占有人或使用人应当承担的责任。高度危险物包括易燃、易爆、剧毒、放射性等高度危险物。高度危险物致害责任适用的是无过错责任,因为这些物品具有"易燃、易爆、剧毒、放射性等"高度危险性。一方面,由于独特的物理或化学属性,这些物品非常容易造成人身伤亡和财产损失;另一方面,在占有、使用这些物品时,占有人、使用人必须尽到高度的注意义务,采取特别保护。

高度危险物品造成的损害应是"他人"的损害。所谓"他人"是指高度危险物的占有人、管理人之外的人。损害既包括人身伤亡,也包括财产损失。损害必须是因高度危险物的危险性导致。如果受害人所受的损害与高度危险物的高度危险性无关,虽然构成侵权行为,但不构成高度危险物致害责任。

一、高度危险物

《侵权责任法》以及《民法通则》第 123 条列举了具体的高度危险物类型,即易燃、易爆、剧毒、放射性等高度危险物。但是,究竟哪些物品属于易燃、易爆、剧毒、放射性等高度危险物,却没有明确的规定。从现行法律法规看,只对危险物品及其管理作了规定。《危险化学品安全管理条例》第 3 条第 1 款规定:"本条例所称危险化学品,是指具有毒害、腐蚀、爆炸、燃烧、助燃等性质,对人体、设施、环境具有危害的剧毒化学品和其他化学品。"《道路危险货物运输管理规定》第 3 条第 1 款规定:"本规定所称危险货物,是指具有爆炸、易燃、毒害、腐蚀、放射性等特性,在运输、装卸和储存过程中,容易造成人身伤亡、财产毁损和环境污染而需要特别防护的货物。危险货物以列入国家标准《危险货物品名表》（GB12268）的为准，未列入《危险货物品名表》的，以有关法律、行政法规的规定或者国务院有关部门公布的结果为准。"《港口危险货物管理规定》第3条规定："本规定所称'危险货物'，是指列入国家标准GB12268《危险货物品名表》和国际海事组织制定的《国际危险货物运输规则》，具有爆炸、易燃、毒害、腐蚀、放射性等特性，在水路运输、港口装卸和储存等过程中，容易造成人身伤亡和财产毁损而需要特别防护的货物。"

不少学者认为，所谓易燃、易爆、剧毒、放射性等高度危险物就是指那些被纳入《危险货物分类和品名编号》（GB6944）、《危险货物品名表》（GB12268）以及《常用危险化学品的分类及标志》（GB13690）中的物品。尽管上述法规、规章以及国家标准规定的"危险物品"中包括了"高度危险物品"，但绝非所有的危险物品都属于高度危险物品。不作任何限制，将一切危险物品都作为高度危险物品，进而适用无过错责任，显然是不合理的。判断某物究竟是否属于高度危险物，不仅靠考虑上述国家标准，还应当考虑以下问题：

首先，该物品造成损害的概率很高，或者造成的损害后果很严重。危险物品虽然都具有危险性，但其危险性的程度是有差别的。高度危险物品强调危险性"高"，一方面是损害发生概率高，只有某物具有造成损害的巨大可能性时，才属于高度危险物。如果某物虽然具有危险性，但发生危险的可能性非常低，则不属于高度危险物。另一方面是损害后果严重性，同为危险物品，其造成的后果的严重性是有区别的。一旦发生危害，就会给人身、财产造成严重损害的，属于高度危险品，否则就是普通危险品。正因如此，《危险货物品名表》将危险货物分为三个等级，仅将等级Ⅰ称为"具有高度危险性质"的货物。

其次，为防止造成他人损害，该物品的所有人、管理人或使用人负有高度的注意义务。由于高度危险物具有高度的危险性，上述主体只有尽到高度的注意义务，才可能避免高度危险物造成损害。如果仅仅尽到一般的注意义务，就可以防止给他人造成损害，只是一般的危险物，适用过错责任处理即可。高度危险物与一般危险物在生产、储存、经营、运输安全上有不同的要求，对前者的要求远远高于后者。因此，《侵权责任法》第75条规定，即使是他人非法占有高度危险物而造成损害的，所有人、管理人如果不能证明对防止他人非法占有尽到"高度注意义务"的，仍需要与非法占有人承担连带责任。

占有、使用高度危险物的情形包括生产、装卸、运输、储存、保管高度危险物等。《侵权责任法》第72条规定"占有或者使用"的理由在于，占有、使用高度危险物就意味着，开启了对周围环境的高度危险源，占有人或者使用人相应地负有避免造成他人损害的义务。只有占有人占有、使用高度危险物时，才能确定对由此造成的损害负责任的主体。倘若自然界存在的物品，即便具有高度危险性，造成了他人损害，因与人的行为无关，所以不发生侵权责任。

二、责任主体

原则上，高度危险物的占有人、使用人是责任主体。但《侵权责任法》第75条对非法占有人的责任有特别的规定。因此《侵权责任法》第72条规定中的占有人仅仅指"合法占有人"。此外，由于在该条中占有人与使用人并列，而使用人必定要占有高度危险物才能使用。所以，第72条中的占有人是指"使用人之外的合法占有人"，具体包括：所有人以及基于运输、保管等非以使用为目的的合同关系而生的债权占有高度危险物之人。使用人则是指，基于借用、租赁等以使用为目的的合同占有高度危险物的人。

按照《侵权责任法》第74条的规定，所有人在高度危险物遗失或抛弃高度危险物的情况下，就该高度危险物给他人造成的损害，承担无过错责任。因为所有人依法对高度危险物的保管有高度注意义务，因保管不善而致高度危险物遗失，所有人难辞其咎。如果是因为他人的盗窃导致高度危险物丢失，鉴于该物本身的高度危险性，为保护受害人，所有人仍需承担责任。至于所有人任意抛弃高度危险物，该行为本身就有明显的过错，所有人也应对由此造成的损害承担责任。

《侵权责任法》第74条还规定了所有人将高度危险物交由他人管理的情形，主要是指所有人将高度危险物交由他人保管、运输、储存。其中的管理人为所有人、使用人之外的合法占有人。因管理人实际占有高度危险物，故依《侵权责任法》的规定，由其作为占有人就高度危险物给他人造成的损害负无过错责任。所有人有过错时，应当与管理人负连带责任。所有人有过错的情形，包括以下类型：

一是没有选择具有法定资格的管理人进行管理。《危险化学品安全管理条例》第43条、第44条规定，从事危险化学品道路运输、水路运输的，应当分别依照有关道路运输、水路运输的法律、行政法规的规定，取得危险货物道路运输许可、危险货物水路运输许可，并向工商行政管理部门办理登记手续。危险化学品道路运输企业、水路运输企业应当配备专职安全管理人员。危险化学品道路运输企业、水路运输企业的驾驶人员、船员、装卸管理人员、押运人员、申报人员、集装箱装箱现场检查员应当经交通运输主管部门考核合格，取得从业资格。如果所有人委托的是没有相应许可证的运输企业运输危险化学品，应当认为所有人具有过错。

二是所有人没有依法采取相应的管理、防护措施。例如，《放射性物品运输安全管理条例》第6条第2款规定："放射性物品的托运人应当制定核与核辐射事故应急方案,在放射性物品运输中采取有效的核辐射保护和安全保卫措施,并对放射物品运输中的核与核辐射安全负责。"如果托运人没有采取有效的保卫措施,则有过错。

三是所有人未依法如实向管理人说明高度危险物的名称、性质、数量、危害以及应急措施等,需要注意以免造成他人损害的情形。例如,《港口危险货物管理规定》第16条规定:"作业委托人应当向从事危险货物港口作业的企业提供正确的危险货物名称、国家或联合国编号、适用包装、危害、应急措施等资料,并保证资料正确、完整。作业委托人不得在委托作业的普通货物中夹带危险货物,不得将危险货物匿报或谎报为普通货物。"

除了合法占有高度危险物的情形,《侵权责任法》也规定了非法占有高度危险物的责任,其第75条规定:"非法占有高度危险物造成他人损害的,由非法占有人承担侵权责任。所有人、管理人不能证明对防止他人非法占有尽到高度注意义务的,与非法占有人承担连带责任。"该条中的"非法占有",是指通过盗窃、抢劫、抢夺等方法违背所有人或管理人的意志而取得对高度危险物的占有的人。当非占有人占有的高度危险物造成他人损害时,首先要由非法占有人承担侵权责任。同时,所有人、管理人原则上也要负连带责任。但是,如果所有人、管理人能够证明"对防止他人非法占有尽到高度注意义务的",仅由非法占有人承担侵权责任。这意味着在非法占有高度危险物造成损害时,受害人无须证明所有人、管理人的过错,而是由所有人、管理人证明自己没有过错,且所有人、管理人只是证明了自己尽到了一般的注意义务是不够的,必须证明自己已经尽到了高度注意义务。"高度注意义务"不同于善良管理人的注意义务,它的要求高于善良管理人的注意义务。高度注意义务意味着:所有人、管理人在避免他人非法占有上符合了法律的全部要求(如按照法律的规定采取安全保卫措施等),尽到了自己应尽的全部注意义务,即便如此,仍不能避免他人对高度危险物的非法占有。

三、减责与免责事由

依据《侵权责任法》第72条的规定,如果高度危险物的占有人或者使用人能够证明损害是由受害人的故意或者不可抗力所致,则不承担责任,被侵权人对损害的发生具有重大过失的,可以减轻占有人或者使用人的责任。

此外,《侵权责任法》第76条还提到了一种免责事由,即受害人未经许可进入高度危险物存放区域,管理人能够证明已经采取了安全措施并尽到了警示义务的,可以减轻或者免除责任。安全措施不仅包括为避免他人未经许可擅自进入而采取的安全保卫措施,也包括避免因高度危险物造成他人损害的安全措施。《危险化学品安全管理条例》第21条规定:"生产、储存危险化学品的单位,应当在其作业场所设置通信、报警装置,并保证处于适用状态。"第23条规定:"生产、储存剧毒化学品或者国务院公安部门规定的可用于制造爆炸物品的危险化学品的单位,应当如实记录其生产、储存的剧毒化学品、易制爆危险化学品的数量、流向,并采取必要的安全防范措施,防止剧毒化学品、易制爆危险化学品丢失或者被盗;发现剧毒化学品、易制爆化学品丢失或者被盗的,应当立即向当地公安机关报告。生产、储存剧毒化学品、易制爆危险化学品的单位,应当设置治安保卫机构,配备专职治安保卫人员。"所谓警示义务是指,设置明显的警示标志从而使他人得以知悉将进入的区域属于高度危险物的存放区域。《危险化学品安全管理条例》第20条第2款规定:"生产、储存危险化学品的单位,应当在其作业场所和安全设施、设备上设置明显的安全警示标志。"

第五节 高度危险活动致害责任

依照《侵权责任法》第73条的规定,高度危险活动致害责任,是指从事高空、高压、地下挖掘活动或者使用高速度轨道运输工具造成他人损害时,经营者应承担的侵权责任。高度危险活动致害责任与高度危险物致害责任一样,适用的都是无过错责任。依据高度危险活动的类型不同,可将高度危险活动致害责任分为:高空作业致害责任、高压致害责任、地下挖掘活动致害责任以及高速轨道运输工具致害责任等类型。

一、高空作业致害责任

"高空作业"并非是指任何在高于地面的距离进行的作业。究竟何为高空作业,并无法律和司法解释的明确规定。有人认为,依据国家有关高处作业标准的规定,高空作业就是高处作业,即只要距坠落高度基准面2米以上的作业就属于高空作业。这种观点是不适当的。因为,高处作业标准中的危险主要是指对作业人的危险性,而非对他人的危险性。高空作业致害责任的高度危险性应当是指,对他人而非作业人本人的人身、财产安全产生高度的危险。依照《建设工程安全生产管理条例》第26条第1款第7项、《危险性较大工程安全专项施工方案编制及专家论证审查办法》,有学者认为,30米以上的作业可以认定为高空作业。在实践中,高空建筑、高空维修、高空安装、高空美化、高空装饰、高空清洗等都属于高空作业。

二、高压致害责任

高压就是指较高的压强,在工业、医学和地理上都有高压的概念,《侵权责任法》第 73 条规定的高压属于工业生产意义上的高压,包括高压电和高压容器,①高压致害责任则可以分为高压电致害责任与高压容器致害责任。《最高人民法院关于审理触电人身损害赔偿案件若干问题的解释》(以下简称《触电损害赔偿解释》)明确规定,高压电致害责任是指 1 千伏及以上电压等级的高压电造成他人人身损害的侵权责任。但是,究竟哪些压力容器属于高压容器,进而需要适用高压致害责任,尚无明确的规定。从《特种设备安全监察条例》的规定看,那些涉及生命安全、危险性较大的锅炉、压力容器(含气瓶)、压力管道致害的情形,可以考虑适用高压致害责任。

高压致害责任不同于高压物致害责任。高压活动应仅指对电力、液化气、煤气、蒸气等物品进行高压作用的活动。经高压作用后的电力、液化气、煤气、蒸汽等物品导致的损害,属于高度危险物致害责任,应当适用《侵权责任法》第 72 条的规定。

高压电致害责任,是指高压电造成他人损害时,电力设施产权人应当承担的侵权责任。高压电致害责任属于高度危险作业致害责任的一种,适用无过错责任原则。《触电损害赔偿解释》第 2 条第 1 款规定:"因高压电造成人身损害的案件,由电力设施产权人依照民法通则第一百二十三条的规定承担民事责任。"

电力行业一般将 1 万伏以上的电压称为高压电,而在输电线路上,只有 22 万伏以上的输电线路才被认为是高电压。《触电损害赔偿解释》将高压界定为:1 千伏及其以上的电压等级为高压电,至于 1 千伏之下的,属于低压电。之所以如此界定,是因为《电力设施保护条例》第 10 条第 1 项规定,1 千伏以上的架空电力线路要设置保护区,即导线边线向外侧水平延伸并垂直于地面所形成的两平行面内的区域。1 千伏以上等级的电压,已经对周围环境有了高度危险,因此属于高压电。可以看出,行业标准与法律界定的标准并不相同。

侵权法中的损害包括人身损害和财产损害。从《侵权责任法》第 73 条的规定看,只要是高压造成的损害,无论人身损害还是财产损害,均适用无过错责任。有学者认为,高压电致害责任中的损害应当仅限于人身伤亡,即因触电而受伤或死亡。其理由主要是,高压电的危险之所以成为高度危险,主要是因为对于自然人的人身构成了高度危险,而非对财产构成了高度危险。且实践中,高压电引发的侵权纠纷基本上都只是与人身伤亡有关。如果高压电只是侵犯了财产权益,造成了损害,完全可以基于供用电合同追究供电人的违约责任,或者依据《侵权责任法》第 6 条第 1 款以及《电力法》的规定追究加害人的过错侵权责任,没有

---

① 参见全国人大常委会法制工作委员会民法室编:《中华人民共和国侵权责任法条文说明、立法理由及相关规定》,北京大学出版社 2010 年版,第 300 页。

适用无过错责任的必要。

受害人的人身损害是因接触高压电所致,这是特指损害是因高压电流通过身体造成。如果损害是由于输送、储存高压电的设施或其他物件本身导致,如电线杆倒塌砸伤行人,电线滑落划伤车辆等,应当适用《侵权责任法》第十一章物件损害责任的规定。

《触电损害赔偿解释》第 2 条第 1 款规定:"因高压电造成人身损害的案件,由电力设施产权人依照民法通则第一百二十三条的规定承担民事责任。"电力设施的产权人包括电力设施的所有人和管理人。之所以不采取所有权一词,主要是考虑到国有独资电力企业和其他国有企业的全部财产归国家所有,企业没有所有权。

电力的供应由多个环节构成,电力设施也是相互连接的。只有明确了电力设施产权的分界处,才能明确造成损害的电力设施的产权人。电力设施产权的分界处就是划分相互连接的电力设施产权归属的分界点。分界点电源侧的电力设施归供电人所有,分界点另一侧供电设施归用电人所有。《供电营业规则》第 47 条规定:"供电设施的运行维护管理范围,按产权归属确定。责任分界点按下列各项确定:1. 公用低压线路供电的,以供电接户线用户端最后支持物为分界点,支持物属供电企业。2. 10 千伏及以下公用高压线路供电的,以用户厂界外或配电室前的第一断路器或第一支持物为分界点,第一断路器或第一支持物属供电企业。3. 35 千伏及以上公用高压线路供电的,以用户厂界外或用户变电站外第一基电杆为分界点。第一基电杆属供电企业。4. 采用电缆供电的,本着便于维护管理的原则,分界点由供电企业与用户协商确定。5. 产权属于用户且由用户运行维护的线路,以公用线路分支杆或专用线路接引的公用变电站外第一基电杆为分界点,专用线路第一基电杆属用户。在电气上的具体分界点,由供用双方协商确定。"

按照《侵权责任法》第 72 条的规定,高压电致害的免责事由包括了受害人故意与不可抗力。因此《触电损害赔偿解释》第 3 条第 3、4 项规定的"受害人盗窃电能,盗窃、破坏电力设施或者因其他犯罪行为而引起触电事故"以及"受害人在电力设施保护区从事法律、行政法规所禁止的行为"也作为免责事由,显然违背了《侵权责任法》,应予废止。

三、地下挖掘致害责任

地下挖掘活动,是指在地表以下的一定深度进行的挖掘活动,包括钻探活动、地下矿产采掘活动、地下铁路的修建等。至于究竟多深才能构成地下挖掘,法律没有明确规定。由于这些在地下进行的挖掘活动,极可能对地表的建筑物及人员安全造成严重的威胁,因此适用无过错责任。需要特别注意的是,《侵权责任法》第 73 条规定的地下挖掘致害责任,不同于《侵权责任法》第 91 条第 1 款规定的地面施工致害责任。前者适用无过错责任,后者适用的是过错责任。从活动性质角度看,前者是在地下进行的深层次的挖掘活动,具有高度的危险性,而后者是在公共场所或者道路上进行的地面的挖掘活动,危险性显然要小得多。

四、高速度轨道运输工具致害责任

轨道运输工具,是指在铁轨、轻轨、磁悬浮轨道等固定轨道上运行的交通运输工具,如火车、地铁、磁悬浮列车、有轨电车等。所谓"高速",法律并无明确的标准,应当依据一般的社会观念确定。例如,城市轻轨的速度与高速铁路的速度虽然差别极大,但二者都应适用无过错责任。

铁路运营致害责任属于高速轨道运输工具致害责任的一种,是指因铁路运营造成他人损害时,运营者应承担的侵权责任。按照《铁路法》第 58 条第 1 款、《最高人民法院关于审理铁路运输人身损害赔偿纠纷案件适用法律若干问题的解释》(以下简称《铁路人身损害赔偿解释》)第 1 条第 1 款的规定,铁路运营造成他人损害的情形可以分为两类:铁路行车事故与其他铁路运营事故。铁路行车事故,也称铁路交通事故,是指铁路机车车辆在运行过程中与行人、机动车、非机动车、牲畜及其他障碍物相撞,或者铁路机车车辆发生冲突、脱轨、火灾、爆炸等影响铁路正常行车的铁路交通事故。而其他铁路运营事故,是指铁路行车事故之外的,因铁路运营造成他人损害的情形,如乘客在上下车时摔伤或被列车挤伤、旅客在列车行驶中遭受了人身伤亡、货物在运输过程中被毁损等。

铁路运营致害责任除了可以分为铁路行车事故责任与其他铁路运营事故责任外,还可依据受害人与铁路运营者有无合同关系,分为以下两类:第一种是铁路运营造成旅客或托运人的人身伤亡、财产损害。此类损害事故中,受害人与铁路运营者之间存在客运合同、货运合同关系,因此发生侵权责任与违约责任的竞合,受害人可以要求铁路运营者承担两种责任之一。第二种是受害人与铁路运营者之间没有合同关系但后者造成了人身伤亡、财产损害,如与铁路运营者之间没有货运合同、客运合同关系的行人、机动车驾驶人员等,此时只能按照《侵权责任法》第 73 条的规定要求运营者承担侵权责任。

损害须是因国家铁路、地方铁路的运营造成的。按照《铁路法》第 58 条第 1 款的规定,铁路运营者为铁路运输企业,按照《铁路法》第 72 条的规定,铁路运输企业包括铁路局和铁路分局。依照《铁路法》第 2 条第 2 款的规定,国家铁路是指由国务院铁路主管部门管理的铁路。依照《铁路法》第 2 条第 3 款的规定,地方铁路是指由地方人民政府管理的铁路。2005 年 3 月 18 日起铁道部进行了铁路管理体制改革,将原来的"铁道路—铁路局—铁路分局—站段"四级管理体制,改为"铁道路—铁路局—站段"三级管理模式。改革后的铁路运输企业只有18个铁路局,即哈尔滨铁路局、沈阳铁路局、北京铁路局、呼和浩特铁路局、郑州铁路局、济南铁路局、上海铁路局、南昌铁路局、广州铁路局、柳州铁路局、成都铁路局、昆明铁路局、兰州铁路局、乌鲁木齐铁路局、青藏铁路公司、太原铁路局、西安铁路局、乌海铁路局。因铁路运营造成损害时,受害人应当以铁路局作为被告。

按照《铁路人身损害赔偿解释》第15条的规定,因专用铁路及铁路专用线的运营造成损害的,运营者为肇事工具或者设备的所有人、使用人或管理人。按照《铁路法》第2条第4款的规定,专用铁路是指由企业或者其他单位管理,专为本企业或本单位内部提供运输服务的铁路。按照《铁路法》第2条第5款的规定,铁路专用线是指由企业或者其他单位管理的与国家铁路或者其他铁路线路接轨的岔线。

依照《侵权责任法》第73条、《铁路法》第58条第1款、《铁路人身损害赔偿解释》第4条的规定,铁路运营属于高度危险作业,因铁路运营造成他人损害的侵权责任适用无过错原则。

依据《侵权责任法》第73条的规定,铁路运营者的免责事由只有两项:不可抗力与受害人故意。按照《铁路人身损害赔偿解释》第5条第2项的规定,受害人故意指的是受害人故意以卧轨、碰撞等方式造成损害的情形。《铁路人身损害赔偿解释》第7条第2款针对铁路运输人身损害赔偿责任规定了一种特别的免责事由,"受害人不听从值守人员劝阻或者无视禁行警示信号、标志硬行通过铁路平交道口、人行过道,或者沿铁路线路纵向行走,或者在铁路线路上坐卧,造成人身损害,铁路运输企业举证证明已充分履行安全防护、警示等义务的,不承担赔偿责任。"有学者认为,这一规定显然不合理,因为受害人的违章行为或在铁路上行走、坐卧只表明对损害的发生有过失,并不等于受害人故意引发损害。倘若受害人对于损害的发生具有过失,铁路运输企业就可以完全免责,那么铁路运营致害责任对受害人的保护,连过错责任都不如。这不仅对受害人不公平,也不符合铁路运营作为高度危险作业的性质。因此,《侵权责任法》明确规定只有不可抗力或者受害人故意造成损害时,才能免除高度危险活动经营者的侵权责任,上述规定应予废止。

铁路运营致害责任属于高度危险责任,适用无过错责任原则。只有当受害人对于损害的发生具有重大过失时,才能减轻铁路运营者的侵权赔偿责任。《铁路人身损害赔偿解释》并未考虑这一点,而是依据受害人与铁路运营者的过错不同,分别确定了不同的减责比例,这样的规定显然是不合理的。其第6条规定:"因受害人翻越、穿越、损毁、移动铁路线路两侧防护围墙、栅栏或者其他防护设施穿越铁路线路,偷乘货车,攀附行进中的列车,在未设置人行通道的铁路桥梁、隧道内通行,攀爬高架铁路线路,以及其他未经许可进入铁路线路、车站、货场等铁路作业区域的过错行为,造成人身损害的,应当根据受害人的过错程度适当减轻铁路运输企业的赔偿责任,并按照以下情形分别处理:(一)铁路运输企业未充分履行安全防护、警示等义务,受害人有上述过错行为的,铁路运输企业应当在全部损失的百分之八十至百分之二十之间承担赔偿责任;(二)铁路运输企业已充分履行安全防护、警示等义务,受害人仍施以上述过错行为的,铁路运输企业应当在全部损失的百分之二十至百分之十之间承担赔偿责任。"

第十五章 饲养动物致害责任

第一节 概　　述

饲养动物致害责任是一种非常古老的侵权类型,在罗马法中就有相当详尽的规定,并涉及了"过错"、"违法性"等一系列侵权法的奠基性概念。在近现代民法中,这一制度也是必然要规定的问题。

《法国民法典》第1385条规定:"动物的所有人或使用人在其使用动物的期间,对动物所致的损害,不问是否是动物在管束之时或在迷失或逃逸之时所发生,均应负赔偿的责任。其中,使用人不包括好意照看动物的人。"法国法院最初将第1385条解释为动物的所有人和使用人负担过错推定责任,此等人可以通过举出相反证明来免责。但法院后来逐渐采纳无过错责任的解释。只有在不可抗力或被害人也有过错时,动物的所有人和使用人才可以免责。

《德国民法典》第833条规定:"动物致人死亡,或者伤害人的身体或者健康,或者损坏物的,动物保有人有义务向受害人赔偿由此发生的损害。损害由规定用于动物保有人的行业、职业或者生计的用益动物引起,并且动物保有人在监督动物时尽了必要的注意,或者即使尽到此等注意损害也会发生的,赔偿义务即不发生。"《德国民法典》第834条规定:"依据合同为动物保有人承担动物看管义务的人,对动物以第833条所称方式加害第三人负有责任。看管人尽到了必要的注意,或者即使尽到此注意损害也会发生的,该项责任不产生。"

德国法上的动物被分为奢侈动物和用益动物,对于前者实行无过错责任,对于后者实行过错推定责任。用益动物是指用于职业、营业和生计的动物,而动物饲养人饲养奢侈动物的目的则在上述目的以外,如为了满足单纯的喜好。其中,职业是指持续的、自我选择的、作为人生目标的活动。因职业而饲养的动物包括猎犬、警犬、救生犬等。营业,是指以营利为目的的活动。因营业而饲养的动物包括(供屠宰用的)肉畜、供出租的马等。生计,是指将动物的产品用于家庭生活或经济生活的活动。因生计而饲养的动物包括奶牛、下蛋的家禽、盲人的引路犬等。[①]《德国民法典》基于对饲养动物类型的划分而区分责任承担的方法,值得借鉴。

[①] 参见王利明、周友军、高圣平:《中国侵权责任法教程》,人民法院出版社2010年版,第701—702页。

依照德国法，动物致害责任的主体是动物保有人。动物保有人的认定被认为应当综合两项标准，即为了自己的利益而使用动物和对动物的决定权。依据这一标准，动物保有人可以是其所有人，也可以是其自主占有人，甚至也可能是其间接占有人。此外，受委托而看管动物的人也是责任主体。

在1896年《德国民法典》通过时，第833条规定所有的动物保有人都应承担无过错责任。但《德国民法典》生效后，家畜保有人的无过错责任导致家畜生产经营者责任过重，最终《德国民法典》通过修正案，规定对用益动物保有人适用过错推定责任。

《日本民法典》第718条规定："动物占有人，对其动物加于他人的损害，负赔偿责任。但是，按动物种类及性质，以相当注意进行保管者，不在此限。代占有人保管动物者，亦负前款责任。"虽然日本民法也规定了动物种类和性质对损害赔偿有影响，但日本民法并没有像德国那样区分动物的不同种类从而适用不同的归责原则。日本民法对动物责任采过错责任原则，并适用举证责任倒置。动物占有人和保管人如果能证明已经根据动物的种类和性质尽到了相当的注意义务，就不承担责任。除了动物的种类和性质，动物的癖好、加害前历、保管样态也是确定注意义务的标准。[①]

我国《民法通则》第127条规定："饲养的动物造成他人损害的，动物饲养人或者管理人应当承担民事责任；由于受害人的过错造成损害的，动物饲养人或者管理人不承担民事责任；由于第三人的过错造成损害的，第三人应当承担民事责任。"相对于其他现代国家法制，我国《民法通则》规定的饲养动物致害责任有以下特点：一方面采无过错责任原则，饲养人或者管理人承担的责任较重；另一方面没有像德国法那样区分奢侈动物和用益动物。

《侵权责任法》在《民法通则》的基础上进行了若干制度完善，包括：继承《民法通则》的主要规则，在归责原则上采无过错责任；区分了普通动物和禁止饲养的危险动物，根据动物不同的危险性，设计了不同的规则。此外，在受害人过错的责任减免、第三人过错致人损害、遗弃和逃逸动物的致害责任等问题上，《侵权责任法》也有了较为具体的规制手段。

第二节　饲养动物致害责任的一般规则

一、归责原则

如前所述，比较法上动物致害责任的归责原则并不一致。法国采过错推定

---

① 参见〔日〕园谷峻：《判例形成的日本新侵权行为法》，赵莉译，法律出版社2008年版，第328页。

责任及无过错责任原则;德国区分用益动物和奢侈动物,对前者采过错责任原则并兼采过错推定,而对后者采无过错责任原则;日本则采过错责任原则并兼采过错推定。

我国《民法通则》采无过错责任原则,《侵权责任法》继承了这一做法,以无过错责任为原则,但对动物园的动物致害采过错责任原则并兼采过错推定。

依据《侵权责任法》第78条的规定,饲养动物造成他人损害时,原则上饲养人、管理人无论有无过错,均应承担责任,即无过错责任。只有在证明损害是因受害人故意或重大过失所致时,饲养人或者管理人才能免责或减责。《侵权责任法》第79条与第80条特别规定了两类更严格的无过错责任,即便受害人对于损害的发生具有重大过失,也不能减轻侵权人的责任:(1)违反管理规定,未对动物采取安全措施造成他人损害的情形;(2)禁止饲养的烈性犬等危险动物造成他人损害的情形。

《侵权责任法》第81条规定,动物园饲养的动物造成他人损害的,适用过错推定原则,动物园可以通过证明尽到管理职责而免责。该规定的理由在于:动物园饲养的动物是为了满足人民物质和文化生活提高的需要,或进行科学研究,并非如普通的自然人那样,纯粹是出于精神上的满足。从实践情况看,游客因动物园的动物受损,要么是游客自身的原因,要么是动物园没有尽到管理的职责。在动物园尽到了管理职责的情形,损害就完全是由于受害人自身的原因导致。此时如果令动物园承担责任,过于苛刻。但也有学者对此有不同看法,认为动物园的动物致害采过错推定有违法律上的平等原则、抽象人格原理,也违反了公共负担平等的原则。①

二、构成要件

(一)饲养动物的概念

《侵权责任法》与《民法通则》规定,造成他人损害的动物应是饲养的动物。这是为了排除野生动物致害的情形。饲养的动物意味着该动物是有"饲养人"或"管理人"的。在有人饲养的动物造成损害时,饲养人或者管理人自然是承担责任的主体。

那些完全处于自然状态下的野生动物造成他人损害时,原则上不发生侵权责任。即使自然保护区中有动物被人们在一定程度上饲养或管理,但人们对动物的控制力较低,不能认为是饲养的动物。② 野生动物如果属于《野生动物保护法》第2条第2款规定的"珍贵、濒危的陆生、水生野生动物和有益的或者有重

---

① 参见王利明、周友军、高圣平:《中国侵权责任法教程》,人民法院出版社2010年版,第705页。
② 参见张新宝:《侵权责任法》,中国人民大学出版社2006年版,第301页。

要经济、科学研究价值的陆生野生动物",受害人有权请求国家给予补偿。这是因为,依照《野生动物保护法》第3条第1款、《物权法》第49条的规定,野生动物资源属于国家所有。既然是国家的动物造成了他人损害,国家就要承担责任。《野生动物保护法》第14条规定:"因保护国家和地方重点保护野生动物,造成农作物或者其他损失的,由当地政府给予补偿。补偿办法由省、自治区、直辖市政府制定。"《水生野生动物保护实施条例》第10条规定:"因保护国家重点保护的和地方重点保护的水生野生动物受到损失的,可以向当地人民政府渔业行政主管部门提出补偿要求。经调查属实并确实需要补偿的,由当地人民政府按照省、自治区、直辖市人民政府有关规定给予补偿。"

　　法学首先是经验规则的总结,最初动物侵权责任所涉及的动物主要是马牛等能够侵权的大型动物。动物概念同时也是一个自然科学概念,随着人类认识能力的提升,在自然科学领域动物的范围要远远超出传统法学所讲的动物。既然法律规定了动物侵害责任,那么是否自然科学中的动物导致人的损害都当然适用这些规则呢?

　　如在德国有这样的案例,某兽医学院的一名女大学生在实验室里被细菌感染,那么微生物是否是动物?一种观点认为,应当从生物学意义上理解动物的概念,因此动物包括微生物。另一种观点认为,应当以日常用法理解动物的概念,限于大动物。[①] 尽管细菌在某种意义上也是被饲养的,但从法史的角度看,民法上的饲养动物责任所针对的一直都是大动物侵权的情形。换言之,民法上饲养动物致损责任的相关规则,只有针对大动物或才谈得上合理。微生物尽管在自然科学领域属于动物,但法学的观察视角并不同于自然科学,自然科学在对动物进行分类时也并不考虑公平正义的问题。因此,尽管动物这一概念是法学与自然科学共用的概念,但二者并不能通用。

　　(二) 动物危险问题

　　在明确了动物的范畴之后,须考虑动物致害的特性。一个经常被谈及的问题是,如果动物被当做抛掷物,如将猫掷出伤人,此时是否适用动物致害责任的规定?学界一般认为,动物致害责任的前提是特别的动物危险的实现。上述抛掷猫的行为,虽然导致了损害,但并非特别的动物危险的实现。对于动物危险的理解,德国学界发展出了不同的观点:

　　一种观点认为,动物危险就是动物本性的危险爆发,是非由理智的意愿所控制的动物力量的发挥,动物危险是动物所实施的、主动的、受其意志支配的、非理性的行为,该说被称为动物意志支配说。即使是受到外界刺激而引发,也应认为此种行为是受到动物意志支配的。按照该学说,如果动物仅仅作为机械性的工

---

① 参见〔德〕福克斯:《侵权行为法》,齐晓琨译,法律出版社2006年版,第263页。

具，如抛掷，就不存在受动物意志支配的行为，因此也就谈不上动物危险的实现；如果动物的身体或精神受到强大的外力强制，以至于动物没有选择行为的自由，而作出了必然的反应，此时也不应认为存在受动物意志支配的行为，如动物在面临生命危险时的应急反应；如果动物按照本性实施了一定的行为，此种行为就不属于受动物意志支配的行为，而属于动物的自然行为，因此也就不属于动物危险，如动物的交配行为。此说为德国学界的通说。

另有一种观点认为，动物的反应并非像人一样受意志支配，而是在外界因素刺激下的必然反应，动物的行为完全是基于本能，所以，区分动物的意志支配行为和自然行为是有问题的，因此动物危险的认定要坚持不可预测性的标准。该说认为，动物致害责任制度的立法目的就是要保护人们免遭动物的不可预测的行为的侵害。按照不可预测说界定的动物危险的范围并没有大的变化。只是原来属于动物的自然行为的行为，在这里被认定为动物危险。例如，按照动物意志支配说，动物的交配行为不属于动物危险，但按照动物的不可预测性说，动物的交配行为也属于动物危险。

还有一种观点认为，动物危险应当被理解为动物的自主行为。因为动物与无生命物的区别就在于，动物是以自己的力量来运动的组织体。动物自主运动，就构成了危险。按照动物自主行为说，下述情况不属于动物危险：如果动物只是像无生命的物那样产生影响，那么，就不存在自主的动物行为，如动物被汽车撞倒并被甩出去，并击伤行人；如果动物仅仅是通过其体积和重量致人损害，也不存在动物危险，如运送大象的汽车因大象太重而导致车厢被压坏；如果因动物跌倒或坠落而砸伤人或物，也不属于动物危险，但如果动物跌倒或坠落是因为先前典型的动物行为，则仍然属于动物危险；如果动物因生理强制而致他人损害，不属于动物的自主行为，不应当被认定为动物危险，但生理强制仅指外力作用于动物的身体或精神，导致它毫无选择自己行为的自由，只有在少数情况下，才可以认为存在生理强制，从而否定动物危险，如给牛注射疫苗时被牛角顶伤。

但动物自主行为说也在一定程度上扩大了动物危险的范围：动物被他人驱使而作为侵害的工具，此时只要动物不是像无生命的物一样被用作工具，也是动物危险的实现，但此时加害人也要依据其侵害行为承担责任；如果动物安静地停留在道路之上，从而导致了损害，则认定存在动物危险，因为动物选择停留在道路上，就体现了其行为的不可预测性，并产生了危险，如一只狗躺在路上导致行人摔倒受伤；如果仅仅因为看见动物而导致了损害，此时也可以导致动物致害责任的承担，如一只小狗看见大狗后，逃跑过程中导致了行人跌倒，此时动物作为力量源泉的特点对于损害的发生起到了决定性作用；如果因动物的自然行为造成了损害，此时也认定动物危险的存在，如动物因嗅或舔传染了疾病、动物的排泄物致损、动物因交配行为致损。①

(三) 损害

按照《德国民法典》第 833 条的规定,用益动物致害责任的保护范围限于法律明确列举的权益,我国《侵权责任法》第 78 条并未明确规定饲养动物保护范围,但基于侵权责任法的一般原理,即纯粹经济损失的救济以加害人的故意为前提,而我国《侵权责任法》规定的动物致害责任以无过错为前提,因此不存在根据动物致害责任对纯粹经济损失的救济。除去纯粹经济损失,动物致害责任的保护范围既包括人身损害,也包括财产损害。

(四) 因果关系

一般而言,饲养动物导致损害都是直接的,如狗将人直接咬伤。但也存在动物间接导致他人损害的情形,如狗在追逐行人的过程中,行人不幸跌倒受伤。此外,在认定因果关系时,也可能存在多因一果的情形,只要动物危险是导致损害的原因之一,动物危险与损害之间存在因果关系,那么相关责任主体就要承担责任。

三、责任主体

我国《侵权责任法》第 78 条延续了《民法通则》的做法,规定了饲养动物责任的主体是饲养人或管理人。如何理解饲养人或管理人,在比较法上并没有现成的借鉴。在法国法上,动物致害责任的主体是动物的所有人和使用人,在德国法上,动物保有人是责任主体,在日本和我国台湾地区,动物致害责任的主体是动物的占有人。有学者认为,可以借鉴德国法上动物保有人的概念,将饲养人解释为作为所有人的保有人,将管理人解释为所有人以外的保有人。② 这一观点实际上是将我国法的解释嫁接到了德国学理之上,此时对于德国法上的保有人概念的理解就显得至为关键。

依照德国学界的主流见解,保有人的认定应依照两个标准,即为了自己的利益使用动物以及对动物的决定权。

为了自己的利益而使用动物的形式有多种,如养狗看门,养鸡下蛋,养宠物取乐,养动物获利等。判断是否是为了自己的利益而使用动物,可以综合考虑如下因素:是否给动物提供栖身之地,并从事喂养活动;是否负担喂养动物的费用;是否负担动物意外灭失的风险;是否为动物投保险;是否在家务活动或经济活动中利用动物。一般而言,对上述问题予以肯定回答的,基本就是为了自己的利益

---

① 参见王利明、周友军、高圣平:《中国侵权责任法教程》,人民法院出版社 2010 年版,第 707—710 页。

② 同上书,第 712 页。

而使用动物,因而也是动物的保有人,但也有例外的情况。对动物有决定权是指有支配动物的权利,此处的支配与作为所有权权能的"支配"并不完全一致。动物保有人身份的认定是纯粹关系的认定,因而对动物的决定权的认定也属于事实认定。对动物的决定权的认定并不考虑所有权,而主要考虑动物处于何人的控制力之下。[①]

一般而言,动物的饲养人通常就是动物的所有人,而动物的管理人是指动物所有人之外的对动物进行实际的控制与管理的人,包括依法负有管理动物的职责的人(如国家设立的动物园)以及依合同的约定负有管理动物职责的人(依据保管合同保管动物的人)。动物的管理人可以是直接占有人,也可以是间接占有人。但是,如果某人是依据用人单位的指令或者接受劳务方要求而照顾动物,则动物的管理人是该用人单位或接受劳务的人。按照《侵权责任法》第82条的规定,如果动物脱离了饲养人或管理人的占有处于逃逸的状态,或者动物的饲养人或管理人遗弃了动物,则该动物致人损害时的责任主体仍为原饲养人或管理人。

在确定动物的饲养人或管理人时,还存在一些特殊的问题。首先,未成年人或精神病人是否是动物饲养人或管理人?其次,动物在被盗窃时,盗贼是否构成动物的饲养人或管理人?实际上,未成年人或精神病人不能认识自己行为的意义和结果,在为法律行为方面存有缺陷,但并不意味着未成年人或精神病人没有财产,不能承担相应的责任,未成年人或精神病人作为动物饲养人或管理人承担责任并无不妥。如前所述,饲养人或管理人更强调的是事实上的管领关系,而不是法律上的权属关系,因此,尽管盗贼在法律上对作为赃物的动物没有任何权利,但事实上却对动物有着管领关系,因此也能够成为动物的饲养人或管理人。

第三节 饲养动物致害责任的特殊问题

一、违反管理规定饲养动物的致害责任

《侵权责任法》第79条规定,违反管理规定,未对动物采取安全措施造成他人损害的,动物饲养人或者管理人应当承担侵权责任。依照此条规定,违反管理规定,未对动物采取安全措施的,饲养人或管理人要承担无过错责任。

此条中的管理规定,应当包括法律、行政法规、规章、条例、办法等。《北京市养犬管理条例》《上海市养犬管理条例》《南京市养犬管理条例》明文规定:禁止携带犬只进入医院、机关、学校、幼儿园、疗养院、少年儿童活动场所、体育场馆、博物馆、图书馆、影剧院、宾馆、饭店、商场、室内农贸市场、金融经营场所以及

---

① 参见王利明、周友军、高圣平:《中国侵权责任法教程》,人民法院出版社2010年版,第713页。

设有犬只禁入标识的公园、风景名胜区等公共场所;携犬乘坐客运出租汽车,须征得驾驶人同意,并为犬只戴嘴套或者将犬只装入犬袋(笼);携犬乘坐电梯的,应当避开人们乘坐电梯的高峰时间。

需要注意的是,本条中的管理规定,应与安全措施有关,并非对所有管理规定的违反,都适用《侵权责任法》第79条的规定。如对犬只的管理也涉及登记、办证、年检等,但登记、办证、年检显然与安全措施并没有直接关联。因此,如果侵权犬只的饲养人或管理人未办理登记等手续,尽管违反了管理规定,但并不能适用《侵权责任法》第79条的规定。

动物的饲养人或者管理人须遵守规定,采取相应的安全措施,避免损害他人。如果饲养人或者管理人违反规定,不采取安全措施,造成他人损害的,具有严重过错,即便受害人对于损害的发生具有重大过失,也不存在对动物饲养人或管理人的责任减轻。

二、饲养禁止饲养的危险动物的致害责任

《侵权责任法》第80条规定:"禁止饲养的烈性犬等危险动物造成他人损害的,动物饲养人或者管理人应当承担侵权责任。"虽然多有规范性法律文件使用烈性犬的概念,如《上海市养犬管理条例》第12条第3款规定:"禁止个人饲养烈性犬只。"《北京市养犬管理规定》第10条规定:"在重点管理区内,每户只准养一只犬,不得养烈性犬、大型犬。禁养犬的具体品种和体高、体长标准,由畜牧兽医行政部门确定,向社会公布。国家级文物保护单位、危险物品存放单位等因特殊工作需要养犬的,必须到单位所在地公安机关办理养犬登记。"但规范性法律文件对于危险动物及烈性犬并没有明文的列举式规定,具体什么犬种属于烈性犬,何种动物又属于危险动物,需要进一步的具体解释。

学界有一种观点值得特别注意,这一观点认为,对于有特定需要的法人或其他组织,可以经过批准后饲养危险动物,而危险动物经过批准后饲养,就不属于禁止饲养的危险动物。[1] 按照这一观点,之所以特别规定饲养禁止饲养的危险动物的责任,与被饲养动物本身的危险性相比,法律更着眼于"饲养"活动的合法性。

如果饲养人或者管理人违反规定饲养了禁止饲养的烈性犬,就具有严重的过错,法律上应当使其承担更为严格的责任,即只要该危险动物造成他人损害,即便受害人对损害的发生具有重大过失,饲养人或者管理人也不能减轻责任。[2]

---

[1] 参见王利明、周友军、高圣平:《中国侵权责任法教程》,人民法院出版社2010年版,第720页。
[2] 参见杨立新:《中华人民共和国侵权责任法条文解释与司法适用》,人民法院出版社2010年版,第506页。

三、动物园动物的致害责任

《侵权责任法》第 81 条规定:"动物园的动物造成他人损害的,动物园应当承担侵权责任,但能够证明尽到管理职责的,不承担责任。"该条确立了特殊的饲养动物致害责任类型,突破了动物致害无过错责任的原则,采纳了过错责任原则,但规定了过错推定。

由于归责原则的改变,动物园动物的致害责任区别于一般的动物致害责任,除了通常要求的动物危险的实现,损害的发生,动物危险的实现与损害之间的因果关系,还需要动物园不能证明其已尽到管理职责,且动物园未尽到的管理职责与损害的发生有因果关系。

本条中的动物园应根据住建部颁布的《城市动物园管理规定》第 2 条,依照该规定,动物园包括综合性动物园(水族馆)、专类性动物园、野生动物园、城市公园的动物展区、珍稀濒危动物饲养繁殖研究场所。依此规定,动物园似乎仅指为公众服务的动物园,马戏团等有众多动物的团体也不应属于《侵权责任法》第 81 条规定的动物园。从立法目的的角度看,有学者认为,《侵权责任法》第 81 条的立法目的在于减轻为公众提供服务的国家的动物园的致害责任,[①]因而动物园也仅限于为公众服务的国家动物园。

对于本条提到的动物园的管理职责,《动物防疫法》、《城市动物园管理规定》等法律规章有明确的规定,但法律规定不可能事无巨细面面俱到,在现实中必定有法律未明文规定的情形,此时就需要参照学者的学说确定动物园是否违反了管理职责。依照学者总结,动物园是否尽到了管理职责,取决于动物园是否依照动物的种类、特性和其他情况尽到了看管义务。是否尽到了看管义务,需要考虑如下因素:(1)动物的种类;(2)动物的特性,包括动物是否具有明显的撕咬、踢蹬、奔逃的倾向;(3)动物以往的表现,如动物是否曾经表现出过攻击性;(4)动物的活动场所,如是否是散养的动物;(5)当事人的特点,动物园的参访者以未成年人居多,对动物充满好奇,因而动物园的管理者要考虑参访者的特点采取相应的防护措施。[②]

对于动物园动物致害时,受害人过错是否导致动物园的责任减轻或者免除,《侵权责任法》第 81 条并没有明确规定。此时存在三种可能:受害人的过错不影响动物园责任的承担;受害人的故意或重大过失会导致动物园责任的减轻或者免除;受害人的故意或过失可以导致动物园责任的减轻或者免除。动物园动物致害之所以特别规定,在于采过错责任原则以突破饲养动物致害的无过错责

---

① 参见王利明、周友军、高圣平:《中国侵权责任法教程》,人民法院出版社 2010 年版,第 722 页。
② 同上书,第 723 页。

任原则,过错是当事人间风险和利益分配的重要标准,自然应当予以考虑,究竟是只有故意或重大过失免责,还是只要有任何过失就可以减轻甚至免除责任,则仍有进一步探讨的余地。

四、遗弃或逃逸动物的致害责任

《侵权责任法》第 82 条规定:"遗弃、逃逸的动物在遗弃、逃逸期间造成他人损害的,由原动物饲养人或管理人承担侵权责任。"按照该条规定,遗弃或逃逸动物的致害责任也适用无过错责任原则。

由于该条规定了原动物的饲养人或管理人,因此不适用野生动物,但有人饲养或管理的动物既包括一般的饲养动物,又包括了动物园饲养的动物。作为该条适用对象的动物,究竟是仅限于一般的饲养动物,还是也包括了动物园饲养的动物,就成为一个问题。在动物未被遗弃或逃逸时,饲养动物致人损害的侵权责任适用的是过错责任原则,而动物园饲养的动物则适用过错责任原则。动物致人损害应以无过错责任为原则,动物园动物之所以适用过错责任原则,在于保护具有公益性质的公立动物园,以免动物园负担过重,难以为继。《侵权责任法》第 82 条以无过错责任为原则,理由在于动物被遗弃或逃逸,加剧了动物危险。被遗弃或逃逸动物身上携带各种病毒和寄生虫,且处在无人管理的状态下更具有攻击性。动物的危险性之所以增加,归根结蒂还是源于饲养人或管理人的疏忽,如欲让饲养人或管理人更加注意,不遗弃动物或避免动物逃逸,就理应让动物饲养人或管理人对遗弃或逃逸动物承担更重的责任,这也是让动物饲养人或管理人承担无过错责任的原因。如果《侵权责任法》第 82 条也适用于从动物园逃逸的动物,那么以过错责任原则包括动物园的立法宗旨就有所贬损。如果《侵权责任法》第 82 条不适用于从动物园逃逸的动物,动物园就可隐匿在过错责任原则下受到一定程度的保护。《侵权责任法》第 82 条究竟是否适用于从动物园逃逸的动物,还应根据具体情况予以解释。

遗弃和逃逸动物致害责任虽然都以无过错责任为原则,但遗弃动物和动物逃逸的责任基础并不同。所有人遗弃动物后,动物就不再属于所有人的财产。所有人未遗弃动物但动物逃逸的,所有人并未丧失对动物的所有权,只是丧失了对动物的控制。让遗弃动物的人承担遗弃动物的侵权责任与其所有权无关,是因为遗弃人的遗弃行为导致了危险,而让逃逸动物的所有权人承担责任,理由正在于其所有权。

遗弃或逃逸动物的致害责任问题,还会触及一些民法基本问题。例如,在遗弃或逃逸动物经过一段时间后,已经习惯了野生的生活,那么此时该动物致损责任是否还要适用《侵权责任法》第 82 条?此时逃逸动物的原所有权是否经过时效消灭了?再有,如果遗弃或逃逸动物有了新的饲养人或管理人,此时该动物致损责任是否还有可能适用《侵权责任法》第 82 条？在后一种情形,新的饲养人或管理人饲养或管理逃逸动物的期间长短,构成决定责任主体的重要因素,此时是否存在着针对遗弃或逃逸动物的特别的所有权时效取得或时效消灭问题？民法问题牵一发而动全身,由此可见一斑。

此外,被遗弃和逃逸动物的具体情形也会影响到责任的承担。如果被遗弃或逃逸动物属于禁止饲养的动物,那么动物饲养人或管理人的责任显然应重于一般动物的饲养人或管理人。尽管都适用《侵权责任法》第 82 条规定的无过错责任,但在责任减免的问题上,应区别对待。如对于一般的遗弃或逃逸动物,受害人的过错构成减免责任的事由,但对于禁止饲养的动物,即使受害人有故意或重大过失也不能减免饲养人或管理人的责任。

五、第三人过错导致动物致害的责任

《侵权责任法》第 83 条规定:"因第三人过错致使动物造成他人损害的,被侵权人可以向动物饲养人或者管理人请求赔偿,也可以向第三人请求赔偿。动物饲养人或者管理人赔偿后,有权向第三人追偿。"该条是在《民法通则》基础上的发展,《民法通则》第 127 条规定了由第三人的过错造成损害的,第三人应当承担民事责任,但并未规定动物饲养人或管理人是否要承担责任。从《民法通则》到《侵权责任法》的发展,有利于强化对受害人的保护,按照《侵权责任法》的规定,受害人既可以向有过错的第三人主张损害赔偿,也可以向动物的饲养人或者管理人主张损害赔偿,增加了获得赔偿的可能性。

《侵权责任法》第 83 条的规定,旨在确定有过错第三人的责任,因此对于所有类型各种场合的动物致害都应适用。不论是禁止饲养的动物、动物园的动物、遗弃或逃逸的动物,都存在因第三人过错导致损害的可能,因而在上述这些场合也都有使用《侵权责任法》第 83 条,追究有过错第三人责任的可能。从某种意义上说,第三人过错导致动物致害的责任,尽管是《侵权责任法》第 83 条的特别规定,但实际上是嫁接在其他各种类型的动物致害责任之上的,《侵权责任法》第 83 条适用的前提是已经构成了其他类型的动物致害责任。因第三人过错导致动物园的动物致害,就要适用动物园的动物致害责任的构成要件;因禁止饲养的危险动物致害,就要适用禁止饲养的危险动物致害责任的构成要件。在满足了相应类型的动物致害责任的构成要件后,还应满足《侵权责任法》第 83 条规定的"因第三人过错致使动物造成他人损害"的要件。

对于"因第三人过错致使动物造成他人损害的",需要注意以下问题:首先,第三人是指动物饲养人或者管理人、受害人以外的人,饲养人或管理人的工作人员、受害人的监护人都不构成第三人。其次,第三人的过错既可以表现为作为,也可以表现为不作为,前者如刺激动物侵害他人,后者如故意放任动物挣脱缰绳

导致他人受损。再次,必须是"致使动物造成他人损害"。动物造成他人损害是指动物危险的实现造成他人损害,在动物作为工具被使用造成侵权时,不存在动物危险的实现,因而也不存在"致使动物造成他人损害",如小动物被抛掷导致他人损害。最后,因第三人过错致使动物造成他人损害意味着此时动物的饲养人或管理人不存在任何过错,如果动物的饲养人或管理人也存在过错,则不适用《侵权责任法》第83条,而应适用《侵权责任法》第12条。①

---

① 参见程啸:《侵权责任法》,法律出版社2011年版,第508页。

第十六章 物件致人损害责任

第一节 概 述

物件损害责任,顾名思义,就是指人类管理、控制下的物件造成的侵权责任。广义上的物件损害责任包括了产品责任、机动车交通事故责任、高度危险物责任、饲养动物损害责任等等责任类型,狭义的物件损害责任则专指《侵权责任法》第十一章规定的若干类型的物件损害责任,而《侵权责任法》第十一章规定的各类物件之人损害责任在构成要件、责任主体、归责原则等方面又有所差别,差异较大,共性较少。

《民法通则》第125条规定:"在公共场所、道旁或者通道上挖坑、修缮安装地下设施等,没有设置明显标志和采取安全措施造成他人损害的,施工人应当承担民事责任。"《民法通则》第126条规定:"建筑物或者其他设施以及建筑物上的搁置物、悬挂物发生倒塌、脱落、坠落造成他人损害的,它的所有人或者管理人应当承担民事责任,但能够证明自己没有过错的除外。"《最高人民法院关于审理人身损害赔偿案件适用法律若干问题的解释》(以下简称《人身损害赔偿解释》)第16条第1款对《民法通则》第126条进行了扩张性解释,另外包括了下述情形:(1)道路、桥梁、隧道等人工建造的构筑物因维护、管理瑕疵致人损害的;(2)堆放物品滚落、滑落或者堆放物倒塌致人损害的;(3)树木倾倒、折断或者果实坠落致人损害的。

《侵权责任法》第十一章在总结先前立法经验的基础上,用七个条文规定了物件损害责任,其较为鲜明的一个特点就是第十一章并没有规定物件损害责任的一般条款,而只有对若干类型的物件损害责任的规定。依据不同的标准,可以进行不同的分类。依据造成损害的物件的类型,可以分为不动产损害责任与动产损害责任。前者即建筑物、构筑物、其他设施、林木、窨井等地下设施损害责任,由《侵权责任法》第85、86、90、91条规定;后者指抛掷物、坠落物、堆放物损害责任,由《侵权责任法》第85、87、88、89条规定。依据归责原则不同,可以将其分为适用过错责任的物件损害责任,如《侵权责任法》第91条第1款的情形,适用过错推定原则的物件损害责任,如《侵权责任法》第85、88、90条以及第90条第2款规定的情形,适用无过错责任的物件损害责任,如《侵权责任法》第86条第1款、第89条规定的情形,以及适用公平责任的物件损害责任,如《侵权责任法》第87条规定的情形。

第二节　各种物件致人损害责任

一、搁置物、悬挂物致害责任

《侵权责任法》第85条规定:"建筑物、构筑物或者其他设施及其搁置物、悬挂物发生脱落、坠落造成他人损害,所有人、管理人或者使用人不能证明自己没有过错的,应当承担侵权责任。所有人、管理人或者使用人赔偿后,有其他责任人的,有权向其他责任人追偿。"

建筑物,是指任何在土地上建造上的直接供人们居住生活、从事生产活动或者进行其他活动的场所。违章建筑亦属于本条所说的建筑。①

构筑物,是指以人力方式在地面上建造的具有特定用途,但不能直接供人们进行居住生活、从事生产活动或者其他活动的场所,包括道路、桥梁、隧道、码头等等。至于该构筑物是附着于土地的永久性设施还是临时性设施,不在所问。

其他设施指建筑物、构筑物的附属设施,如房屋内的电梯等设备。

建筑物、构筑物或者其他设施的脱落、坠落,指的就是不动产一部分的脱落、坠落。

搁置物、悬挂物并非建筑物等不动产的成分,而是属于动产。悬挂物通常是指通过一定的连接方式而悬挂在建筑物、构筑物或其他设施的内部或外部的物体,如空调外挂机、吊灯。搁置物是指人为搁置在建筑物、构筑物或其他设施之上但不与之相连接的动产,如阳台上的花盆。②

按照《侵权责任法》第85条的规定,建筑物、构筑物或者其他设施及其搁置物、悬挂物发生脱落、坠落造成他人损害,适用过错推定责任。如果所有人、管理人、使用人能够证明自己没有过错,则不应承担侵权责任。

本条规定的责任主体为所有人、管理人或者使用人。所有人即建筑物、构筑物或者其他设施的所有权人。确定所有人可以通过不动产登记簿的登记来确定。管理人是指虽非建筑物等不动产的所有人,但依法或依约定享有管理权限的民事主体。前者如国有财产的管理人,包括国家机关、事业单位和国有企业。后者如物业服务公司依据物业服务协议对建筑物等享有维护管理的职责。③ 使用人是指基于债权关系或物权关系而对建筑物、构筑物或者其他设施享有使用权的民事主体,包括承租人、地役权人等。

如果建筑物、构筑物或其他设施上有使用人或管理人的,则应由使用人或管

---

① 参见韩世远:《建筑物责任的解释论》,载《清华法学》2011年第1期。
② 参见程啸:《侵权责任法》,法律出版社2011年版,第523页。
③ 参见韩世远:《建筑物责任的解释论》,载《清华法学》2011年第1期。

理人承担侵权责任。没有使用人或管理人的,应由所有人承担侵权责任。他们之间并不发生连带责任的问题。此外,即便损害是由于第三人原因所致,所有人、管理人或者使用人也应先承担侵权责任,然后向第三人追偿。

二、建筑物、构筑物或其他设施倒塌致害责任

《侵权责任法》第 86 条规定:"建筑物、构筑物或者其他设施倒塌造成他人损害的,由建设单位与施工单位承担连带责任。建设单位、施工单位赔偿后,有其他责任人的,有权向其他责任人追偿。因其他责任人的原因,建筑物、构筑物或者其他设施倒塌造成他人损害的,由其他责任人承担侵权责任。"

在建筑物、构筑物或其他设施倒塌造成他人损害时,责任主体为建设单位或施工单位,二者承担连带责任。建设单位,是指依法取得土地使用权,在该土地上建造建筑物、构筑物或者其他设施的单位,是建设工程合同的总发包人。实践中,房地产开发企业、机关和企事业单位是比较常见的建设单位。施工单位即具体负责建筑物、构造物或者其他设施施工建设的企业,建筑公司是比较常见的施工单位。

建筑物、构筑物或者其他设施倒塌致害责任,为无过错责任。即便建筑物的倒塌完全是由其他责任人导致,建设单位也要与施工单位承担连带责任,无非事后可以追偿。需要注意的是,《侵权责任法》第 86 条中有两处关于"其他责任人"的规定:"建设单位、施工单位赔偿后,有其他责任人的,有权向其他责任人追偿","因其他责任人的原因,建筑物、构筑物或者其他设施倒塌造成他人损害的,由其他责任人承担侵权责任。"一种解释认为这两款中的"其他责任人"的含义并不同。前一处的"其他责任人"是指勘察单位、设计单位、监理单位等除施工单位之外的参与建筑活动的主体。后一处"其他责任人"是指所有权人、其他使用人等。[①] 也就是说,即便建筑物等的倒塌是由设计单位、勘察单位或监理单位的原因导致,建设单位与施工单位也要向受害人承担连带责任,无非赔偿后可以追偿。但如果建筑物的倒塌完全是由于业主不当使用、超过合理期限使用造成的,则建设单位、施工单位就不应当承担责任。被侵权人只能直接请求该其他责任人承担侵权责任。有学者认为,《侵权责任法》的这种区分并没有什么道理。因为从受害人的角度出发,受害人并不知道"其他责任人"是设计单位、勘察单位或监理单位还是业主或其他的人。如果真的要保护受害人的权益,那么无论其他责任人是谁,都应由建设单位和施工单位先赔,然后他们去向真正的责任人追偿。[②]

[①] 参见王胜明主编:《中华人民共和国侵权责任法解读》,中国法制出版社 2010 年版,第 420 页。
[②] 参见程啸:《侵权责任法》,法律出版社 2011 年版,第 516 页。

三、抛掷物、坠落物致害责任

《侵权责任法》第87条规定:"从建筑物中抛掷物品或者从建筑物上坠落的物品造成他人损害,难以确定具体侵权人的,除能够证明自己不是侵权人的外,由可能加害的建筑物使用人给予补偿。"

此条是对"高空掷物"法律责任的规定。本条仅适用于侵权人难以确定的情形,如果能够找到侵权人,即使是"高空掷物",也不适用本条规定。由于侵权人也就是被告难以确定,因此有人认为此时原告的起诉不符合《民事诉讼法》的受理条件,不能受理。最高人民法院则认为,尽管无法查明确切的加害人,但是被告的范围大体是明确的,不属于被告不明确的情形,人民法院应当受理。

对于此类案件如何处理,学界争议也较大,有危险行为说、过错推定说、公平责任说。有学者认为,抛掷物或坠落物致害属于非典型的共同危险行为,应当参照共同危险行为制度处理,即判定具有加害可能性的多个被告承担连带赔偿责任,内部平均分摊。有的人认为,应当按照《民法通则》第126条的规定处理,实行过错推定,如果被告不能证明自己没有过错就应当承担赔偿责任。也有学者认为,应当适用公平责任,由原被告分担损失。① 《侵权责任法》第87条的规定最终采纳了过错推定说,由不能证明自己不是侵权人的人对受害人予以补偿。

四、堆放物致害责任

《侵权责任法》第88条规定:"堆放物倒塌造成他人损害,堆放人不能证明自己没有过错的,应当承担侵权责任。"该条明确了堆放物致害责任是过错推定责任,只有堆放人证明自己没有过错,才可以免于承担责任。

《侵权责任法》第88条将堆放物致害责任的主体规定为堆放人。按照《人身损害赔偿解释》第16条第1款的规定,堆放人并非是指从事堆放行为的人,而应理解为堆放物品的所有人或管理人。

堆放物属于动产,不仅包括堆放在土地上的各种物品,还包括堆放在其他物品上的物,但堆放在公共道路上的物,不属于《侵权责任法》第88条规定的堆放物。对此类堆放物的致害责任,《侵权责任法》第89条有专门的规定。此外,堆放在建筑物、构筑物或其他设施上的物品,如果脱落、坠落造成他人损害的,也不适用《侵权责任法》第88条,而应该适用《侵权责任法》第85条的规定。②

---

① 参见程啸:《侵权责任法》,法律出版社2011年版,第524页。
② 同上书,第526页。

五、妨碍通行的物品致害责任

《侵权责任法》第 89 条规定:"在公共道路上堆放、倾倒、遗撒妨碍通行的物品造成他人损害的,有关单位或者个人应当承担侵权责任。"此条是对我国在先法规的吸收,《道路交通安全法》第 31 条、《公路法》第 46 条、《公路安全保护条例》第 16 条都明令禁止在公共道路上堆放妨碍通行的物品。

按照《侵权责任法》第 89 条的规定,在公共道路上堆放、倾倒、遗撒妨碍通行的物品只要造成他人损害,有关单位或者个人就应当承担侵权责任,该条规定的显而易见是无过错责任。有关单位或个人的表述较为模糊,公共道路的管理者肯定是有关单位,堆放、倾倒、遗撒妨碍通行物品的既可能是个人,也可能是有关单位。

一般来说,如果是堆放在公共道路上的物品导致他人损害,责任人通常就是堆放人,包括该物品的所有人和管理人。但如果对公共道路负有管理和维护义务的民事主体没有尽到管理维护职责的,就会发生多数人侵权的问题,可能构成对《侵权责任法》第 12 条的适用,堆放人与道路的管理者分别向受害人承担侵权赔偿责任。

有时难以查明妨碍通行物品的倾倒人或遗撒人,因而承担侵权责任的多为对公共道路负有管理职责的民事主体,如高速公路公司、市政管理部门等。司法实践一般是将高速公路公司的此种义务界定为安全保障义务,要求先由直接从事侵权行为的民事主体承担责任,如果该侵权人不明或者无力承担赔偿责任,则高速公路公司应当承担补充责任。《最高人民法院关于高长林等六人与河南高速公路发展有限责任公司违约赔偿纠纷一案的函复》指出:"河南高速公司未尽必要的安全保障义务,其不作为行为亦是事故发生的原因,应当承担相应的民事责任。具体处理时可先由肇事车辆方承担赔偿责任,不足部分由河南高速公司承担补充赔偿责任。"此外,由于我国的高速公路基本上都是收费公路,有时受害人追究的是高速公路公司的违约责任。高速公路公司承担违约责任后,可以向侵权的第三人追偿。

六、林木致害责任

《侵权责任法》第 90 条规定:"因林木折断造成他人损害,林木的所有人或者管理人不能证明自己没有过错的,应当承担侵权责任。"《人身损害赔偿解释》第 16 条第 1 款第 3 项曾通过扩张解释《民法通则》第 126 条,将"树木倾倒、折断或者果实坠落致人损害"的情形也包括在林木致害的情形。《侵权责任法》将林木致害责任作为物件损害责任的单独类型加以规定,尽管文字表述中仅仅提到了"折断",但在法解释层面,还应包括了林木倾倒、果实坠落造成他人损害的情形。①

林木折断造成他人损害的,应当由林木的所有人或者管理人承担侵权责任。所有人即林木的所有权人,管理人是指依照法规和约定对林木负有管理职责的民事主体。按照《侵权责任法》第90条的规定,林木致害责任适用过错推定责任。林木折断造成他人损害多因林木的所有人或者管理人的过错,所有人或管理人未尽到应有的管理、维护职责才会导致林木致人损害。在林木致害时,依凭造成他人损害这一事实,就可以直接推定所有人或管理人存在过错。如果所有人或管理人能够证明自己尽到了维护、管理的职责,即损害是因为不可抗力或第三人的过错行为导致,那么所有人或者管理人就没有过错,也无须承担侵权责任。

七、地面施工致害责任

《侵权责任法》第91条第1款规定:"在公共场所或者道路上挖坑、修缮安装地下设施等,没有设置明显标志和采取安全措施造成他人损害的,施工人应当承担侵权责任。"该条是对《民法通则》第125条的延续,旨在强化施工人的责任意识。

《侵权责任法》第91条第1款所规定的公共场所或道路与私人场所或道路相对应,"公共"的性质主要体现在场所与道路是对不特定的公众开放的,与之相对的私人场所或道路则是对特定人群开放的。只有公共场所或道路才适用《侵权责任法》第91条第1款,私人场所或道路的施工行为导致的损害赔偿责任,应按照无特别规定使用一般规定的原理,适用《侵权责任法》的一般规定,亦即使用过错责任原则处理。

地面施工致害责任的主体为"施工人",究竟如何判定施工人,需要进一步的解释。地面施工行为一般都是法人所为,法人的雇员直接施工的,法人为施工人。在当前我国,施工活动除了存在一般都有的承揽关系外,还存在诸多的分包情况,即某单位将项目拿下后,再交由其他单位进行实际的施工。依据《人身损害赔偿解释》第10条,承揽人在完成工作过程中对第三人造成损害或者造成自身损害的,定作人不承担赔偿责任。但定作人对定作、指示或者选任有过失的,应当承担相应的赔偿责任。如果承包人将工程进行转包或者分包的,《建筑法》第45条规定:"施工现场安全由建筑施工企业负责。实行施工总承包的,由总承包单位负责。分包单位向总承包单位负责,服从总承包单位对施工现场的安全生产管理。"因此,在造成他人损害时,不仅建筑施工企业本身应当承担责任,

---

① 参见程啸:《侵权责任法》,法律出版社2011年版,第517页。

而且总承包单位也应承担赔偿责任。最后,如果存在数个施工人,但是无法确定受害人的损害是由哪个施工人造成的,应适用《侵权责任法》第10条,构成共同危险行为,承担连带责任。

《民法通则》第125条、《侵权责任法》第91条第1款,均明确要求那些在公共场所、道路上从事挖坑、修缮安装地下设施等施工活动的人设置明显标志和采取安全措施。我国其他法规也有类似规定。《建筑法》第39条规定:"建筑施工企业应当在施工现场采取维护安全、防范危险、预防火灾等措施;有条件的,应当对施工现场实行封闭管理。施工现场对毗邻的建筑物、构筑物和特殊作业环境可能造成损害的,建筑施工企业应当采取安全防护措施。"《公路法》第32条规定:"改建公路时,施工单位应当在施工路段两端设置明显的施工标志、安全标志。需要车辆绕行的,应当在绕行路口设置标志;不能绕行的,必须修建临时道路,保证车辆和行人通行。"《道路交通安全法》第105条规定:"道路施工作业或者道路出现毁损,未及时设置警示标志、未采取防护措施,或者应当设置交通信号灯、交通标志、交通标线而没有设置或者应当及时变更交通信号灯、交通标志、交通标线而没有及时变更,致使通行的人员、车辆及其他财产遭受损失的,负有相关职责的单位应当依法承担赔偿责任。"

对施工人是否"设置明显标志和采取安全措施"的判断,在法律、法规就如何设置明显标志和采取安全措施有明确规定的,应符合这一规定,在没有相关规定时,则由法官按照实际情况认定施工人是否设置了明显标志和采取了安全措施。

如果施工人已经按照法律要求设置了明显标志,也采取了安全措施,但是由于第三人的过错行为导致该标志或者安全措施被破坏了,此时如何处理构成一个特殊的问题。《山东省高级人民法院关于审理人身损害赔偿案件若干问题的意见》第41条第2句规定:"设置的标志和采取的安全措施被第三人破坏的,施工人仍应承担赔偿责任,但可以向第三人追偿。"《江苏省高级人民法院关于审理人身损害赔偿案件若干具体问题的意见》第27条第3款第2句规定:"如果施工人在施工开始时设置了明显标志和采取了安全措施,但其后这些标志和措施失灵或被破坏,因此造成损害的,施工人仍应承担民事责任;施工人承担民事责任后,有权向损坏标志和措施的第三人追偿。"

受害人的损害包括人身伤亡以及财产损害。需要注意的是,损害必须是在施工进行阶段发生的。如果受害人是在施工结束后,因建筑物或者构筑物存在管理或维护上的瑕疵而遭受损害,则应适用《侵权责任法》中的其他规定。

八、地下设施致害责任

《侵权责任法》第91条第2款规定:"窨井等地下设施造成他人损害,管理人不能证明尽到管理职责的,应当承担侵权责任。"有学者认为,地下设施也属于构筑物,但由于《侵权责任法》第85条和第86条只是规定了构筑物倒塌、脱落、坠落这三种造成他人损害的方式,不够周延,因此有必要单独规定窨井等地下设施造成的损害。①

地下设施致害责任的主体为管理人,该管理人为实际管理地下设施的人,既可能是地下设施的所有人,也可能不是地下设施的所有人,而仅仅是负有管理职责之人,如物业服务公司、市政管理部门等。

按照《侵权责任法》第91条第2款的规定,地下设施致害责任使用过错推定责任,管理人可以通过证明已经尽到管理职责来免除责任。管理职责即维护与管理之义务,管理人应尽何种程度的维护与管理义务,首先要考虑有无法律、法规等规范性文件作为标准,在没有规定标准时,则需要具体判断。《城市道路管理条例》第23条规定:"设在城市道路上的各类管线的检查井、箱盖或者城市道路附属设施,应当符合城市道路养护规范。因缺损影响交通和安全时,有关产权单位应当及时补缺或者修复。"

---

① 参见程啸:《侵权责任法》,法律出版社2011年版,第522页。